छोटे-छोटे दुःख

छोटे-छोटे दुःख

तसलीमा नसरीन

अनुवादक

सुशील गुप्ता

वाणी प्रकाशन

वाणी प्रकाशन
4695, 21-ए, दरियागंज, नयी दिल्ली 110 002
फ़ोन : +91 11 23273167 फ़ैक्स : +91 11 23275710
शाखाएँ
अशोक राजपथ, पटना 800 004, बिहार
कॉफ़ी हाउस कैम्पस, महात्मा गांधी मार्ग, इलाहाबाद 211 001, उत्तर प्रदेश
महात्मा गांधी अन्तरराष्ट्रीय हिन्दी विश्वविद्यालय, वर्धा 442 001, महाराष्ट्र
www.vaniprakashan.in
marketing@vaniprakashan.in
sales@vaniprakashan.in

CHHOTE- CHHOTE DUKH
by Taslima Nasreen
Translated by Sushil Gupta

ISBN : 979-81-8143-280-3
Feminism

संस्करण 2002, 2007, 2008
आवृत्ति 2018

मूल्य : ₹ 250

सिटी प्रेस, दिल्ली-110 095 में मुद्रित

वाणी प्रकाशन का लोगो मक़बूल फ़िदा हुसेन की कूची से

अनुक्रम

आपकी क्या माँ-बहन नहीं हैं?

रास्ता-घाट, बस-ट्रेनों में अक्सर, जब लड़के, लड़कियों के प्रति अशोभन आचरण करते हैं, तो लड़कियों के पक्ष में कुछेक लोग जमा हो जाते हैं। आमतौर पर ये लोग लड़कों की लानत-मलामत करते हैं और सदुपदेश देते हैं। लड़कों का तिरस्कार करते हुए, ये लोग कहते हैं—'आपकी क्या माँ-बहन नहीं हैं?'

मर्द, औरत पर अत्याचार कर रहा है, इसमें माँ-बहन का जिक्र करना ज़रूरी क्यों है, यह बात मुझे ठीक-ठीक समझ में नहीं आती। सिर्फ रास्ता-घाट के मर्द ही सलाहकार नहीं बनते, ऐसी बातें बुद्धिजीवी भी करते हैं कि औरत को माँ या बहन के रूप में देखा जाए। मेरा सवाल है—औरत को इन सब रूपों में देखना क्यों ज़रूरी है? यह सब तो एक क़िस्म का रिश्ता है, औरत का सम्मान करने के लिए। किसी सामाजिक रिश्ते की सीमा में सम्मान करना क्यों ज़रूरी है? जिस मर्द की माँ-बहन नहीं हैं उनसे सम्मान पाने का, क्या औरत् को हक़ नहीं है? औरत को मर्द की माँ, बहन या बेटी के रूप में विराजकर, अपने लिए सुविधा क्यों वसूल करना होगा? यह क्या कोई अतिरिक्त सुविधा है? औरत आपादमस्तक इंसान है और इंसान की मर्यादा पाने पर, उसका भी ज़रूर हक़ बनता है। लेकिन, कहा यह जाता है कि मर्द को औरत का अपमान नहीं करना चाहिए। क्योंकि औरत, मर्द की माँ या बहन का रिश्ता वहन करती है, इसलिए अगर कोई औरत वह रिश्ता वहन न भी करती हो, तो भी मर्द को कम से कम इतना तो अहसास होना ज़रूरी है कि जो भी प्राणी, उसके आत्मीय जैसा हो, उस पर ज़ोर-जुल्म बरसाना या असम्मान करना ठीक नहीं है। अगर कुछ करना ही है, तो उस पर करुणा की जाए। माँ-बहन के प्रति मर्द आमतौर पर करुणा ही करते हैं। यही करुणा, मर्द, किसी भी औरत पर बरसाए, यही अहम सलाह है। इस मामले में स्वाभाविक भाव से ही एक सवाल उठ सकता है कि अगर किसी मर्द की माँ-बहन न हो, तो क्या इसी वजह से उसे औरत की बेइज़्ज़ती का हक़ मिल जाता है? 'आपकी क्या माँ-बहन नहीं हैं?' इसके जवाब में अगर कोई मर्द यह कह बैठे—'ना, नहीं है!' तब? तब क्या उसका गुनाह, माफी लायक है?

एक बार, एक लड़के ने रास्ते में एक लड़की का दुपट्टा खींच दिया और फिक्-फिक् करके हँसता रहा। लोग-बाग़ जमा हो गए।

बहुत-से लोगों ने सवाल किया, 'आपकी क्या माँ-बहन नहीं हैं?'

उस लड़के ने जवाब दिया, 'माँ-बहन तो हैं, लेकिन बीवी नहीं है।'

वैसे उस लड़के ने कुछ बुरा नहीं कहा।

औरत को अगर रिश्तों की नज़र से ही विचार किया जाना है, तो वधू रूप में क्यों नहीं? माँ-बहन-बेटी की तरह, वधू भी तो एक क़िस्म का रिश्ता ही होता है! अगर रूप ही कसौटी है, तो सवाल यह है कि सारे रूप क्यों नहीं? मर्द किसी औरत में माँ का रूप देखेंगे, किसी-किसी औरत में बहन का रूप और किसी-किसी में बीवी का रूप! मर्द को जिस औरत में बीवी का रूप नज़र आएगा, वे रास्ते-घाट में जब-तब पेट पीठ पर कुहनिया सकते हैं, वैसे ही कुहनियाते रहेंगे।

मर्द की माँ-बहन-बेटी के रूप में परिचित होकर, सम्मान पाना, औरत के लिए अपमानजनक है। औरत की पहचान अब किसी रिश्ते से नहीं, खुद अपने दमख़म पर अर्जित परिचय ही उसका अपना परिचय होना चाहिए। अगर रिश्तों की दुहाई देकर औरत को सम्मान अर्जित करना पड़े, तो वह सम्मान सच्चे अर्थों में उसे सम्मानित नहीं करता।

औरत...आखिर तो औरत जात है! ऐसी भी एक बात खासी प्रचलित है। औरत का सम्मान तो करना ही चाहिए, क्योंकि वह माँ है। यहाँ तो ठीक-ठीक सम्मान की बात भी नहीं कही गई है। 'चूँकि औरत काफी तकलीफ उठाकर प्रसव करती है। इसलिए उन बेचारियों को लात-झाड़ू मत मारो! उनको मारे-पीटे बिना भी तो काम चल सकता है।'—मामला यही कुछ है। यहाँ 'माँ' कहकर, जो गौरव दिया गया है, मेरे ख़्याल से वह किसी भी बेटी की माँ के लिए गौरव की बात नहीं है। यहाँ मर्दों के जन्म का जिक्र किया गया है। बेटों को जन्म देकर माताएँ महान् काम करती हैं, इसलिए औरतों के उछाल फेंकने के बिना भी तो चल सकता है? औरतें मातृस्वरूपा होती हैं, यह कहने के पीछे, जो मक़सद काम करता है, वह इसी क़िस्म का होता है।

औरतों का सम्मान करने के बारे में सैकड़ों तरह के तर्क दिए जाते हैं। लेकिन, मर्द का सम्मान करने के लिए किसी तरह का तर्क खड़ा करने की ज़रूरत नहीं पड़ती, दिमाग़ में इस क़िस्म का ख़्याल बिठाने की ज़रूरत ही नहीं होती कि ये मर्द बाप के जात हैं। इन्हें बाप-भाइयों की तरह देखा जाए वगैरह-वगैरह! मर्द के पक्ष में इन सब तर्कों की ज़रूरत नहीं पड़ती, क्योंकि औरतें किसी तर्क या उदाहरण के बिना ही, मर्द का सम्मान करती हैं, क्योंकि मर्द, इंसान है और औरतें, मर्द को इंसान का सम्मान देती आई हैं।

औरत को इंसान होने की मर्यादा, उन्हें अपने हक़ के तौर पर मिलेगी, मर्द

की माँ-बहन होने के रिश्ते से नहीं! उस रिश्ते के कैमोफ्लेज में भी नहीं। जो लोग औरत को माँ-बहन के रूप में देखने की सलाह देते हैं मैं उन्हीं लोगों से पूछना चाहती हूँ, औरत को रिश्तों की करुणा लेने की क्या ज़रूरत है? वह किसी की माँ या बहन होते हुए भी सिर्फ इंसान के रूप में, इंसान के परिचय के जरिए ही क्या सम्मान पाने की योग्यता नहीं रखती? हम सब जानते हैं, औरत में यह योग्यता मौजूद है, और उसे इसका हक़ भी है। जो लोग उसका यह अधिकार तोड़ना चाहते हैं, उनमें सिर्फ अनपढ़ लोग ही नहीं हैं, पढ़े-लिखे लोग भी शामिल हैं। औरतों को प्रतिक्रियाशील लोगों से कही ज़्यादा, मक्कार और बनावटी प्रगतिशील मर्दों के बारे में सावधान रहना होगा, क्योंकि ये लोग औरत के चेहरे पर धीरे-धीरे माँ-खाला-बहन का मुखौटा चढ़ा देते हैं। इन सब सामाजिक रिश्तों के बाहर, औरत का कोई परिचय स्वीकार नहीं होता। औरत मानो जन्म-जन्मांतरों की मेधाहीन, बुद्धिहीन है। चंद रिश्तों का जाल बिछाकर मर्द, औरत को आटे का लोंदा बना देता है। रोटी-पूड़ी, पराँठे की तरह समय-सुविधा मुताबिक, वह औरत में माँ-बहन-खाला वगैरह का रूप गढ़ लेता है। इससे औरत नामक आटे का गोला, तरह-तरह के आकार लेकर, समाज के तवे पर सिर्फ जलती-झुलसती रहती है। पुनश्च : औरत इंसान है—यही हो, औरत का पहला और आखिरी परिचय।

मर्द का लीला-खेल

(1)

आजकल औरतें सड़कों पर अख़बार बेच रही हैं। सिर्फ बच्चियाँ और किशोरियाँ ही नहीं, जवान-जहान औरतें, यहाँ तक कि अधेड़ औरतें भी हॉकर का धंधा कर रही हैं। जीविका कमाने के लिए, मेहनत करनेवाली औरतों के तन-बदन पर एक अनोखी दीप्ति झलकती है। मैंने ऐसी दीप्ति, हाथ में फूल या अख़बार लिए, गाड़ियों-सवारियों की तरफ भागती-दौड़ती औरतों में भी देखी है। मुमकिन है, उन औरतों को पैसे कम मिलते हों, सैकड़ों लोग, सैकड़ों तरह से उन औरतों को ठग रहे हों; वे औरतें अभाव और मोहताजी से भी मुक्त न हों, लेकिन इन्हीं सब वजहों से उनमें जो आत्मविश्वास भी पैदा होने लगा है, वह भी कितनी औरतों में होता है? समाज के ऊँचे-ऊँचे तबकों की औरतों की निगाहों में अजब-सा धुँधलापन देखा है। वे औरतें दूसरों पर ही निर्भर रहना चाहती हैं, अलस, बलहीन, अंधी, हीनतर और अवरुद्ध रहना चाहती हैं। सच तो यह है कि यह सब वे औरतें खुद नहीं चाहतीं, ऐसा चाहने के लिए उन लोगों को अवश किया जाता है। वह जो कहते हैं, काँटे से काँटा निकालना! पुरुषवादी समाज के लोग, औरत की समूची बल-क्षमता, साड़ी, गहना, लहसुन-प्याज की गृहस्थी, दो-चार कच्चे-बच्चे और चारदीवारों के कमरे देकर, खरीद लेते हैं। देश की अधिकांश पढ़ी-लिखी शिक्षित औरतें, इन सब तुच्छ विषय-वासनाओं के बदले में बिक जाती हैं।

एक अजीब-सी अक्षमता का दामन थामे, विकृत विक्रीत चीज़ की तरह, बस, पड़ी रहती हैं।

(2)

ढाका शहर के एक महिला मैजिस्ट्रेट को क़त्ल कर दिया गया है। क्योंकि उसने लियाक़त अली ख़ान नामक एक मैजिस्ट्रेट को ब्याह करने से इनकार कर दिया था। इसलिए मैजिस्ट्रेट शाहिदा को लियाक़त के हाथों मरना पड़ा। ब्याह से इनकार करने का नतीजा यह निकला। मेरा ख्याल है, लियाक़त और शाहिदा में मित्रता या प्रेम जैसा कुछ

था। इसीलिए लियाक़त ने अपना हक़ इस्तेमाल किया, ज़ोर-ज़बर्दस्ती से काम लिया। मर्द जिस-तिस रिश्ते के बहाने पर ज़ोर-जबर्दस्ती करते हैं। वह रिश्ता चाहे पिता का हो, भाई का हो, दोस्त का हो, पति या पुत्र का हो। उन लोगों ने तय कर लिया है कि औरत उनके हुक्म का अक्षर-अक्षर पालन करेगी। अगर कोई पालन न करे; फ़र्ज़ करें बेटी अपने पिता की अवज्ञा करती है—तब बेटी अगर बालिग़ उम्र की नहीं है, तो पिता उसे धर-पकड़कर, जोर-जबरदस्ती उसका ब्याह कर देता है या कमरे में क़ैद कर देता है। वैसे बेटा अगर अवज्ञा करे, तो न तो उसका ज़ोर-जबर्दस्ती ब्याह किया जाता है, न उसे घर-बंदी बनाया जाता है; न उसके पैरों में बेड़ी पहनाई जाती है, बल्कि मध्य और उच्च-वित्त समाज में उस बाग़ी बेटे को विदेश भेज दिया जाता है। यानी बाग़ी बेटे का भविष्य और उजला बनाया जाता है; उसे आत्मनिर्भर बनाने का इंतज़ाम किया जाता है, जबकि बेटी को परनिर्भर बनाया जाता है यानी उसका सर्वनाश कर दिया जाता है। वैसे औरत अगर अनुशासनहीन न भी हो, तो भी उसके अभिभावक उसका सर्वनाश करने को हर वक्त तैयार बैठे होते हैं। हाँ, औरत अगर अनुशासनहीन हुई, आज्ञा-उल्लंघन करने वाली हुई, तो उसका सर्वनाश ज़रा जल्दी ही कर देते हैं।

भाई भी हमेशा बहनों पर ही ज़ोर आजमाते हैं। गृहस्थी में भाइयों की फ़रमाइशें बजा लाने की जिम्मेदारी बहनों पर ही होती है। खुद न खाकर, भाइयों के लिए बचा रखना, भाई को मछली का बड़ा टुकड़ा खिलाकर, खुद मामूली-सा कुछ मुँह में डाल लेने का 'कल्चर' अभिभावक ही सिखा देते हैं। ऊपर से पिता की ज़मीन-जायदाद में, जो बूँद भर हिस्सा नसीब होता है, उस पर भी ज़ोर-ज़बर्दस्ती दख़ल जमाने में, मर्द बेजोड़ होते हैं। पति के 'हक़' और ज़ोर-ज़बर्दस्ती का ज़िक्र करना तो बिल्कुल ही फिजूल है! मुझे पक्का विश्वास है कि हर शादीशुदा औरत को बखूबी जानकारी है कि उन्हें किसकी उँगलियों के इशारे पर चलना है; उन्हें किसके हुक्म पर अंधी-बहरी और अपाहिज या लाचार होकर ज़िंदा रहना है! वैसे एकाध व्यतिक्रम भी होता है, लेकिन व्यतिक्रम कोई उदाहरण तो नहीं होता। जब पूरे समाज की ही यह हालत है, तो मित्र या प्रेमी या किसी और रिश्ते के बहाने ज़ोर-जबर्दस्ती भला क्यों न की जाए? लियाक़त ने भी यह समझ लिया था कि वह मर्द है; वह जो भी कहे, शाहिदा को वह सब मानना ही होगा। शाहिदा ने उसकी बात नहीं मानी। उस मर्द की बात मानने से, उस औरत ने शायद इसलिए इनकार कर दिया, क्योंकि वह शिक्षित और स्वनिर्भर औरत थी, वह अपनी इच्छा-अनिच्छा का मोल चुकाने को तैयार थी। लेकिन लियाक़त यह बात क्यों मानने लगा? वह अपनी शारीरिक ताकत, छुरे की ताकत और पुरुषांग की ताक़त न लगाता तो वह कैसा मर्द बच्चा है? मर्द तो ऐसा ख़ास जंतु है, जो अपने दाँत, नाखून और निगाहों की हिंस्रता के जरिए अपना पौरुष जाहिर करना चाहता है! मैंने हमेशा यही देखा है कि मर्दों में मनुष्यता काफी कम होती है। मनुष्यत्व और पुरुषत्व में शायद चिरकालीन विरोध होता है।

लियाक़त अगर शाहिदा से ब्याह भी कर लेता, तो भी शाहिदा को तिल-तिल करके मरना ही होता। उसके भीतर के लगातार क्षरण को कोई देख भी नहीं पाता। लोग-बाग़ यही समझते कि क्या शानदार जोड़ी है! लोग-बाग तो आज भी आँखों के नीचे झलकते सियाह धब्बे या उसकी पीठ पर मार के नीले निशान सँजोए औरत को बेझिझक सुखी ही समझते। लियाक़त असली मर्द-बच्चा निकला! उसने मर्दों जैसा ही काम किया। बेहद ठंडे दिमाग से, उसने उस औरत का खून कर डाला।

मुनीर को अगर फाँसी हो गई, तो मर्दों को अच्छा सबक़ मिलेगा। लेकिन, लियाक़त को क्या कोई सबक़ मिला? नहीं, कोई सबक़ नहीं मिला। मेरा ख्याल है, दुनिया में किसी भी मर्द को, कभी, कोई सबक़ नहीं मिलेगा। मौका मिलते ही, वे लोग औरत की गर्दन पर छुरा बिठा देते हैं। ऐसे लोगों को फाँसी तो क्या, इन्हें नंगा करके गले में रस्सी बाँधकर सड़कों पर सरे-आम घुमाना चाहिए, ताकि हर इंसान उनकी परिणति देखे, ताकि इन लोगों का सड़ा-गला गोश्त सियार-चील खा डालें। ऐसे लोगों को फाँसी पर लटका देना, तो एक तरह से उन लोगों को बचा लेने जैसा है। दो-एक लोगों के अलावा, किसी ने भी नहीं देखा, किसी ने भी नहीं समझा, लियाक़त जैसे बदमाश का कलेजा भी बूँद भर भी नहीं काँपा।--ना! फाँसी से काम नहीं चलेगा, जघन्य इंसानों के लिए जघन्य से जघन्य सज़ा का इंतज़ाम करना चाहिए। इस सज़ा के लिए आंदोलन न करना पड़े। अदालत के दरवाजे तक जाकर, नारेबाज़ी न करना पड़े। आखिर कितने अत्याचारियों के लिए महिला-परिषदों को चीखना-चिल्लाना होगा? ये लोग तो देश के चप्पे-चप्पे में अत्याचार बरसा रहे हैं। इन अत्याचारियों की गिनती क्या उँगलियों की पोरों पर की जा सकती है? खूनी मर्द क्या इक़बाल, मुनीर, या लियाक़त ही हैं? अफ़ज़ल, शफीक, रियाजुद्दीन, सिराज, खोका, जुल्मत, वगैरह ने क्या खून नहीं किया? आप लोग तलाश कर देखें, खून इन लोगों ने भी किया है!

बासाबो में नीलोफर नामक एक औरत का उसके पति ने क़त्ल कर दिया। वह पति इन दिनों बहाल-तबीयत घूमफिर रहा है! उसे कौन पकड़नेवाला है? उसके पास पैसों का ज़ोर है; सबसे ज़्यादा सरकार का ज़ोर है! जिसके पास सरकार का ज़ोर है, वह चाहे जितना भी बड़ा चोर-डाकू-बदमाश या खूनी हो, वह ठीक पार पा जाता है। सरकार ने अपने प्यारे बंदों के लिए, बड़े प्यार से एक पुलिया बना रखी है। अल्लाहताला के पुलसेरात से कहीं ज़्यादा मज़बूत है यह पुलिया!

सेवक की अपूर्व सेवा

8 जुलाई के एक राष्ट्रीय दैनिक के पहले पन्ने पर पटुआखाली के एक लॉन्च-यात्री के बलात्कार की ख़बर छपी है! सबसे मजेदार बात यह है कि उस लॉन्च-यात्री का बलात्कार किसी चोर-डाकू या लॉन्च के मस्तान लड़कों ने नहीं, दारूबाज़ बदमाशों ने नहीं, बल्कि उस लॉन्च की सुरक्षा के लिए तैनात 'अंसार' यानी पहरेदारों ने किया। वे लोग मुसम्मात बेगम नामक एक बीस-वर्षीया औरत को अपने केबिन में खींच ले गए और उन लोगों ने ज़ोर-जबर्दस्ती उसका बलात्कार कर डाला। वे कुल पाँच लोग थे। पाँच-पाँच अंसारों ने बारी-बारी से उस औरत का बलात्कार किया। पूरा लॉन्च लोगों से भरा हुआ, लेकिन वे लोग ज़रा भी परेशान नहीं हुए। इन सेवकों के पुरुषांग उस भीड़भरे लॉन्च में, एक महिला यात्री के लिए तन गए। खैर, पुरुषांग तनने में मुझे कोई एतराज नहीं है। वे लोग सेवक भले हों, आखिर हैं तो मर्द, पुरुषांग तो तनेगा ही! वह औरत अगर उनकी उत्तेजना में साथ देती, अगर ऐसा हुआ होता कि पाँच लोगों से संगम करने में, मुसम्मात बेगम को कोई एतराज नहीं होता, तब इस बात को लेकर, समूचे देश में, कोई भी बवाल नहीं उठाता? बवाल उठाने का सवाल ही नहीं उठता। पारस्परिक रिश्ते में अगर दोनों की रज़ामंदी हो, तो हर इंसान को यह आज़ादी है कि वह किसी भी रिश्ते की गहराई में उतर जाए। लेकिन ज़ोर जबर्दस्ती कोई भी रिश्ता स्थापित नहीं किया जा सकता। ज़ोर-जबर्दस्ती कोई भी रिश्ता नहीं बनाना चाहए। लोग-बाग़ समाज के सभ्य होने का दावा करते हैं। अगर यह सभ्य समाज है, तो जोर-ज़बर्दस्ती रिश्ता भला क्यों कर संभव है? अभी कल ही सरकार द्वारा नियुक्त किए गए 'अंसार' जिसका मतलब ही है, 'स्वेच्छासेवी', वह भला किसी यात्री के बलात्कार के लिए कैसे आमादा हो सकता है? यात्रियों का सेवक ही, यात्रियों की सुरक्षा के विपरीत काम भला कैसे कर सकता है?

बलात्कार के बाद भी, हमारे सेवक बलात्कार के गुनाह के लिए सज़ा पाने के लिए राज़ी नहीं हैं, इसलिए जब यह ख़बर अंसार ऐडजुटेंट को दी गई, तो पाँचों सेवक-बलात्कारियों को 'सस्पेंड' तो कर दिया गया, लेकिन मुअत्तल करना तो आखिरी बात नहीं है, उन लोगों पर बलात्कार का मुकदमा भी तो चलाया जाना चाहिए।

सबसे बड़ी हैरत की बात तो यह है कि बलात्कार की शिकार औरत के समेत अंसारों को जब ऐडजुटेंट कार्यालय में लाया गया, तब अंसारों ने जैसे ज़ोर-जबर्दस्ती उस औरत का बलात्कार किया था, उसी तरह ज़ोर-जबर्दस्ती ही बलात्कार की शिकार उस औरत को वहाँ से ग़ायब भी कर दिया गया। चूंकि बलात्कार की शिकार वह औरत उपस्थित नहीं थी, इसलिए सूचना यह मिली कि पुलिस साहब लोग मुकदमा दर्ज़ नहीं कर पाए यानी बलात्कार का कोई मामला दर्ज नहीं हो सका। इस बलात्कार की ख़बर लॉन्च के तमाम यात्री जानते हैं; लॉन्च-मालिक भी जानता है; पुलिस जानती हैं, अंसार ऐडजुटेंट भी जानती है, जिस वजह से उन पाँचों को 'सस्पेंड' भी किया गया है, अब पुलिस के लिए उस बलात्कार की शिकार औरत की भला क्या ज़रूरत है? वह औरत तो खुद ही पुलिस स्टेशन जाने को तैयार थी, तब उसे हटा क्यों दिया गया? अब तो उनके खिलाफ दो-दो मुकदमे ठोंके जाने चाहिए। एक बलात्कार के खिलाफ, दूसरा लड़की गायब करने के खिलाफ! वे लोग बलात्कार भी करेंगे, बलात्कार की शिकार को चालाकी से गायब भी कर देंगे और उनके खिलाफ कोई मामला भी नहीं होगा। ऐसा इस सभ्य देश में, अगर वह देश सभ्य है, तो नहीं होना चाहिए। वैसे यह देश उचित-अनुचित की परवाह नहीं करता। सरकार अगर सबसे बड़ी सेवक है, उसने ही तो आम जनता का बलात्कार किया है, शायद इसीलिए अपने छोटे-मोटे सेवकों के बलात्कार को वह क्षमा-सुकर नजरिए से देखती है। इसके अलावा और क्या वजह हो सकती है? इसके अलावा अंसारों के गुनाह के लिए, सज़ा न देने के पक्ष में और कोई तर्क हो सकता है भला?

मुझे यह सोच-सोचकर हैरत होती है कि इस देश की प्रधानमंत्री, एक औरत हैं। हैरत है कि इस देश के विरोधी दल की नेता भी एक औरत है! उन लोगों को घर-बाहर के इन बलात्कारों की क्या कोई ख़बर नहीं मिलती? या मिलती भी है, तो उन लोगों के दिल में कोई आग नहीं लहकती? या उन लोगों को 'बलात्कार, कोई उपयोगी चीज़ लगती है? या इसमें नाराज होने लायक कोई बात नहीं लगती। देश की प्रधानमंत्री, एक अदद महिला होने के बावजूद, देश में अबाध रूप से वधू-हत्या, बलात्कार, अपहरण, एसिड फेंकने, दहेज के लिए अत्याचार, बाल-विवाह वगैरह का सिलसिला जारी है। अभी भी औरत के खिलाफ तरह-तरह के कानून तलवार ताने खड़े हैं। औरत होकर भी औरत का दर्द समझने की क्षमता जिसमें या जिन औरतों में नहीं है, वे लोग इंसान की और क्या सेवा कर सकती हैं! अगर वे ही लोग शोषित-अत्याचारित के पक्ष में खड़ी नहीं हो सकतीं। तब उन लोगों ने किसका पक्ष लेने के लिए महान सेवक की जिम्मेदारी उठाई है? क्या अमीर अत्याचारी, सुविधाभोगी और गुनहगारों का पक्ष लेने की जिम्मेदारी ली है?

पाँचों सेवकों द्वारा बलात्कार कोई ख़ास घटना नहीं है। गाँव-गाँव, शहर-कस्बों में फुटपाथ, लॉन्च, ट्रेन, नौका, जहाजों में इस किस्म के बलात्कार होते ही रहते हैं।

इसके लिए किसी को सज़ा नहीं मिलेगी। इस देश में बलात्कार, कोई दंडनीय अपराध नहीं है। महान सेवकों के संगी-साथी, औरत के खिलाफ फतवा जारी करते रहेंगे। उस फतवे का धूमधाम के साथ पालन भी किया जाएगा। जिस देश में औरत के पक्ष में लिखने के जुर्म पर, लेखक-लेखिकाओं के पासपोर्ट छीन लिए जाते हों, उस देश में फतवे की राजनीति राज करेगी—इसमें हैरत की क्या बात है? अब तो किसी भी बात पर हमें ताज्जुब नहीं होता। हम अख़बारों में 'चौंकानेवाली' ये खबरें देखते हैं, पढ़ते हैं और भूल जाते हैं। अब कुछ भी हमें कातर नहीं करता। हमारी पीठ पर चेतना का कोई चाबुक नहीं पड़ता; क्योंकि अब हम बखूबी जान चुके हैं कि जनता के सेवक ही जब बलात्कारी की भूमिका में उतर पड़ते हैं, तो किसी इंसान की मजाल नहीं है कि उन्हें सज़ा दे सके। इस देश में सेवक तो बदलते रहते हैं, मगर सेवक का चरित्र कभी नहीं बदलता—चाहे वह औरत हो या मर्द!

मुनीर, खूकू और अन्याय

(1)

मुनीर को फाँसी होगी। इस देश में नारी-निर्यातन का ख़ासा बेहतरीन फैसला सुनाया जाता है। मुनीर की फाँसी का इंतज़ाम देखकर, बहुतेरे लोग ऐसी राय बना सकते हैं, लेकिन असल में क्या समूचे देश में औरतों को ऐसा इंसाफ मिलता है? दबाव में पड़कर सरकार या सरकारी न्यायाधीश इस किस्म के फैसले की तरफ बढ़ तो रहे हैं, लेकिन उन पर पत्र-पत्रिकाओं का दबाव न होता, तो मुझे पक्का विश्वास है कि मुनीर आज खुलेआम घूम रहा होता; लोग-बाग उससे हँस-हँसकर बातें करते, कोई-कोई उसे सलाम भी ठोंकते, वह ठीक-ठाक ढंग से कारोबार कर रहा होता; स्मगलिंग करता और कोई भी उसे 'बुरा' न कहता। देश में ऐसे खूनी-बदमाश धड़ल्ले से घूमते रहते हैं, हम सब उन्हें पहचानते भी हैं, लेकिन इस बारे में सोच-विचार की तकलीफ नहीं उठाते। देश में अनगिनत मुनीर, हँसते-खेलते घूम-फिर रहे हैं और हम उन्हें पहचानते नहीं, ऐसा भी नहीं है।

खूकू के बारे में अख़बारों में काफी सारा बकवास लिखा गया है! लोग खूकू को छिः-छिः कर रहे हैं। लेकिन खूकू का कोई कसूर था भला? वह मुनीर के इश्क में पड़ ही सकती थी। इश्क करना या इश्क में पड़ना, कोई गुनाह नहीं है! ख़बरों में यह कहा गया है कि खूकू की उम्र काफी थी, खूकू का पति था; घर-गृहस्थी थी। उसे इश्क में पड़ने की क्या ज़रूरत आ पड़ी? लेकिन...यह भी कोई बात हुई? इश्क करने के लिए क्या कोई सुनिश्चित उम्र होती है? अगर कोई उम्र तय भी हो तो यह सीमा किसने बनाई? उस दिन मैंने शर्म के मारे अपना चेहरा ढाँप लिया था, जिस दिन महिला परिषद की सदस्यों ने कोर्ट के गेट पर खड़े होकर खूकू के लिए फाँसी की माँग की थी! जिसका पति अक्षम और पौरुषहीन हो। जिस पति ने उसे हर बात से वंचित कर रखा हो वह औरत अगर किसी से प्यार कर बैठे और किसी प्रेमी से उसका शारीरिक मानसिक रिश्ता बन जाए, तब किसी को, क्या एतराज हो सकता है? यूँ भी किसी से रिश्ता क़ायम करने के लिए पति को अक्षम घोषित

किया जाए, यह भी मैं नहीं मानती। पति बिल्कुल सक्षम भी हो, फिर भी अगर कोई औरत किसी और से प्यार करने की चाह कर बैठे, तो यह सरासर संभव है! समाज इंसान के प्रति इंसान के प्यार में दीवार क्यों बने? प्यार में दीवार बनने की जिम्मेदारी समाज को किसने दी है? खूकू के साथ मुनीर के रिश्ते को लेकर, देश के लोगों ने इतनी चीख-पुकार क्यों की, यह मेरी समझ से बाहर है। मुनीर ने अपनी बीवी का कत्ल कर डाला। इसके लिए उसे फाँसी होगी। इसमें खूकू का क्या कसूर? खूकू के साथ मुनीर का रिश्ता था, हो ही सकता है! लेकिन इसमें खूकू का तो कोई कसूर नहीं है। मुनीर ने अपनी बीवी को धोखा दिया, क्योंकि उसने खूकू के साथ 'प्यार-मुहब्बत' का खेल तो खेला, मगर उसने उससे ब्याह नहीं किया। समूची घटना में सबसे ज़्यादा निर्यातित हुई है खूकू! समूचे देश ने उसके प्यार पर गालियाँ बरसाईं, लानतें भेजीं, उसे जेल में ठूँस दिया, खूकू का नाम उसने 'बदचलन' औरत घोषित कर दिया। कुल मिलाकर समूचे देश ने 'खूकू' का ही अपमान करके उसे धज्जी-धज्जी कर डाला। खूकू ने प्यार किया था, इसमें उसने कौन-सा गुनाह कर डाला? इस देश में प्यार करना क्या जुर्म है?

मुनीर को फाँसी होगी, यह भली बात है! यानी इस देश में 'हत्या' पर विचार किया जाता है? यानी इस देश में नारी-निर्यातन के बारे में ऐसा ही सुविचार होता है? हमें क्या अब रास्ता घाट पर हत्यारों के चेहरे नज़र नहीं आएँगे? यह देश क्या शठ और शैतानों से मुक्त हो जाएगा? इस देश में क्या धूर्त बदमाश अब नहीं पैदा होंगे? खूनी? हम सब बखूबी जानते हैं कि आजकल खूनी लोगों का ही राज-पाट है! खूनी लोग ही गद्दी पर आसीन हैं? खूनी लोग ही हमारे सिर पर सवार हैं! सबसे ज़्यादा अधिकार खूनी लोगों के ही हाथों में है।

(2)

अब तक धर्म के नाम पर दुनिया में कितने लोगों ने अपनी जान गँवाई है? मुझे मालूम है इसकी गिनती करने की मजाल किसी में भी नहीं है! आखिर इंसान के लिए धर्म है या धर्म के लिए इंसान? धर्म के ठेकेदारों ने इस सवाल का कभी, कोई जवाब नहीं दिया। हम तो यह विश्वास करना चाहते हैं कि धर्म इंसानों के लिए है! लेकिन देश के तमाम लोग यह समझाने को आमादा हैं कि इंसान ही धर्म के लिए है चूंकि किसी ज़माने में धर्म का आविष्कार किया गया था। इसलिए धर्म के लिए ही जीवन विसर्जित भी करना होगा; धर्म के लिए अबाध अधर्म भी करना होगा।

तुर्की काफी सुदूर देश है। उस सुदूर देश में अभी कुछ ही दिन पहले कैसा मार्मिक कांड हो गया। तुर्की के सिवास शहर के एक होटल में, कवि-लेखक, जब आपसी विचार-विमर्श में मगन थे, उस वक्त क्रुद्ध जनता ने उस होटल को घेर लिया और होटल में आग लगा दी। आग लगाने की वजह? उस मीटिंग में अज़ीज़ नसीन,

नामक एक लेखक मौजूद थे। अज़ीज़ नसीन का गुनाह यह था कि वे धर्म नहीं मानते थे और उन्होंने सलमान रुशदी की किताब के कुछेक ख़ास हिस्सों का अनुवाद किया था। अज़ीज़ नसीन धर्म नहीं मानते थे। यह उनका नितांत निजी मामला था। 'अगर इंसान को यह हक़ है कि वह धर्म का पालन करे, तो उसे यह हक़ भी है कि वह धर्म का पालन न करे। अगर आस्तिक होने का हक़ है, तो नास्तिक होने का भी हक़ है। अगर धर्म-प्रचार का हक़ है, तो धर्म-विरोध का अधिकार भी मौजूद है।' अज़ीज़ नसीन का अपराध, अदालत में साबित नहीं हो पाया। इसलिए उनके खिलाफ़ कोई फैसला भी घोषित नहीं हो सका। लेकिन चंद धर्मोन्मादियों ने, उनके नाम फैसला देने के नाम पर, उस होटल को ही जलाकर खाक़ कर दिया। होटल में आग लगाने की वजह से चालीस लोगों की जान चली गई और डेढ़ सौ लोग घायल हुए। जो लोग आहत या निहत हुए, उन लोगों ने ऐसा कौन-सा गुनाह किया था, जो उन्हें मरना पड़ा? होटल में न जाने कितने ही किस्म के लोग मौजूद होते हैं। होटल में आग लगाकर कुछेक बेकसूर-निरीह लोगों को, बिना सोचे-समझे मार डाला गया, इसकी जिम्मेदारी कौन लेगा? धर्म के नाम पर तुर्की में जो हादसा हुआ, उससे क्या तुर्की के सम्मान में चार चाँद लग गए? धर्म के नाम पर अगर कोई होटल जला डाले, इंसान की हत्या कर डाले, उसे जिबह कर डाले, गर्दन की नस काट दे, तो धर्म का गौरव कुछ बढ़ जाता है? मेरी राय में तो इससे गौरव घटता है। धर्म क्या सहनशीलता की हिदायत नहीं देता? धर्म के ये ठेकेदार, शांत-सौम्य, स्थिर, निरुपद्रव क्यों नहीं होते? वे लोग जलाने-फूँकने की चीख-पुकार क्यों मचाते हैं? वे लोग 'खून करो; खत्म करो–' की जल्लादी पुकार क्यों देते हैं? समूची दुनिया में धर्म के नाम पर ध्वंस और रक्तपात का सिलसिला जारी है–इस रक्तपात को रोकने के लिए, आज हर बोधसम्पन्न इंसान को सजग होना चाहिए; क्योंकि अगर हमने आँखें बंद रखीं, तो यह देश भी किसी दिन तुर्की के उस होटल में बदल जाएगा; जिस किसी दिन भी अविवेकी और निर्बुद्धि इंसान इस समूचे देश को जलाकर फूँक देंगे। उस वक्त अगर हम गला फाड़-फाड़कर भी चीखें-चिल्लाएँ, तो भी क्या सही-सलामत बच सकेंगे।

केबिन-क्रू के बारे में

दुनिया के किसी भी सभ्य देश में विमानबालाओं के लिए, उम्र की कोई भी पाबंदी नहीं लगाई गई कि इस उम्र तक औरत नौकरी कर सकती है, उसके बाद नहीं। लेकिन इस देश में उम्र की भी सीमा बाँध दी गई है! इस देश में विमानबालाएँ पैंतीस की उम्र तक नौकरी कर सकती हैं और विमान के पुरुष क्रू की उम्र पैंतालीस वर्ष तक निर्धारित की गई है। लेकिन यह पैंतीस-पैंतालीस की सीमा क्यों? यूरोप या अमेरिका के किसी भी विमान में विमानबालाओं की उम्र नहीं बाँधी गई है। जिस उम्र तक सरकारी नौकरी की जाती है, विमान की नौकरी भी उस उम्र तक की जाती है। साठ, यहाँ तक कि पैंसठ की उम्र तक, औरत हो या मर्द, दुनिया के सभी सभ्य देशों में नौकरी करने का हक़ है। सरकारी नौकरी करने की जो उम्र सुनिश्चित है, उसके बाहर, सिंगापुर विमान में केबिन-क्रू के लिए ख़ास उम्र तय की गई है—विमानबालाओं के लिए चालीस और पुरुष क्रू के लिए पैंतालीस! एकमात्र बंगलादेश में ही पैंतीस और पैंतालीस का हिसाब चलता है! जिस उम्र का किसी भी विमान में पालन नहीं किया जाता, वह बंगलादेश में निभाया जाता है! भारत में भी चालीस-पैंतालीस का नियम लागू था। लेकिन हाईकोर्ट में इस बारे में मुकदमा दायर किया, राजीव गाँधी के शासनकाल में हाईकोर्ट ने उम्र का यह फर्क खारिज कर दिया। अब इन गंदी विषमताओं से भारत भी मुक्त हो चुका है। पाकिस्तान जैसे वज्र मुस्लिम देश में भी अब यह बर्बर रिवाज लागू नहीं है। लेकिन जो सब विषमताएँ या भूलें ख़त्म करके, तीसरी दुनिया के अन्यान्य देश शुद्ध हो चुके हैं, वहीं बंगलादेश के मामले में हम क्या शुद्धता की उम्मीद नहीं कर सकते? विमानबाला की नौकरी में, लड़की अठारह से बाइस की उम्र में आती हैं। पैंतीस की उम्र में उसे यह नौकरी छोड़ देना पड़ती है। इस नौकरी के दम पर लड़की शायद पूरी गृहस्थी चलाती है। लेकिन पैंतीस की उम्र तक पहुँचते ही विमानबालाएँ एकदम से मर तो नहीं जातीं। अगर मर जातीं तब तो समस्या ही ख़त्म हो जाती; मर जातीं तो आत्मनिर्भर होने के पाप या पुण्य से भी मुक्त हो जातीं। लेकिन चूँकि वे मरती नहीं, चूँकि उसके बाद भी जीना, उनकी लाचारी होती है। उन्हें अपनी या अपने परिवार की जिम्मेदारी पैंतीस की उम्र के बाद भी उठानी पड़ती है! पैंतीस की उम्र में अगर औरत को नौकरी से निकाला जाता है, उसके बाद वह किसी भी सरकारी नौकरी के योग्य नहीं रह जाती। वैसे

भी पैंतीस वर्ष की उद्यमी मेहनती औरत को नौकरी से निकाल बाहर करने की आखिर क्या वजह हो सकती है? आम राय यह है कि पैंतीस की उम्र के बाद औरत में यौन-उत्तेजना कम हो जाती है। इसलिए उन्हें नौकरी से ख़ारिज कर दिया जाता है। विमानबाला अगर अपने काम में दक्ष हो तो बंगलादेश विमान को उसकी यौनता से क्या सरोकार है? असल में, हम सब चाहे जितनी भी बातें करें, हमें यह मानकर चलना होगा कि नौकरी के मामले में औरत की प्रतिभा, मेधा, दक्षता वगैरह का भी विचार नहीं होता, बल्कि औरतों से नौकरी करवाने का मतलब है, उसके सेक्स का इस्तेमाल! जब तक उसका सेक्स उमड़ा पड़ता है, औरत को नौकरी करने का हक़ दिया जाता है। सेक्स ख़त्म, तो नौकरी भी ख़त्म!

विमानबालाओं को पैंतीस की उम्र में विदा तो कर दिया जाता है लेकिन उन्हें इसके लिए कोई हरजाना नहीं दिया जाता। अन्यान्य नौकरी में अगर समय से पहले अवसर-ग्रहण कराते हैं, तो हरजाना भी देना पड़ता है। फौज के लोग रिटायर होने के बाद भी राशन-पानी पाते हैं, फौजी-अस्पताल में मुफ़्त इलाज की सुविधा पाते हैं। विमान का पायलट भी अगर सत्तावन वर्ष की उम्र से पहले अवसर लेता है, तो उसे रिटायरमेंट भत्ता और पारितोषिक के अलावा साढ़े चौदह लाख रुपयों का मुआवजा मिलता है। सिर्फ इतना ही नहीं, अवसर प्राप्त पायलट को उसके पूरे परिवार के सभी ख़र्च मिलते हैं। इलाज तक का ख़र्च भी! हाँ, यह सच है कि बड़े-बड़े नौकरिया अफसरों के मुक़ाबले छोटे अफसरों को सुयोग-सुविधा कम है। लेकिन इस वजह से ऐसी निर्लज्ज विषमता भी क्या क़बूल करना होगी?

बंगलादेश विमान में इन दिनों एक नया नियम लागू किया गया है। केबिन-क्रू को पाँच वर्षों के अनुबंध पर नौकरी में लिया जा रहा है। अगर वह व्यक्ति मन मुताबिक हुआ, तो पाँच साल बाद नौकरी का वक्त बढ़ा दिया जाएगा। वर्ना नहीं बढ़ाया जाएगा यानी नौकरी नॉट! यह भी तो एक क़िस्म की अनिश्चयता है! एक अहम पेशे में ऐसी अनिश्चयता का खेल इंसान को अस्थिर किए रहता है; इसलिए धीरज और एकाग्रता भी नहीं रहती।

सन् 80 से पैंतीस और पैंतीस की उम्र की जो मापकाठी प्रचलित है उसे हमेशा के लिए खत्म किया जाना चाहिए। ये औरतें सम्मानित पेशे में हैं! वे लोग वेश्या नहीं हैं कि जवानी ख़त्म होते ही, उन्हें विदा लेना होगा। जबकि विमान अधिकारी विमानबालाओं को वेश्या ही समझते हैं। वे औरतें माँ बनें, इस बात पर भी विमान के उच्चाधिकारियों को प्रबल आपत्ति है। वर्ना उन लोगों को नौ महीने की मेटर्निटी-छुट्टी क्यों नहीं दी जाती? उनकी जमा छुट्टियों में से प्रसूति-छुट्टियाँ क्यों कटवाना होंगी? पैंतीस साल की उम्र में नौकरी गँवा देने के बाद उन्हें मुआवजा क्यों नहीं मिलेगा? मेरे इस सवाल पर बहुतेरे लोग कहेंगे—ऐसा ही नियम है। लेकिन, मेरा एक और भी सवाल है—ऐसा नियम क्यों है? ऐसी असमानता क्यों है? यह विषमता क्यों है? औरत के शोषण का यह बर्बर नियम बंगलादेश विमान में क्यों विराज रहा है?

तीन तलाक़ की गुत्थी और मुसलमान की मुट्ठी

हाल ही में कलकत्ता से किसी ने मुझे फोन पर ख़बर दी कि भारत की मुस्लिम बेंच ने यह फतवा जारी किया है कि 'तीन तलाक़' कहने भर में अब तलाक़ नहीं होगा। (सरकार ने मेरा पासपोर्ट छीन लिया है। ताकि मैं देश से बाहर न जा सकूँ। लेकिन इतनी मेहरबानी की है कि मेरी टेलीफोन-लाइन अभी भी अक्षत छोड़ दी है।) उसकी आवाज़ में खुशी छलकी पड़ रही है मानों उसे कोई बहुत बड़ी विजय नसीब हुई है! लेकिन उसकी ख़बर पर मैंने कोई उच्छ्वास प्रकट नहीं किया, मानो जिस दीवार को बिल्कुल ही तोड़ डालना ज़रूरी है उसमें महज एक सूराख कर पाने में कोई बहादुरी नहीं है। भारत के मुसलमान अभी भी शरीयत क़ानून मुताबिक चलते हैं। 'तलाक़' उच्चारण करने भर से तलाक़ हो जाता है महज चाहने भर से चार-चार शादियाँ रचाई जा सकती हैं (हाँ, इस देश में एक अदद अनुमति लेने का नाटक भी रचा जाता है)। वैसे औरत को अपने शौहर को तलाक़ देने का कतई, कोई हक़ नहीं है।

हैदराबाद के एक गैर-बंगाली मुसलमान लड़की ने, हाल ही में मुसलमानों के घड़े में सार-तत्व की ख़बर देते हुए कहा—'बी. जे. पी. अगर सत्ता में आ गई, तो हम सबका भला ही होगा।'

मैं उसकी बात सुनकर आतंकित हो उठी! यह लड़की कहती क्या है? बी. जे. पी. मुसलमानों का अमंगल करने के बजाय, मंगल क्यों करने लगी?

उस लड़की ने कहा, 'बी. जे. पी. समूचे भारत में, सन् 1956 का हिंदू एक्ट लागू करेगी, जहाँ औरत मर्द के बराबर-बराबर हक़ की बात लिखी हुई है। अगर यह बात सच हो गई तो मुसलमानों के लिए ज़रूर यह खुशख़बरी है। बेटियों को पिता की संपत्ति में बेटों जैसा हक़ मिलेगा; तलाक़ कहने भर से तलाक़ नहीं होगा; खाना-खुराकी, मेहर अदायगी का पाखंड ख़त्म होगा; बीवियों को अपने बर्बर पतियों को तलाक़ देने का हक़ होगा और एक से ज़्यादा बीवियों के साथ अपनी गृहस्थी बसाने का ऐशो-आराम, मर्दों को अब नसीब नहीं होगा।'

उस लड़की की बातों ने मुझे सोच में डाल दिया। ऐसे मामूली, निर्विरोध, प्रगति की पक्षधर लड़की को अगर औरत-मर्द के समान अधिकार के लिए बी. जे. पी.

का समर्थन करना पड़े, तो यह शर्मिंदगी क्या अकेली सिर्फ उस लड़की की है या समूची मुसलमान बिरादरी की? अभी चंद दिनों पहले ही बी. जे. पी. के दिल्ली कार्यालय में भारत के मुसलमान नेताओं ने जुम्मे का नमाज़ अदा किया है। इसके पीछे राजनीतिक जलेबी की पेंच है। एक पार्टी की जब दूसरी पार्टी से मुठभेड़ होती है, तो ऐसा लगता है, वे एक-दूसरे को घास की तरह खचाखच काट डालेंगी! असल में यह सब कुछ ऊपर-ऊपर ही होता है, अंदर ही अंदर इसकी मंदिर में वह नमाज़ पढ़ता है। उसकी मस्जिद में यह पूजा करता है। वैसे यह सिर्फ नेताओं में ही होता है! दुर्योग तो आम आदमी का होता है, जो न गुत्थी समझते हैं न मुट्ठी समझते हैं।

बंगलादेश जैसे अशिक्षित, पिछड़े हुए और धर्मग्रस्त देश में भी, सन् 1961 में मुस्लिम पारिवारिक कानून के बारे में अध्यादेश जारी किया गया। शरीयत कानून और इस अध्यादेश में ख़ास कोई फर्क़ नहीं है। फिर भी 'तलाक़' शब्द उच्चारण करने भर से ही तलाक़ नहीं होता, यूनियन परिषद में नोटिस देना होती है। उस नोटिस की कॉपी बीवी को भी थमाते हैं और नोटिस देने के नब्बे दिन बाद, यह लागू होता है! (बीवी तीन बार ऋतुमती हो ले, तो नब्बे दिन के बाद, यह सुनिश्चित हो जाता है कि उसकी कोख में उसके पति का बच्चा नहीं है) इसमें से कोई भी शर्त अगर पूरी नहीं हुई तो नब्बे दिन यानी इद्दत की मियाद पार हो जाने के बाद भी तलाक़ मंजूर नहीं होता। 'बहु विवाह' के लिए भी सालिशी परिषद् यानी मध्यस्थ संस्था की अनुमति ज़रूरी होती है, बीवी या बीवियों की अनुमति ज़रूरी होती है। बंगलादेश में भी किसी ज़माने में शरियत क़ानून चलता था, आज उस क़ानून में जो छिटपुट परिवर्तन हुआ है, हैरत है कि इतने अर्से में भी, उसकी हवा तक भारत के बदन पर नहीं लगी। एक अदद धर्मनिरपेक्ष देश अपने सभी धर्म-विश्वासी नागरिकों के लिए अगर एक आधुनिक, धर्मनिरपेक्ष क़ानून प्रतिष्ठित न कर सके तो इस देश की धर्म निरपेक्षता के प्रति कम से कम मेरा कोई पक्षपात नहीं है! अगर कोई यह कहे कि 'मुल्ले ही नहीं मानते, रुकावट डालते हैं।'—तो इसका भी जवाब मौजूद है—'वे नहीं मानते, इसलिए राष्ट्र उन्हें पीट-पीटकर इंसान क्यों नहीं बनाता?' कमरे में अगर चूहा मरा पड़ा हो, तो नाक पर खुशबूदार रूमाल भर रख लेने से, बदबू नहीं जाती। पाठा को इंसान बनाने में बड़ा झमेला है—यह सब समझ-बूझकर ही कह रही हूँ कि ऐसे लोगों को इंसान बनाने के अलावा और कोई राह भी नहीं है। ये मुल्ले कब ज़रा-सी छूट देंगे, तो मुसलमान औरतें राहत की साँस लेंगी (शरिया का पत्थर तो सिर्फ औरतों को ही दबाता-पीसता है), भारत जैसे अग्रसर देश में ऐसे नियम का चलन नहीं होना चाहिए।

इस देश की हालत भी वैसी की वैसी! औरतें तलाक दे सकती हैं या नहीं—काबिननामा में ऐसा ही एक सवाल जोड़ दिया गया है। पति अगर करुणा करे और औरत को तलाक़ देने का हक़ दे डाले, तभी अभागी औरत को वह अधिकार

नसीब होता है, वर्ना तलाक़ देने के लिए अदालत दौड़ना पड़ता है। तलाक़ का कारण दर्शाना पड़ता है। उन कारणों का क़ानून के कारणों से मेल खाना ज़रूरी है। पति मज़ा नहीं देता, पति मुझे पीटता नहीं, पति मुझे खाना-कपड़ा तो देता है, लेकिन मैं उसे प्यार नहीं करती, इसलिए मैं पति को छोड़ना चाहती हूँ—ये सब बातें कोई सुनेगा। तलाक़ नहीं होगा! देश की बड़ी-बड़ी नायिका-गायिका को भी तलाक़ का हक़ नहीं होता। उन लोगों को भी अदालत में मामला दायर करके ही, अपने बर्बर पति से तलाक़ देना पड़ता है। मुसलमान सब छोड़ देते हैं, धर्म तक छोड़ देते हैं, मगर शरियत क़ानून नहीं छोड़ते।

धर्म के नाम पर इन सब अनाचारों के खिलाफ ज़ोरदार आंदोलन गढ़ना होगा, वर्ना मुसलमानों की ही नहीं, इंसान की मुक्ति भी असंभव है! समूचे उपमहादेश में इन असभ्य बेअदब इंसानों ने धर्म को लेकर जो तांडव शुरू किया है, इंसान को तर्कहीन, बोधहीन, गूँगा-बहरा बनाने की जो हीन साजिश जारी है, अगर उसका अभी ही, जड़ से विनाश न किया गया, तो भविष्य में विकराल अँधेरा मुँहबाए हुए, हमें यूँ निगल लेगा कि हम अपने अड़ोसी-पड़ोसी, नाते-रिश्तेदार तो क्या, खुद अपने को भी पहचानना भूल जाएँगे और खुदकुशी कर लेंगे।

उत्तराधिकार–1

इस देश के उत्तराधिकार कानून, धर्म के आधार पर बनाए गए हैं। मुसलमानों का उत्तराधिकार कुछ यूँ है–मृत औरत को अगर कोई संतान या संतान की संतान न हो, तो औरत की जायदाद का $\frac{1}{2}$ हिस्सा पति को मिल जाता है! मृत औरत की संतान मौजूद हो, भले वह पति की जायज़ संतान हो या न हो। पति को $\frac{1}{4}$ हिस्सा मिलता है। बिल्कुल इसी तरह, मृत पति की संतान या संतान की संतान मौजूद हो, तो पति की संपत्ति में बीवी को $\frac{1}{2}$ हिस्सा मिलना चाहिए, लेकिन बीवी को वह हिस्सा कभी भी नहीं मिलता। उसे $\frac{1}{4}$ हिस्सा मिलता है और पति की संतान मौजूद हो, तो बीवी को $\frac{1}{4}$ हिस्से के बजाय $\frac{1}{8}$ हिस्सा मिलता है।

अगर किसी शख्स की मौत हो जाती है, और उसके माँ-बाप ज़िंदा हैं, तो संपत्ति का बँटवारा कुछ यूँ होता है–माँ को $\frac{1}{3}$ हिस्सा मिलता है; पिता को $\frac{2}{3}$ हिस्सा मिलता है। दो या दो से अधिक भाई-बहन मौजूद हों, तो माँ को $\frac{1}{6}$ हिस्सा मिलता है। अगर भाई-बहन न हों, तो $\frac{1}{3}$ हिस्सा प्राप्त होता है। पिता को मिलता है $\frac{5}{6}$ हिस्सा। भाई-बहनों को कुछ नहीं मिलता। क्योंकि उनके माँ-बाप मौजूद होते हैं।

उत्तराधिकार-लाभ के मामले में बेटी का हिस्सा $\frac{1}{2}$ होता है। दो या ज्यादा बेटियाँ हों, तो उन सबको मिला-जुलाकर $\frac{2}{3}$ हिस्सा मिलता है। लेकिन अगर बेटा भी मौजूद हो, तो बेटी को एग्नेटिक वारिस के तौर पर यानी अवशिष्ट अंश के तौर पर, हिस्सा मिलता है। एक बेटा और बेटी का अनुपात 2 : 1 यानी हर बेटे को, बेटी से दुगना हिस्सा मिलता है।

यह है सुन्नी मुसलमानों के उत्तराधिकार कानून की नितांत छिटपुट मिसाल! उत्तराधिकार में अगर इतनी विषमता हो, तो हम यह ज़रूर सोच सकते हैं कि माता और पिता बराबर नहीं होते; बेटी और बेटे को भी बराबरी का हक़ नहीं है, मियाँ-बीवी भी बराबरी के हक़दार नहीं हैं। इनमें फर्क़ है! यह फर्क़ आखिर क्यों है? क्यों माँ, बेटी और बीवी को पिता-पुत्र-पति के बराबर सम्मान नहीं मिलता? इस जीती-जागती विषमता को सामने रखकर, जो मर्द या औरत अगर यह सोचे कि वे लोग तृप्त हैं, सुखी और संतुष्ट हैं, तो वे लोग अपनी कब्र, अपने आप खोद रहे हैं और चतुर दर्शक तालियाँ बजा-बजाकर उनका अभिनंदन कर रहे हैं। चूँकि मैं चतुर नहीं हूँ,

इसलिए जायदाद-बँटवारे का यह नमूना देखकर, बाकी सभी मर्दों की तरह सुख-चैन की साँस नहीं ले पाती। मैं समाज की विकृत, वंचित, घर्षित, निरीह, निरुपाय औरत हूँ। उत्तराधिकार का यह क़ानून, मैं मानने से इनकार करती हूँ। मैं संपत्ति-बाँटने में समान और स्वस्थ क़ानून चाहती हूँ। आज और अभी से चाहती हूँ। देश की पहली प्रधानमंत्री के बदन पर इस चरम विषमता की क्या ज़रा भी आँच नहीं लगती? मुझे तो लगती है, उन्हें क्यों नहीं लगती? अगर वे इंसान हैं, औरत हैं, विवेकवान और बद्धिमान हैं; अगर वे सच्ची, ईमानदार और निष्ठावान् हैं, तो उनके भी दिल पर, इस असमान हिस्सेदारी का चाबुक ज़रूर पड़ता है।

लोगों का कहना है कि बाप की संपत्ति अगर बेटियाँ लेती हैं, तो उन्हें 'सहता नहीं'। कमाल है! बाप की संपत्ति बेटियों को नहीं सहती, सिर्फ बेटों को सहती है! यानी रास आने का काम मर्द का 'गुप्तांग' करता है। जिनके पास 'पुरुषांग' नहीं है, उनके बदन पर काँटे उगे होते हैं, वे टें बोल जाती हैं। यही सब समझा-बुझाकर, धूर्त लोग बेटियों को विमुख करने की कोशिश करते हैं और अंत में उन्हें वंचित करके ही दम लेते हैं।

जायदाद का फ़ायदा, मातृकुल से ज़्यादा पितृकुल को होता है! मामा और खाला से कहीं ज़्यादा काका और फूफी के हिस्से में आता है। काका और फूफी को मिलता है $\frac{2}{3}$ भाग; मामा और खाला को मिलता है $\frac{1}{3}$ भाग! यानी मातृकुल ही ठगा जाता है! माँ-बेटी बीवी ही ठगी जाती हैं! शरिया क़ानून ने ही ठगने की यह विधि तैयार की है। शरिया विधि के पंजों ने उत्तराधिकार का तन-बदन दबोच रखा है!

औरत कभी भी किसी भी संपत्ति में 'हिस्सेदार' नहीं होती। वह 'अवशिष्टांशभोगी' है! अवशिष्टांशभोगी, दूसरे दर्जे की वैध उत्तराधिकारी होती है। औरत जैसे दूसरे दर्जे की नागरिक है, उसी तरह दूसरे दर्ज़े की उत्तराधिकारिणी भी है! उसे सिर्फ 'अवशिष्ट' यानी जो बच रहता है, वही मिलता है! जैसे घर के मर्दों के खाने-पीने के बाद, जो बच रहता है औरत बस, वही खाती है! उसी तरह संपत्ति में भी मर्द-हिस्सेदारों को हिस्सा मिलने के बाद, जो तलछट बच रहती है, वह औरत को मिलता है। बीवी, बेटी, माँ, बहन सौतेली बहन—सभी को संपत्ति का अवशिष्टांश ही नसीब होता है! हिस्सेदार कोई भी नहीं होती। कोई भी पहले दर्ज़े की उत्तराधिकारी नहीं होती। उस पर से यह अवशिष्टांश भोग करने में भी समाज बिरादरी रोड़े अटकाती है। लोग-बाग़ आवाजें कसते हैं—'बेटियाँ अगर संपत्ति लेती हैं, तो उन्हें सहता नहीं है।'

अस्तु, जायदाद उन्हें भी रास आए, इसके लिए क़दम उठाना होगा। 'सहता नहीं'—यह कहकर महज मर्दों में ही हिस्सा-बाँट करना, नहीं चलेगा। पिता के बराबर ही माता को, पुत्र के बराबर ही पुत्री को, पति के बराबर ही पत्नी को—अगर समान अधिकार देने की व्यवस्था की जाए, तो सब-कुछ सहने लगेगा। अगर ऐसी व्यवस्था नहीं की गई, तो जो सरकार, हमारे तमाम क़ानूनों की सिरमौर है, हम ज़्यादा दिन उसे नहीं सहेंगे।

उत्तराधिकार–2

मुसलमानों के उत्तराधिकर के बारे में, मैं लिख चुकी हूँ, जहाँ औरतों को निर्लज्ज तरीके से ठगा जाता है। औरतों को सिर्फ इस्लाम धर्म में ही नहीं ठगा गया है, सभी धर्मों में लगभग यही हालत है! बंगलादेश की हिंदू धर्मावलंबी लड़कियाँ निग्रह की क्या कम शिकार हैं? हिंदू उत्तराधिकार क़ानून में तो क़िस्म क़िस्म के क़ानून प्रचलित हैं! एक मितक्षरा और दायभाग! बंगलादेश और भारत के पश्चिम बंगाल, आसाम, त्रिपुरा और मणिपुर प्रदेशों में, अधिकांश हिंदू संप्रदाय, दायभाग उत्तराधिकार कानून द्वारा शासित हैं और वे लोग दायभाग नीति का ही अनुसरण करते हैं! दायभाग क़ानून में एक हिंदू अपनी समूची पैतृक संपत्ति और अपनी मेहनत से अर्जित अन्यान्य संपत्ति का पूर्णतः मालिक है! अपने जीते-जी वह अपनी संपत्ति, चाहे जिस भी तरह से हस्तांतर कर सकता है।

दायभाग क़ानून मुताबिक मृत व्यक्ति के तीन वर्गों के उत्तराधिकारी होते हैं–सपिंड, साकुल्य और समानोदक! जो व्यक्ति पिंडदान करता है, जो व्यक्ति पिंड ग्रहण करता है और जो व्यक्ति पिंडदान में हिस्सा लेता है–वे सब परस्पर 'सपिंड' होते हैं! जो रिश्तेदार, मृत व्यक्ति के श्राद्ध के समय, पिंड पर लेप करते हैं, वे सब मृत व्यक्ति के 'साकुल्य' होते हैं ओर जो रिश्तेदार, मृत व्यक्ति के श्राद्ध में पिंड पर जल चढ़ाते हैं, वे लोग मृतक के 'समानोदक' होते हैं।

पितृकुल की तीन पीढ़ी, यथा पिता, पितामह और प्रपितामह और मातृकुल की तीन पीढ़ी, यथा माँ का पिता, पिता का पिता और पिता के पिता के पिता को 'सपिंड' माना जाता है, क्योंकि मृत व्यक्ति को अपने जीवनकाल में उन लोगों को पिंडदान करना ही पड़ता। मृत व्यक्ति के श्राद्ध में, पिंडदान के दौरान जिन लोगों को पिंडदान करना ही पड़ता है, वे सब मृत व्यक्ति के सपिंड होते हैं! ये सभी सपिंड हैं–पुत्र की तरफ से पुत्र, पुत्र के पुत्र, पुत्र के पुत्र के पुत्र और बेटी की तरफ से बेटी का पुत्र, पुत्र की बेटी का पुत्र, पुत्र के पुत्र का पुत्र! मृत व्यक्ति के अलावा वे तमाम लोग जो मृत व्यक्ति के पूर्वपुरुषों का पिंडदान करते रहे हैं, वे लोग भी मृत व्यक्ति के सपिंड होते हैं।

दायभाग उत्तराधिकार क़ानून के मुताबिक सपिंड के अग्राधिकार के आधार पर क्रम कुछ यूँ है–

1. पुत्र 2. पौत्र 3. प्रपौत्र 4. विधवा पत्नी–अगर पुत्र, पौत्र, प्रपौत्र, जिंदा न हों, तो 5. बेटी–पुत्र, पौत्र, प्रपौत्र और विधवा पत्नी जीवित न हों, तो वह मृत पिता की छोड़ी हुई संपत्ति की उत्तराधिकारी होगी। बदचलन, बाँझ, पुत्रहीना और जिस बेटी को सिर्फ बेटी ही बेटी हैं, ऐसी औरत पिता की संपत्ति की उत्तराधिकरी नहीं हो सकती। 6. बेटी का बेटा–बेटी की मौत के बाद, बेटी का पुत्र सपिंड के तौर पर मृत व्यक्ति की छोड़ी हुई जायदाद का पूर्णतः मालिक होता है। 7. पिता 8. माँ–दायभाग उत्तराधिकार क़ानून के मुताबिक बदचलन माँ, मृत पुत्र की संपत्ति की उत्तराधिकारी नहीं हो सकती। 9. भाई 10. भाई का बेटा 11. भाई के बेटे का बेटा 12. बहन का बेटा 13. पिता का पिता 14. पिता की माँ 15. पिता का भाई 16. उसका पुत्र 17. उसका पौत्र 18. पिता की बहन का पुत्र 19. पिता के पिता का पिता 20. पिता के पिता की माँ 21. पिता का फूफा 22. उसका बेटा 23. उसका पौत्र 24. पिता के पिता की बहन का पुत्र 25. पुत्र की कन्या का पुत्र 26. पुत्र के पुत्र की कन्या का पुत्र 27. भाई के पुत्र की कन्या का पुत्र 28. फूफा की कन्या का पुत्र 29. फूफा के पुत्र की कन्या का पुत्र 30. पिता के फूफा की कन्या का पुत्र 31. पिता के फूफा के पुत्र की बेटी का पुत्र 32. माँ का पिता 33. माता का भाई 34. उसका पुत्र 35. उसका पौत्र 36. माँ की बहन का पुत्र 37. माँ के पिता का पिता 38. उसका पुत्र 39. उसका पौत्र 40. उसका प्रपौत्र 41. उसकी बेटी का बेटा 42. माता के पिता के पिता का पिता 43. उसका पुत्र 44. उसका पौत्र 45. उसका प्रपौत्र 46. उसकी बेटी का पुत्र 47. माँ के पिता के पुत्र की बेटी का पुत्र 48. उसके पुत्र के पुत्र की बेटी का पुत्र 49. माँ के पिता के पिता के बेटे की बेटी का पुत्र 50. उसके पुत्र के पुत्र की बेटी का पुत्र 51. माँ के पिता के पिता के पिता की बेटी का पुत्र 52. उसके पुत्र के पुत्र की बेटी का पुत्र!

ये बावन लोग सपिंड हैं यानी तब उत्तराधिकारी कौन है? सभी पिता, पुत्र, पौत्र, प्रपौत्र हैं। बीवी, बेटी, माता को संपत्ति तभी मिलती है, जब कोई मर्द उत्तराधिकारी जीवित न हो, वह भी सैकड़ों शर्तों पर मिलती है। औरत अगर बदचलन, बाँझ या पुत्रहीना हुई, तो उसे संपत्ति नहीं मिल सकती। पिता, पुत्र, पौत्र अगर चरित्रभष्ट भी हों, तो भी वे संपत्ति के अधिकारी हैं। सारा एतराज सिर्फ औरत के बारे में है! क्रमानुसार उत्तराधिकारियों के परिचय पर गौर किया जाए, तो कोई भी इंसान अगर वह सच ही इंसान है, तो वह ज़रूर चकित होगा, क्योंकि पुत्र, पौत्र, प्रपौत्र वगैरह ही संपत्ति पाते रहते हैं, तब तक औरत जिंदा ही नहीं रहती, विधवा औरत भी बची नहीं रहती यानी उन लोगों को संपत्ति नसीब हो, इसकी कोई संभावना नहीं बच रहती। इसके बाद, बेटी का बेटा, हालांकि लाइन में खड़ा होता है। बहन का

बेटा भी हक़दार होता है। लेकिन बहन, बहन की बेटी, बहन की बेटी की बेटी उस हिस्सेदारी में गायब होते हैं! पिता का भाई, उसका बेटा, उसका पोता तो कतार में होता है, लेकिन पिता की बहन या उसकी बेटी उत्तराधिकार की सूची में नहीं है! यहाँ तक कि पिता का फूफा-काका, उनके बेटे, उनके पोते, पिता के पिता की बहन का बेटा, बेटे की बेटी का पुत्र तक उस फेहरिस्त में शामिल हैं। मगर काका-फूफा की कोई बेटी हक़दार नहीं होती, पिता के पिता की बहन की बेटी भी नहीं या बेटे की बेटी की बेटी भी नहीं! माँ का भाई, पिता, मामा का बेटा, पोता, परपोता भी संपत्ति में हिस्सेदार हो सकते हैं। लेकिन माँ की बहन, माँ, मामा की बेटी, नातिनों का कोई हक़ नहीं होता। जायदाद किसी भिन्न गोत्र में भले चली जाए, मगर किसी औरत को हरगिज नहीं मिल सकती। माँ की बहन को हिस्सा नहीं मिलेगा, लेकिन माँ की बहन का पुत्र ज़रूर हक़दार है! माँ के पिता के पिता के पुत्र की बेटी को कुछ नहीं मिलेगा, हाँ उस बेटी के बेटे को हिस्सा ज़रूर मिलेगा। उत्तराधिकार का यह नमूना ही क्या जाहिर नहीं करता कि औरत के मुक़ाबले मर्द का आधिपत्य, प्रभाव, मर्दों की ज़ोर-ज़बर्दस्ती और धृष्टता है?

साकुल्य और समानोदक भी पिता के पिता, तस्य पिता, बेटे के बेटे, उसके बेटे, उसके पोते-परपोते ही हक़दार होते हैं। इस उत्तराधिकार तालिका में औरत का नामोनिशान तक नहीं है। औरत कुछ भी पाने की हक़दार नहीं है। सिर्फ देने के लिए है! लोग-बाग़ सोचते हैं कि औरत को धन-दौलत, ज़मीन-जायदाद की भला क्या ज़रूरत? उसे तो पिता-पति-पुत्र के अधीन बस, जीते रहना है। आश्रित लता की तरह पुरुष के अंग से लिपटे रहना है। औरत को स्वाधीन और स्वावलंबी बनने देने में, समाज बेतरह नाराज़ होता है! समाज ने उसे हर मायने में निःस्व कर डाला है, उसे अचल और अनाथ बना दिया है।

अधिकार-अनधिकार

(1)

सन् 1925 के भारतीय उत्तराधिकार कानून का 24-28 (अंश 4) और 29-49 (अंश-5) धाराएँ, बंगलादेश और भारत के ईसाइयों पर लागू हैं! वंश और पुरखों से आए हुए व्यक्ति, परस्पर सगोत्र होते हैं। सगोत्र में शामिल हैं–पिता, पितामह, प्रपितामह, प्रपितामह के पिता और दूसरी तरफ पुत्र, पौत्र, प्रपौत्र! पिता की तरफ के भाई, भाई के बेटे। भाई के बेटे के बेटे! पितामह की तरफ के पिता के भाई यानी काका, पिता के काका, जेठू, चचेरे भाई-बहन, चचेरे भाई-बहनों के बेटे और पोते। प्रपितामह की तरफ से पितामह के भाई। पिता के चचेरे-जेठू के बेटे, पिता के चचेरे-जेठू के बेटे के बेटे। और प्रपितामह के पिता की तरफ के प्रपितामह के भाई, आपस में सगोत्र होते हैं। सगोत्र में औरत के लिए कोई जगह नहीं है। हाँ, काफी खोज-बीन की जाए, तो कुल्लमकुल, चचेरी बहन का उल्लेख मिल जाता है। वह भी काफी झीना-सा!

सन् 1956 के भारतीय संशोधित हिंदू उत्तराधिकार कानून की तहत, बंगलादेश का बौद्ध संप्रदाय भी आता है। हालाँकि यह क़ानून बंगलादेश के हिंदू उत्तराधिकार क़ानून में अभी भी गृहीत नहीं हुआ। बंगलादेश के मारुआ बौद्धों को छोड़कर, बंगलादेश के बौद्ध संप्रदाय का उत्तराधिकार दायभाग, हिंदू क़ानून के दायरे में शामिल है! ब्रह्मदेशीय बौद्ध और बंगला के मारुआ बौद्ध, ब्रह्मदेशीय उत्तराधिकार कानून मानते हैं। उनका क्रम निम्नलिखित है–1. पुत्र 2. पौत्र 3. प्रपौत्र 4. दत्तक पुत्र 5. सौतेली माँ का पुत्र 6. नाजायज संतान 7. नाजायज सौत की संतान 8. भाई-बहन 9. पिता के पिता-माता 10. दूर के रिश्तेदार (भाई का बेटा और बेटी, चाची-फूफी, भाई के बेटे के बेटे-बेटी, कज़िन, भाई के बेटे और बेटी के पौत्र-पौत्री, कज़िन की संतान, कज़िन के पौत्र की संतान, कज़िन की संतान के प्रपौत्र) इन सबको उत्तराधिकार मिलता है। कज़िन तक के पौत्र-प्रपौत्र तक को यह हक़ मिलता है। मगर अपनी सगी बेटी इस सूची में शामिल नहीं है।

वैसे यह बंगलादेश के बौद्धों का कूानन नहीं है। सन् 1956 के हिंदू सक्शेसन एक्ट, ब्रह्मदेश के क़ानून की तुलना में काफी उन्नत है! बंगलादेश में बहाल हिंदू-मुस्लिम

ईसाई लोगों के उत्तराधिकार क़ानून के मुकाबले भी कहीं ज़्यादा उन्नत है।

(2)

बहुत-से लोगों ने मुझसे कहा है कि मैं काफी मुश्किल विषय पर लिख रही हूँ! मुश्किल विषय यानी उत्तराधिकार क़ानून! 'यह मुश्किल विषय क्यों है?'—यह पूछने पर, कुछेक लड़कियों का जवाब मिला—'इन सबकी तो मुझे समझ-वमझ नहीं है—?'

मैंने हँसकर टहोका मारा, 'हाँ, इन सबकी समझ भला क्यों होने लगी? अगर समझतीं, तो तुम्हारे होठों पर 'सब कुछ मिला है' की हँसी झूल रही होती? तुम्हारा मन इतना तृप्त होता भला?'

पता नहीं, उन लोगों को मेरा यह तिरस्कार भी समझ में आया या नहीं, लेकिन यह अनुरोध वे लोग ज़रूर कर गईं कि मैं यह रूखी-सूखी आलोचना छोड़कर, मर्दों की पिटाई कैसे की जाए, इस बारे में लिखूँ। उत्तराधिकार के झमेले में कोई नहीं पड़ना चाहता। यह झमेला नहीं, तो और क्या है? गज-इंच का फीता लेकर शतांश की माप-जोख और अपने भाइयों से छीन-झपट करना, सही और शोभन नहीं लगता। हज़ार हो, है तो अपना भाई, चलो, सारा कुछ ले लेने दो। वैसे भी, बाप की ज़मीन में अपना हिस्सा माँगना, लोग लालची कहेंगे। विवाह से पहले तक बाप ने ही तो खिलाया-पहनाया, अब पति खिला-पहना रहा है। इसमें कुछ असुविधा तो नहीं है। खामखाह असभ्य-बेअदब की तरह, बाप की दो छटाँक-ज़मीन पर दाँत गड़ाना क्यों ज़रूरी है? यही है हमारे यहाँ मध्यवित्त और उच्चवित्त औरतों की मानसिकता और निम्नवित्त के पास तो ज़मीन ही नहीं है। अगर छिटपुट ज़मीन हो भी और उसमें कोई हिस्सा माँगने आए, तो भाई उन्हें लतिया-जुतियाकर खदेड़ देते हैं!

लेकिन, ऐसी-ऐसी घटनाएँ, आखिर कितने दिनों तक घटती रहेंगी? आखिर कब तक हमारी निरीह, निर्बोध, प्रताड़ित औरतें यही सोचती रहेंगी, कि पिता की ज़मीन-जायदाद सिर्फ बेटों के लिए है, बेटियों के लिए बिल्कुल नहीं है और अगर कुछ है भी, तो निहायत छिटपुट! यह इंतज़ाम, सिर झुकाकर वे क्यों क़बूल करें? आखिर उन्हें कब यह ख़्याल आएगा कि पिता की जायदाद में बेटे और बेटी का बराबर-बराबर हक़ होना चाहिए? आख़िर बेटी भी तो मुकम्मल इंसान है! बेटों की तुलना में वह कोई 'कम-संतान' नहीं है; कुछ 'कम-मूल्यवान' नहीं है; कुछ 'कम-मेधावी' नहीं है! जिस दिन औरतों में यह अहसास जागेगा, वे लोग खुद ही अपने माँ-बाप के हाथों में 'उत्तराधिकार कानून' का इंची-टेप थमा देंगी और कहेंगी 'मेरा जो कुछ भी, जितना भी प्राप्य है, सब मुझे सौंप दो! मुझे कौड़ी-कौड़ी हिसाब चाहिए।' मैं इस दुनिया में इसलिए नहीं आई कि अपने हक़ का सारा कुछ दान-दक्षिणा में लुटा दूँ। जो कुछ भी मेरा है, शत-प्रतिशत मुझे चाहिए। पुत्र की रचना में जहाँ एक 'स्पर्म' और एक 'ओवम' की ज़रूरत होती है, वहाँ लड़की की रचना में आधा 'स्पर्म' और

आधा 'ओवम' नहीं लगता। तब जायदाद के संदर्भ में ही उसे आधा-अधूरा क्यों मिले?

पुरुष प्रगतिवादी, तरह-तरह के आंदोलन छेड़ते रहते हैं। लेकिन उत्तराधिकार के बारे में वे लोग कभी चूँ तक नहीं करते। इस बारे में रत्ती भर भी छेड़छाड़ उन्हें सख़्त नापसंद है! मैं ऐसे ढेरों विप्लवी, समाजसेवी लोगों को जानती हूँ, जिन लोगों ने नाप-जोखकर, अपनी बहनों से आधी जमीन वसूल की है यानी बहन को ठग लिया है। देश-व्यवस्था में कोई भी हेर-फेर नज़र आया नहीं कि वे लोग उत्तैजित हो उठते हैं। लेकिन, ज़मीन के बँटवारे में ज़रा भी हेर-फेर या विषमता देखकर, वे लोग अतिशय शांत बने रहते हैं यानी ज़रा भी उत्तेजित नहीं होते। यानी शरियत क़ानून माफिक और कुछ भले न चले, उत्तराधिकार क़ानून जैसा चल रहा है, चलता रहे। विवाह-व्यवस्था भी पहले की तरह ही चलती रहे, क्योंकि इसमें बहु-विवाह की सुविधा जो है!

ऐसे में जो भी करना है, औरत को ही करना होगा। औरत के लिए सुयोग-सुविधा खुद औरत को ही रचना-गढ़ना होगा। तमाम प्रतिबंध उसे खुद ही मिटाना होगा। अपनी राह आसान करने की जिम्मेदारी, खुद उसी की है! हमारे समाज में 'गुलाम आयम' तो आसानी से पैदा हो जाते हैं, लेकिन 'ईश्वरचंद्र विद्यासागर' जन्म नहीं लेते। इसलिए तो 'बहु-विवाह' भी दूर नहीं होता, संपत्ति में बराबरी का अधिकार भी नहीं जुटता।

इसलिए हर औरत को 'जोन ऑफ आर्क' बनना होगा, मेरी वेलूस्टोनक्रॉफ्ट, प्रीतिलता, लीला नाग, बेग़म रुकैया बनना होगा। औरत को पानी के समान अपने शीतल मन में, सैकड़ों बारूद की आग धधकाना होगी। आज इसकी बेहद ज़रूरत है!

औरत को लेकर, फिर एक नया मज़ाक़

गृहवधुओं की तनख़ाह कितनी होगी, इस बारे में 'बीतता-गुज़रता दिन' काफी चिंतित और परेशान है। चंद गृहवधुओं ने गृहस्थी में अपने काम-काज का हिसाब करके, घर के बाकी नौकर-चाकरों की तरह, अपने लिए भी एक निश्चित तनख़ाह तय कर ली है यानी वे लोग भी, घर के नौकरों की तरह ही, महीने-महीने तनख़ाह लिया करेंगी। औरतों को लेकर, मसखरी करने में, एक क़िस्म का सुख मिलता है। शायद इसीलिए समूचे देश में मसखरी की 'हुक्की' पड़ गई है। यह देश तो और कोई सुख जुटा नहीं सकता, इसलिए औरत जुटाकर ही उसे किसी तरह अपनी लाज बचाना पड़ती है। गृहवधू क्या अपने पति की तनख़ाहयाफ्ता कर्मचारी है? खाना पकाने, कपड़े-लत्ते धोने, घर की साफ़-सफ़ाई करना, बच्चे पढ़ाना, रात को पति को अंग-संग देना वगैरह कामों के लिए उन्हें पारिश्रमिक चाहिए और पारिश्रमिक के इन रुपयों से गृहवधुएँ करेंगी क्या? पति के लिए शर्ट, अपने लिए साड़ी, बच्चे के लिए खिलोने-गाड़ी, घर-सजावट की सामग्रियाँ, रसोई के लिए मसाला-पाती—इन सबके बाहर, उसका और कोई खर्च भी क्या है? पिंजरे में क़ैद 'जीव' पिंजरे को ही नए सिरे से जगाएगी। पति के रुपए, जब तनख़ाह के तौर पर पत्नी के हाथों में आएँगे तब पत्नी की क्या मजाल कि ये रुपए वह पिंजरे यानी गृहस्थी के बाहर कहीं और ख़र्च करे? नहीं, उसकी ऐसी मजाल हरगिज़ नहीं हो सकती क्योंकि वह अपनी नौकरानी-तुल्य पत्नी को मुमकिन है, तनख़ाह देते रहें, मगर यह भी ज़रूर पूछेंगे या हिसाब माँगेंगे कि उनके रुपए, उनकी पत्नी ने कहाँ ख़र्च किए। पत्नी ने अगर वे रुपए, अपने माँ-बाप, भाई-बहन को दिए हों, तो पति वर्ग इतने उदार नहीं होते कि वे मूड ख़राब न करें। उन्हें यह ख़्याल न आए कि उनकी पत्नी का मोह-प्यार सिर्फ अपने पीहर के लिए है, पति या ससुराल के प्रति नहीं है। पत्नी अगर अपनी सखी-सहेलियों के साथ ज़रा मौज-मज़ा करे और रुपए खाने-पीने और सैर-तफरीह में उड़ा दे, तो यह मंतव्य जड़ा जाएगा कि बीवी अतिशय उग्र, गृहस्थी के प्रति उदासीन, स्वेच्छाचारिणी, अशुभ-मनहूस और बदचलन है। बीवी अगर ये रुपए, सिर्फ अपने पर ख़र्च करे, तो कहा जाएगा, बीवी बेहद स्वार्थी है। अगर वह रुपए जमा करती

रहे, तो कहा जाएंगा कि वह बेतरह कंजूस है। यानी औरत का किसी तरह भी निस्तार नहीं है। पति की दी हुई तनख़ाह उसे अपनी गृहस्थी में पति के रुपयों की तरह ही ख़र्च करना होगी। सारे रुपए उसे पति की गृहस्थी में ही उँड़ेलने होंगे। फिर तनख़ाह के रूप में चंद रुपए, एक हाथ से दूसरे हाथ में देने की ज़रूरत क्या है? इस मामले में नौकर-चाकरों को तो थोड़ी-बहुत आज़ादी है। नौकर-चाकर ने अपनी तनख़ाह किस पर ख़र्च की, यह पूछने वाला कोई नहीं होता। नौकर अपने रुपए, अगर पानी में भी फेंक आए, तो इस पर एतराज करनेवाला कोई नहीं होता, लेकिन बीवी अगर वे रुपए पानी में बहा दे, तो उसे निरंतर आहत होना होगा कि वे रुपए पानी में क्यों फेंके गए? क्यों नहीं इन-उन रुपयों से उसने यह-वह काम निपटा डाला?

इसका मतलब यह है कि उन्हें आज़ादी तो दी गई, लेकिन तुम्हारे इर्द-गिर्द एक दायरा खींच दिया गया है और तुम इस घेरे के बाहर क़दम नहीं रख सकतीं। तुम्हारी हथेली पर ये चंद रुपए तो टिका दिए गए, लेकिन इशारे-इशारे में यह भी समझा दिया गया है कि इन रुपयों से तुम यह-यह करना। जैसे विभिन्न उत्सव-पर्वों पर बच्चों के हाथ पर बख़्शीश के तौर पर रुपए तो टिका दिए जाते हैं, मगर बच्चे वे रुपए अपने अभिभावक की हिदायत मुताबिक ख़र्च करने को लाचार होते हैं। जैसे, इन रुपयों से आइसक्रीम नहीं खरीदोगे; बाँसुरी नहीं ख़रीदोगे; तारा-बत्ती भी नहीं! हाँ इन रुपयों से कोई ड्रेस या एक जोड़ा जूते ख़रीदे जा सकते हैं। असल में उनको बहलाने के लिए, रुपए उनकी हथेली पर धर दिए जाते हैं, ताकि उन्हें हाथ में लेने की खुशी में वे मगन रहें। रुपए उन बच्चों के हाथ में तो होते नहीं, इसलिए रुपयों का परस देकर, उन्हें खुश किया जाता है। काफी कुछ खेल में जीते हुए, सोने के कप जैसा? ज़रा देर के बाद, कप हटा लिया जाता है! वैसे ही औरत भी अगर रुपयों को छूकर, ज़रा खुश होती है, तो छू ले। झूठ का कटोरा, अमल आनंद से भरा रहे।

गृहवधुओं के पैरों में बेड़ी पड़ी रहती है मन में ज़ंजीर! इतनी ज्यादा बेड़ियाँ पहने इंसान रुपयों का आखिर करेगा क्या? औरत को नियम के बाहर, दीवार के बाहर तो कोई निकलने नहीं देगा। 'उम्र क़ैद' की सजा झेलते हुए मुजरिम के लिए गड्डी-गड्डी रुपयों का आखिर मोल ही क्या है? सच तो यह है कि गृहवधू के हाथों में टिकाए गए रुपए, उसके अपने रुपए नहीं होते। उसे यह हक़ कतई नहीं है कि वह अपनी मर्जी-मुताबिक रुपए ख़र्च करे। उसे तो चलने-फिरने बोलने दौड़ने या रुपए खर्च करने का हक, अभी तक नहीं मिला है। स्वेच्छाचार, उसके लिए संभव नहीं है, स्वेच्छाचार का मतलब है—अपनी इच्छा मुताबिक आचार—! औरत के लिए यह संभव नहीं है। क्योंकि समाज में ऐसा परिवेश फिलहाल तैयार ही नहीं हुआ है! अगर ऐसा नहीं है, औरत अगर स्वावलंबी नहीं है, आज़ाद नहीं है, तो उसे गुलामी की ज़ंजीरों में जकड़कर, चाहे जितना भी दूध-भात खिलाया जाए, रहेगी वह गुलाम

ही! बैल के बदन पर चाहे जितना भी तेल चुपड़ा जाए? वह बैल ही कहलाएगा, उसे कोल्हू का बैल बने रहकर, तेल पेरने के काम में ही जुटे रहना होता है।

इस मामले में औरत इंसान ही समझी जाती है। हालाँकि उससे बैल का ही काम लिया जाता है! उससे धोबी, बावर्ची, नौकरानी, पतिता, माली, चौकीदार—सभी तरह के काम कराए जाते हैं, क्योंकि औरत जब एक ही साथ बहु-प्रतिमा की मूरत हो, तभी वह सार्थक, गुणवंती बहू कहलाती है। आजकल कुछेक मर्दों को शायद यह शौक चर्राया है कि वे लोग गृहवधुओं को अपने कर्मचारी के तौर पर देखेंगे, इसलिए उसे भी एक प्रतिमा मानकर उन लोगों ने प्रस्ताव दिया है कि अब से अपने इस पालतू जीव को भी वे रुपए-पैसे देंगे। जैसे पालतू मैना के प्रति उन लोगों के मन में अतिरिक्त दर्द उथला पड़ता है, उसी तरह इन मर्दों के मन में भी औरत के प्रति ज़रा ज़्यादा कृपा बरसने लगी है।

सच पूछें, तो पति को दोस्त होना चाहिए, प्रभु या मालिक नहीं! औरत उसकी वेतनयाफ़्ता कर्मचारी नहीं होती। औरत को शिक्षित होना है, स्वावलंबी होना है, हर क्षेत्र में स्वाधीनता अर्जित करना है! उनकी गृहस्थी, दोनों के ही प्यार और विश्वास का आँगन हो। इनमें से एक अगर दूसरे पर कुछ लाद दे या थोप दे, तो गृहस्थी नहीं चल सकती। वह तो विषमताओं की माँद बन जाएगा। विषमताओं के उस माँद में अगर रुपयों का लेन-देन भी हो, तो इस वजह से विषमताओं में कभी हेर-फेर नहीं होता। पहले ये विषमताएँ मिटाने के लिए संघर्ष करना होगा। इसमें गृहवधुओं की भी हिस्सेदारी ज़रूरी है। उनकी लड़ाई गृहवधुओं के तौर पर नहीं होगी। बल्कि औरत के तौर पर होगी। उनकी लड़ाई, अपने पति से तनख़ाह पाने के लिए नहीं होगी, अपने को इंसान के तौर पर दुनिया, समाज में प्रतिष्ठित करने के लिए होगी। उन लोगों को इस लड़ाई में कूद पड़ना होगा और अपने इंसान होने का पूरा-पूरा हक़ वसूल करना होगा। ये पति तनख़ाह के तौर पर भले कुछ दे दें, मगर उन्हें इंसान नहीं बनने देंगे बल्कि सिर्फ आधुनिकता की चटनी परोसते रहेंगे (जिसे चाटकर पेट नहीं भरेगा, सिर्फ जुबान तृप्त होगी) ख़ैर, यह भी तो एक क़िस्म की नई हथकड़ी-बेड़ी है।

मुझे पासपोर्ट वापस कब मिलेगा, माननीय गृहमंत्री?

मैं इस मुल्क की एक अदद अति-मामूली नागरिक हूँ। न मैं कोई मंत्री हूँ, न सेक्रेटरी, न राजनीतिक न उद्योगपति। मैं तो नितांत नगण्य इंसान हूँ! पिछली तेईस जनवरी को कलकत्ता के आवृत्तिलोक द्वारा आयोजित, कविता-कार्यक्रम में हिस्सा लेने जा रही थी। वहाँ मेरे अनगिनत पाठक, मेरा इंतज़ार कर रहे थे। लेकिन एमिग्रेशन की तरफ से यह कहा गया कि मुझे जाने नहीं दिया जाएगा। मुझे क्यों नहीं जाने दिया जा रहा है? मुझे बाहर जाने की सरकारी अनुमति नहीं है। इसलिए! चलो, अच्छी बात है! मैंने सोचा, अब सरकारी अनुमति लेकर ही बाहर जाऊँगी। पिछली चौबीस जनवरी को ढाका मेडिकल कॉलेज के अधिकारियों से अनुमति पत्र लेकर, मैं स्वास्थ्य विभाग के महानिदेशक को दे आई। पूरा दिन गुज़र गया, महानिदेशक ने अनुमति नहीं दी। मुझे अनुमति क्यों नहीं दी, जब मैंने पता किया, तो जानकारी मिली कि उन्होंने मेरी फाइल पर इन्क़लाब की 'रिपोर्ट' चिपका दी है। यह फाइल वे किसी को भी छूने नहीं दे रहे हैं। कभी अपनी गोद में, कभी कांख में दबाए घूम रहे हैं। इन्क़लाब की रिपोर्ट में, मेरा पासपोर्ट नक़ली बताया गया है। और अप्रासंगिक तौर पर मेरे लेखन से, कई-कई मिसालें देते हुए, यह लिखा गया है कि भविष्य में मुझे कोई न कोई सज़ा देना बेहद ज़रूरी है। पासपोर्ट के साथ मेरे लिखने का सरोकार, इस इन्क़लाब गुट का आविष्कार है! जैसे उन लोगों ने बेहद रहस्यजनक तरीके से मेरे पासपोर्ट की तस्वीर आविष्कार करके अपने अखबार में छाप दी है।

मुझे छुट्टी बिताने के लिए बंगलादेश के बाहर जाने की मंजूरी क्यों नहीं मिलेगी, जब मैंने यह सवाल किया तो स्वास्थ्य विभाग की तरफ से यह सूचित किया गया कि चूँकि 'इन्क़लाब' में इस बारे में काफी कुछ लिखा जा रहा है, इसीलिए मंजूरी नहीं मिल सकती! स्वास्थ्य विभाग पर 'इन्क़लाब' का इतना जबरदस्त असर देखकर, मैं सचमुच हैरान हूँ। अगर विभाग की नज़र में कोई क़सूर किया भी है, तो मुझे सज़ा देने के बारे में मेरा विभाग यानी स्वास्थ्य विभाग निर्णय लेगा, इन्क़लाब तो

हरगिज नहीं! 'इन्क़लाब' मेरा निर्णायक नहीं हो सकता! लेकिन बंगलादेश के बाहर छुट्टियाँ बिताने के मामले में स्वास्थ्य मंत्रालय का आचरण और मेरी पर्सनल फाइल पर इन्क़लाब की रिपोर्ट चिपका हुआ देखकर लोग, यही राय क़ायम करेंगे कि इन्क़लाब ही शायद स्वास्थ्य और गृह मंत्रालय का माँ-बाप है। गृह मंत्रालय इसलिए कहा, क्योंकि इन्क़लाब की रिपोर्ट, पुलिस के खास विभाग में वरदान बनकर उतरी है! उन लोगों ने भी फाइल खोल ली है और इन्क़लाब जो भी कहता है, उसी मुताबिक काम कर रही है। वे लोग भी मेरी किताबें पढ़ रहे हैं और लाल स्याही के निशान लगा रहे हैं।

जब मैं यह कॉलम लिख रही हूँ, तब तक मेरे पासपोर्ट पर कब्ज़ा किए हुए, पूरे तीन महीने, ग्यारह दिन गुज़र चुके हैं! इन तीन महीने, ग्यारह दिनों के दौरान स्वास्थ्य और गृह मंत्रालय से मुझे कोई सूचना नहीं दी गई। चूँकि हवाई अड्डे के एमिग्रेशन की तरफ से मुझे यह हिदायत दी गई थी कि मैं अपना पासपोर्ट पुलिस के एस बी विभाग से वापस ले लूँ, मैं हर दिन वहाँ अपना आदमी भेजती रही, मगर निराश होना पड़ा। कट्टरवादी गुट का हर अखबार, बड़े दंभ से यह प्रचार कर रहा है कि मेरा पासपोर्ट नक़ली था। वैसे पासपोर्ट पर मेरा ही नाम है। मेरे अब्बू का भी नाम दर्ज़ है! मेरे ही घर का पता दर्ज़ है! मेरे ही क़द, बाईं आँख पर काले तिल का हवाला दिया गया है। चूँकि मैं अख़बारों में कॉलम भी लिखती हूँ, इसलिए पेशे के तौर पर 'पत्रकारिता' लिखा हुआ है! चूँकि मुझे पत्रकारिता का काम पसंद है, इसलिए मैंने अपना पेशा 'पत्रकारिता' लिखा था। इसकी जगह मैं कवि या लेखिका भी लिख सकती थी। दूसरी तरफ मैं डॉक्टर भी थी! ख़ैर, मेरे अनगिनत कामकाज हो सकते हैं और बहुत मुमकिन है कि उनमें से कोई एक पेशा मुझे पसंद हो। अनगिनत कामकाज में से सिर्फ एक का उल्लेख और देश से बाहर जाने के लिए सरकारी अनुमति न लेना यह नितांत तकनीकी भूल हो सकती है! महज इतनी सी भूल की वजह से पासपोर्ट ले लेना और लगभग साढ़े तीन महीने तक पासपोर्ट वापस न देना, हरगिज सही नहीं है!

स्वास्थ्य विभाग ने जब मुझे बंगलादेश के बाहर जाने की अनुमति नहीं दी, मैंने अपनी मर्जी से खुद ही सरकारी नौकरी से इस्तीफा दे दिया। हैरत है कि मेरा इस्तीफा मंजूर करने की भी, ऊपरवाले कोई जरूरत महसूस नहीं कर रहे हैं। जहाँ कहीं, जो भी दरख़्वास्त दिया, सब अचल पड़ा रहा! मैंने स्वास्थ्य-सचिव को भी दरख़्वास्त भेजा कि या तो मुझे बंगलादेश जाने की मंजूरी दी जाए या मेरा इस्तीफा क़बूल किया जाए। इसका भी कोई जवाब नहीं आया। इसके बाद मैंने तय किया कि मैं स्वास्थ्य और गृहमंत्री से सीधे-सीधे बात करूँगी। लेकिन मैंने गौर किया उनसे मुलाक़ात करने में बहुत सारी रुकावटें आ रही हैं। मुझे अंदाज़ा हो गया कि वे लोग मुझसे भेंट नहीं करेंगे। लेकिन यह अशोभन असहयोग क्यों? किसी इंसान का नागरिक

अधिकार छीनकर यूँ ख़ामोश, बेआवाज़ बैठे रहने का आखिर क्या मतलब है? क्या इसी का नाम लोकतंत्र है? हमारी चाहत का लोकतंत्र?

सरकारी अनुमति लेकर, देश के बाहर जाने का, किसी भी सभ्य देश का नियम नहीं है। लेकिन यह नियम जैसे-तैसे इसी देश में बचा रह गया है! जैसे-तैसे इसलिए कहा क्योंकि इस देश के निन्यानबे प्रतिशत सरकारी कर्मचारी या अधिकारी, सरकारी अनुमति के बिना ही आराम से देश के बाहर आते-जाते रहते हैं और इस बात की हमारे गृह मंत्रालय को भी बखूबी जानकारी है। मैं जो परिचय लेकर, कलकत्ता जा रही थी, वह किसी डॉक्टर का नहीं, कवि के परिचय समेत, कविता पढ़ने जा रही थी। वहाँ पत्रकारिता संबंधी मेरी किताब 'निर्वाचित कलाम' के पाठक, मेरी राह देख रहे थे। अपने पत्रकार होने का परिचय देना या सरकारी अनुमति न लेना, गृह मंत्रालय ने अगर मेरा गुनाह मान लिया हो तो अब तक मुझे इसके लिए सज़ा क्यों नहीं दी? मुझे नहीं लगता कि मैंने कोई गुनाह किया है। कवि या पत्रकार के तौर पर देश से बाहर किसी कार्यक्रम में हिस्सा लेने के लिए जाने में सरकारी अनुमति जरूरी होती है, मुझे तो यह भी नहीं मालूम था। अब मेरा कसूर खोदकर निकालें और जो सज़ा देनी हो, मुझे दे डालें। लेकिन इससे पहले, मेहरबानी करके, मेरा जायज पासपोर्ट तो मुझे वापस कर दें, माननीय गृहमंत्री! मेरा नागरिक अधिकार तो मुझे वापस कर दें! मेरा पासपोर्ट मुझे कब वापस मिलेगा। यह जानने का तो हक़ मुझे है या नहीं है?

कितनी बार घूघू, तुम खा जाओगे धान?

रोटी कपड़ा और मकान—ये तीन शब्द एक साथ ही जुबान से निकलते हैं, क्योंकि शरीफ इंसान के लिए सबसे पहले यही तीनों चीजें ज़रूरी हैं। सिर्फ अन्न से काम नहीं चलता, सिर्फ़ मकान होने से भी बात नहीं बनती, कपड़ों की भी ज़रूरत होती है। इस देश में कुछेक लोग अपने शरीफ होने का दावा करते हैं जबकि उन्हीं के दरवाज़े पर नंग-धड़ंग बच्चे-बच्चियों की भीड़ लगी रहती है। वे लोग बड़ी शान से अपने को सभ्य कहते हैं, हालाँकि उन्हीं लोगों की निगाहों के सामने शरणार्थी और उजड़े लोग, अँधेरा उतरते ही, रातों को सड़क-फुटपाथों पर सोए रहते हैं। जब वे लोग अपने-अपने घरों में तर माल-पकवान उड़ाते हैं, मुमकिन है, उनके आस-पास ही कोई मरगिल्ली किशोरी भूख से छटपटा रही हो। ऐसे में मैं क्या उन बदनसीबों को शरीफ कहूँ? उन लोगों को गऊ-ग्रास की तरह मुँह में हप्-हप् खाना ठूँसते देखकर, मारे लोभ के मुँह से लार टपकते देखकर, मुझे दुनिया के आदिम, असभ्य लोगों का ख़्याल आता है। मेरी राय में वे लोग ही देश के सबसे असभ्य जंतु हैं, जो किलबिल करते हुए अन्न-वस्त्र घरहीन लोगों के फाँक-फोकर में, अकेले-अकेले पकवान हड़पते रहते हैं, बाद में और-और इमारतें खड़ी करते हैं।

इस मुसलामन देश में औरतों के लिखने-पढ़ने का नियम नहीं था। उन्हें तो बस, पहाड़े, सिफारा पढ़ाकर विदुषी(!) बना दिया जाता था। युग पर युग गुज़रते रहे, जितने-से के बिना काम न चले, बस, उतनी-सी खानापूर्ति कर दी जाती थी! ज़रा-बहुत जूठन फेंक दिया, बस! आजकल लड़कियाँ पहाड़े और सिफारे के साथ-साथ बांग्ला और गणित भी पढ़ रही हैं। लेकिन इतना सब पढ़ने-सीखने से क्या लाभ, अगर उन लोगों को अंत में सिर्फ चूल्हा ही फूँकना पड़े। अगर अपनी विद्या को काम में लगाते हुए, रोक-टोक या बाधा का सामना करना पड़े; समाज का आगभभूखा तेवर झेलना पड़े, तो...? तो क्या यह ज़रूरी नहीं है कि वह अपने अमित साहस और शक्ति के साथ ये तमाम बाधाएँ लाँघकर आगे बढ़ जाए? अगर उसे मुँह के बल गिर जाना पड़े, तो धिक्कार है उसकी शिक्षा-दीक्षा! धिक्कार है उसके पढ़ने-लिखने की साधना! इस शहर में या सिर्फ इसी शहर में क्यों, देश के अनगिनत शहरों में,

लड़कियाँ अपनी पढ़ाई-लिखाई पूरी करके, कामकाज में उतर पड़ती हैं। महीने के अंत में तनख़ाह लेती हैं। मगर अंत में आपना कामकाज जारी नहीं रख पातीं। फर्ज़ करें, जहाँ काम या नौकरी मिली है, वहाँ रहने लायक उसका अपना या किसी नाते रिश्तेदार का घर ही नहीं है। तो क्या वह नौकरी छोड़ दे? थक-हारकर अपने घर में बैठी-बैठी किसी लायक दूल्हे का इंतज़ार करे, जो आए और उसे अपने यहाँ चूल्हा फूँकने के लिए ले जाए? ऐसी घटनाएँ अक्सर हुई हैं, होती रहती हैं, जब औरत अपनी शिक्षा-दीक्षा और जागरूकता का सम्मान करते हुए आत्मनिर्भर होना चाहती है। मगर ठौर-ठिकाने के अभाव में, उन्हें कदम पीछे हटाना पड़ता है। वैसे बेली रोड में कामगर औरतों का एक हॉस्टल मौजूद है, मगर वहाँ तीन साल बाद, रहने नहीं देते। उन लोगों का कहना है कि नई-नई औरतों को भी मौका देना चाहिए। लेकिन, मेरा सवाल है, नई औरतों को मौका देने के लिए क्या पुरानी औरतों को खदेड़ देना ज़रूरी है? कोई और नियम नहीं बन सकता? क्या और-और हॉस्टल नहीं बनाए जा सकते? तीन साल बाद जिसे खदेड़ा जाता है, आखिर वह कहाँ जाए? हॉस्टलों में तो विवाह को ही एकमात्र गंतव्य मानकर, वहाँ रहने-सहने की प्रेरणा दी जाती है। कुँवारी लड़कियाँ अपनी नौकरी के साथ-साथ अपने ब्याह का भी रास्ता ढूँढ़ लें। इसी तरह तलाकशुदा औरतें भी, उम्र रहते, किसी न किसी के गले में झूल जाती हैं! उन लोगों को बार-बार समझा दिया जाता है कि उनका वहाँ रहना-सहना, बस, कुछ ही दिनों का है। लेकिन क्यों? अगर कोई औरत यह तय करे कि यही उनका गंतव्य है, वह किसी के भी गले में नहीं झूलेगी, किसी का चूल्हा भी नहीं फूँकेगी—वह झंझट-झमेलामुक्त जिंदगी गुजारेगी, माँ-बाप, भाई-बहन की गृहस्थी में बोझ बनंने का भी उसका कतई, कोई इरादा नहीं है, फिर? उसे अपना सपना सार्थक करने का क्या कोई हक़ नहीं है? उसे आज़ाद ज़िंदगी गुज़ारने का क्या कोई अधिकार नहीं है? बहुत-से लोग यह कहेंगे कि वह कोई घर किराए पर ले ले। मुझे इसमें भी कोई आपत्ति नहीं है, बशर्ते कोई मकान-मालिक बेझिझक उसे घर किराए पर दे दे। अगर किसी एक औरत के लिए पूरा मकान किराए पर लेना संभव न हो, तो कई औरतें मिलकर, अनायास ही एक मकान किराए पर ले सकती हैं। लेकिन मकान मालिक भी किसी औरत को घर किराए पर नहीं देता! वे लोग यह तर्क देते हैं कि फालतू छोकरे-वोकरे घर में भीड़ लगाएँगे। तो ऐसी होती है—औरत! उसे पाकर भी लोग झमेला करते हैं और न पाने पर भी झमेला करते हैं। औरत को अगर इस देश का नागरिक माना जाए (कम से कम कागज-पत्तर में तो माना ही जाता है) तो क्या उसे यह हक़ है कि वह बिना किसी संगी के, अकेली ही कहीं घर किराए पर ले सके। मर्द तो मेस में भी रह लेते हैं। औरतें भी इस क़िस्म का कोई 'मेस' बना सकती हैं। अनगिनत प्रतिभावान औरतों को, घर की मोहताजी में, शहर की नौकरी छोड़कर जाना पड़ा है या किसी गाँव-कस्बे के किसी घर में बैठै-बैठे, बेकार-सी ज़िंदगी

बिता रही हैं। (बेरोजगार औरतों के घर में बैठे रहने को 'बेकार' नहीं कहते, क्योंकि बेकार तो लड़के भी होते हैं)! मुमकिन है, किसी-किसी औरत ने हताश होकर, देह का धंधा ही चुन लिया हो या सिर्फ सिर छिपाने भर की ठाँव पाने के लिए किसी नालायक पति के हाथों अपनी ज़िंदगी सौंप दी हो।

यह जो चरम स्वप्न-भंग की स्थिति है। इसकी जिम्मेदारी कौन लेगा? देश अगर औरत को शिक्षित तो करे, लेकिन नौकरी न दे, समाज अगर औरत को नौकरी, तो दे, मगर रहने को घर न दे। तो फाँकीबाज़ी तो साफ़-साफ पकड़ में आ जाती है। औरत को मोल चुकाने के नाम पर यह तो एक किस्म की धोखाधड़ी है? मक्कारी है! मानो मैंने तुम्हें बोलना तो सिखाया, मगर भाषा छीन ली; तुम्हारे पाँवों की बेड़ियाँ तो उन्मुक्त कर दीं, मगर राह भी बस, नाप कर दी।

समूचे देश में कामगार औरतों के लिए हॉस्टल की संख्या बढ़ाना होगी? चाहे सरकारी हॉस्टल हो या गैर-सरकारी! औरतों को बिना किसी बाधा-दुविधा के, निश्चित मन से घर किराए पर देना होगा। अब एक भी औरत बेकार, बेरोजगार न रहे। देश का कोई भी प्रतिष्ठान औरत की नियुक्ति वर्जित न करे! बात दरअसल यह है कि औरत को अगर दूसरों पर निर्भर बना दिया जाए, तो उस पर मनमाने तौर पर लात-मुक्के बरसाए जा सकते हैं? लतियाने-जुतियाने का यह मज़ा हाथ से कहीं फिसल न जाए, इस इरादे से जो लोग देश और समाज की कल-काठी घुमाते-फिराते हैं, वे लोग ऐसी कोई व्यवस्था हरगिज नहीं करना चाहते, जिसके जरिए औरत इंसान नज़र आए; औरत शान से सिर उठाकर चल सके; पूरे दमख़म से बात करे; ज़रूरत पड़ने पर डाँट-डपट सकें; इस-उसकी परवाह न करे; अगर कोई उसके गाल पर तमाचा जड़े, तो वह भी पलटकर तमाचा जड़ सके—ऐसा कोई इंतज़ाम करना ही होगा। घूघू हमेशा ही सारा धान खा जाए, यह क्या क़बूल किया जा सकता है? किसी न किसी दिन घूघू खदेड़ने का भी इंतज़ाम करना ही होगा।

इंतज़ार

तीन अदद मजदूरिनें, किसी पेड़ की छाँह तले बैठी हुई, दोपहर का खाना खा रही थीं। खाना खाने के बाद उन्हें दुबारा काम में उतरना पड़ेगा। वे लोग सुबह आठ बजे आती थीं, शाम को छः बजे वापस लौटती थीं। वे लोग सिर पर आँचल नहीं रखती थीं; पाँचों वक्त नमाज़ भी नहीं पढ़ती थीं; रोजा भी नहीं रखती थीं, क्योंकि उन्हें काम करना पड़ता था; सिर पर सीमेंट बालू की टोकरी उठाए, राजमिस्त्री तक पहुँचाना होता था। कर्मठ लोगों के पास फिजूल आलस्य करने या धर्म-चर्चा की फुर्सत नहीं होती। दिनभर की मेहनत के बदले में उन्हें प्रति मजदूर पैंतीस रुपए मिलते हैं। उन रुपयों से चावल-दाल खरीदकर, अपने नकारा या आलसी पति और बाल-बच्चों का पेट भरती हैं! वे लोग पेट भर खाते हैं और सो जाते हैं! बेचारी मजदूरिनें आधा पेट खाती हैं और अगले दिन सुबह-सवेरे, दुबारा काम पर जाने के लिए तैयार हो जाती हैं।

ख़ैर, यह तो नियम ही है! इंसान बनकर जन्म लिया है, तो कोई अलौकिक शक्ति तो उन्हें खिलाने पहनाने की जिम्मेदारी लेगी नहीं, अपना इंतज़ाम ख़ुद करना पड़ता है। इस तीसरी दुनिया में दरिद्र-पीड़ित समाज में औरतें घर की शोभा बनी, घर में ही बैठी रहती हैं; तन बदन की चर्बी और आलस्य को प्रश्रय देकर, मर्द को तुष्ट और तृप्त करती हैं; बदले में उन औरतों को खाने के लिए आहार और पहनने के कपड़े नसीब होते हैं। जब चारों तरफ यही बदहाली है, तब जो औरतें अपना पसीना बहाकर, चिलचिलाती धूप में तपकर, बरखा में भीगकर, थोड़ी-बहुत कमाई करती हैं, उनके आगे सिर झुकाकर श्रद्धा अर्पित करने को, भले और लोग राजी न हों, मैं तैयार हूँ! लेकिन उनको श्रद्धा अर्पित करते हुए, मेरी आँखें जो दृश्य देखती हैं, मैं उससे आहत होती हूँ। इतनी-इतनी विषमता देखकर मेरा दिल टुकड़े-टुकड़े हो जाता है। मजदूर एक जैसा ही काम करते हैं, बल्कि ज़रा ज़्यादा ही फुर्सत के बल जीते हैं, बार-बार बीड़ी फूँकने की छुट्टी लेते हैं, इसके बावजूद वे लोग पैंतीस रुपए से ज़्यादा की मजदूरी हथिया लेते हैं। बहरहाल, मजदूरिनों को इस पर भी खास क्षोभ नहीं होता, क्योंकि उन लोगों ने इस फर्क़ को क़बूल कर लिया है। यह फर्क़

तो वे लोग जन्म से ही देखती आ रही हैं। जिस पति को अपने हाथों से निवाले तोड़-तोड़कर खिलाना होता है, उसके मुक्के-घूँसे भी अपनी पीठ पर वरण करना होता है। जिन औरतों को यह विषमता हर दिन ही बर्दाश्त करना होती है उनके मन में यह शिकायत कभी नहीं जागती कि उन लोगों को कुल्लमकुल पैंतीस रुपए ही क्यों मिलते हैं और मर्द-मजदूरों को पचास रुपए क्यों मिलते हैं! जिस तरह वे लोग घर से, बेआवाज़ लात-झाड़ू खाती हैं उसी तरह बाहर भी अपेक्षाकृत ज़्यादा मेहनत करते हुए, कम मजदूरी की मार खाती रहती हैं।

जो औरतें मिट्टी खोदती हैं, ईंट तोड़ती हैं, बोझा ढोती हैं—सिर्फ उन्हें ही कम मजदूरी मिलती है, ऐसी बात नहीं है, गार्मेंट्स में भी औरतों को मर्दों की तुलना में, कम ही पैसे मिलते हैं। दिन भर में दो सौ शर्ट सिलाई करने वाली औरत को पगार मिलता है, नौ सौ रुपए, जबकि मर्द को दिन भर में नब्बे शर्ट सीकर पूरे बारह सौ रुपए मिलते हैं! क्या लगता है, इस फर्क की आखिर क्या वजह हो सकती है? मर्द-मजदूर क्या ज़्यादा वक्त देते हैं या काम ज़्यादा करते हैं या उनका काम ज़्यादा 'हाइ स्टैंडर्ड' का होता है? अगर इनमें से कोई भी बात सच नहीं है तो यह मान लेना होगा कि मर्द के पास जो 'गुप्तांग' है, समाज में उसी का मोल सबसे ज़्यादा है! चूँकि उन लोगों के पास पुरुषांग मौजूद है, इसलिए औरत के बराबर या उससे कम मेहनत या काम के बावजूद उन लोगों को ज़्यादा मजदूरी मिलती है। पुरुषांग की पूजा करना, इंसान का पुराना स्वभाव है चूँकि आदमी अपना यह स्वभाव छोड़ नहीं पाता, शायद इसलिए वह तरह-तरह की चालाकी और मक्कारी से, मजदूरी में इतना लंबा-चौड़ा फर्क़ बहाल रखता है! यह भी तो एक क़िस्म की पूजा ही है।

औरत तो ज़िंदगी भर मार खाती आई है इसलिए वह घर की दहलीज से बाहर निकलकर दो पैसों का मुँह देखती है और सारा कुछ भुलाकर, जी भरकर हँसती-खिलखिलाती है। वे लोग जो लूटी जा रही हैं अपने प्राप्य से वंचित हैं यह जान-समझकर भी वे लोग जुबान नहीं खोलतीं। मानो यह सब कहने-सुनने की सख़्त मनाही है। उन लोगों ने अगर ऐसी बात जुबान से निकाली, तो उन्हें दुबारा अंदर महल में धकेल दिया जाएगा और घर की चारदीवारी में कैद, अपष्टि झेलते-झेलते, किसी दिन वे लोग दम तोड़ देंगी। इसलिए वे औरतें जुबान पर ताला जड़े रहती हैं, विरोध का नाम तक नहीं लेतीं।

लेकिन यह सब अनाचार कितने दिनों तक चलता रहेगा? आखिर कितने दिनों समाज के धुरन्धर मर्द, औरतों से कमर-तोड़ मेहनत कराएँगी और उसका कोई मोल भी नहीं देंगे! समाज में तो उठने-बैठने लच्छेदार बातों की बरसात होती रहती है। राजनीतिक मंच पर साफ-सफेद कपड़े पहनकर लोग-बाग अच्छी-अच्छी बातों की फुलझड़ियाँ बिखेरते रहते हैं; अख़बार और पत्र-पत्रिकाओं, टी.वी. रेडियो में भली-भाँति बातें लिखी-कही जाती हैं—किस-किस तरह से इंसान का भला होगा? देश की उन्नति

कैसे होगी? दिन पर दिन चिंतकों की माथे पर सलवटें पड़ी रहती हैं। लेकिन उन लोगों की आँखों के सामने ही, यह जो एक वर्ग को पैंतीस रुपए मिलते हैं, दूसरे वर्ग को पचास रुपए मिलते हैं, इस समस्या के बारे में किसी की भी जुबान नहीं फूटती। या यह कोई समस्या ही नहीं है? चूँकि यह औरतों की समस्या है। इसलिए इसे समस्या समझना ही नहीं चाहिए? सच तो यह है कि इस समाज में औरत की समस्या, समस्या ही नहीं समझी जाती। लोग-बाग तो यही सोचते हैं कि औरत सर्व-सहनशील माटी की तरह होती है, वे लोग सब कुछ सहन कर सकती हैं।

सब कुछ सह जाना संभव है, यह बात ठीक नहीं है। यही बात जब बर्दाश्त बाहर हो जाती है, तो कितनी ही औरतें जहर खा लेती हैं; फाँसी चढ़ जाती हैं। बदन पर किरासिन उँड़ेलकर आग लगा लेती हैं। लेकिन ऐसा भी तो हो सकता है कि बात जब बर्दाश्त-बाहर हो जाए, तो अपने को आग लगाने के बजाय कहीं और आग लगाकर, फूँक-ताप डालें। किसी विषमता या बेड़ियों को आग लगा दें। तब? तब क्या होगा?

तभी तो विषमता मिटेगी! जब हज़ारों-हजारों औरत की छाती में बारूद का ढेर भरा है, तो एक बार उकसाने भर की देर है! दुनिया में जब चढ़ती धूप का आलम है, तो एक बार तो अपने ताप-संताप में औरत की नींद टूटनी ही चाहिए। मैं उसी दिन के इंतजार में हूँ, जिस दिन औरत, इंसान-इंसान के बीच पैंतीस-पचास का फर्क़ मिटा देगी। हाँ, मैं उसी दिन की राह देख रही हूँ, जब औरत, किसी भी क्रूर-निष्ठुर मर्द को मन ही मन भी कभी माफ नहीं करेगी। मैं उस दिन की बाट जोह रही हूँ, जिस दिन औरत अपने हक की प्राप्ति का कौड़ी-कौड़ी हिसाब लेगी। वह किसी भी दरार या चकमे को कभी माफ नहीं करेगी। मेरे पाठको, वह दिन क्या बहुत दूर है?

यह कैसा बंधन?

'जाय-जाय दिन' के संपादक, शफीक़ रहमान, अपने अख़बार में किसी भी रचना या विवाद-प्रतियोगिता में औरतों की भागीदारी निषिद्ध करने की सोच रहे हैं! पाठक ज़रूर ताज्जुब कर रहे होंगे कि औरत मर्द की समता में विश्वासी कोई आधुनिक शख़्स, इस किस्म का बर्बर फैसला ले सकता है।

मुझे भी ताज्जुब हुआ!

मैंने रूढ़ आवाज़ में जवाब तलब किया, "ऐसा फैसला लेने की वजह?"

उन्होंने जवाब दिया, "जिस पुरस्कृत प्रतियोगी को आज मिस्र रवाना होना चाहिए था, उसका जाना नहीं हो पाया। वह इसलिए नहीं जा रही है, क्योंकि उसे जाने नहीं दिया जा रहा है।"

पाठक भूले नहीं होंगे कि पिछली दिसम्बर में 'जाय-जाय दिन' ने एक अंतर्राष्ट्रीय मुक़ाबला आयोजित किया था। मिस्र सरकार की एक संस्था ने अपने देश में ढाई हज़ार साल के लोकतंत्र पूर्ति समारोह के उपलक्ष्य में 'कमिटि फॉर डेमोक्रेसी 2500' के नाम से दुनिया के पंद्रह अख़बारों के जरिए 'लोकतंत्र लाये हैं, क़ायम रखेंगे।' शीर्षक प्रतियोगिता का आयोजन किया था! उसमें विजेता को मिस्र जाने-आने का टिकट और बारह दिन मिस्र की सैर का पुरस्कार देने का ऐलान किया गया था। बेशक, यह पुरस्कार बेहद आकर्षक था। मिस्र का राष्ट्रीय मेहमान बनने का सम्मान फट् से नसीब नहीं होता। 'जाय-जाय दिन' अख़बार के माध्यम से इस मुक़ाबले का नतीजा घोषित किया गया। अस्मिता अफसर नामक एक औरत विजयिनी हुई थी। थ्री चीयर्स फॉर अस्मिता!

लेकिन अस्मिता थ्री चीयर्स का मान नहीं रख पाई। यह उसके वश की बात नहीं थी या इसका मान उसे रखने नहीं दिया गया। आज पहली जुलाई को उसे मिस्र रवाना हो जाना चाहिए था। लेकिन वह नहीं जा रही है! वह नहीं जा रही है, यह इत्तला भी नहीं दे पा रही है! 'जाय-जाय दिन' की तरफ से उसे ख़त भेजा गया कि वह आकर टिकट ले जाए। अस्मिता ने उस ख़त का कोई जवाब नहीं दिया! जवाब दे ही नहीं सकी। उसके घर आदमी भेजा गया। इसके बावजूद अस्मिता

ने संपर्क नहीं किया! संपर्क करना उसके लिए संभव ही नहीं हुआ। बार-बार ख़बर भेजने के बावजूद अस्मिता निरुत्तर! जिस औरत ने मुक़ाबले में हिस्सा लिया, उसकी ऐसी मंशा कतई नहीं थी कि वह मिस्र नहीं जाएगी। वह भला क्यों नहीं जाना चाहेगी? उसने अपनी प्रतिभा के दम पर मिस्र का सरकारी आमंत्रण हासिल किया है। किसी ने उस पर दया करके वहाँ की टिकट नहीं दी। उसके न जाने की कोई वजह नहीं होनी चाहिए थी।

पिछली बारह अप्रैल को अस्मिता का विवाह हो गया। विवाह होने के बाद उसने मिस्र के प्रसंग में जुबान ही नहीं खोली? हमारा अंदाज़ा है कि उसके पति ने उसे रोक लिया है। इसके अलावा, मिस्र सफ़र का आमंत्रण उछाल फेंकने की और क्या वजह हो सकती है? इसके अलावा और कौन-सी भयंकर घटना उसके जीवन में घट सकती है कि अपनी मुट्ठी में आया हुआ इनाम, वह कूड़ेदान में फेंक दे? हम औरतें समझती हैं। हम लोग जो इस देश के पुरुषतांत्रिक समाज व्यवस्था की शिकार हैं, यह अंदाज़ा बखूबी लगा सकती हैं कि अस्मिता के पति ने अस्मिता को घर में क़ैद कर रखा है। यह कहकर कि तुम मेरे खींचे हुए दायरे के बाहर नहीं जा सकतीं—यह कहकर वह अपने पति होने का रौब जमा रहा है। अस्मिता अपने पति के ऑर्डर का पालन कर रही है। सुना है, उसका पति जैसोर जिला का सब-जज है! अगर वह अपनी बीवी को घर से बाहर न निकलने दे, तो किसकी मजाल है कि उसे बाहर निकाल पाए? वे अपनी बीवी को कमरे में बंद करके मारे-पीटे, किसकी मज़ाल है कि उसमें रुकावट डाले? अस्मिता की मजाल नहीं है कि वह मिस्र जाए। उसमें इतनी हिम्मत नहीं है कि वह पति-परमेश्वर के हुक्म की उपेक्षा करके, अपना अर्जित पुरस्कार ग्रहण करने चल पड़े, क्योंकि समाज में टिके रहने के लिए उसे 'शरीफ औरत' बनना होगा! शरीफ औरतें पति की आज्ञा का उल्लंघन नहीं करतीं। पति जो कहता है वही सुनती हैं। पति जो हाथ उठाकर देता है वही खाती हैं। नाते-रिश्तेदार भी यही सीख देते हैं कि पति की आज्ञा मानो, पड़ोसी शिक्षा देते हैं कि पति की वात सुनो। पति के अलावा कोई भी गति नहीं; पति के अलावा औरत का और कोई आश्रय नहीं है। अस्मिता को भी मिस्र जाने की तुलना में पति का आश्रय ज़रूरी लगा। फिलहाल यही हमारी व्याख्या है।

पति के हाथों रची हुई चारदीवारी पत्नी आखिर क्यों क़बूल करे? अस्मिता एक ग्रेजुएट लड़की है। उसे चारदीवारी में क़ैद होकर क्यों मरना पड़ेगा? जिस लड़की ने निबंध लिखा—'लोकतंत्र लाए हैं, क़ायम रखेंगे' और उसने पहला स्थान प्राप्त किया, वह लड़की दुनिया की यह मनमानी आखिर क्यों क़बूल करे? वह औरत समाज के अ-गणतांत्रिक आचार आखिर क्यों मंजूर करे? सुना है, इस लड़की ने और भी कई सारे निबंध लिखे हैं और इनाम भी जीते हैं; वाद-विवाद प्रतियोगिता भी जीती है, लेकिन यह सब विवाह के पहले की बात है। विवाह के वाद ज़रूर उसका लिखना-लिखाना

संभव नहीं होगा। अब वह वाद-विवाद प्रतियोगिताओं में भी हिस्सा नहीं ले सकेगी। जिस जुबान पर इतने-इतने तर्क हुआ करते थे, वही जुबान अचल क्यों हो जाएगी, मेरा यही सवाल है! अगर वह पति के असभ्य आचरण का विरोध करे, तो क्या होगा? गृहस्थी नहीं टिकेगी, यही न? जो शख़्स किसी प्रतिभावान लड़की के सपने अपने पतित्व की आग में जलाकर फूँक सकता है, जो शख़्स किसी संभावना का चरम अपमान कर सकता है, उसके साथ अपनी गृहस्थी टिकाये रखकर, अस्मिता को आखिर क्या फ़ायदा होगा? स्वस्थ-शिक्षित औरतें ऐसी गृहस्थी क्यों टिकाये रखना चाहती हैं?

अस्मिता के लिए मुझे अफसोस होता है। घर से निकल न पाने वाली उस अभागी औरत पर मुझे तरस आ रहा है। मुझे मालूम है अकेली अस्मिता ही नहीं, ऐसी सैकड़ों-हज़ारों अस्मिताएँ घर-घर में क़ैद हैं। वे लोग अपनी समूची मेधा, प्रतिभा, पति की हिंसा के जल में विसर्जित करके, 'लक्ष्मी-बहू' सजी होती हैं। पुरुष का आदेश मानकर, उनका गुलाम होने से क्या फ़ायदा? औरतें क्या जातियों की जात है?

वही सब-जज साहब अपनी बीवी की यात्रा भंग करके इस वक्त कैसी क्रूर हँसी हँस रहा होगा। पाठक अंदाज़ा लगा सकते हैं। अगर अपनी बीवी की आज़ादी के प्रति उसकी यह नाइन्साफी है, तो उसे अन्य लोगों के इंसाफ की जिम्मेदारी वह भी अदालत में, भला कैसे मिल गई है? उसके जरिए यह देश क्या किसी समानता की उम्मीद कर सकता है?

और धन्य है अस्मिता! धन्य हैं हमारी पढ़ी-लिखी लड़कियाँ, जो बिना समझे-बूझे, पुरुष के पुरुषत्व की हुंकार क्यों क़बूल कर लेती हैं? (मुझे पिशाच के हुंकार से कहीं ज़्यादा मर्द का हुंकार भयंकर लगता है)

मुझे उन मर्दों से सख्त नफरत है, जो औरत को धर्म और रीति-रिवाज का वास्ता देकर, उन पर जुल्म करते हैं; पैरों में बेड़ियाँ पहनाते हैं लेकिन मैं उन नकारा-अपाहिज औरतों से भी कम नफरत नहीं करती, जो अपनी जिंदगी में मर्दों की बर्बरता क़बूल कर लेती हैं, अपने पैरों में पड़ी बेड़ियों को ही अपना कल्याण मान लेती हैं। वही औरत सबसे ज़्यादा अपनी इन्सानियत का अपमान करती हैं, जो अपना सम्मान, दूसरों के पास रेहन रख देती हैं या बेच देती हैं।

अस्मिता से नफ़रत करने को लाचार हूँ मैं! जो पति मिस्र जाने की उसकी टिकट फाड़ सकता है, जो औरत उस पति का निकाहनामा फाड़कर नहीं फेंक सकती, उससे नफरत करने में मुझे ज़रा भी झिझक नहीं है। जो औरत इस तुच्छ निकाहनामे के आगे अपनी हार क़बूल करती है, वह अपना तो सर्वनाश करती ही है। दूसरी-दूसरी हजारों औरतों का भी सर्वनाश करती है। पाठको, मिस्र की टिकट कोई बड़ी बात नहीं है, बड़ी बात है आज़ादी! मूल बात है, अपनी आज़ादी, अपने अधिकार की रक्षा!

मुझे मालूम है, औरत कतई सुरक्षित नहीं है। मुँह बाए अजगर, उसके पाँवों से लिपटे होते हैं। लेकिन इन्हीं सबमें उसे राह निकालना होगी; इन्हीं सबमें उसे दंश सहकर भी आगे बढ़ना होगा...सामने बढ़ना होगा। अँधेरा पार कर लेने के बाद, कौन कहता है कि सामने अबाध रोशनी से जगमगाती दुनिया नहीं होगी? उस दुनिया को पाने के लिए तमाम अस्मिताएँ अगर आज भी तैयार न हों, तो कब तैयार होंगी? दिन क्या किसी की उम्मीद में बैठा रहता है? औरत के पैरों में बेड़ियाँ पहनाना जितना आसान है, वक्त के पाँवों में जंजीर पहनाना, उतना आसान नहीं है। इसलिए जितना-जितना वक्त गुज़रता जा रहा है, जज-सब-जज मर्दों के हाथों अपने को बंधक न रखकर अभी भी वक्त है, तमाम अस्मिताओं को अभी भी बेड़ियाँ तोड़कर निकल आना चाहिए।

पाठको आइए, निर्बोध अस्मिताओं के लिए हम अपने भरोसे के हाथ उनकी तरफ बढ़ा दें।

औरत तुम किसकी? अपनी या उसकी?

(1)

लिफ्ट में औरत दाखिल होती है, तो उसे कोना दिखाकर कहा जाता है—'यहाँ खड़ी हो।' यानी उसे कोने में खड़ी होने को कहा जाता है, ताकि मर्द उनके बदन से सटकर खड़े न हों! सटकर खड़े होते ही, वे लोग खाली जगह, फाँक-दरार और धक्का-मुक्की का फ़ायदा उठाकर, औरत का बदन छूने की कोशिश करते हैं। वे लोग सिर्फ हाथ ही नहीं छूते, ऊपर से दबाव डालने की भी कोशिश करते हैं। मर्दों के दबाव की कई-कई किस्में होती हैं। वे लोग अपनी कोहनी, बाँह-जंघे, पाँव के तलवे, छाती, पैरों के तलवे, पेट वगैरह से औरत को धकियाते रहते हैं। लिफ्टमैन भी मर्द होता है। वह मर्दों का स्वभाव-चरित्र बखूबी जानता है। जैसे साँप जानता है कि उसके फन को किसे ज़्यादा दंश देना प्रिय है।

(2)

औरत जब बस में सवार होती है, तो कण्डक्टर उसे किसी औरत की बगल में बिठाता है! अगर कोई औरत न मिले, तो उसे किसी बूढ़े मर्द के पास बिठाता है, हद से हद किसी बच्चे या कमउम्र लड़के की बगल में! कण्डक्टर खुद भी मर्द होता है। वह भी मर्दों का स्वभाव जानता है। इसीलिए वह किसी अक्षम या कमउम्र लड़के की बगल में औरत को बिठाकर चैन की साँस लेता है।

(3)

अविज्ञान इंसान को ध्वंस कर देता है, मैं जानती हूँ! लेकिन, जो लोग विज्ञान पढ़ाते हैं, वे लोग भी आजकल नई पीढ़ी को ध्वंस करने पर उतर पड़े हैं! जगन्नाथ कॉलेज के केमिस्ट्री के प्रोफेसर, नूरुल हक़ ने अपने विद्यार्थियों को धातुविद्या पढ़ाते हुए कहा—'शादीशुदा हिंदू औरतें माँग में सिंदूर लगाती हैं, यह सिंदूर असल में लाल लेड होता है (ट्राइप्लम्बिक रेट्राक्साइड), और मुस्लिम औरतें, विवाह के बाद सोने के गहने पहनती हैं। इसकी वजह है, औरत के बदन से एक क़िस्म की गंदी गैस निकलती

है। यह गैस पति का अमंगल करती है। लेड या गोल्ड इस गैस को सोख लेता है। इसलिए ये चीज़ें औरत को धारण करना पड़ती हैं। मूलतः पति के मंगल के लिए ही औरत को धातु धारण करना पड़ता है!' लेकिन औरत की देह से निकलने वाली बदबूदार गैस का नाम क्या है? मैंने समूचा शरीर-विज्ञान उलट-पलट डाला। मुझे ऐसी किसी गैस की जानकारी नहीं मिली, जो सिर्फ औरत की देह से निकलती है। मर्द की देह से नहीं निकलती। केमिस्ट्री के प्रोफेसर साहब ने विज्ञान के बीच-बीच में अविज्ञान पढ़ाने की भी जिम्मेदारी ली है? वरना पति के मंगल के लिए औरत को त्यागी बनना पड़ता है, यह आदिम और असभ्य सीख वे क्यों बाँट रहे हैं?

ये सब बदकार शिक्षक, बदबूदार गैस का प्रचार करके, विद्यार्थियों को भी बदकार बनाने में जुटे हुए है। अलौकिक अमंगल की अफवाह फैलाकर, वे लोग लौकिक, मंगल को, बड़ी धूर्तता से हटा-बढ़ाकर रखते हैं और ज़रा-ज़रा करके, नई पीढ़ी के दिमाग़ में जहर घोल रहे हैं।

(4)

मोटरसायकिल की पिछली सीट पर औरतें एक तरफ पैर झुलाकर बैठती हैं। क्यों? दोनों तरफ पैर लटकाकर बैठने में कोई नुकसान होता है? बेशक होता है। बल्कि किसी भी किस्म की दुर्घटना से उन औरतों का बचाव हो सकता है। लेकिन दोनों पाँव सटाकर बैठने का यह नियम आया कहाँ से? यह भी क्या हमारे ऊबड़-खाबड़ समाज से आया है? जिस समाज में औरतों को सिमटी-सिकुड़ी रहना पड़ता है; जहाँ औरत को अपने दोनों पाँव, दोनों बाँहें, दोनों हाथ फैलाना वर्जित है! जिस समाज में औरत जितना ज़्यादा सिमटी-सिकुड़ी रहेगी, उतनी ही उन लोगों को वाहवाही मिलेगी। शायद यही वाहवाही पाने के लोभ में, एक आधुनिक सवारी इस्तेमाल करते हुए भी, औरत को अपनी सिमटी-सिकुड़ी भंगिमा क़ायम रखना पड़ती है।

(5)

एक नौजवान से मेरा परिचय हुआ। परिचय के तीसरे दिन यह ख़बर फैल गई कि उससे मेरा विवाह भी हो चुका है। पाँचवें दिन यह अफवाह भी गर्म हो उठी कि हमारे एक बच्चा भी हो चुका है! लोगों की भावनाओं की इतनी इलास्टिसिटी...खिंचने की यह क्षमता देखकर मैं मुग्ध हूँ। बीवी और पतिता से परे, मर्द को शायद किसी भी औरत को काफी करीब से देखने का मौका नहीं मिलता। इसलिए किसी औरत को देखते ही, उसकी जुलज़ुल करती निगाहें, उन पर से हटाए नहीं हटतीं। वे लोग बाँध-तोड़ लोभ से औरतों पर कहानी-किस्से गढ़ते हैं और ये कहानी-किस्से चाय की मेज़ पर, उनके हँसी-ठहाकों का सामान बनते हैं। औरत के बारे में जितना रंग-रस मर्द करते हैं, औरतें क्या उसके हजार हिस्से का एक हिस्सा करती हैं?

(6)

आजकल बाज़ारों में पाकिस्तानी बुर्के का काफी रिवाज़ चल पड़ा है। औरतों का सारा तन-बदन ढँकने का इंतजाम किया जा रहा है। इधर सिनेमा हाल के विल-बोर्ड पर औरतों का जो अंग-प्रत्यंग आँका जाता है; उनके ऐसे नुकीले वक्ष आँके जाते हैं, ताकि राहगीर उन सिनेमाघरों की तरफ खिंचे चले आएँ, वह सब देखकर उनके खिलाफ ये धर्मप्राण लोग डटकर आवाज क्यों नहीं उठाते? कम से कम वे लोग जो औरतों की अश्लीलता की रक्षा के लिए अपनी जान दिए दे रहे हैं। इस बारे में विलबोर्ड की तरफ जनाब शैखुल हादिस अभी तक लांग-मार्च क्यों नहीं कर रहे हैं?

(7)

रिक्शे का हुड् गिराकर एक मर्द चल सकता है, एक औरत नहीं। कहा जाता है, कोई अकेली औरत रिक्शे का हुड् गिराकर चलती है, तो वह दृश्य शोभन नहीं लगता। यह भी औरत पर एक और क़िस्म के पर्दे का रिवाज़ है। ढाका शहर में अचानक-अचानक कुछेक औरतें कभी-कभी पर्दे का बहिष्कार करती नज़र आ जाती हैं। गाँव-कस्बे में यह संभव नहीं है। औरत है, तो बदन पर पर्दा चढ़ाना ज़रूरी है; क्लीवलिंग गाड़ी-सवारी भी पर्दे के बाहर नहीं है; गाड़ियों के पर्दे उन्हें सिर पर डालने ही होते हैं! बसों में भी औरतों के बैठने के लिए अलग-थलग जगह होती है। सिर्फ गाड़ी सवारी में ही नहीं, रेस्तराँ तक में पर्दे से घिरे केबिन होते हैं—केबिन के दरवाजे पर लिखा होता है—महिला!! यानी औरत को ढाँक-तोपकर रखने का रिवाज़ हर कहीं है। खाने की चीजें जैसे ढँककर रखना पड़ती हैं, उसी तरह औरत के बदन पर भी कोई धूल पड़ने या मक्खी बैठने देना नहीं चाहता। हाँ, कोई भी औरत को बासी होने देना नहीं चाहता; उसे ढँककर रखता है। फ्रिज़ में रखता है। चूल्हे पर चढ़ाता है उसके बाद परोसता है।

(8)

प्रेम, प्रेम होता है! इसके आगे या पीछे 'परकीया' या 'स्वकीया' शब्द का इस्तेमाल करने से, प्रेम की महिमा ही नष्ट होती है। मैजिस्ट्रेट शाहिदा परकीया प्रेम करती थी और उसकी संतान, उसके पति की नहीं है, इस बारे में इन दिनों प्रेस ख़ासा मुखर है। ख़ैर, प्यार, मुहब्बत वह कर ही सकती है! पति का 'सिमेन' अगर 'स्पर्मलेस' हो या वह उत्थानरहित हो, तो औरत अपने प्रेमी की संतान अपनी कोख में ले ही सकती है। कोई इंसान अपने तन-मन में किसको वहन करेगी या नहीं करेगी, यह उसका नितांत निजी मामला है! शाहिदा के प्रेम-प्रसंग से छेड़छाड़ करने का मतलब है, उसकी व्यक्तिगत स्वाधीनता से छेड़छाड़ करना! वैसे जहाँ ज़िंदा औरतों को ही कोई आज़ादी नहीं है, वहाँ मुर्दा औरतों की आज़ादी कौन-सी बड़ी चीज़ है!

बलात्कार की सजा उम्र-क़ैद

सन् उन्नीस सौ बयानबे की 23 सितंबर! अलस्सुबह टॉर्च जलाकर, कलकत्ता के फूलबागान में, गहरी नींद में सोई, किसी फुटपथिया औरत को पुलिस वैन में उठाकर, नीलकमल, सनातन और भोलानाथ उसे थाने के बैरक में ले गए। थाने की डेढ़ मंज़िली पुलिस बैरक में, उसके मुँह में कपड़ा ठूँसकर, उन तीनों ने उस औरत का बलात्कार किया। इस दौरान अचानक उसके मुँह में ठुँसा कपड़ा बाहर खिसक आया और उस औरत की चीत्कार गूँज उठी। उस कमरे की बगल में सोए तीन हवलदारों की नींद टूट गई। उस औरत को बचाने के बजाय वे तीनों भी उस पर टूट पड़े। इस हादसे के बाद वह औरत फिर फुटपाथ पर लौट आई और कुछेक फुटपथिया साथियों को लेकर वह थाने पहुँची और थाने के ओ सी के आगे फरियाद की। ओ सी ने पुलिस कमिश्नर को इत्तला दी। पुलिस कमिश्नर तहकीकात के लिए खुद थाने पहुँचे। उन्होंने उन पाँचों हलवदार और पुलिस ड्राइवर को नौकरी से बरख़ास्त किया और उन्हें गिरफ़्तार कर लिया! उस थाने के ड्यूटी अफसर को भी सस्पेंड कर दिया गया। उसका रिजर्व फोर्स में तबादला भी कर दिया गया। इस बलात्कार की घटना को लेकर पश्चिम बंगाल राज्य पुलिस के खिलाफ व्यापक विक्षोभ भी शुरू हो गया। कलकत्ता शहर के राहगीर रास्ता-घाट पर पुलिस पर थूकते रहे। कई-कई जगहों पर ट्राफिक हवलदारों को मारा-पीटा भी गया। साल भर गुज़र जाने के बाद फैसला सुनाया गया—पुलिस हवलदार, नीलकमल को उम्र-कैद!

कलकत्ता में बलात्कार के जुर्म में एक पुलिस को उम्र-कैद की सज़ा सुनाई गई।

फैसला सुनाते हुए जज ने कहा, 'यह हादसा थाने के अंदर हुआ, जो आम जनता के लिए सबसे ज़्यादा सुरक्षित जगह समझी जाती है। यह दुर्घटना, अल्वर्तो मोरेविया के मशहूर उपन्यास 'टू वुमेन' की याद दिलाती है, जहाँ गिरजाघर के अंदर फौजियों ने एक किशोरी से बलात्कार किया था।'

नीलकमल रोता रहा, लेकिन उसकी रुलाई से किसी का भी मन नहीं पिघला। नीलकमल को उम्र-क़ैद की सजा हो गई और इन दिनों वह प्रेसिडेंसी जेल में सज़ा

काट रहा है। अच्छा, इस किस्म की घटना की क्या हमारे देश में कल्पना की जा सकती है? फुटपाथ की किसी औरत या लड़की का अगर कोई बलात्कार करे, तो किसी दिन उसे जेल की सलाखों के पीछे डाल दिया जाएगा?

अभी हाल ही में पटुआखाली से ढाका आते हुए, राह में लॉन्च पर ड्यूटी पर तैनात अंसारों ने एक लड़की के साथ बलात्कार किया। ख़बर पाकर, जिला एड्जुडेंट ने बलात्कारियों को सस्पेंड कर दिया। लेकिन अंत में, उन अंसारों का पक्ष लेते हुए, यह राय दी गई कि वह लड़की पतिता थी। मानों अगर पतिता थी, तो अंसारों को उसके साथ बलात्कार करने का हक़ है। चूँकि वह पतिता थी, इसलिए बलात्कारियों के सात खून माफ हो जाते हैं! यहाँ की कोई फुटपथिया औरत होती, तो उसका यही हाल होता। उसके बारे में यह कहा जाता कि फुटपाथ पर पड़ी हुई औरत का बलात्कार, कोई ऐसा अन्याय नहीं है! मैंने सारी स्थिति जान-समझ ली है। आजकल मर्दों के लिए बलात्कार करना, मानों दाल-भात है। जाने किसने तो कहा था–'सारे के सारे मर्द मन ही मन हर किसी औरत का बलात्कार करते हैं।' मैं इस मंतव्य पर एतराज जताना चाहती हूँ, मगर यह मेरे वश में नहीं है।

मेडिकल कॉलेज के थर्ड ईयर में जूरिसप्रूडेंस के प्रोफेसर ने बलात्कार की एक परिभाषा सिखायी थी। हम सबको वह परिभाषा रट लेनी पड़ी थी–क. सोलह साल से कम उम्र लड़की से अनुमति लेकर या अनुमति लिए बिना ही, ख. पंद्रह साल से कम उम्र औरत से अनुमति लेकर, ग. पंद्रह साल से ज़्यादा की औरत की अनुमति के बिना ही, घ. सोलह साल से ज़्यादा की औरत की अनुमति के बिना ही और ङ. डरा-धमकाकर, कोई नशीली चीज़ खिलाकर, झूठ बोलकर, ज़ोर-ज़बर्दस्ती करके, छद्म वेश में किसी लड़की या औरत के साथ और च. किसी पागल या बुद्धू-बक्काल के साथ यौन संगम किया जाए, तो उसे बलात्कार कहते हैं। वैसे यौन-संगम किया ही जाए, ऐसी कोई वजह नहीं है। औरत का यौनांग, मर्द के यौनांग को अगर स्पर्श भी करे, तो भी उसे बलात्कार कहा जाता है।

यह संज्ञा कितने लोग जानते हैं? या जान भी जाएँ तो इसके मुताबिक क्या वे लोग विचार करते हैं? नहीं, ऐसा बिल्कुल नहीं होता। हादिस में लिखा हुआ है–'कोई भी पति, जब भी अपनी बीवी को संभोग के इरादे से आमंत्रित करता है, तभी उसी पल बीवी को अपने पति के पास पहुँचना होगा, वर्ना फरिश्ते सारी रात उसे अभिशाप देंगे।' पति अगर मालिक है और पत्नी उसकी दासी, तो हादिस का निर्देश शिरोधार्य है वर्ना इंसान को जूरिसप्रूडेंस का आधुनिक क़ानून ही मानना चाहिए। पतिता या फुटपथिया औरत हो, तो वह क़ानून नहीं बदलना चाहिए। यह बात कहीं भी नहीं लिखी हुई है कि औरत अगर पतिता हो, तो बलात्कार की सज़ा कुछ कम हो जाती है। कलकत्ता में बलात्कार की सज़ा उम्र क़ैद तक खींच ले जाने में, राज्य सरकार मदद करती है। हमारे देश की सरकार ने कितने बलात्कार के मामलों में उम्र-कैद

की सज़ा सुनाई है? हाँ, मुझे यह बताने में कोई हिचकिचाहट नहीं है कि ऐसे किसी एक भी मामले में नहीं किया। इस देश में अगर बलात्कार होता है, तो अभी भी बलात्कार की शिकार औरत को ही कसूरवार समझा जाता है। यह कहा जाता है कि उस औरत ने बलात्कार के लिए उकसाया था। उसकी नशीली-नशीली निगाहें, बेवजह हँसी-ठहाके, उग्र पोशाक वगैरह सभी कुछ बलात्कार के ही अनुकूल था। समाज में इन सब तर्कों की काफी क़द्र की जाती है। लेकिन एक लड़की अगर अपनी मर्जी-मुताबिक हँसती है, चलती-फिरती है, अपनी पसंद की पोशाक पहनती है, तो इस वजह से उसे बलात्कार का शिकार क्यों होना होगा? औरत पर लादे गए, ये सब निरर्थक तर्क तो ख़ैर हैं ही, ऊपर से साक्षी-सबूत के भी झमेले हैं। बलात्कार कोई साक्षी रखकर नहीं करता। फिर भी साक्षी की तलाश की जाती है। अगर कोई एक औरत साक्षी देती है, तो नहीं चलेगा, दो-दो औरतों की साक्षी ज़रूरी है। जहाँ सिर्फ एक मर्द हो, तो चलता है, लेकिन दो औरतें न हों, तो उसे प्रमाण नहीं माना जाएगा, क्योंकि इस देश के कानून में दो औरतें, एक मर्द के बराबर होती हैं।

स्वास्थ्य-दफ्तर में नौकरी करते हुए, उस पर निदेशक के ड्राइवर और उसके चेले-चामुंडों ने मिलकर जो भयंकर बलात्कार किया था, उसके खिलाफ़, कोई न्याय हुआ या नहीं और अगर हुआ था, तो किस क़िस्म का विचार हुआ था, मुझे पता नहीं। नीलकमल क्या कोई उदाहरण नहीं बन सकता? जो नीलकमल प्रेसीडेंसी जेल में उम्र क़ैद की सज़ा झेल रहा है उस क़िस्म का विचार? मैं चाहती हूँ, मेरा देश भी बलात्कार का ऐसा ही सख़्त इंसाफ करे। मैं चाहती हूँ, मेरे देश के लॉन्च के अंसारों और रक्षकों को भी उम्र-कैद की सज़ा दी जाए। वैसे सिर्फ पुलिस और पहरेदारों में ही, इसकी तादाद बढ़ रही है, ऐसी बात नहीं है समाज के हर तबके में इसकी संख्या बढ़ रही है।

मैं यौन-स्वाधीनता में विश्वास करती हूँ। अन्यान्य सभी आज़ादी की तरह, इंसान के लिए यह आज़ादी भी ज़रूरी है। ज़ोर-ज़बर्दस्ती आखिर क्यों चले? औरत चाहे भिखारिन हो या पतिता, अगर वह राजी न हो, तो उसे छूने का किसी को, क्या हक़ है? मेरी राय में उसे कोई हक़ नहीं है। राज्य के विचार में, बलात्कारी लोग बार-बार बच निकलते हैं। इसमें देश ही औरत के नागरिक अधिकारों पर थूकता है। इसके बाद भी अगर इस देश की औरतें, जुबान खोलकर, बलात्कार के जुर्म में उम्र-कैद के लिए आवाज़ न उठाएँ, आंदोलन न करें, तो मुझे उन निर्बोध औरतों के बारे में कहना ही होगा कि वे औरतें शायद मन ही मन बलात्कार का शिकार होना चाहती हैं।

जुलजुल बूढ़े, मगर नीयत साफ़ नहीं

(1)

'जाय जाय दिन' में पिछले दो अंक से पहले, मैंने लिखा था—बस में सवार होने पर भी किसी अकेली औरत को देखते ही, कण्डक्टर उसे किसी औरत की बगल में ही बिठाता है! अगर कोई दूसरी औरत न हों, किसी बूढ़े मर्द की बगल में बिठाता है या हद से हद किसी बच्चे-लड़के की बगल में! 'कंडक्टर खुद भी मर्द होता है। वह भी मर्द के स्वभाव से बखूबी परिचित है। इसलिए वह औरत को किसी अक्षम या अप्राप्तवयस्क मर्द की बगल में बिठाकर चैन की साँस लेता है।'

अपना पुराना लेखन याद करने की वजह है—एक ख़त! ख़त तो ख़ैर हर दिन ही सौ से ऊपर आते हैं। सारे ख़त पढ़ने की फुर्सत भी नहीं होती। लेकिन अचानक ही कोई ख़त एकदम से चौंका जाता है। कुछेक ख़त फिक्र में डाल देते हैं। कुछ ख़त रुला देते हैं!

मऊ नामक एक लड़की ने कुमिल्ला से लिखा है— आपकी चालू संख्या में प्रकाशित कॉलम के एक कोने में लिखा हुआ था—बुड्ढे अक्षम होते हैं! मुझे भी इसमें कोई शक़ नहीं है। लेकिन इस प्रसंग में, मेरी नासमझ उम्र की एक घटना आपको बताना चाहती हूँ, उसके प्रतिकार की उम्मीद में नहीं, सिर्फ बताकर, जी हल्का करने के लिए भी तो किसी न किसी को होना चाहिए।

उन दिनों मैं छठी क्लास में पढ़ती थी। बूढ़ा-सा एक शख़्स, सूरत शक्ल से काफी कुछ अबुल फज़ल जैसा शख़्स मेरे कस्बे में आया। वह शेक्सपियर की कहानी को नृत्य-नाट्य रूप देकर, चंदा बटोरने आया था। मैंने उसके गीतों में हिस्सा लिया था। एक दिन रिहर्सल के बाद, रात को जीप से सबको घर पहुँचाने आए। मुझे उन्होंने सबसे अंत में छोड़ा। चूँकि मैं सबसे छोटी थी, इसलिए मौके का फ़ायदा उठाते हुए, वे अपनी उँगली से मेरा यौनांग दबाने लगे। कहीं वे हद पार न कर जाएँ, इस आशंका से मैं पल-छिन गिनने लगी। जाने कब तो घर का गेट नज़र आएगा। मुझे गाना अच्छी तरह सिखाने के लिए अगले दिन वे मेरे घर आ धमके। कहीं मेरी

माँ डिस्टर्ब न हो जाए, यह सोचकर वे अंदर कमरे में नहीं आए। थोड़ी देर बाद उन्होंने मुझसे कहा—'सुनो, बिटिया, मैं तुमसे एक चीज़ माँगने वाला हूँ, तुम मुझे लौटा मत देना।' काफी देर बाद, उन्होंने मेरे दोनों जंघे चौड़े किए और मेरे यौनांग को चूम लिया।

उसके बाद काफी दिनों तक मेरा मन होता रहा कि मैं अपने को हर पल पानी में डुबाए रखूँ। यह बात मैंने किसी को भी नहीं बताई। माँ, बाबूजी, सखी-सहेली किसी को भी नहीं। वे लोग कहीं मुझे अपवित्र न समझ लें।

आज भी सफेद पकी हुई दाढ़ी देखते ही मुझे उल्टी आने लगती है। मैं हर पल उनके स्पर्श तक से बचने की कोशिश करती हूँ। कहीं आशीर्वाद देने के बहाने, वे लोग मेरे मन में और ज़्यादा घृणा न भर दें। मैं मन ही मन मनाया करती हूँ कि मेरी सिर्फ सास हो। कोई सफेदपोश-ससुर न हो। जब बस में सवार होकर कहीं जाती हूँ, तो मैं सिर्फ किसी नौजवान को ढूँढ़ती फिरती हूँ, किसी बूढ़े को नहीं। मैंने गौर किया है, जवान मर्द कुछ देर गप-शप जमाने की कोशिश के बाद, अंत में छुटकारा दे देते हैं। लेकिन ये बुड्ढे कभी ऊँघते हुए, कभी जगे हुए, औरत का सिर्फ अंग-प्रत्यंग दबोचते रहते हैं।

आप इन नन्ही किशोरियों के बारे में भी कुछ लिखें, जिन बिचारियों को, इन तथाकथित दद्दुओं के शिकंजे से अपने बचाव का हुनर नहीं आता।'

वह ख़त पढ़कर मैंने मऊ से मन ही मन माफी माँगी। बुड्ढों को अक्षम कहकर मैंने भूल की है। असल में मर्द, मर्द ही होता है—चाहे वह बूढ़ा हो या कमसिन मर्द!

कोयले को लाख धोओ, मगर जैसे वह उजला नहीं होता, मर्द का स्वभाव-चरित्र भी बिल्कुल वैसा ही होता है। चाहे कितने भी जुलजुल बूढ़े हों। उनकी नीयत शुद्ध नहीं होती।

(2)

औरतें, मर्दों के मुक़ाबले काफी ठंडे दिमाग़ से काम कर सकती हैं। यह बात बहुतेरे लोग जानते हैं चूँकि वे लोग ठंडे दिमाग़ से काम करती हैं, इसलिए इस देश में सबसे भयंकर-भयंकर जानलेवा सड़क दुर्घटनाएँ होती हैं, मेरा ख्याल है कि उनकी संख्या काफी कम हो जाएगी, अगर औरतें ड्राइवर की जिम्मेदारी सँभाल लें! दो-चार एन जी ओ ज़रूर औरतों को ड्राइवर के तौर पर लेने लगे हैं, लेकिन इतना ही काफी नहीं है। सरकारी वाहन और साथ ही गैर-सरकारी बस-ट्रकों के लिए भी अगर औरतों को ड्राइवर तैनात किया जाए, तो ड्राइविंग सेंटरों में औरतें भरपूर उत्साह से दाखिला लेंगी और अपने को निष्ठावान्, दायित्ववान, धीर-स्थिर, दक्ष ड्राइवर साबित करेंगी।

इस देश में औरतों को विज्ञापन के मॉडल की तौर पर इस्तेमाल किया जाता है, लेकिन मुझे यह समझ में नहीं आता कि उन लोगों को सेल्सगर्ल की तौर पर

क्यों नहीं लिया जाता। अगर हिसाब-किताब किया जाए तो मेरा ख्याल है कि हर इंसान यह क़बूल करेगा कि औरतें ज़्यादा दक्ष हैं। औरतें थयोरिटिकल सर्टिफिकेट नहीं जुटा पातीं, क्योंकि उन्हें ज़्यादा दूर तक लिखाई-पढ़ाई जो नहीं करने दी जाती, लेकिन व्यावहारिक तौर पर यह साबित हो चुका है कि इसमें उन्हें दस में दस नंबर मिलते हैं। तब तो औरतों को सेल्सगर्ल बनाने की पर्याप्त वजह भी है! समूचा ढाका शहर बाजारों से पटा हुआ है। मगर औरत विक्रेता एक भी नहीं है, यानी एक दक्ष शक्ति को काम में नहीं लगाया जा रहा है। आखिर क्यों? आज अनगिनत औरतें बेरोजगार बैठी हैं। कामकाज न पाकर, वे लोग बर्बाद हो रही हैं। राज्य को क्या यह हक है कि वह इतनी सारी प्रतिभाएँ, शक्ति नष्ट कर दे?

गाँवों में भी औरतें धान-मड़ाई का काम करती हैं। ढेरों निम्नवित्त लड़कियाँ-औरतें, चावल-मिलों में चाकरी करने उतर गई हैं। इस तरह वे लोग हाट-बाजारों में उतरें, कल-कारखानों, खेत-खलिहानों में वे औरतें खेती का काम करती हैं; बेहद जतन से उत्पादन करती हैं, इसलिए उन लोगों को क्यों नहीं चुना जाता? औरत के लिए साल भर जच्चेखाने में लेटे रहने के दिन क्या अभी तक ख़त्म नहीं हुए? वे लोग अगर बत्तख-मुर्गियाँ पाल सकती हैं, तो वे लोग खेत-खेत में फसल क्यों नहीं लहलहा सकतीं? इसमें भी वे लोग ज़रूर कामयाब होंगी। परिवर्तन निम्नवित्त की तरफ से ही आना चाहिए! मध्यवित्त तो सुविधापरस्त होते हैं और उच्चवित्त यहाँ उँगलियों पर गिने जाने लायक! यह सब किसी बड़े परिवर्तन में मददगार नहीं हो सकते। हमें उचित शिक्षा और विज्ञान को थामे हुए, अधिकांश लोगों के दरवाजे-दरवाजे जाना चाहिए।

औरत के भाग्य-नियंताओं की धूर्तता

(1)

मेरे घर में एक अदद टेलीविजन सेट है, जो पूरे साल बंद ही रहता है। हाँ कभी-कभार क्लासिक फिल्में देखने के लिए खोला जाता है।

उस दिन टेलीफोन पर किसी औरत की आवाज़ ने मुझसे अनुनय किया आप कृपया अपना टी. वी. ऑन करेंगी?

मेरा ख़्याल था टी. वी. पर मुझे शायद गालियाँ दी जा रही होंगी। ये इंक़लाब वाले तो अंधाधुंध मुझ पर गालियाँ बरसाए जा रहे हैं। टी. वी. भी मेधा या विश्वास में, इंक़लाब से ज़्यादा उन्नत नहीं है, इसलिए मुमकिन है कि बंगलादेश का यह जातीय माध्यम भी मेरी जान की दुश्मन बनी, सस्वर हो उठी हो। धूल-धूसरित टेलीविजन का बटन दबाते ही तुमुल झगड़े की आवाज ने मुझे विस्मित कर दिया। औरत-मर्द झगड़े पर उतर आए थे। मैं चाय की गर्मागर्म प्याली लिए, टेलीविजन के सामने आ बैठी। पता नहीं, यह मेरा सौभाग्य था या दुर्भाग्य। शायद सौभाग्य से ही मुझे ज़्यादा देर तक नहीं बैठना पड़ा, जरा देर बाद ही कार्यक्रम ख़त्म हो गया। तरीकुल इस्लाम नामक मंत्री महोदय ने खरखराती आवाज़ में जो कुछ कहा, वह इतनी बचकानी बातें थीं कि मुझे हैरत हुई कि इस शख़्स में महिला विषयक मंत्री बनने की क्या कोई योग्यता है? जिस शख्स में औरत के प्रति बूँद भर भी श्रद्धा-बोध नहीं है, जिसे औरत की मर्यादा-अमर्यादा के बारे में ज़रा भर भी जानकारी नहीं है, वे भले किसी और विषय के मंत्री हों। मुझे कोई एतराज नहीं है (वैसे भी इतना एतराज उठाने जाओ तो ठग-बटमार की पहचान में ही, देह का सारा गहना उजड़ जाएगा। समाज में भले दो-एक शुद्ध सत्य इंसान मिल जाएँ, मगर मंत्री सभा में मिलना मुश्किल है। अशुद्ध और बेईमान होना ही मंत्री होने का अहम गुण है)। लेकिन वे जनाब महिला विषयक मंत्री क्यों बन गए? मंत्री महोदय ने फरमाया कि चूँकि सास-बहू में झगड़ा होता है, इसलिए औरत ही औरत की दुश्मन है! देश के चरम अशिक्षित लोग ही ऐसी बेतुकी बातें करते हैं। मंत्री जनाब ने भी की! लेकिन एक सीधी-सी बात उनकी समझ में नहीं आती कि पर-निर्भर लागों में यही दस्तूर होता है। वे लोग निर्भरता

की खूँटी का ज़ोर ही लगाते हैं। सास, बेटे के दम पर बोलती है, बहू पति के दम पर! मर्द का पलड़ा जिस तरफ भारी होता है, चाहे वह माँ हो या बीवी, उसी तरफ का पलड़ा ज़्यादा भारी होता है! यानी मूल ज़ोर मर्द का होता है, औरत का नहीं! लेकिन मंत्री महोदय बेअक्लों की तरह गला फाड़ते रहे और उन्होंने काफी मूल्यवान बातें कही हैं, यह सोचकर मन ही मन काफी तृप्त भी हुए। उनकी ढुलमुल आँखों में मुझे यही नज़र आया! (ज़्यादा आत्मसंतोष हो, तो किसी-किसी की आँखें भी हँस पड़ती हैं)। उस कार्यक्रम में किसी अन्य सज्जन ने कनाडा की मिसाल देकर यह समझाने की कोशिश की कि चूँकि उन्नत देशों में भी नारी पर ज़ोर जुल्म होते हैं। तो इस अनुन्नत देश में भी अगर ऐसा हो रहा है, तो असुविधा कहाँ है? हाय रे, बेअक्लों का झुण्ड। कनाडा में जो-जो 'अच्छा' घटा है, उसे धारण करने की योग्यता क्या इस समाज में है? तो फिर वहाँ की 'बुरी' बातें धारण करके, हम खुश क्यों होते हैं? इस देश में तो औरत को इंसान होने का ही सम्मान नहीं मिलता। इस देश में तो औरत को अमानुष बनाने का कानून विराज करता है। समाज में उसे अपमानित करने का नियम विराजमान है! परिवार में उसे दासी बनाए रखने का रिवाज विद्यमान है। कनाडा में अगर कोई औरत निर्यातित हुई है तो यहाँ के पुरुषों को बगलें बजाने की क्या ज़रूरत है? जिन्हें अपने देश की अस्वस्थता, अपने देश के अधःपतन के प्रति कोई शिकायत नहीं है, जिन्हें अपने देश में हो रहे नारी निर्यातन कातर नहीं करते, वह इस इंतज़ार में है कि कब किस सभ्य देश में किसी असतर्क मुहूर्त में कोई मूल-भ्रांति होगी और जो उन मूलों का उल्लेख करके ही अपने कुकर्मों के लिए तसल्ली ढूँढ़ते फिरते हैं—उसकी धूर्तता और साथ ही चरम मूर्खता के प्रति करुणा करने की, मेरे मन में तीखी चाह जागती है।

उस कार्यक्रम में शामिल किसी अन्य सज्जन ने फरमाया—उन्हें नहीं मालूम कि भारत में हिंदुओं पर कौन से नियम लागू हैं। लेकिन उन्हें उसी क़ानून की नक़ल में, यहाँ भी हिंदू-क़ानून तैयार करना होगा। इस देश में हिंदू आज भी शास्त्रसम्मत तरीके से ही चलते हैं। वैसे मुसलमान भी शास्त्र से काफी बाहर चलते हैं। ऐसी बात भी नहीं है। असल में हिंदू-मुसलमान का विचार करते हुए, क़ानून नहीं बनाना चाहिए। धर्म के साथ सभ्यता का विरोध चिरकालीन है। क़ानून अगर सभ्य न हो, तो इंसान हरगिज सभ्य नहीं होगा। क़ानून में हिंदुत्व और मुसलमानत्व मानकर चलना असभ्यता के अलावा और कुछ भी नहीं है। अगर क़ानून बनाना ही है तो इंसान के लिए एक आधुनिक, सभ्य क़ानून बनाने की जरूरत है। इसके अलावा इस देश के असभ्य, असंस्कृत, अनाधुनिक, अधम इंसानों के लिए, जितनी जल्दी संभव हो, काफी कठोर और सख़्त क़ानून बनाना निहायत ज़रूरी है कि मामला चाहे उत्तराधिकार का हो, विवाह का हो, तलाक या संतान अधिकार का हो, औरत-मर्द में कहीं, कोई फर्क़ नहीं होगा। इंसान के तौर पर सभी समान होंगे, चाहे वह हिंदू हो या मुसलमान; बौद्ध हो या ईसाई!

(2)

आजकल एक नई बात भी उठने लगी है! मर्द को अगर दूसरा या तीसरा या चौथा विवाह करना है तो इसके लिए अदालत से अनुमति लेनी होगी। पहले बीवी की अनुमति ज़रूरी होती थी। और अब अदालत से अनुमति लेनी होगी। इसमें औरत का क्या भला हुआ? मर्द के लिए अदालत से अनुमति लेना, क्या कोई मुश्किल काम है। जो वे लोग खौफ़ खाएँ? इस देश में न अदालत दुर्लभ है, न अदालत की अनुमति! बात जब उठी ही है, तो मर्दों के इस 'शौकिया विवाह' पर बंदी लगाने का प्रसंग क्यों नहीं उठाया जाता? यह प्रसंग उठाने की क्या हिम्मत नहीं होती? मर्दों को थोड़ा-बहुत खुश करते हुए बिल पास न किया जाए, तो शायद काम नहीं चलता। अगर कोई बिल पास करना ही है, तो यह अनुमति का बकवास न करके 'बहु विवाह' निषिद्ध करने वाला बिल ही पास करना होगा। यह सब खुदरा संशोधन हमें मंजूर नहीं है। इस घुन-खाए समाज में आमूल परिवर्तन चाहिए। सभ्य कानून चाहिए; इंसानी कानून चाहिए, धर्म या असत्य की नहीं, अपमानजनक क़ानून अब नहीं चलेगा।

भात की भूख, मुट्ठी भर मीठे मुरमुरों से मिटाने की कोशिश की गई, तो हम सावधान किए देते हैं कि हम अनशन पर उतरेंगी। अतिशय कम में संतुष्ट होने के दिन अब गुज़र गए, अब हमें वह सब कुछ चाहिए, जो हमारा प्राप्य है। अब सारा का सारा अधिकार चाहिए।

कुछ व्यक्तिगत, काफी कुछ समष्टिगत

(1)

इस देश के एक लेखक को, पड़ोसी बड़े देश की तरफ से बेहद सम्मानजनक पुरस्कार मिला है! पुरस्कार की खबर छपते ही, देश के ही किसी अखबार में लेखक की पुरस्कृत किताब के विरुद्ध काफी गंदी और निंदनीय समीक्षा छपी है। उस किताब की काफी बदनामी की गई है! सबसे ज़्यादा अचरज की बात है कि पुरस्कार पाने से पहले-पहले ही, उस निंदा की हज़ारों-हज़ारों फोटो-प्रतियाँ पड़ोसी देश के अखबार के दफ्तरों में भेजी गई हैं कि वे लोग इसे अपने अखबार में छाप दें और वह पुरस्कार, इस देश के लेखक को नसीब न हो। पुरस्कार देने वाले ताज्जुब में पड़ गए थे। पुरस्कार अपने देश में आने वाला है। यह भी इंसान से बर्दाश्त नहीं होता?

इससे भी ज़्यादा मज़ेदार बात यह है कि पड़ोसी देश जब उस देश के लेखक के लेखन की तारीफ में पंचमुख है, तभी इस देश से उसके व्यक्तिगत जीवन के बारे में अशोभन किस्से-कहानी गढ़कर, मुद्दे की बात यह है कि उसके चरित्र हनन की एक छोटी-सी किताब छापकर, बगल के देश में भेजा गया। ताकि वे लोग लेखक की प्रशंसा करने के बजाय, वह पतली-सी किताब, ध्यान से पढ़ें और वे लोग भी उसकी निंदा शुरू कर दें तभी इस देश के बंगालियों को खुशी होगी। पड़ोसी देश के अखबार के दफ्तर से लेकर फुटपाथ तक, व्यक्तिगत चरित्र-हनन की वह संक्षिप्त सी किताब, बिल्कुल मुफ्त बाँटी जा रही है क्योंकि देशी निंदक लेखक के चरित्र हनन की वह पतली-सी किताब वहाँ बिना मूल्य ही बाँट रहे हैं। उस पार कहीं यह लेखक सम्मानित न हो जाए, इस खौफ से इन बेचारों को अपनी गाँठ से पैसे ख़र्च करने में भी कोई एतराज नहीं है।

खून में योसिनोफिल नामक एक चीज़ मौजूद है। इसकी मात्रा अगर बढ़ जाए, तो बदन में खुजली मच जाती है! लगता है, अधिकांश बंगालियों में योसिनोफिल ही कुछ ज़्यादा मात्रा में किलबिल करता है, तभी किसी की तरक्की देखकर उसके मन में खुजली मच जाती है! अच्छा, उस बंगाली केंकड़े की कहानी तो सभी जानते

हैं न? वह जो कहानी है न—चंद केंकड़े किसी गंदे-से पीपे में गिर पड़े। केंकड़े अगर चाहते, तो उस खुले पीपे से बाहर भी आ सकते थे। लेकिन उनमें से एक भी बाहर नहीं निकला। यह देखकर किसी ने सवाल किया—'यह कैसी बात है? वे लोग ऊपर क्यों नहीं आ रहे हैं?' उसके बाद, जाँच की गई, तो उनमें से कोई एक भी केंकड़ा अगर ऊपर आने की कोशिश करता, तो बाकी सब केंकड़े उसे नीचे खींच लेते थे। नतीजा यह हुआ कि उनमें से कोई भी केंकड़ा ऊपर नहीं आ सका। यह हालत देखकर, वहाँ मौजूद लोगों ने यह राय बनाई कि यह जरूर बंगाली केंकड़ा है, क्योंकि दुनिया में एक बंगाली के अलावा और कोई भी जात ऐसी नहीं है, जो खुद भी तरक्की नहीं करती और अगर कोई दूसरा तरक्की करता है, तो उसे कमर से पकड़कर खींच लेते हैं।

इस देश के लेखक, इसी देश की धूल-मिट्टी के बने इंसान हैं। उनकी कलम भी इसी देश के लोगों की भलाई करने के इरादे से चलती है। इसी देश की समाज-व्यवस्था को बदलने के लिए वे कड़ी मेहनत कर रहे हैं। वे जोखिम भी ले रहे हैं। विदेशों में उनके बारे में अच्छी-अच्छी बातें लिखी जा रही हैं। वे सब अच्छी-अच्छी बातें पढ़कर इस देश के लेखक, पत्रकार और कई-कई सांप्रदायिक और संकीर्णमना बुद्धिजीवी आतंकित हो उठे हैं। और-और देशों में जब तारीफें छपती हैं, वे लोग इसके पीछे राजनीतिक षड्यंत्र तलाश करने लगते हैं और जब कोई निंदा छपती है तब बड़े उत्साह से उसका पुनर्मुद्रण करके, इस देश के अखबार में छाप देते हैं। पड़ोस के देश में अगर कोई निंदा होती है, तो ये लोग खुशी से गद्‌गद हो उठते हैं। अगर उनका वश चले, तो मिलाद की महफिल ही सजा डालें।

(2)

चुनाव से पहले बी. एन. पी. ने आवाज़ उठाई थी कि हसीना को भारत ने पाँच सौ करोड़ रुपए दिए हैं। अवामी लीग ने भी कहा था कि खालिदा को पाकिस्तान से छः सौ करोड़ रुपए दिए गए हैं। लेकिन इतने रुपयों की लेन-देन कोई साबित नहीं कर पाया। इसी तरह 'लज्जा' नामक उपन्यास लिखने के लिए बी. जे. पी. ने इस लेखक को पैंतालीस लाख रुपए थमाए हैं—जो लोग इसका प्रचार कर रहे हैं, इसकी सच्चाई को बूँद भर भी साबित नहीं कर सकेंगे। लेकिन सवाल यह है कि वे लोग ऐसा कु-प्रचार क्यों करते हैं? उन लोगों ने क्या काँग्रेस से रुपए खाए हैं? या सी. पी. एम. से?

(3)

रहमान जहाँगीर नामक एक पत्रकार कुछ दिनों से, मेरे एक इंटरव्यू के लिए, मुझसे काफी आरजू मिन्नत कर रहे थे। वे दिल्ली के किसी स्वतंत्र अखबार के लिए मेरा

इंटरव्यू चाहते थे। बंगलादेश में वे 'टेलीग्राफ' अखबार में नौकरी करते हैं। अखबार का नाम सुनकर मेरे समूचे तन-बदन में झुरझुरी फैल गई। जब मैंने उन्हें इंटरव्यू देने के लिए मना कर दिया, यह जानने के बाद उन्होंने बार-बार इस बात पर ज़ोर देकर कहा कि यह साक्षात्कार वे दिल्ली के किसी अखबार के लिए चाहते हैं। वह अखबार, मेरा इंटरव्यू लेने के लिए बार-बार उन्हें टेलेक्स भेज रहा है।

आखिरकार मैं राजी हो गई। कुछ देर हम बातचीत करते रहे। उन्होंने मेरी बातचीत नोट की और चले गए।

इस घटना के कई दिनों बाद, मेरे किसी शुभाकांक्षी ने कहा, ''हैरत है! तुमने इंकलाब ग्रुप के अखबार में इंटरव्यू दिया है?'

'नहीं तो!' मैं मानों आसमान से गिरी।

'लेकिन, टेलीग्राफ में तुम्हारा इंटरव्यू छपा है!'

यह रहस्य मुझे काफी बाद में समझ में आया। रहमान जहाँगीर नामक इस अधेड़ पत्रकार ने मुझसे मक्कारी की। उन्होंने दिल्ली के किसी अखबार के लिए इंटरव्यू लेकर उसे अपने कट्टरवादी अखबार में, बिना मेरी अनुमति के छाप दिया। वे अच्छी तरह जानते थे कि मौलाना मन्नान के अखबार में मैं कोई इंटरव्यू नहीं दूँगी। इसलिए इस धोखेबाज़ी का सहारा लिया गया। यह शख़्स, एक तरफ बेईमान और झूठा पत्रकार है, दूसरी तरफ उतना है विकृत यौन विशेषज्ञ भी है। मेरे छोटे-छोटे बाल, पोशाक, विवाह और विवाह-विच्छेद को लेकर, उन्होंने अशोभन मंतव्य दिए हैं, यह सब देखकर मुझे यही लगा है! इन लोगों ने मानों अपनी पक्की राय बना ली है कि औरत का मतलब है, घने काले-लंबे बाल और साड़ी में शोभित सजी-धजी कोई शर्मीली-सी औरत! अगर इस नक्शे से बाहर कोई लड़की नज़र आई, इन लोगों की आँखें मानो फटी पड़ती हैं, कानों में गर्म हवाएँ बहने लगती हैं, सर घूम जाता है और हित अनहित का होश गँवा बैठते हैं।

आलस्य त्यागो ! कर्मठ बनो ! लक्ष्मण-रेखा तोड़ दो

(1)

लड़कियाँ पढ़-लिख जाएँगी, उसके बाद क्या करेंगी? हद से हद नर्स, टीचर या प्राइवेट सेक्रेटरी बन जाएँगी? अगर पढ़ी-लिखी न हों, तो या तो दर्जी बनेंगी या दासी! वे लोग इसी लक्ष्मण रेखा में क़ैद हैं। इस दायरे से वे लोग बाहर निकली नहीं कि लोग-बाग़ दाँतों तले उँगली दबाने लगते हैं।

पिछले दिनों, प्लानिंग कमीशन की एक उच्च पदस्थ महिला से मेरी बात हुई।

उन्होंने कहा, 'लोग-बाग मेरी तरफ हैरत से देखते हुए पूछते हैं, आप नौकरी क्यों करती हैं? मेरा मतलब है कि आपको क्या रुपए-पैसों की कमी है? कमी न होती, तो घर-गृहस्थी छोड़कर नौकरी करने की भला क्या ज़रूरत? अगर कुछ करना ही है, तो सोशल वर्क कीजिए...समाज-सेवा?'

औरतें नौकरी करें, बाल-बच्चे सँभालें, पति के लिए खाना-वाना पकाएँ, पति के नाते-रिश्तेदारों को अपने यहाँ दावत देकर उन लोगों को अपने हाथों का पका हुआ खाना खिलाएँ, बच्चों को स्कूल ले जाएँ, पढ़ाएँ-लिखाएँ—ऐसा न करके या इसमें चकमा देकर नौकरी-चाकरी करने की कोई वजह लोगों की समझ में नहीं आती। ऊँचे पद पर नौकरी करते हुए, अपने मातहत मर्दों पर जब-तब आदेश निषेध झाड़ना कैसा तो बेखफा लगता है! हाँ, यह तो सच है। औरत अगर प्राइवेट सेक्रेटरी हो, तो भी अच्छी लगती है! सज-धजकर आएगी, अफसर लोग जो कहें, तो फौरन उसका पालन करें, फाइल उसके सामने बढ़ा दें। अगर मुमकिन हो, तो कलम, चाय, बदन का कोट, टाई, चश्मा भी उसके सामने रख दें। ऐसे काफी सारे डाइरेक्टर या एम. डी. होते हैं, जो बीवी को घर छोड़ आते हैं और दफ़्तर में बीवी की ख्वाहिश मिटाने के तकाजे पर प्राइवेट-सेक्रेटरी से दिल लगाते हैं। मानो दूध का स्वाद मट्ठे से मिटाना चाहते हैं या मट्ठे का स्वाद दूध से मिटाना चाहते हैं। औरतें नर्स की तरह सेवा-जतन करें, जैसे बीवियाँ करती हैं, जैसे दासियाँ करती हैं। अब औरतें दासी न बनकर अगर मालिक बन बैठें, तो समाज क्या आसानी से मान लेगा? नहीं, नहीं मानेगा! इसलिए

लड़कियों को तिरस्कार और लोगों की तनी हुई भौंहें बर्दाश्त करते हुए, काम किए जाना होगा। तिरस्कार का खौफ़ सबसे ज़्यादा मध्यवित्त लोगों में होता है। मध्यवित्त औरतें इस बात की कतई परवाह नहीं करतीं कि साड़ी उनकी छाती से कितना खिसक गई है या एड़ियों से ऊपर कितनी चढ़ी हुई है! उनके पेट में भूख कुलांचे भरती रहती है, वही भूख मिटाने के लिए वे लोग कामकाज या नौकरी करती हैं। दौलतमंद लड़कियाँ रुपयों के लिए न सही, वक्त गुज़ारने या एक किस्म के अनोखेपन के लिए कामकाज करती हैं। मध्यवित्त औरतें चेहरे को घूँघट से ढँके रखती हैं! उन लोगों में तरह-तरह के संस्कार काम करते हैं। पति की इज़ाजत नहीं मिली, लोग क्या कहेंगे, बच्चे कच्चे इंसान नहीं बन पाएँगे—ऐसे ही बहाने-बहाने से वे लोग घर में ही बैठी रहती हैं। घर में बैठे-बैठे साड़ी-गहने की डिज़ाइन, माधुरी दीक्षित का नाच और हुमायूँ के हास्य नाटकों में मगन रहती हैं। अब, अगर शिक्षित मध्यवित्त लड़कियाँ, झुंड-झुंड में कामकाज करने के लिए बाहर न निकलें, तो अपनी आज़ादी का अपने हाथों बलि देने जैसा होगा। असल में उस परिवार में विवाह ही नहीं करना चाहिए। जहाँ औरत के नौकरी करने पर पाबन्दी है। उस मर्द के प्रेम-प्यार का प्रतिउत्तर ही नहीं देना चाहिए या प्यार ही नहीं करना चाहिए। अगर मर्द, औरत की आज़ादी में बाधा दें। वैसे नौकरी करने से ही औरत को उसकी सारी स्वाधीनता मिल जाती है, यह भी सच नहीं है। लेकिन वह किसी भी तरह का कामकाज क्यों न करे, अगर उसने उस काम की योग्यता अर्जित की है? वर्ना उसे शिक्षा-दीक्षा देकर राज्य को भला क्या फ़ायदा हुआ? खाना पकाना, घर-द्वार साफ़ करना, शिशु-पालन, पति-पत्नी, दोनों को ही मिलकर करना सरासर संभव है। मेरा ख्याल है कि हर नागरिक के लिए ही काम करना, नैतिक दायित्व है! उस इंसान जैसा देशद्रोही भला और कौन है, जो औरत की मेधा और प्रतिभा को ध्वंस कर दे? इससे बड़ा नुकसान और क्या हो सकता है, अगर उस पर देश या समाज का सिर्फ़ ख़र्च ही ख़र्च हो, कोई आमदनी न हो?

(2)

गार्मेंट फैक्टरी में जब लड़कियाँ-औरतें दल बाँधकर काम करने जाती हैं, उससे ज़्यादा खूबसूरत दृश्य, मुझे नहीं लगता कि इस देश में और कुछ भी है! जो लड़कियाँ पढ़-लिख नहीं पाईं, बाल-विवाह की तैयारी में हैं; गृहस्थी में भी भयंकर मोहताजी है या जो औरत पति पर ही निर्भर थी—पति उसे छोड़कर और कहीं चला गया है या उस औरत को ही खदेड़ दिया गया है या पति जितनी-सी कमाई करता है, उससे गृहस्थी अच्छी तरह नहीं चलती। ऐसी औरतों की ज़िंदगी ही, अब किसी और दिशा में घूम गई है। वे लोग अब हाथ में टिफिन-कैरियर लेकर सड़कों पर उतर पड़ी हैं; बसों में सवार होती हैं, अपना नाम दस्तखत करने लगी हैं। अब वे लोग क़तारों में कुर्सियों

पर बैठती हैं। सुबह-शाम काम करती हैं। जिन औरतों को किसी दिन सिर में तेल तक नसीब नहीं होता था, वे लोग अब अपने पैसों से खरीदा हुआ तेल, अपने बालों में लगाती हैं, अपने पैसों से अपने पाँवों के लिए जूते-चप्पल ख़रीदती हैं, जिन्हें पहले कभी जूते-चप्पल पहनना नसीब नहीं हुआ। अब वे अपने पैसों से मछली-भात खाती हैं। यह जीवन बेशक, दौलतमंद पति की पालतू बीवियों से कहीं ज़्यादा मान-सम्मान की जिंदगी है। निम्नवित्त लड़कियाँ, जब दल बाँधकर, काम पर निकलती हैं, व्यस्तता में डूबी रहती हैं, उस वक्त मुझे काम-काजहीन, नकारा बैठी औरतों के प्रति सख्त हिकारत होती है, जो फिजूल वक्त बर्बाद करती रहती हैं। पड़ोसियों के साथ तुच्छ हँसी-मजाक में मगन रहती हैं। गहने-साड़ी की दुकानों की सैर करती हैं, अपने साज-सिंगार के लिए सोना-दाना खरीदती हैं, मर्दो को पटाने की उम्मीद में महँगी-महँगी साड़ियाँ ख़रीदती हैं।

(3)

नर्स, शिक्षक, प्राइवेट सेक्रेटरी–जो लोग औरतों को इन्हीं सबमें क़ैद रखना चाहते हैं, वे लोग दरअसल पुरुषतांत्रिक अहम के शिकार हैं। लड़कियाँ आखिर किस गुण में माहिर नहीं है? फिर वे किसी बँधी-बँधाई सीमा में क्यों आबद्ध रहें? वे लोग असीम का स्पर्श क्यों न करें? औरत जैसे डॉक्टर, इंजीनियर, आर्किटेक्ट हो सकती है, उसी तरह पायलॅट, ड्राइवर, रिक्शाचालक भी हो सकती है; पत्रकार भी हो सकती है, सांसद भी हो सकती है। अभी औरत अभिनय करती है। किसी दिन पटकथा भी लिखेगी। उसे फिल्म-निर्देशक भी बनना होगा; लाइट मैन, मेकअप मैन...सभी कुछ बनना होगा। इस दुनिया में काम की कमी नहीं है। जिस किसी भी काम में औरत अनायास ही अपनी दक्षता और पारदर्शिता दिखा सकती है। अब फुर्सत के वक्त समाज-सेवा के काम करने के दिन लद गए। अब उन लोगों को जोखिम उठाना होगा, अपने कंधों पर वड़ी-बड़ी जिम्मेदारियाँ लेनी होंगी। वर्ना औरत के दिन न लौटे हैं, न लौटेंगे। समाज में उसे हर तरफ़ अपना विस्तार करना ज़रूरी है। समूचे राष्ट्र में जब तक वह अपने को बिखेर नहीं देगी, तो निश्चित दायरे में क़ैद उसकी जिन्दगी, दायरे में ही क़ैद रह जाएगी।

औरत अब क्या चाहती है? उसे संकुचित दायरे में कैद रखने के समूचे आयोजन की उपेक्षा करना है या स्थिति जैसी है, वैसी ही रहने देना है? क्या वह पुरुष की सेवा-टहल में ही अपनी समूची जिन्दी गुज़ार देगी?

फतवाबाज़ों का गिरोह

सातक्षीरा के कालीगंज थाने का कालिकापुर गाँव! ख़ालिक मिस्त्री की सोलह वर्षीया बेटी, फिरोज़ा नदी में चिंगड़ी मछली के अण्डे-बच्चे पकड़कर गृहस्थी में हाथ बँटाती थी। मछलियाँ पकड़ने के दौरान ही, कालीगंज थाने के ही बंदकाटी गाँव के मछेरे हरिपद मंडल के बेटे, उदय मंडल से उसकी जान-पहचान हो गई। फिरोज़ा और उदय के संबंध अंतरंग हो गए।

एक रात, उदय मंडल, फिरोज़ा के घर ही रंगे हाथों पकड़ा गया। उस पर गाय चुराने का इल्ज़ाम लगाया गया। मुजीबर मेम्बर के नेतृत्व में उसी रात ही पंचायत बैठी और उदय पर पन्द्रह सौ रुपयों का जुर्माना ठोंका गया। उदय के अभिभावक रुपए देकर बेटे को छुड़ा ले गए। इधर एक और ई यू पी सदस्य, इम्तियाज़ अली ने जुर्माने का यह फैसला मंजूर नहीं किया। उसने चेयरमैन के जरिए यह निर्देश दिलाया कि जुर्माने की राशि, यानी पन्द्रह सौ रुपए उन तक पहुँचा दिए जाएँ। वैसे ख़ालिक मिस्त्री भी पूरे रुपए अदा नहीं कर पाया। उसमें से तीन सौ रुपए ख़र्च हो चुके थे। इसलिएं उसने बेटे के हाथ बारह सौ रुपए भेज दिए। उसका बेटा, जब चेयरमैन के पास पहुँचा, तो उसने, उसकी बेतरह पिटाई की। चेयरमैन ने बताया कि वह फिरोज़ा के बाप का विचार, शरीयत मुताबिक करेगा, वर्ना उसके पिता को गाँव छोड़कर जाना होगा। बहरहाल, गाँव छोड़कर जाने के बजाय ख़ालिक मिस्त्री ने उनका फैसला ही मान लिया। पहली सितम्बर, शाम को कालिकापुर गाँव के वाजिद शेख के यहाँ फिर पंचायत बैठी। उस पंचायत में गाँव के कई जाने-माने प्रतिष्ठित लोग और मौलाना भी मौजूद थे। बदकारी अहमदिया मदरसे के सुपरिंटेंडेंट अब्दुर रहीम ने फतवा जारी किया, फिरोज़ा को बाँस के एक खूँटे में बाँधकर उसे सौ झाड़ू मारे जाएँ। पंचायत में मौजूद सभी धार्मिक लोगों ने राय दी कि यह सज़ा बिल्कुल उचित है।

उस दिन सच ही फिरोज़ा की झाड़ू से बेतरह पिटाई की गई। ख़ालिक मिस्त्री भी अपनी आँखों से यह मंज़र देखे, इसलिए उसे भी सामने रखा गया। जब झाड़ू-पिटाई पूरी हो गई, तो फिरोज़ा अपनी बहन के कंधे का सहारा लिए हुए, अपने घर लौट

गई। घर पहुँचकर, उसने ज़हर खा लिया। वैसे उसने ज़हर खाया या नहीं, यह तो पोस्टमॉर्टम रिपोर्ट से ही पता चलेगा। फिरोज़ा की बहन ने बताया कि फिरोज़ा ने घर आकर एक गिलास पानी पीया। उसके बाद उसने दम तोड़ दिया। ख़ैर, वह चाहे जैसे भी मरी हो, मर ही तो गई। अगर उसने आत्महत्या भी की, तो क्यों की? झाड़ू पिटाई की वजह से ही न? फिरोज़ा की झाड़ू-पिटाई क्यों की गई? यह किस देश का न्याय है? इसे ही क्या न्याय कहते हैं? फिरोज़ा का आखिर क़सूर क्या था? गाँव के मौलाना ने आखिर किस क़सूर के लिए उसका विचार किया? किसी हिंदू नौजवान से कोई मुसलमान लड़की प्यार कर बैठी थी, क्या यही उसका गुनाह था? इस गुनाह पर उसे एक सौ एक झाड़ू की मार सहना होगी? या उसने व्यभिचार का पाप किया था, इसलिए? जिस पाप के लिए सिर्फ औरत ही जिम्मेदार होती है, मर्द तो साफ़ पार पा जाते हैं। बहरहाल किस क़सूर के लिए फिरोज़ा का विचार हुआ, मेरे पल्ले नहीं पड़ा।

मेरा ख़्याल है कि औरत को मारने-पीटने के लिए या उसे जान से ख़त्म कर देने के लिए, किसी गुनाह या क़सूर की ज़रूरत नहीं पड़ती। पंचायत बिठाकर मौलाना लोग बस, फतवा जारी कर दें, हो गया। इस्लामी क़ानून के जरिए विचार—यह तो किसी के न माननेवाली बात ही नहीं है। देश का धर्म जब इस्लाम है, तब इस्लामी क़ानून गाँव-गंज में सम्मान किया जाता है। विधर्मी से रिश्ता रखना, उन लोगों की नज़र में गुनाह होता है या इसी को व्यभिचार मानकर उसके लिए सज़ा तजबीज की गई है या यह सब कुछ भी नहीं, सैकड़ों मर्दों की आँखों के सामने सोलहसाला एक-एक लड़की को पीटने का कार्यक्रम! वह लड़की धीरे-धीरे नीली पड़ेगी। फिर बैंगनी हो जाएगी, दर्द से छटपटाएगी, रोएगी-चीखेगी—यही सब मर्दों को शायद मज़ा देता है। पंचायत के मर्द लोग एक लड़की की यंत्रणा का मज़ा लेंगे।

इसी तरह छातकछड़ा गाँव की नूरजहाँ पर एक मौलाना के फतवे पर, कंकड़ बरसाए गए; कालिकापुर गाँव की फिरोज़ा को एक मौलाना के फ़तवे पर सौ झाड़ुओं की मार खाकर मरना पड़ा! आखिर कौन हैं ये मौलाना लोग? या तो मदरसों के सुपर, या मस्जिद के इमाम! यानी ये लोग समाज के गण्यमान लोग हैं। इन लोगों को फतवा देने का हक़ आखिर किसने दिया है? इन बदमाशों के फतवे गाँववाले मान क्यों लेते हैं? गाँव के चुने हुए चेयरमैन और सदस्यों में इस क़िस्म के अन्याय का 'विचार' करने की स्पर्धा आई कहाँ से? इन तमाम मौलाना और क्षमताशाली मेम्बर-चेयरमैन के पीछे, कोई न कोई अदृश्य शक्ति ज़रूर होती है। वर्ना वे लोग ऐसा अजीब कांड करने की हिम्मत नहीं जुटा पाते। इस क़िस्म के 'विचार' तो लगातार होते रहते हैं। हम लोगों को तो तब ख़बर होती है जब कोई औरत मर जाती है। फिर भी सभी मौतों की ख़बर हम तक पहुँचती भी नहीं। कुछ मौतें तो बिल्कुल ख़ामोशी में घट जाती हैं। वह तो जो ख़बर छापने में कोई अख़बार उत्साह दिखाता

है, हम लोग तो वही जान पाते हैं। उस खबर पर कुछेक दिन चीख-पुकार मचाते हैं। बस कुछ दिनों बाद सब थम जाता है, क्योंकि साधारण लोगों की चीख-पुकार से क्षमतासीन असाधारण लोगों को भला क्या फ़र्क़ पड़ता है? हाँ, दो-एक लोगों के लिए आपात् सज़ा का इंतज़ाम होता है। बाद में उन लोगों को भी रिहाई मिल जाती है। बहरहाल, बस सितम्बर को कालिकापुर गाँव से मौलाना और चेयरमैन को गिरफ्तार कर लिया गया है। लेकिन वे लोग आखिर कितने दिन हाजत या जेल में रुके रहेंगे? हम अन्दाज़ा लगा सकते हैं कि कट्टरवादी और सरकारी पार्टियों के हस्तक्षेप से, बहुत जल्द ही वे लोग रिहा हो जाएँगे। हम अन्दाज़ा लगा सकते हैं कि फिरोज़ा की मौत के लिए, अंत में किसी को भी सज़ा नहीं मिलेगी। क्योंकि मौलाना और ई यू पी चेयरमैन, दोनों ही वर्तमान सरकार के प्रियभाजन हैं। सरकार उन लोगों के अपराध 'अपने गुण' मुताबिक ही माफ कर देगी। गुनहगार तो हमेशा फिरोज़ा जैसी औरतें ही होंगी। हमेशा नूरजहाँ जैसी औरतें ही होंगी। उन लोगों के अपराध की कोई सीमा नहीं है; कोई तल नहीं है! हज़ारों-हज़ारों सालों से यही नियम चला आ रहा है! किसी-किसी को अचानक फाँसी पर चढ़ा दिया जाता है। जैसे मुनीर के संदर्भ में हुआ! वह भी इसलिए कि रीमा एक शहीद पत्रकार की बेटी थी! जो बेटियाँ हर दिन मरती हैं, उन औरतों के पिता, शायद कोई बड़े पत्रकार नहीं होते; कोई दिहाड़ी मजदूर होते हैं, कोई किसान, कोई दीन-दरिद्र, अख्यात इंसान—उनकी बेटियों की मौत के लिए कभी, किसी को भी जेल या फाँसी नहीं होती।

फतवाबाज़ मौलाना हमेशा ही बच निकलते हैं। हालाँकि इन लोगों का विचार होना चाहिए, इन्हें सज़ा भी मिलनी चाहिए। इन लोगों ने हज़ारों फिरोज़ाओं की, नूरजहाँ की हत्या की है। समाज अगर स्वस्थ होना चाहता है, तो सबसे पहले फतवाबाज़ मौलाना नामक जीवाणु का नाश करना होगा।

टिड्डियों का दल जैसे समूची फसल नष्ट कर देता है, ये मौलाना लोग भी उसी तरह सोने के बंगाल के गाँव के गाँव तबाह कर डाले हैं। इन लोगों को अगर अब भी जड़ से उखाड़ नहीं फेंका गया, तो एक न एक दिन यह समूचा बंगलादेश ध्वंसस्तूप में परिणत हो जाएगा। उस वक्त हाहाकार मचाने से भी कोई फ़ायदा नहीं होगा। इसलिए हम सबको अभी से सतर्क होना होगा। फिलहाल, कालिकापुर गाँव पर सजग दृष्टि रखना होगी, उस फँसे हुए मौलाना और चेयरमैन की तरफ! फतवा देने के जुर्म में उन लोगों को मृत्युदंड की सज़ा मिले।

विप्लवी अज़ीज़ुल का नया विप्लव

कलकत्ते के सारे अख़बार मेरे हाथ में नहीं आते। हाँ, अचानक-अचानक ही कुछेक अख़बार मेरे हाथ लग जाते हैं। वह भी बासी! बंगलादेश का एक कट्टरवादी अखबार, कलकत्ता के 'आजकल' में छपे, अज़ीज़ुल हक़ के लिखे हुए, एक लेख को पुनर्मुद्रित किया है। आज वह लेख पढ़कर मैं बाक़ायदा चौंक उठी हूँ। मैंने सुना है कि वह इंसान विप्लवी है। उनके विप्लव का यह हाल है? किसी ज़माने में उन्होंने ढेरों मूर्तियाँ तोड़ी हैं। वर्ग-संघर्ष के नाम पर अनगिनत इंसानों का सिर, धड़ से अलग कर दिया है। आज वे मेरी गर्दन नापने पर आमादा हैं।

बंगलादेश के कट्टरवादी मुझे लगभग हर दिन ही फूहड़ भाषा में गाली गलौज करते हैं। लेकिन वे लोग भी इतनी फूहड़ भाषा इस्तेमाल नहीं करते, इन नक्सल विप्लवी जनाब ने जिस भाषा का प्रयोग किया है। मैंने कलकत्ता में अपने किसी वक्तव्य में यह हरगिज नहीं कहा कि राममोहन, हम-बिस्तर होने के लिए हमेशा पढ़ी-लिखी औरत चाहते थे। ईश्वरचन्द्र विद्यासागर और राममोहन के प्रसंग में मैंने अपने निर्वाचित कलाम में जो कुछ भी लिखा है, मेरा ख्याल है कि उन्होंने पढ़ी ही नहीं। उन्नीसवीं सदी में नारी-शिक्षा की सीमाबद्धता के बारे में मैं ज़्यादा कुछ नहीं कहना चाहती। इस विषय पर काफी कुछ लिखा जा चुका है। उन साहब ने अगर कुछ पढ़ा होता तो उन्हें थोड़ी-बहुत बुद्धि ज़रूर आती और मुझे उम्मीद है कि उन्हें शर्म भी ज़रूर आएगी! मैं पूछती हूँ, नारी-शिक्षा की सीमाबद्धता क्या अभी भी नहीं है? लड़कियों को यह जो लिखाया-पढ़ाया जाता है, नाच-गाना, सिलाई-पुराई, खाना पकाना सिखाया जाता है। असल में किसके लिए? वह क्या किसी अन्य औरत के मंगल के लिए? या मर्द की तृप्ति के लिए? इंसान अब इक्कीसवीं सदी की ओर क़दम बढ़ा रहा है। अभी भी पढ़ी-लिखी लड़की को बेड़ियों में जकड़कर रखा जाता है। आज भी मध्यवित्त घरों में रोजगारी औरत के प्रति अनास्था और हिकारत ही दी जाती है।

इन जनाब ने मुझे मर्दों का दुश्मन कहा है। अशिक्षित लोग अक्सर मुझ पर यही दोष लगाने की कोशिश करते हैं। अज़ीज़ुल विप्लवी होने के बावजूद ऐसे लोगों

की क़तार से बाहर नहीं निकल पाए हैं। उन्होंने पुरुष-विद्वेष और पुरुषतंत्र के विरोध को एक करके देखा है। कई-कई निर्बोध पुरुष यह भूल अक्सर कर बैठते हैं!

उन साहब ने कई झूठी बातें भी लिखी हैं। उन्होंने लिखा है—बंगलादेश के कट्टरवादियों ने पिछले छः महीने में कम से कम मौलवियों ने छः सच्चे धर्मद्रोहियों को मौत का फतवा दिया है। उन नामों में शामिल हैं—अनीसुर रहमान, बंगलादेश साहित्य जगत की जननीप्रतिम, बेगम सूफिया कमाल! पहली बात तो यह है कि अनीसुर रहमान नामक कोई लेखक, बंगलादेश में है ही नहीं। दूसरी बात यह है कि इन लोगों के नाम, छः महीने में क्यों, किसी भी दिन भी मौलवी लोगों ने फतवा जारी नहीं किया।

उन्होंने ही लिखा है कि मेरा ख़्याल है कि 'भीड़ में औरतों की पिछाड़ी में चिमटी काटना' मर्दों का काम है। ग़लत बात! ये मर्द सिर्फ चिमटी काटकर ही चैन की साँस नहीं लेते। वक्त और सुविधा मुताबिक, वे लोग औरतों के कई-कई अंगों पर चिमटी काटते हैं। पुरुषतांत्रिक समाज, पुरुषों को ऐसी सब सुविधाएँ उदार हाथों से प्रदान करता रहता है।

उन साहब ने 'औरतों' को आधा आसमान कहा है। आधा आसमान क्या वाकई औरत को नसीब होता है? अगर नसीब होता, तो मुझे ज़रूर कोई आपत्ति नहीं होती। आधा आसमान नहीं, कमरे की खिड़की की राह नज़र आनेवाला टुकड़ा भर आसमान भी औरतों को नहीं मिलता। औरत को अगर आधा आसमान मिला होता, तो प्रायः हर रोज़, मौलवियों के ज़ारी किए हुए फतवों की वजह से औरतों को मरना नहीं पड़ता। मर्द लोग उन पर कंकड़-पत्थर नहीं बरसाते, आग में झोंककर जलाते नहीं। उन लोगों को ज़हर पिलाकर, गले में फाँसी डालकर, यूँ मारते नहीं।

औरत की जुबान पर सेक्स की बातें सुनकर, लोग-बाग़ आतंकित हो उठते हैं। मर्द पोर्नोग्राफी रचते हैं, औरत के तन-बदन को विज्ञापनों में इस्तेमाल करते हैं और उन सबको पढ़कर या देखकर खुश होते हैं। लेकिन अगर औरत अपने बदन के बारे में कुछ कहती या लिखती है, तो और दस मर्दों की तरह, हमारे ये नक्सल विप्लवी भी आतंकित हो उठते हैं। अपने संस्कारों का स्तर वे आज भी पार नहीं कर पाए, जिन संस्कारों ने उन्हें यह बताना है कि औरत अपनी देह बिछा देंगी, मर्द उनके बदन पर कविताएँ-कहानी लिखेगा, तस्वीरें आँकेगा, कारोबार भी सिर्फ पुरुष ही करेगा। यानी औरत की देह पर सबसे ज़्यादा हक़ उसी का है। बहरहाल, शरीर को लेकर, मर्दों की तरह रस-खेल मैंने नहीं किया। शरीर के बारे में नितांत ज़रूरी बातें और बिल्कुल उचित बातें कहने के लिए ही, मेरी रचनाओं में औरत-मर्द के शरीर की बातें काफी दुविधाहीन तरीके से आई हैं। इसमें कोई जटिलता नहीं! कोई उत्तेजक मामला नहीं है, सेक्सलेसनेस खौफ भी नहीं है।

मुझे धर्म में कतई विश्वास नहीं है! सम्प्रदाय में तो बिल्कुल भी नहीं है। मेरे

अधिकांश लेखन में, मेरा वक्तव्य बिल्कुल स्पष्ट है! इसी वजह से ही आज बंगलादेश में मुझे कत्ल करने के लिए मुल्लाओं ने फतवा दे डाला है! ऐसी स्थिति में अज़ीज़ुल हक़ के इस वक्तव्य की कि 'तसलीमा उस वक्त मुसलमान औरतों को बी. जे. पी. ज्वाइन करने का उपदेश दे रही थीं' मैं सख़्त निंदा करती हूँ! इंसानों में मैं हिंदू-मुसलमान का फर्क़ नहीं करती। मैंने कभी, कहीं, किसी को उपदेश नहीं दिया; मैंने किसी लड़की या औरत को धार्मिक राजनीति में विश्वास करने को नहीं कहा, बल्कि धर्म के मोह से इंसान को मुक्त करने के लिए मैंने तो अपनी ज़िंदगी की बाज़ी लगा दी है।

मेरे खिलाफ, ऐसे अप-प्रचार में उतरकर अज़ीज़ुल हक़ को क्या फ़ायदा हुआ है, मुझे नहीं मालूम! लेकिन, हाँ, इस तरह उनका विप्लवी मुखौटा खिसक गया है और अंदर से उनका सांप्रदायिक चेहरा ज़रूर निकल आया है और इंसान का सिर काटने वाली उनकी धारदार तलवार अँधेरे में भी झिलमिला उठती है, इस बात से शायद वे खुद भी अनजान और बेख़बर हैं।

इधर-उधर की बात

(1)

तमाम गार्मेंट्स फैक्टरी में औरतें कितने घंटों काम करती हैं। आठ? दस? बारह? या इससे भी ज़्यादा? ये गाँव-शहरी बस्तियों की निरक्षर, दरिद्र औरतें होती हैं। सुबह-सवेरे जब अमीर या आधे अमीर रमना रेसकोर्स, संसद भवन में बदन की चर्बी घटाने के लिए दौड़ लगाते हैं, ये औरतें उस वक्त, हाथ में टिफिन कैरियर झुलाए, उन लोगों के सामने से गुज़रकर फैक्टरी पहुँचती हैं। वैसे उन लोगों को चर्बी घटाने की कोई जल्दी भी नहीं है। उन लोगों की देह पर चर्बी जमने की कोई गुंजाइश भी नहीं है और न ही उन लोगों के पास इतनी फुर्सत है कि जिंदा रहने के मोह में शारीरिक कसरत करें। वे लोग दिन भर मेहनत करके, मुट्ठी भर दाल-भात जुटाने के लिए पैसा कमाने जाती हैं। दिन भर के बाद शाम या रात को। थकी-हारी देह को खींचते-घसीटते घर की तरफ चल पड़ती हैं। आमोद-आह्लाद में वक्त गुज़ारने की उन लोगों को फुर्सत ही नहीं होती। वे लोग घर पहुँचकर, भात राँधेंगी, घरवालों को खिलाएँगी। पतीली की तलछट के तौर पर कुछ बचाखुचा रहा तो खुद खाएँगी। अगले दिन फिर सुबह होते ही फ़ैक्टरी की तरफ दौड़ पड़ेंगी। यह जो वे लोग दस-बारह घंटे जी-तोड़ मेहनत करती हैं। बदले में उनलोगों को क्या मिलता है? निर्यात के फ़ायदे में उन लोगों को कितना-सा मिलता है? हिसाब-किताब किया जाए, तो क्या नज़र आता है? जिन लोगों की मेहनत के बदले में बंगलादेश, विदेशी मुद्रा अर्जित करता है, वे लोग अपने दस-बारह घंटे की मेहनत देकर, महीने के अंत में आखिर क्या पाते हैं? उन्हें जो मिलता है, उस रकम से क्या उनको महीने भर दाल-भात नसीब हो सकता है? उनका गुज़ारा हो सकता है? मेरा ख़्याल है, नहीं हो सकता। अपनी तनखाह बढ़ाने के लिए संघर्ष उन्हीं लोगों को करना होगा और हमेशा के लिए और एक इंतजाम करना भी बेहद ज़रूरी है। वह है—हर गार्मेंट फैक्टरी में औरतों की शिक्षा-दीक्षा का इंतज़ाम करना! फैक्टरी के मालिक, अगर हर दिन कम से कम दो घंटे का इंतज़ाम कर दें। कामगार औरतों को बांग्ला, अंग्रेजी, गणित, साधारण

ज्ञानविज्ञान की पढ़ाई का इंतज़ाम कर सकें तो मेरा ख़्याल है कि यह एक ऐसी उल्लेखनीय घटना होगी, जो पिछली एक शती में निम्नवित्त औरतों की ज़िंदगी में जितनी तरक्की नहीं हुई, वह अब संभव हो जाएगी। औरतों को शिक्षित बनाने की और कोई राह तो मुझे नज़र नहीं आती। कर्मजीवी महिलाओं को घर-बाहर, अपनी स्वाधीनता और अधिकार रक्षा के लिए सजग रहने को प्रेरित करना बेहद जरूरी है! ये लोग जब काफी रात गए घर लौटती हैं, गली-सड़क के बदमाश छोकरे, जब उनका पीछा करते हैं, तो उन पाजियों की जबड़ों पर निशाना साधकर वार करने में ये औरतें हरगिज न हिचकिचाएँ; सारी की सारी कर्मठ औरतें एकजुट होकर तनकर खड़ी हो जाएँ। वे लोग अपनी महीने भर की तनखाह अपने बर्बर, आलसी, मक्कार पति के पीछे ख़र्च न करें। जो-जो काम उन्हें करना ही होगा—इस बात पर जो औरतें विश्वास करती हैं या लोगबाग़ के बातें बनाने के ख़ौफ़ से करती हैं, वे लोग न करें। इन सबके बारे में औरतों को सलाह देने के लिए, फैक्टरी में मानवाधिकर के मामले में किसी सजग शिक्षक की ज़रूरत है! सिर्फ शिक्षा ही नहीं, औरतों की सेहत की भी सुरक्षा ज़रूरी है। औरतों को नियमित चिकित्सा मिलती है। मुझे ऐसा नहीं लगता। मैं चंद ऐसी महिला मजदूरों को जानती हूँ, जिन्हें उनकी बीमारी में छुट्टी तो नहीं ही दी जाती, बल्कि जितने दिनों वे लोग नहीं आ पातीं, उनकी तनखाह भी काट ली जाती है! उच्चवित्त, निम्नवित्त का शोषण करते हैं, यह कोई आज की घटना नहीं है। लेकिन ऐसा निर्लज्ज शोषण, ऐसे सभ्य युग में आँखों को बेतरह चुभता है। ये गार्मेंट फैक्टरियाँ करोड़ों-करोड़ों टके कमा रही हैं, अपने मजदूरों के लिए निवास और जानेआने का इंतज़ाम करना, उन फैक्टरी-मालिकों का नैतिक दायित्व है। वे लोग बड़े सस्ते में मजदूर पा जाते हैं; दो पैसा ख़र्च करके, लाखों-लाखों करोड़ टके कमा रहे हैं। मुमकिन है कि वे लोग काफी उदार नहीं हो पाते। उदार होना, कारोबारियों के चरित्र में ही नहीं होता। लेकिन थोड़ा-बहुत उदार तो उन लोगों को होना ही होगा, वर्ना वे लोग खुद अपनी जेबें भरते रहेंगे, लेकिन जो लोग उनकी जेबें भरने में मददगार हैं, उनकी जेब में वे लोग कुछ भी न डालें—ऐसा कैसे हो सकता है?

(2)

आजकल घर में काम करनेवाली औरतों की हत्या, नित्य-नैमित्तिक घटना हो गई है। काम करनेवाली बाई ने फ्रिज ख़राब कर दिया, चोरी की और इस महा-अपराध में घर के मालिक या मालकिन ने उसे पीट-पीटकर मार डाला। गरीब का मरना, कोई ख़ास बात नहीं होती। वह मर गई, तो क्या? न मरी, तो क्या उसके जिंदा रहने में कोई फ़ायदा तो है नहीं। इसलिए दौलतमंद लोग शौकिया ही, काम करनेवाली औरत के सिर पर अनायास ही दाँव या पहसुल का कोप बिठा देते हैं। अख़बार के पहले पन्ने पर उन लोगों की तस्वीर छपती है। लोग-बाग़ दो दिन उनके नाम

पर छिः-छिः करते हैं, उसके बाद सारा कुछ मिट-मिटा जाता है।

कमज़ोर पर बलशाली का शोषण कब बंद होगा, इसका कोई हिसाब-किताब तो हम नहीं दे सकते। ऐसा संभव भी नहीं है। लेकिन ऐसा कोई इंतज़ाम तो किया जा सकता है या नहीं कि रिहायशी घर में काम के लिए किसी को नियुक्त करना नहीं चलेगा? अपनी-अपनी गृहस्थी का कामकाज वे लोग खुद कर लेंगे? मुझे मालूम है, इस दरिद्र देश में यह संभव नहीं है, फाके करते, भूखे-उजड़े लोग दरवाजे-दरवाजे घूमेंगे ही। ये औरतें शोषित होने के लिए घर-घर नियुक्त की जाएँगी। उसके बाद या तो उनको बेमौत मरना होगा या उन्हें घर के मालिक के बलात्कार का शिकार होना पड़ेगा या फिर समूची ज़िंदगी गुज़ार देने के बाद, बिना किसी सहारे के, सम्बलहीन, कर्मक्षेत्र से निकाल दी जाएँगी। मेरी राय में, इससे बेहतर है कि सरकारी या गैर-सरकारी उद्योगों में अनिवार्य रूप से महिला-मजदूर ली जाएँ, तो औरतें मरने के लिए घर-घर काम करने, हरगिज नहीं जाएँगी। इससे उन लोगों के सम्मान की भी रक्षा हो जाएगी और गरीबों को मारने के लिए, जिन लोगों के हाथ खुजलाते रहते हैं, उन लोगों को ही गरीबों की गर्दन आसानी से हाथ नहीं लगेगी। वे लोग भी जेल जुर्माने से, एक तरह के छुटकारा पा जाएँगे।

(3)

इन दिनों सरकार ने इस क़िस्म का हुक्मनामा तैयार किया है, कि इस देश में सभी अख़बार आ सकते हैं, सिर्फ कलकत्ता की 'देश' पत्रिका को छोड़कर! 'देश' किस जुर्म का अपराधी हो गया, अब यह मेरे लिए अस्पष्ट नहीं है। इस देश में अब मनोरमा, प्रियदर्शिनी, टेलीदर्शन वगैरह का प्रवेशाधिकार वैध कर दिया गया है। अब, हम एक पल को ज़रा सोच देखें कि मनोरमा, प्रियदर्शिनी वगैरह किस स्तर की पत्रिकाएँ हैं और 'देश' पत्रिका किस स्तर की है? असल में 'देश' ऊँचे स्तर की पत्रिका है। इसलिए इस पर रोक लगाई गई है, ताकि यहाँ के पाठक चिंतन-मनन और मेधा में, रुचि और शुचि में कहीं ऊँचे न हो जाएँ। हल्की-फुल्की पत्रिकाओं में अवाम डूबी रहे, इसमें सरकार को कोई आपत्ति नहीं है, इसलिए इस देश में हल्की-फुलकी पत्रिकाओं को आने देने में कोई बाधा नहीं डाली गई। और चाहे जो हो, सरकार जनगण को रुचिवान और बुद्धिमान होने देने को राजी नहीं है।

इस हुक्मनामे में और भी एक प्रसंग है—इस देश में कोई भी फ़िल्म आ सकती है, सिर्फ उपमहादेशों की भाषाओं के फिल्म के अलावा! यानी बांग्ला, हिंदी वगैरह अब वैध नहीं रहीं। असल में, यह सब, वीडियो दुकानों से पुलिस के लिए रुपए कमाने का एक अच्छा-खासा तरीका बन गया है। इन फिल्मों को 'डिस्प्ले' से हटाकर, सारा कुछ मेज़ में छिपाकर रखा जाता है। पुलिस को अगर 'दक्षिणा' टिका दी जाती है, तो वे लोग मेज़ के अंदर झाँककर नहीं देखते। निरीह 'पब्लिक' मेज़ के अंदर छिपाई चीज़ को ऊँचे दाम पर किराए पर लेती है।

(4)

अभी भी शहीद मीनार के सामने, रंग पोतकर नष्ट कर दिए गए रवींद्रनाथ, नजरुल, सुकांत, रामनिधि गुप्त, जीवनानंद की वाणी मौजूद है। ये सब क्या यूँ ही तबाहहाल रहेंगे या इनके सुधार-संस्कार का क्या कोई उपाय नहीं है? इसकी सुरक्षा का क्या कोई तरीका नहीं है? सिर्फ दीवारों पर ही नहीं, सड़कों के मोड़ पर बड़े-बड़े डिस्प्ले बोर्ड टाँगे जाएँ, उन पर भाषा को प्यार करने के बारे में प्रचार-प्रसार करना होगा, ताकि आते-जाते लोगों की उन पर निगाह पड़े ताकि सिर्फ शहीद मीनार के सामने पहुँचकर ही भाषा की याद न आए। भाषा को प्यार करने का और भी गहरा अर्थ यह है कि एक ही भाषा-भाषी लोगों में आपसी प्यार! 'बांग्ला के हिंदू, बांग्ला के बौद्ध, बांग्ला के ईसाई, बांग्ला के मुसलमान—हम सब हैं बंगाली!' जब तक यह सच्ची बात, तमाम लोगों के दिल में न बस जाए, तब तक भाषा-स्मारक पर फूलों की चाहे कितनी भी भारी बरसात की जाए, कोई फ़ायदा नहीं होगा। उतने दिनों तक इक्कीस तारीख आएगी-जाएगी। बड़ी-बड़ी सभाएँ सेमिनार होते रहेंगे, लेकिन साम्प्रदायिकता की आग नहीं बुझेगी। मुझे तो कभी-कभी यह आशंका होती है कि इस आग में किसी दिन शहीद मीनार भी जलकर खाक न हो जाए।

(5)

काजी इब्ने रूशद ने लिखा है—'शरीयत में दो तरीकों से यौन तृप्ति का सुख जीने को वैध किया गया है। एक, विवाह करना; दो, ज़रख़दीद दासी रखना। इन दो उपायों के अलावा, अन्य किसी भी उपाय से यौनसुख जीना, हलाल नहीं हो सकता।' (मुकद्दामाता इब्ने रूशद-अल मातबुआ मा अल मुकावानतिल कुबरा द्वितीय खंड, पृष्ठ 21-22)

दासी, गृहकर्ता के भोग के लिए वैध है। यह हमारी आधुनिक, शिक्षित और धार्मिक महिलाएँ, कतई क़बूल नहीं करना चाहतीं। उन लोगों का कहना है—इसकी ज़रूरत उस ज़माने में थी, इस ज़माने में यह बिल्कुल शोभा नहीं देता। मेरा कहना है कि अगर कुरान, हदीस उस ज़माने के लिए ज़रूरी था, तो इस ज़माने में उसे लेकर इतनी छेड़-छाड़ की ही भला क्या ज़रूरत है? उस ज़माने की चीज़ उसी ज़माने में पड़ी रहने दिया जाए।

(6)

बंगाली संस्कृति को काफी कुछ यूरोपियन कल्चर निगल गई है। दोनों ही अब तक मिल-जुलकर बची हुई थीं। हाँ, यह यूरोपियन कल्चर दैनंदिन थी और बंगाली संस्कृति किसी उत्सव पर्व के लिए सुनिश्चित कर दी गई थी। आजकल यूरोपियन कल्चर

में मिलकर जिस संस्कृति ने एक अद्भुत आकार लिया है वह है–इस्लामी संस्कृति! हर घर में लोग चाहे रोज़ा रखें या न रखें, लेकिन मेज़ पर इफ्तार ज़रूर सजाया जाता है। और ठीक समय मुताबिक, घर के सदस्य 'इफ्तार' नामक पकवान खाते हैं। इन दिनों इफ़्तार महीने भर के कल्चर में शामिल हो चुका है। इसके साथ संयम का कोई सरोकार नहीं है। मुरमुरे-चने-प्याजू बैगनी की यह संस्कृति जितने गहरे तक हमारी जीवन शैली में प्रवेश कर गई है उससे यह बिल्कुल नहीं लगता कि हममें वह ताकत मौजूद है कि इस्लाम के मुहरबंद खिड़की-दरवाजों को भेदकर, घर और अंतर तक, दुनिया की रोशनी हवा दाखिल करा सकें।

यह देश गुलाम आयम का देश है

जो देश, गुलाम आयम का देश है, वह देश मेरा नहीं हो सकता। मेघना, यमुना, पद्मा, ब्रह्मपुत्र का यह देश, मेरा नहीं है। यह देश गुलाम आयम का है। टेकनाक से तेंतुलिया तक...सारी जगहें उसकी हैं। गुलाम आयम अगर चाहे, तो अभी, इसी वक्त, वह देश का शाहंशाह बन सकता है। इस देश में गुलाम आयम रहता है, इस ख़्याल से अब, मुझे हिकारत नहीं होती, बल्कि शर्म आती है। मैं अपने भाई-बहनों के सामने, युद्ध में ज़ख्मी मामा, खाला को अपना चेहरा नहीं दिखा पाती। मुझे लगता है, यह जो गुलाम आयम को वैधता मिल गई है, वह दोष मेरा है; यह शर्मिंदगी भी मेरी है। अब वह समूचे मुल्क भर में दनदनाता फिरेगा। उसकी मर्सिडीज़ हमारे बदन पर धूल या कीचड़ उड़ाती हुई गुज़र जाएगी और दूर से गुलाम के झनझनाते हुए ठहाके तैरते हुए हमारे कानों में गूँज उठेंगे। हम अपने-अपने सीनों में अपनी ही रुलाई सुनते रहेंगे। शिरीष, पलास, कृष्णचूड़ा भी काँपते सिहरते रो पड़ेंगे; पद्मा, मेघना, कर्णफूली, सुरमा रोएँगी, यमुना भी आँसू बहाएगी। गर्मी की लू-बरसाती हवा भी फूट-फूटकर रोएगी। हम किसी की भी रुलाई रोक नहीं पाएँगे।

इस देश में लोक-अदालतों की सभा में माइक तोड़ दिए जाते हैं! इस देश में जनसभाओं में लाठी-चार्ज होते है; इंसान ज़ख्मी होता है। इस देश में गुलाम आयम सम्मान के साथ रिहाई पा जाता है! यह क्या मेरा देश है? सन् 52, 69, 71 क्या इसी देश की कोई घटना है? हम क्या रफीक, सलाम, मिन्टू, मुस्तफा, मोतीउर, महीउद्दीन के ही वारिस हैं? पता नहीं क्यों तो विश्वास नहीं होता! यह पथराया जनपद मानो बंगलादेश नहीं है।

असल में हम सबको खुद ही अपने पर चाबुक बरसाना चाहिए, वर्ना हमें अक्ल नहीं आएगी। हमारी पीठ पर जंग जम गई है। हमारी आँखें, कान, जुबान को भी जंग लग चुकी है। दिनों-दिन हम सब अचल, अक्षम, अनाथ होते जा रहे हैं। हममें शायद अब वह क्षमता नहीं रही कि आउट ऑफ बाउंड तालिका में गुलाम आयम का भी नाम दर्ज कर दें। इस देश पर अब धीरे-धीरे पाकिस्तान का झंडा लहराने लगेगा। मजारों ने तो काफी अर्से से हरे कपड़ों पर सफेद चाँद-तारे झुला रखे हैं।

अब उनके गुरुठाकुर बड़े गर्व के साथ जेलों से बाहर निकल आएँगे और हूबहू उसी क़िस्म की पताका लहराएँगे, क्योंकि अब वक्त आ पहुँचा है। जमात-समर्थित जातीयतावादियों ने तो अर्से तक गद्दी पर ऐशोआराम की जिन्दगी गुज़ारी, अब गुलाम आयम के लिए ऐश-विलास की व्यवस्था करना होगी। वही तो अब देश के विजयी नेता हैं। ऐसी महान् विजय भला और किसकी क़िस्मत में होती है? गुलाम आयम को नागरिकता मिल जाने के बाद, मैंने बहुतेरे लोगों से पूछा—'यह सब क्या हो गया?'

किसी ने कहा, 'जो हुआ, ठीक हुआ!'

किसी ने कहा, 'ऐसा ही होगा, मुझे तो पहले ही पता था।'

किसी ने कहा, 'इससे तो बेहतर था कि उसे विदेश भेज देते।'

किसी ने कहा, 'भई, देश में और भी बड़े-बड़े काम पड़े हैं। यह भी कोई सोचने का विषय है?'

शायद ऐसा ही हो! ग़ुलाम आयम कोई उल्लेखनीय विषय नहीं है। जिसके बारे में इतना सोचा जाए; जिसे जेल या फाँसी देने के ख्याल से परेशान हुआ जाए।

एक अपाहिज मुक्तियोद्धा ने जब हाईकोर्ट की यह राय सुनी, तो वह चीख-चीखकर रो पड़ा, 'अपाहिज होने के बावजूद, मुझे गर्व था कि मैंने देश के लिए जंग की थी! हमलावर दुश्मनों के खिलाफ लड़ा था। लेकिन आज मुझे क्या मिला? हमने क्या इसीलिए संघर्ष किया था? हाय रे नियति!'

न्यायाधीश ने राय दी है, 'गुलाम आयम बंगलादेश का जन्मजात नागरिक है। उसे विदेशी नहीं माना जा सकता। दलाली के अपराध में किसी को नागरिकता के अयोग्य नहीं माना जा सकता। गुलाम आयम को जमात का अमीर नियुक्त करने में संविधान का उल्लंघन बिल्कुल नहीं हुआ है।'

वाह! बंगलादेश! वाह! तुमने ही एक बार जिस देशद्रोही से उसकी नागरिकता छीन ली थी! आज उसे ही नागरिकता के हार पहना रहे हो? भविष्य में अब तुम शायद उन्हें ही मुक्तियोद्धा का सनद दोगे, जो ग़ुलाम आयम के संगी-साथी थे; जिन लोगों ने, पाकिस्तान का पक्ष लेकर, लाखों-लाखों बंगालियों के घर-मकानों में आग लगा दी, बलात्कार का नंगा नाच दिखाया, इंसानों की गर्दन काट डाली, आँखें निकाल लीं।

हाँ, आज वही लोग अभिनंदित हो रहे हैं, जो आज़ादी के दुश्मन थे; जिन लोगों ने 'पाकिस्तान आदर्श रक्षा फंड' का गठन किया था; जो लोग देश को पूरे नौ महीने तक खून में नहलाते रहे, लाशें बिछाते रहे और विजातीय दोस्तों के साथ जश्न मनाते रहे। वे ही लोग आज देश में नमस्य हैं। आज लगता है कि गणतंत्र के नाम पर ऐसी चरम फाँकीबाज़ी की क्या ज़रूरत थी? जो गणतंत्र, एक नए देश, नए झंडे, नए राष्ट्रीय संगीत को मर्यादा देना नहीं जानता। यह देश मित्र-देश भारत के प्रति दुश्मनी और शत्रु देश पाकिस्तान के प्रति प्रेम से भर उठा है। आज इस

देश में खड़े होने के लिए, अंगूठे भर जगह नहीं है; कहीं मुक्त हवा तक नहीं है कि साँस ले सकें। जिस देश की संपूर्ण आजादी ही नहीं लौटी उस देश में अपना आपा नितांत परदेशी-सा लगता है। फिर यह देश किसका है? गुलाम आयम को नागरिकता मिल जाने के बाद, मैं पूरे दम से चीखकर यह कहने को लाचार हूँ कि यह देश मेरा नहीं है। यह देश मेरा नहीं हो सकता। यह देश अब, गुलाम आयम का है! यह देश अब शैतानों, रजाकारों का है! यह देश हत्यारों, खूनी, देशद्रोहियों का है! हाँ, यह देश बेहया और बदमाशों का हो चुका है।

धर्म रहा, तो कट्टरवाद भी रहेगा

हमारे प्रगतिवादी लोगों का कहना है, 'कट्टरवाद ख़त्म हो जाए, तो सारी समस्या मिट जाएगी। उग्र कट्टरवाद ही सारी समस्याओं की जड़ है।' वे लोग यह भी कहते हैं, 'धर्म के बारे में कोई समस्या नहीं है। इंसान ख़ामोशी से, एकांतिक भाव से अपना धर्मपालन करता रहे और राष्ट्र-धर्म इस्लाम भी बहाल रहे। लेकिन चाहे जैसे भी हो, इस देश से कट्टरवाद को खदेड़ना होगा।'

मैं उन लोगों की इस बात से सहमत नहीं हूँ। मेरा कहना है, 'जितने दिन धर्म विद्यमान है, कट्टरवाद भी जरूर रहेगा।' घर में साँप छोड़ दिया जाए और कोई यह समझाए कि मैंने साँप को समझा दिया है, वह दंश नहीं मारेगा, तो कोई बुद्धिमान भला यह मानेगा? साँप ने अगर आज नहीं डँसा, तो कल डँसेगा। साँप को समझा-बुझाकर शांत करने का कोई उपाय नहीं है, क्योंकि डँसना, साँप का स्वभाव है।

घर-घर साँप छोड़ दिया जाए और यह कहा जाए कि साँप दंश नहीं मारेगा, ऐसी गारंटी कोई राजनीतिज्ञ नहीं दे सकता। कोई राष्ट्र प्रधान भी यह दावा नहीं कर सकता। विषवृक्ष बढ़ता जा रहा है। यह दुहाई देते हुए उसके डाल-पत्ते छाँट दिए जाएँ, तो वह पेड़ क्या अपनी डालें फैलाना छोड़ देगा? विषवृक्ष की सैकड़ों डाल-पत्तों में विष नहीं फलेगा? वृक्ष का काम ही है फलना-फूलना। इसलिए हम ऐसी उम्मीद हरगिज नहीं कर सकते कि कट्टरवाद नामक वृक्ष को काटकर, कट्टरवाद ख़त्म कर दिया जाएगा। हममें अगर बुद्धि हैं, तो हमें समझ लेना लेना चाहिए कि मिट्टी तले ही कट्टरवाद की जड़ें छिपी हुई हैं और उसका नाम है—धर्म! अगर वह जड़ें उखाड़कर न फेंकी जाएँ, तो कट्टरवाद के डाल-पत्ते तो बढ़ते ही जाएँगे। धर्म कोई कछुआ नहीं है, जो सिमटा-सिकुड़ा रहेगा।

देश में मस्जिद-मदरसे बढ़ रहे हैं। क्यों? मस्जिद-मदरसों से इंसान की कौन-सी तरक्की होती है? मदरसों में लिख-पढ़कर, इंसान 'मुल्ला' बनेगा। इस देश का इससे क्या लाभ होगा? कोई मुल्ला या मौलवी, देश के आर्थिक विकास में आखिर कितनी-सी मदद करता है? वे लोग घर-घर में कुरान या खुतबा पढ़कर, डेढ़-दो सौ रुपए कमा लेते हैं! फ्री खाना मिल जाता है। लेकिन यह तो कोई लोभनीय पेशा नहीं है। फिर?

फिर झुंड-झुंड लोग इस पेशे की तरफ क्यों दौड़ रहे हैं? महज़ पारलौकिक सुख के लोभ में ना, ऐसा मुझे बिल्कुल नहीं लगता, क्योंकि लोग इहलौकिक सुख के लिए अत्यंत कातर हैं। ये लोग अपनी स्थूल रुचि की वजह से कम मेहनत में धन कमाने के लिए मुल्लागीरी पर उतरते हैं। ये लोग आमतौर पर मध्यवित्त के बिगड़ैल, घोंचू-गँवार लड़के होते हैं या गाँव-गिराम के दरिद्र होते हैं। ये अधःपतित पुरुष, समाज को चरम अधःपतन के अलावा और क्या दे सकते हैं?

देश अगर इन लोगों के हाथों में चला जाए, तो क्या हमें अंदाज़ा है कि देश की क्या परिणति होगी? देश के लोगों की? राजनीति की? अर्थनीति की? समाज व्यवस्था की? मूल्यबोध की? फर्ज़ करें एक ही मुहल्ले में एक अदद स्कूल, दस अदद मदरसे, बारह मस्जिदें मौजूद हों; फर्ज़ करें, देश में किसी तरह का संगीत न हो, कविता या नृत्य न हो, नवान्न या नववर्ष का उत्सव न हो; मुहल्ले-मुहल्ले में इस्लामी जलसे होते हैं, तो हमारी क्या परिणति होगी? देश तो दिनोंदिन उसी परिणति की तरफ बढ़ रहा है। सन् 69 में बयतुल मुकर्रम के सामने, जागरूक इंसानों ने जमाते इस्लामी की सभा तितर-बितर कर दी थी। आज है किसी में वह मजाल? आज का इंसान समझौतापरस्त है। आज लोग यह दुहाई देते हैं—ठीक है, वे लोग नाचकूद रहे हैं, तो कोई बात नहीं। उनके बदन को हाथ लगाने से अल्लाह नाराज़ होगा, भवनों में वे लोग अल्लाह के भेजे गए दूत हैं।

इसलिए इस देश में गुलाम आयम, नियामी, अब्बासी, सईदी लोगों के वंशधर बढ़ते जा रहे हैं। एक गुलाम की लार से लाखों गुलाम जन्म ले रहे हैं। धर्म तो जनता के लिए अफीम है। यही अफीम खाकर विभ्रांत और नशाग्रस्त लोग आज मजार के कारोबार, पीरी के धंधे या राजनीति व्यवसाय की तरफ बेतहाशा दौड़ रहे हैं। इस वक्त प्रगतिवादी लोग राविन्द्रिक सुर में अगर यह कहें—'देश से कट्टरवाद मिटाना होगा'—तो ठेंगा होगा। अगर सच ही इसे मिटाना है, तो कट्टरवाद की जड़ों तले, यह जो 'धर्म' छिपा पड़ा है, उसे मिटाना होगा। अगर हम साँपों के द्वारा दंशित नहीं होना चाहते, तो साँपों को मारना होगा। ऐसी उम्मीद हरगिज नहीं की जा सकती कि साँपों का दिमाग ठंडा है। वह दंश नहीं मारेगा।

देश में कोई भी विज्ञान रिसर्च सेंटर नहीं बनता लेकिन जगमग सितारे-अंकित, संगमरमर की मस्जिद ज़रूर खड़ी होती जा रही है! देश में विद्यालय, महाविद्यालय, विश्वविद्यालयों में वृद्धि नहीं हो रही है। हाँ, इस्लामिक फाउंडेशन की शाखाएँ बढ़ती जा रही हैं। सच तो यह है कि देश में गुपचुप संत्रास बढ़ रहा है। इस्लामी संत्रास! इस पल, सच्चाई, ईमानदारी, साहस और संस्कृति को ही सख्त मुट्ठी में थामे रहने से ही हम ज़िंदा नहीं रह सकते। पहले उस संत्रास को जड़ से उखाड़ फेंकना ज़रूरी है।

औरत का धंधा और सांप्रदायिकता

(1)

आजकल दैनिक अख़बारों में जो कोई भी तैल या जलचित्र, आलोकचित्र, फूल, किताब या किसी भी हल्के-फुल्के विषय की प्रदर्शनियों में, औरत की तस्वीर ही दिखाई जाती है। क्यों? प्रदर्शनी देखने वाली हँसती-मुस्कराती औरतों को ही अख़बार के पहले पन्ने पर प्रमुख जगह क्यों दी जाती है? प्रदर्शनी अगर तस्वीरों की है, तो उन तस्वीरों से ज़्यादा प्रमुख, नारी-दर्शकों का चेहरा ही क्यों अहम हो उठता है? उनकी वेशभूषा, उनकी स्मित मुस्कान! चित्र-प्रदर्शनी से कहीं ज़्यादा नारी-प्रदर्शनी ही अहम हो उठती है। चित्र-कर्म, औरत की तस्वीर के पीछे दब जाता है। अख़बारों के पाठक औरत की तस्वीर देखकर खुश होते हैं। लेकिन यह कैसा समाचार या समाचार-प्रदर्शन है? लेकिन उन लोगों को भी भला क्यों दोष दूँ? समूचे देश में नारी-प्रदर्शन जारी है, अख़बार भला यह छवि कैसे बदल सकते हैं? यह सब समाज के बाहर तो कुछ नहीं है। वे लोग भी बख़ूबी जानते हैं कि औरत को सजा-सँवारकर, ब्याह के पाटे पर बैठी देखकर, जैसे वरपक्ष खुश होता है; औरत को सजा-धजाकर जैसे किसी पार्टी-वार्टी में या पोशाक-प्रदर्शनी में (काफी हद तक शारीरिक प्रदर्शनी में भी) खड़ी करके जैसे खुशी होती है, अखबारों के पन्ने पर, चित्र-प्रदर्शनी के नाम पर, नारी-प्रदर्शनी में भी पाठक और संपादकों को आत्मसंतोष होता है।

हमारे समाज में सभी क़िस्म के लोग यही सब विकृत तृप्ति, तुष्टि, आनन्द के सहारे जी रहे हैं। उनका जंग-लगा दिमाग़, हमारी रफ्तार को आखिर कितने पीछे ले जाएगा? हम और कितने अँधेरे में डूबेंगे? देश में औरत का धंधा कब तक चलता रहेगा? लोग क्या बिल्कुल ही भूल जाते हैं कि जिस देश में औरत का असम्मान होता है; जिस देश में औरत प्रदर्शनी की चीज़ है; जिस देश में औरत को इंसान की मर्यादा नहीं मिलती, वह देश कभी, किसी दिन भी सच्चा नहीं हो सकता; उस देश पर गर्व करने को कुछ भी नहीं है! हद से हद इस अभागे देश और देश के दुश्चरित्र समाज पर हम हाहाकार कर सकते हैं या इस भूमिफोड़ समाज के पेट या पिछाड़ी पर दो घूँसे जड़ सकते हैं। मेरा ख्याल है हाहाकार का वक्त अब निकल चुका है। अब हम या तो मारमुखी हो उठें या खुद मर जाएँ। इनमें से कोई एक

फैसला अगर हमने ग्रहण नहीं किया, तो हम भविष्य में किसी भुतही जाति में परिणत हो जाएँगे, उम्मीद है कि कोई भी अक्लमंद इंसान, इस मंतव्य से सहमत होगा।

(2)

हाल ही में 'लज्जा' नामक उपन्यास निषिद्ध कर दिया गया है। इस किताब पर पाबंदी लगाए जाने के खिलाफ, अखबारों में काफी सारे बयान छपे हैं। कई लोगों ने कॉलम भी लिखा है। बहुत से लोगों ने मुझे यह भी बताया कि सरकारी निषेध के खिलाफ, उन लोगों ने कॉलम लिखकर, अखबारों को भेजा था, मगर अखबारवालों ने छापने से मना कर दिया। ऐसे कॉलम नहीं छापे जाएँगे, इस मामले में अखबार वालों ने संकेत भी दिया है। नहीं, मैं इंक़लाब, संग्राम या मिल्लत की बात नहीं कर रही हूँ (इन्हें मैं अखबार ही नहीं मानती, बल्कि टॉयलेट पेपर कहती हूँ)। अखबार ही अगर प्रगति के पक्ष में साहस न कर पाएँ; सांप्रदायिकता के खिलाफ लिखी गई एक किताब, सरकार ज़ब्त कर ले और सरकारी विज्ञापन रोक दिए जाने के डर से या गुलाम आयम के देश में पता नहीं, फिर कौन-सा झमेला उठ खड़ा हो, इस आशंका से ये ही लोग अगर जुबान खोलने से डर जाएँ, तो हम आम लोग कहाँ पनाह लें? या यह देश अब टॉयलेट पेपरों से अँट जाएगा? देश भर में अब सांप्रदायिकता, निष्ठुरता, अत्याचार, अविचार छा जाएगा। लगता है, यह उसी का पूर्वाभास है! प्रगतिशील मुखौटे की आड़ में इस देश में सांप्रदायिक लोग अत्यंत निर्लज्ज भाव से बढ़ते जा रहे हैं। ये लोग टोपी-दाढ़ी वाले कट्टरवादियों से कहीं ज़्यादा भयंकर हैं और ज़्यादा बीभत्स हैं। इनकी पहचान भी मुश्किल है! आपात नज़रिये से देखो, तो ये लोग अपने ही लोग हैं। ये लोग मुखौटे पहने हमारे ही इर्द-गिर्द घूमते-फिरते हैं। हम लोग ग़लतफहमी में पड़कर इनसे श्रद्धा-सम्भाषण करते हैं। कवि शम्सुर रहमान ने 'लज्जा' किताब पर पाबंदी के खिलाफ लिखा। इसलिए कोई कुत्सित सांप्रदायिक शख़्स शम्सुर रहमान के नाम लगभग गाली गलौज पर उतर आया है। यह सांप्रदायिक शख़्स समाज में, कहीं-कहीं 'बुद्धिवादी' के तौर पर जाना जाता है। सुना है कि यह शख्स देश को इस्लामिक प्रजातंत्र बनाने पर लगभग तुल गया है। 'लज्जा' उपन्यास जब पहली बार प्रकाशित हुआ, तो यही बंदा, तमाम अख़बारों में यह कहता फिरा कि यह बेहद इतर दर्जे का उपन्यास है! (उसका यह मंतव्य तो इंक़लाब को भी मात दे गया!) यह भी सुना है कि उसने अपने अल्लाहताला से मुनाज़त भी की है कि यह किताब भारत में उसकी जात-बिरादरी के मुसलमानों पर कोई मुसीबत न ढाए। अपने देश के भाई-बिरादरों के घर-मकान, दुकान-पाट जलकर खाक़ हो रहे हैं, उस तरफ बिल्कुल भी ध्यान नहीं है। उसे लेकर उसके हाथ मुनाज़त के लिए एक बार भी नहीं उठते। लेकिन दूसरे देशों के भाई-बिरादरों के लिए मनौतियाँ माँगी जा रही हैं! उस पर से ये लोग खासे 'जाति विश्वासी' हैं। जितना ख़तरा जमातियों से नहीं है, उससे कहीं

ज़्यादा इन लोगों से है! ये लोग तो टॉयलेट पेपरवालों से भी ज़्यादा नुकसानदेह हैं। उन लोगों के मुक़ाबले इन लोगों की जुबान की धार, नुकीले नाखूनों की धार, दाँतों की धार बहुत ज्यादा है! इन लोगों से तो और भी ज़्यादा होशियार रहने की ज़रूरत है। ये लोग दोस्त बनकर घर में घुसते हैं, लच्छेदार बातें करेंगे और बड़े क़ायदे से मुक्तबुद्धि, असाम्प्रदायिक सोच-विचार पर कोप बैठा देंगे। जमाती लोग तो खुलेआम जनसभाओं, सड़कों पर षड्यंत्र रचते हैं, लेकिन ये परजीवी लोग घर-घर में आधी रात के वक्त, साजिश रचते हैं। ताकि कौए पंछी तक को ख़बर न हो। आम जनता की आँखों में धूल झोंककर, यही लोग सांप्रदायिकता का झीना जाल फैलाते हैं।

'लज्जा' निषिद्ध करके ही अगर यह सरकार पार पा जाए तो तसलीमा नसरीन का भयंकर नुकसान होगा। यह सोचकर जो जलनखोट्टे आज खुश हो रहे हैं मैं उन्हें बता दूँ कि इसमें अकेली तसलीमा नसरीन का ही नुकसान नहीं है, नुकसान समूची जाति का है! इस अभागे देश का है; नुकसान 'बंगाली मुसलमान' नामक पिछड़े हुए, असभ्य, अशिक्षित लोगों का है।

सतीत्व पर पहरा

किसी जमाने में 'सतीत्व-बेड़ी' नामक एक बेड़ी हुआ करती थी। लोहे या इस्पात से निर्मित एक गोलाकार बेड़ी, जिसके सामने की तरफ, धातु का एक तिकोना पत्तर जुड़ा होता था! पत्तर के बीचोंबीच नुकीले दाँतवाला एक छेद होता था। यह बेड़ी औरतों की कमर में पहना दी जाती थी। वह तिकोना पत्तर औरत के यौनांग को ढँके रखता था। पत्तर के बीचोंबीच जो छेद था, ताकि पेशाब करने में सहूलियत हो! यह छेद दाँत की तरह धारदार होता था। ताकि 'पराए मर्द' उस छेद का इस्तेमाल न कर सकें। दुनिया के किसी-किसी देश में यह 'सतीत्व-बेड़ी' इस्तेमाल की जाती थी और कब से, इसकी सही-सही जानकारी सुलभ नहीं है, फिर भी अंदाज़ा लगाया जाता है कि मध्य-प्राच्य और एशिया में पहली बार यह बेड़ी बनाई गई थी। यूरोप में भी ऐसी बेड़ी का इस्तेमाल किया जाता था। मध्य-प्राच्य में क्रूसेड योद्धा, युद्ध में जाने से पहले, अपनी बीवियों को लोहे की यह बेड़ी पहना जाते थे, ताकि बीवियाँ पति की अनुपस्थिति का फ़ायदा न उठाएँ। सिर्फ क्रूसेड योद्धा ही यह काम करते थे, ऐसी बात नहीं है। दूर कहीं यात्रा पर जाने से पहले, योद्धाओं के अलावा अन्यान्य मर्द भी अपनी बीवियों को यह बेड़ी पहना जाते थे। यह बेड़ी सिर्फ पति के हुक्म पर ही औरतों को पहनना पड़ती थी। ऐसी बात भी नहीं थी, समाज के हुक्म पर भी पहनना पड़ती थी। इटली में तो यह रिवाज था ही, चीन में भी यह बेड़ी बहुतायत से इस्तेमाल की जाती है। किसी-किसी का तो कहना है कि यह रिवाज थाइलैंड में भी प्रचलित था। सन् 1889 में पचिंगर नामक एक जर्मन नृतत्त्वविद ऑस्ट्रिया के शहर में पहुँचे, जहाँ वे पंद्रहवीं शती में निर्मित कोई पुराना गिरजाघर के सुधार-संस्कार का काम देखने गए थे। गिरजाघर के फर्श पर जो काठ बिछा हुआ था, उसे हटाते वक्त, उन्होंने उसके नीचे एक गड्ढा देखा। उस गड्ढे में एक ताबूत था। उस ताबूत को हाथ लगाते ही सड़ा हुआ काठ झुरझुराकर झरने लगा और अंदर से एक कंकाल निकल आया। उसके लंबे-लंबे बाल देखकर ज़ाहिर था कि वह किसी औरत का कंकाल था। बदन पर कपड़ों का जो टुकड़ा बच रहा था, उससे अंदाज़ा लग गया कि वह पोशाक सतरहवीं शती की थी। पोशाक हटाने के बाद, उन्हें उस कंकाल की कमर

में लोहे की एक बेड़ी लिपटी हुई नज़र आई। सतरहवीं शती की शुरुआत में निर्मित, इस सतीत्व-बेड़ी के छेदवाले पत्तर में कुल इक्कीस दाँत थे। इस बेड़ी को देखकर, जर्मन नृत्तत्त्वविद पंचिगर विस्मित हुए थे या नहीं, पता नहीं। लेकिन मैं पुरुष की इस उद्‌भावन क्षमता पर चकित हूँ। वे लोग सतीत्व बेड़ी में ताला जड़कर, चाबी अपनी जेब के हवाले करके, घर से निकल पड़ते थे। लेकिन उनका अपना यौनांग खुला रहता था। उस यौनांग को जहाँ-तहाँ इस्तेमाल करने में कोई बाधा नहीं थी। लेकिन घर में बीवी के यौनांग इस्तेमाल करने के बारे में संदेहमुक्त रहने के लिए, उसे इस किस्म की लोहे की पोशाक पहनाने में बूँद भर भी दुविधा नहीं करते थे। मर्द की क्रूरता की यह बड़ी मिसाल है।

इस दुनिया के मर्दों ने औरत के सतीत्व की रक्षा के लिए लोहे की बेड़ियाँ तैयार की थीं। ये मर्द औरत का सतीत्व प्रमाणित करने के लिए, उसे मरे हुए पति की चिता पर बिठा दिया करते थे। ये मर्द औरत के सतीत्व की रक्षा के लिए आज भी सैकड़ों बीभत्स उपाय इस्तेमाल करते हैं। औरत पर सैकड़ों तरह के नियम-कानून लादकर, औरत सतीत्व का मज़ा लेते रहे हैं! पहले लोहे का भाला इस्तेमाल किया जाता था। आज समाज की उँगली के इशारे पर ही यह काम हो जाता है। समाज ने औरत को हिदायत दी कि वह घर में रहे; पति के हुक़्म के बिना घर से बाहर मत निकलना; पराए मर्द से हेलमेल मत रखना। अगर हेलमेल रखा, तो तलाक़! अगर मेलजोल रखा, तो मरण! आजकल औरत को शायद उस क़िस्म की बेड़ियाँ नहीं पहनाई जातीं। लेकिन उसकी कमर में एक अदृश्य बेड़ी ज़रूर बँधी होती है। अदृश्य एक लोहे के पत्तर से औरत का यौनांग ढँके रखने के लिए, पेशाब करने के छेद में सौ दाँत जड़े होते हैं। पुरुष के शक का कोई ओर छोर नहीं होता! अविश्वास की कोई सीमा नहीं होती। लेकिन सिर्फ औरत को, अकेले ही, सतीत्व की रक्षा क्यों करना होगी? पुरुष के परनारीगमन में आदिम, मध्ययुग और आधुनिक युग...यानी किसी भी युग में, कोई बाधा नहीं डाली गई। 'सतीत्व रक्षा' शब्द भी मर्द ने ही रचा गढ़ा है! लोहे की बेड़ी भी मर्द ने ही तैयार की है! जिस समाज-व्यवस्था में औरत को सती होना पड़ता है, यह व्यवस्था भी मर्दों ने ही तैयार की है। खुद मर्द क्या अपने लिए ऐसी परेशानीवाली, अपमानजनक कोई व्यवस्था ग्रहण करने को राजी होगा? बेशक, नहीं! इसीलिए सारे अपमान, सारी परेशानी, सारी जलन-यंत्रणा अकेली औरत के हिस्से में आती है! औरत के हिस्से में ही दुःसह जीवन धकेल दिया गया है।

बहुतों का कहना है कि असल में औरत की कोख में जो संतान है, वह पति की ही है या नहीं। यह साबित करने के लिए औरत को सती होना पड़ता है। पति अगर अन्यत्र दस संतानों के बीज बो आए, तो कोई हर्ज़ नहीं। सिर्फ एक जरायु की संतान के लिए ही उसका सारा मोह सारी दिलचस्पी उमड़ी पड़ती है। उन लोगों ने इसकी वजह भी आविष्कार कर ली है, उन लोगों ने कहा है—जो पूरी सम्पत्ति

का उत्तराधिकारी होगा, उसके मामले में पूरी तरह निश्चित होना होगा। उत्तराधिकारी अगर किसी दूसरे की कोख का हुआ, तो यह पति के पौरुष का अपमान है। अहा, पौरुष! पुरुष के इस पौरुष तले, औरत जाने कितने युगों से पिसती आ रही है। जाने कितने ही युगों से नारी का व्यक्तित्व, नारी का सर्वस्व पिसता आ रहा है! औरत ने क्या पुरुष के पौरुष की रक्षा में मदद के लिए ही जन्म लिया है? उसकी क्या कोई अलग सत्ता नहीं है?

मर्द की संतान को वैध प्रमाणित करने के लिए औरत ने जन्म नहीं लिया। किसने कहा है कि औरत की ज़िंदगी, मर्द के स्वार्थ पर उत्सर्ग होने के लिए है? औरत उनके वैध-अवैध की परवाह क्यों करे? यह तो किसी नष्ट समाज का नियम है, जिसका जाल तोड़कर, औरत आज तक बाहर नहीं निकल पाई है! लेकिन, उसे बाहर निकलना होगा! उसे साबित करना होगा कि उसकी ज़िंदगी उसकी निजी ज़िंदगी है! किसी भी मर्द को यह हक़ नहीं है कि वह औरत के सतीत्व पर ताला जड़कर, चाबी खुद हथिया ले! इसके अलावा नारी की मुक्ति नहीं है। जिस तरह औरत के लिए आर्थिक आज़ादी ज़रूरी है उसी तरह यौन स्वाधीनता भी उसके लिए ज़रूरी है। उसके पास चाहे जितनी भी आर्थिक, राजनीतिक, सामाजिक आज़ादी मौजूद हो, वह सच्चे मायनों में हरगिज आज़ाद नहीं है। वैसे औरत की यौन-स्वाधीनता की बात सुनकर, बहुतेरे लोग नाक सिकोड़ेंगे! वे लोग कहेंगे—'छिः छिः औरत के लिए यौन-स्वाधीनता कैसी? तब तो वह वेश्या हो जाएगी।' औरत अगर समूची स्वाधीनता अर्जित करना चाहती है तो समूचा समाज बेशक, उसे वेश्या कहे, मर्द की दासी बनने से कहीं बेहतर है! सच तो यह है कि अन्य सभी स्वाधीनता की तरह, औरत के लिए यौन-स्वाधीन्नता भी ज़रूरी है। औरत को अगर किसी भी तरह की आज़ादी मिल जाए, तो उसे 'वेश्या' या 'नष्ट औरत' कहकर, उसे डर दिखाया जाता है। यह सब पुरुष रचित साजिश को नोचकर, औरत अगर सच ही इंसान बनना चाहती है, तो उसे अपने तन-मन की सारी स्वाधीनता अर्जित करना ही होगी।

मानवता से बड़ा कोई धर्म नहीं

(1)

'भोर का कागज' नामक अखबार ने 'वेद-बाइबिल और कुरान की नारी' नामक मेरी धारावाहिक रचना का प्रकाशन अचानक बंद कर दिया है। बंद करने की वजह उन लोगों ने यह बताई है कि उन्हें पाठकों की अनगिनत प्रतिक्रियाएँ मिली हैं, ज़्यादातर प्रतिकूल प्रतिक्रियाएँ! इसलिए इसका प्रकाशन जारी रखना, उनके लिए मुमकिन नहीं है!

इधर मैं इसके बिल्कुल उलट आबोहवा से दो-चार हो रही हूँ। पाठक उलाहना दे रहे हैं, 'काफी दिनों से आपकी कोई रचना नज़र नहीं आई। हम सब आपके धारावाहिक के मुग्ध-पाठक थे।'

अब मैं कौन-सी राह पकड़ूँ? अखबारों के पाठक कुछ सोच रहे हैं मेरे पाठक कुछ और! असल में अब मैं एक निश्चल राय बनाने को लाचार हो गई हूँ। अखबारवाले, पाठकों की माँग से ज़्यादा लेखक से अपने संपर्क को अहम बना लेते हैं। आमतौर पर मेरे जरिए कोई भी संपर्क नष्ट नहीं होता, क्योंकि मैं हर किसी संपर्क में यथासंभव निःस्वार्थ रहने की कोशिश करती हूँ। लेकिन दूसरे पक्ष का निःस्वार्थ होना संभव नहीं होता। इसलिए वे लोग मुझे एक रहस्यमय चरित्र के तौर पर खड़ा करने की कोशिश करते हैं। और उन लोगों के स्वार्थ पर चोट पड़ते ही वे लोग दूर खड़े-खड़े मुझ पर ताने व्यंग्य के तीर छोड़ा करते हैं और अपने यार-दोस्तों समेत इसका मज़ा भी लेते हैं।

खैर, इन सबसे मेरा कुछ भी नहीं आता-जाता। सच तो यह है कि उन लोगों के जोड़-घटाव में थोड़ी-बहुत भूल हो गई है! ख़ैर, भूल हुई, तो होने दो! मेरा आज का विषय 'भोर का क़ागज' नहीं है। न ही बौद्धिकता के दुम पत्रकार हैं!

(2)

यहूदी धर्म और इस्लाम धर्म के बारे में किसी क़िस्म का मंतव्य नहीं दिया जा सकता। लेकिन हिंदू, ईसाई, बहाई और बौद्ध धर्म पर मनमाना मंतव्य दिया जा सकता है।

यहूदी या इस्लाम की आलोचना करते ही गर्दन क़लम करने की धमकियाँ मिलने लगती हैं। यहूदी और इस्लाम का रिश्ता एक तरफ गहरा है, दूसरी तरफ बैरी। एकेश्वरवाद यहूदी धर्म से ही आया है। ईसा के जन्म से डेढ़-दो हज़ार पहले, यहूदी धर्म, इज़राइल में शुरू हुआ। शुरू-शुरू में इस धर्म में एकेश्वरवाद नहीं था। पेड़-पौधे, पहाड़, पत्थर, झरना वगैरह ही पूजे जाते थे। बाद में याहुआ (जिहोबा) देवता की कल्पना पल्लवित हुई। इज़राइल के खानाबदोश यहूदियों ने किसी ज़माने में पैलेस्टाइन अंचल दखल कर लिया था। उस वक्त याहुआ को युद्ध देवता के रूप में प्रतिष्ठित किया गया। उन दिनों इस ख्याल को बल मिला कि देवता के नाम पर इंसानों में युद्ध के प्रति स्वाभाविक आग्रह जगाया जाए यानी इंसानों की हत्या करके, उनकी मदद से संपत्ति की लूटपाट करना, धर्म विरुद्ध नहीं है।

यहूदी धर्म-ग्रंथ को तीन हिस्सों में बाँट दिया गया। पहला भाग–जेनेसिस (ईश्वर ने कैसे पृथ्वी, और प्राणियों की सृष्टि की, इसकी कथा)। एक्सोडस–(मोजेज़ की जीवनी, मशहूर टेन कमांडमेंट्स और अन्यान्य धार्मिक निर्देश और मिस्री लोगों की अधीनता से यहूदियों की मुक्ति-कथा), लेवीटिकस–(धार्मिक नियम-कानून), नम्बरम (मिस्र से चले आने के बाद इतिहास और विधि-निषेध की कथा), डयटेरनॅमी (धार्मिक नियम) और जोशुआ की किताब (जोशुआ के नेतृत्व में यहूदियों ने किस तरह पैलेस्टाइन पर दख़ल जमाया, यह कथा)। दूसरे भाग में, जोजेज, रूथ सैमुएल, पैरालिपोमेनन, इज़रा, नेहेमिया, इसथर जोब, राजा डेविड और सलोमन वगैरह की पुस्तक। तीसरे भाग में ईश्वर का इत इसहिया, जेरेमिया, इज़किएल, डैनियेल और अन्यान्य बारह छिटपुट देवदूतों की कथा। इसी यहूदी धर्म से ही दुनिया के दो वृहद्तम धर्म–ईसाई धर्म और इस्लाम धर्म की उत्पत्ति हुई। यहूदियों के 'ओल्ड टेस्टामेंट' के बहुत सारे तत्त्व, धार्मिक आचार, घटनाएँ और कल्पनाएँ, ईसाई धर्म और इस्लाम धर्म में शामिल कर लिए गए।

सामाजिक परिवर्तन के साथ-साथ, इंसानों द्वारा निर्मित धर्म-विश्वास भी कैसे परिवर्तित और रूपान्तरित हुआ, इसकी सबसे बड़ी मिसाल है–यहूदी धर्म! यहूदी धर्म से उद्भूत ईसाई धर्म के भक्तों की संख्या दुनिया में आजकल सबसे अधिक है। समूची दुनिया में आज ईसाई धर्मावलम्बियों की तादाद औसतन 33.3% है। मुस्लिम 17.8%, हिंदू 13.3%, बौद्ध 6.2% और यहूदी 0.4% हैं। ईसापूर्व तीन हज़ार साल और उसके बाद भी कई सौ वर्षों से समाज और साथ ही धर्मों में भी रूपांतर होता रहा और दुनिया के दुर्बल-चित्त इंसानों ने इन धर्मों को ध्रुव-सत्य मान लिया है।

मुसलमानों में सूअर का गोश्त वर्जित है। यह यहूदियों के विधि-निषेध से आया है। यहूदी लोग ख़ानाबदोश हुआ करते थे, उनके शत्रु थे, कृषिजीवी! वे लोग अपने घरों में सूअर पालते थे। शत्रुओं के घर में पाले-पोसे जाते हुए जन्तु के प्रति घृणा के भाव की वजह से यहूदियों ने सूअर के मांस को निषिद्ध घोषित कर दिया था।

लिंग-छेदन (खतना) भी यहूदी समाज में प्रचलित था बाद में इस नियम को ईसाई और ईसाई के बाद मुसलमानों ने ग्रहण किया। ऐसे ही हज़ारों विधि-निषेध और आचार-विचार ग्रहण करने के बाद कुरान शरीफ में घोषणा की गई—हे ईमानदार लोगो, तुम लोग यहूदी और ईसाइयों को अपने मित्र के रूप में मत ग्रहण करना। वे दोनों एक-दूसरे के मित्र हैं और तुम लोगों में से जो कोई भी उन्हें मित्र मानेगा, वह उन्हीं का हो जाएगा। और मैंने ऐसे काफिरों के लिए निश्चित रूप से बेड़ियाँ, गले की फाँस और धधकती हुई आग तैयार रखी है। यहूदियों में ईश्वर की तस्वीर आँकना वर्जित है, जो इस्लाम धर्म में भी नज़र आता है। इस्लाम में, शुरू के दिनों में यहूदी और ईसाइयों को पर्याप्त मर्यादा दी जाती थी। बाद में यहूदी, ईसाई समेत, सभी गैर मुस्लिमों के खिलाफ इस्लाम ने चरम शत्रुता का सूत्रपात किया और उन लोगों के खिलाफ अशोभन मंतव्य और धमकियों की बरसात शुरू कर दी। धर्म और ईश्वर के नाम पर, इंसान को इंसान के विरुद्ध भिड़ा देने का एक ही मतलब था—अरब अंचलों में धनी-मानी वर्गों का एकछत्र आधिपत्य जमाना, कारोबार करना और नए-नए राज्य दख़ल करने का मौका तैयार करना।

धर्म के रहस्यों की यह गुत्थी, अगर चाहें, तो खोली भी जा सकती है! जो लोग इस गुत्थी में फँसे-फँसे, ज़िंदगी गुज़ारना चाहते हैं, वे लोग दूसरों को यह गुत्थी सुलझाते देखते ही, झपट पड़ते हैं। यह उन लोगों की अज्ञता हो सकती है या अति-धूर्तता भी हो सकती है। क्योंकि इस आधुनिक विश्व में धर्म का धंधा काफी ज़ोरों पर है। कौन इसके जरिए अपना स्वार्थ सिद्ध कर रहा है, कौन नहीं, यह समझना दुष्कर है। अंत में, किसी भी आधुनिक इंसान को चाहिए कि वह मानवता के धर्म को ही सर्वोत्कृष्ट धर्म मानकर, इसे ही क़बूल करे।

अगर सीने में बारूद है, तो धधक उठो

दुर्मुख लोग जाने कितनी ही तरह की बातें करते हैं। इनकी बातों पर कान नहीं देना चाहिए। मैं भी नहीं देती। अगर मैं इनकी बातों पर कान दूँ, तो इन लोगों की जुबान पर जितनी सारी बैक्टीरिया चिपकी हुई है वह सब मेरे कानों तक पहुँचकर, सड़न भर देगी। लेकिन हर बात की एक सीमा होती है। ये दुर्मुख सीमा पार करते जा रहे हैं। इधर काफी दिनों से मैं गौर कर रही हूँ कि मैं अच्छा लिखती हूँ, इसमें किसी को, कोई एतराज नहीं है। एतराज है मेरे व्यक्तिगत जीवन को लेकर। इसके अलावा भी, जो लोग मेरा लेखन पसंद नहीं करते, तो वे लोग जब मेरा लेखन पसंद करने वालों से बहस पर उतरते हैं, तब एक ही सवाल बार-बार दुहराया जाता है—मैंने एक से अधिक विवाह क्यों किया? (विवाह की संख्या को लेकर लोगों में तरह-तरह का मतभेद भी है। कोई कहता है, तीन! कोई चार! कोई पाँच और कोई-कोई तो सात विवाह)। मेरे कितने विवाह हुए और मेरे पूर्व पतियों के नाम क्या-क्या हैं, इस बात को लेकर, लोगों में उत्साह की सीमा नहीं है। जिन लोगों ने मेरे साहित्य का एक अक्षर भी नहीं पढ़ा, वे लोग भी लोक-मुख से सुनी, मेरे पूर्व-पतियों के नाम अपनी जुबान पर रखते हैं। लोक-मुख से सुनने का जिक्र, मैंने इसलिए किया, क्योंकि मैंने किसी दिन, कहीं भी यह न कहा, न लिखा कि मैंने किसे या किन लोगों से विवाह किया। जिन लोगों के नाम, मेरे पतियों की फेहरिश्त में शामिल किए गए हैं, वे लोग सच ही क्या कभी मेरे पति थे? उनके साथ क्या मैं कभी भी रही-सही हूँ? इसका जवाब, सिर्फ मैं जानती हूँ कि कौन था मेरा पति; मैं किस किसके साथ, बीवी के तौर पर रही-सही हूँ।

मेरे लेखन में सिर खपाने के बजाय, लोग-बाग़ मेर विवाह में सिर खपाते हैं। लेकिन विवाह नितांत मेरा निजी मामला है। कब, किसके साथ, मेरा क्या रिश्ता था और वह रिश्ता कहाँ पहुँचकर ख़त्म हुआ, यह सिर्फ मैं जानती हूँ। मेरे अलावा और किसी में है इतनी कुव्वत कि यह सब जान ले? लेकिन अखबारों के हाव-भाव देखकर ऐसा लगता है, मानों वे लोग ही मेरे बारे में, मुझसे ज्यादा जानते हैं। ऐसे

लोगों का नाम भी मेरे पति के रूप में प्रचारित कर दिया जाता है, जिन्हें मैं पहचानती भी नहीं।

मैं अक्सर सोचती हूँ कि इन सबकी वजह क्या है? लोगों में इतनी जिज्ञासा क्यों है कि मैं किसके साथ घूमती-फिरती हूँ। किसके साथ सोई हूँ? मैं चाहे जिसके साथ भी हमबिस्तर होऊँ, चाहे वह मेरा विवाहित पति हो या जिससे मेरा विवाह न हुआ हो। यह मेरा नितांत निजी शारीरिक मामला है। जहाँ तक मेरी जानकारी है, शारीरिक मामला नितांत निजी होता है। व्यक्तिगत! इंसान एक-दूसरे को प्यार करता है। रिश्ते बनाता है। यह इंसान का अंतर्गत नियम है। लेकिन यह ज़रूर देखना होता है कि कोई, किसी को नुकसान तो नहीं पहुँचा रहा है। मैं जानती हूँ, मेरे बहुतेरे करीबी लोग जानते हैं कि मैंने कभी, किसी का, कोई नुकसान नहीं किया। बल्कि पति के तौर पर जो-जो नाम, मेरे नाम की बगल में दर्ज हैं, वही लोग कई-कई क़ायदों और ढंग से मेरा नुकसान करते रहे! मेरा अपमान किया है। चूँकि मैं अपने को अपमानित होने देना नहीं चाहती। मुझे वे रिश्ते तोड़ने पड़े हैं! वैसे लोग-बाग़ की बातों से तो यह जाहिर होता है कि अगर किसी से मेरा विच्छेद न हुआ होता, तो वे लोग ज़्यादा खुश होते यानी मैं अगर बेइज़्ज़त होते-होते, तिल-तिल करके दम तोड़ देती, तो उन लोगों को यह कहने का मौका मिल जाता कि लड़की काफी चरित्रवान थी। मुझे मालूम है कि मर्द के अन्याय के आगे, अगर मैं अपनी बलि दे देती, तो सभी लोग मुझे 'लक्ष्मी लड़की' कहेंगे। लेकिन मैं अपनी हत्या करके, इन तमाम लोगों को खुश करने के लिए हरगिज राजी नहीं हूँ। मुझे कोई फर्क नहीं पड़ता। मेरे पति के तौर पर जिन लोगों का नाम प्रचारित होता है, उनमें से किसी-किसी को मैं पहचानती हूँ। लेकिन यह भी सच है कि उन लोगों से मेरा मानसिक और शारीरिक फासला, हमेशा ही बहुत ज्यादा था। मेरा जिससे बेहद अंतरंग रिश्ता रहा है उसका नाम अभी तक इन प्रचारकों के अशुभ हाथों में नहीं पड़ा। यह शायद मेरी ही विजय है!

वे लोग स्वरचित तरीके से, सूअरों की तरह घों-घों करते हैं, करते रहें। लेकिन अब उनके घों-घों की आवाजें इतनी विकट हो चुकी हैं कि मुझे आशंका होती है कि इस समाज में औरत क्या कभी भी इंसानी हक़ के साथ जिंदा रह सकेगी? कट्टरवादी मेरा नामोनिशान मिटाना चाहते हैं और इनके साथ 'मर्द जात' भी! मैं उन लोगों के अपप्रचार और अपमान से रंचमात्र भी कातर नहीं होनेवाली! मैं मनुष्यता, मुक्तबुद्धि और युक्तिवाद के साथ डटकर खड़ी रहूँगी। चारों तरफ जब अज्ञता का बोलबाला हो, तब बातों में नहीं, कामों में मन लगाना ही बेहतर है। इंसान के मंगल के लिए, अगर मैं कुछ कर गई, औरतों के भोंथरे दिमाग़ को अगर हल्का-सा भी तीखा, प्रतिवादी बना सकी तभी मेरे अंदर की आग कम होगी। इस नष्ट समाज में औरतें अगर अपने को अपमानित न होने दें, तो मुझे चैन आ जाएगा। सुख-दुःख दुःसह यंत्रणा और रोग-शोक सहकर भी औरों का भला कर जाऊँ यही बेहतर है! तमाम मुसीबत

अपने सिर लेकर दूसरों को निश्चिंत कर जाऊँ। खुद बदनामी और अशुभ झेल लूँगी और दूसरों को सारा शुभ देने को मैं राजी हूँ। मेरे गुच्छे-गुच्छे तकलीफ पर आज लोग जश्न मना रहे हैं। अखबार इन बातों को लेकर अपना धंधा चला रहे हैं। लेकिन फिर भी यह उम्मीद करने में क्या हर्ज़ है कि मैं जल-जलकर अंगार बन गई हूँ। अब मुझे छूकर और कोई भी अंगार बन जाए। मैं औरत के पैरों तले की ज़मीन बनूँगी। वे लोग खड़ी होना, चलना, आगे बढ़ना तो सीख लें।

एक सेकुलर राष्ट्र के लिए...

मैंने इस शहर में बीस-पच्चीस लोगों के जुलूस के पीछे, दो ट्रक भरकर पुलिस जाते देखा है! इसी शहर में ही जन्माष्टमी के मौके पर पच्चीस हज़ार लोगों के जुलूस के आगे-पीछे कुल दो पुलिस वैन देखा था। उस जुलूस की तुलना में पुलिस की संख्या मामूली ही थी। इस जुलूस पर युव कमांड और बी. एन. पी. की लठैत फौज ने हमला कर दिया। औरतों की साड़ियाँ उतार दीं। किसी-किसी का सिर तोड़ दिया, जो बच्चा 'कृष्ण' सजा था, उसका भी सिर फाड़ दिया। जुलूस तितर-बितर हो गया। आँखों के सामने ही कितने सब कांड घटते रहते हैं और हम इन सब बीभत्सता के खिलाफ एकजुट न होकर, तितर-बितर हो जाते हैं। हम इधर-उधर बिखर जाते हैं और डर के मारे अपने-अपने घरों में मुँह छिपा लेते हैं। ताकि हमारी पीठ पर सरकारी संत्रासवादियों की लाठी न पड़े। हम सब, जो अखबारों, सभा-सेमिनारों में लच्छेदार खूबसूरत बातें करते हैं, अपनी पीठ भी बखूबी बचाना जानते हैं! चूँकि हम अपनी पीठ बचाना जानते हैं इसलिए इस देश में असाम्प्रदायिक लोगों की बहुतायत होने के बावजूद, हम इकट्ठे नहीं हो पाते। हम एक लाख लोग, डरे-सहमे-से दस लोगों के पीछे-पीछे चलते फिरते हैं। हम दस लाख युक्ति-बुद्धि विवेकवान लोग। सौ संन्यासी के दाँव-कटार और लाठी के खौफ से दौड़ते फिरते हैं।

इसी क़िस्म के और एक जुलूस का ख़्याल आता है—जूसम में जुलूस का मजमा! जन्माष्टमी की तरह, यह भी किसी का जन्मोत्सव है। हयबत मुहम्मद के जन्मोत्सव के जुलूस पर भी अगर ऐसा हमला होता। उस जुलूस में अगर और लोग इस टोपी फौज की टोपी-कुर्ता पायजामा उतार लें, तो कैसा लगेगा? जो लोग तमाचा जड़ते हैं, असल में उन लोगों को भी तो पता चले कि तमाचा खाना कैसा लगता है। वैसे उन लोगों को भी दोष देकर क्या फ़ायदा? कुरान में ही लिखा है—'विधर्मियों के साथ मेलजोल मत रखो; विधर्मियों का संगसाथ त्याग करो।' कुरान का यह उपदेश तो उन लोगों को मानना ही होगा। इसीलिए वे लोग साम-दाम दंड-भेद से विधर्मियों पर आघात हनते हैं। यह बात बिल्कुल सच है कि जब तक धर्मआधारित दलों को निषिद्ध घोषित न किया गया और सेकुलर राष्ट्र की प्रतिष्ठा न की गई, तब तक

सभ्यता और इंसान-इंसान में समानता अर्जित करना, संभव नहीं होगा।

बहुत से लोग यह सवाल भी करते हैं कि हिंदू लोग भारत क्यों जा रहे हैं? वे लोग इसी देश में रहें और लड़ते-जूझते ज़िंदा रहें! जैसे भारत में संख्यालघु मुसलमान जंग कर रहे हैं। बिल्कुल वैसे ही। लेकिन यह महज बकवास है! संख्यालघु सिर्फ उसी देश में जंग कर सकते हैं जिस देश में सेकुलरिज़्म या धर्मनिरपेक्षता हो! किसी भी धर्मनिरपेक्ष राष्ट्र में संख्यालघु संप्रदाय किसी भी तरह का जुलूस निकाल सकता है। किसी भी माँग के साथ वे लोग सड़कों पर उतर सकते हैं। उनके आंदोलन का एक स्वीकारात्मक पक्ष भी है। लेकिन कोई एक विशेष धर्म, अगर जाति धर्म के तौर पर बहाल रहे, तो हमेशा से ही यह होता आया है कि वह विशेष धर्म उन लोगों के सिर पर लाठी बरसाएगी, जो इस धर्म को नहीं मानते। सत्ताधारी धर्म, अन्यान्य धर्मों के लोगों को खुलेआम नंगा करेगा, उन लोगों के घर-मकान लूटेगा, उनकी दुकानपाट में तोड़-फोड़ करेगा, हर कहीं आग लगाता फिरेगा। ऐसा वह करेगा ही करेगा, क्योंकि देश उन्हें बढ़ावा देता है। देश का प्रोत्साहन पाकर, क्षमतावान धर्मावलंबी लोग, संख्यालघु संप्रदायों को जलाकर खाक कर देंगे। मुझे ताज्जुब होता है कि जिन लोगों ने जन्माष्टमी के जुलूस पर हमला बोला था, उनमें से किसी को भी पुलिस ने गिरफ्तार नहीं किया; दिखावे की गरज से भी गिरफ़्तार नहीं किया। सरकार ने अगर यह क़बूल किया है कि जन्माष्टमी के जुलूस पर हमला हुआ था, तो क्या वजह है कि एक भी हमलावर पकड़ा नहीं गया? राष्ट्र हमें आखिर कितनी शर्मिंदगी देगा? मारे शर्म के हमें अपना चेहरा छिपाना पड़ता है; मारे शर्म के हम लोग कछुए की तरह सिमटे रहते हैं। जो लोग इस राष्ट्र को गणतांत्रिक समझते हैं, मेरा मन उन्हें धिक्कार भेजता है। धर्मनिरपेक्षता गणतंत्र की पहली शर्त है। यह शर्त अगर पूरी न हो, तो गणतंत्र का नाम धारण करने का मतलब होगा, जनता को बेवकूफ बनाना। मनमानी करने की एक सीमा होती है! यह सरकार वह सीमा तोड़ चुकी है। ऐसी मनमानी के खिलाफ सन् नब्बे में जो जन-जागरण हुआ था, वैसे ही किसी जन-जागरण की इन दिनों ज़रूरत है। एक सेकुलर राष्ट्र के लिए हम सबका सड़कों पर उतरना ज़रूरी हो आया है।

विषाद सिंधु : इंसान की विजय की माँग

अर्से बाद, उस दिन एक नाटक देखा। आजकल नाटक देखती ही नहीं। फुर्सत भी नहीं है और देखकर अच्छा भी नहीं लगता। अच्छा न लगने की कई वजहें हैं। जो नाटक देखकर, यह कॉलम लिख रही हूँ, वह इसीलिए कि इस नाटक ने मुझे मुग्ध किया है। नाटक का नाम है—विषाद सिंधु! फॉर्म में यूरोपीय नाटकों जैसा! इसमें हमारे लोक-नाट्य का स्वाद है। मुस्लिम मिथ—इन सबको मिलाकर इस नाटक में जो कहा गया है वह यही कि ज्ञान का संधान ही मानव जनम का सार है। इसमें हसन-हुसेन से लेकर मुहम्मद तक, कोई भी पूत-पवित्र इंसान नहीं है। इसमें सभी लोग दोष-गुण, लोभ-मोह, हिंसा में यज़ीदि माबिया की तरह ही हैं यानी अँधेरे समाज के अन्यान्य इंसानों की तरह। और ज़्यादा जंग नहीं, मृत्यु नहीं, मानवता की ही विजय हो, यही इस नाटक का सार-संवाद है।

उत्पल दत्त का एक नाटक देखा था—जनता की अफीम। सांप्रदायिक दंगों के खिलाफ, ऐसा असाधारण नाटक कोई दूसरा देखने को नहीं मिला। उस नाटक में हिंदू धर्म की फाँकीबाज़ी, पाखंड की पोल खोली गई थी। जो लोग धर्म का कारोबार चलाते हैं, उन लोगों को भी बखूबी पटखनिया दी गई थी। लेकिन यहाँ जुबान पर पहरा है। जुबान खोली नहीं कि बयतुल मुकर्रम में सभा बुलाई जाती है; मस्जिदों में लीफलेट बाँटे जाते हैं; 'इंक़लाब' या 'संग्राम' में पोस्ट-एडीटोरियल लिखे जाते हैं; फाँसी की माँग की जाती है! हम सब ऐसे अज्ञानी अंधकार में वास कर रहे हैं ऐसे दमघोंटू समय से गुज़र रहे हैं कि विषाद सिंधु, हसन-हुसेन के लिए विलाप करने के अलावा और कोई सच्चाई भी जुबान पर ला सकती है, ऐसा अहसास मुझे पहले कभी नहीं हुआ था। देश में अच्छे नाटकों का, जैसे अकाल पड़ गया हो।

उस दिन भी 'ईर्ष्या' नाटक देखने के बाद कई-कई जागरूक लोगों ने आहत लहजे में मुझसे कहा, 'एक औरत को लेकर, दो-दो मर्दों में छीन-झपट हुई। इसे ही खूब मज़ा ले-लेकर दिखाया गया। औरत मानो मछली या मांस का टुकड़ा हो। जिसे अपने पंजों में पकड़कर, भूखे मर्द अभी, इसी वक्त खा-चबा जाएँगे।'

विषाद सिंधु में हसन की मौत को लेकर कुछ ज़्यादा ही आहजारी हुई है,

इतना-सा न भी होती, तो चल सकता था? इनके बीच-बीच में ज़रा और भी ज्ञान का संधान किया जाता, तो मेरा मन और खुश होता। यह नाटक की कोई त्रुटि नहीं है। यह मेरा प्रस्ताव है! जायेदा को डाकिनी-नागिनी न कहकर, बहुगामी पति के प्रति उसके क्रोध को तर्कसंगत कहने की काफी गुंजाइश थी।

इस्लाम की कथा-कहानी को लेकर कोई सवाल नहीं किया जा सकता। इस्लाम कहता है—'अंधों की तरह विश्वास करना होगा।' अल-बकारा में लिखा है—'उन लोगों के दिल पर मैंने मुहर लगा दी है।' अल्लाह अगर दिल को मुहरबंद कर दें, तो ज्ञान का संधान कैसे होगा और अगर ज्ञान न बढ़ा तो मानवता की जय कैसे होगी? इंसान को किसी न किसी दिन युक्ति से समझौता तो करना ही होगा। अँधेरे में पड़े रहना, कोई बहादुरी नहीं है। प्रश्नहीन विश्वास मानव मुक्ति का उपाय नहीं है। विषाद सिंधु नाटक में जो बात मुझे सबसे ज़्यादा अच्छी लगी है, वह है—मंच पर प्रवेश करते ही घोषणा की जाती है, 'आरंभ में वंदना करते हैं, परम प्रकृति के सृष्टिकर्ता की!' मेरा विश्वास है कि प्रकृति को सृष्टिकर्ता मानकर, नाटक की यह यात्रा और भी सुदृढ़ हुई है! इंसान आज भी सच बोलने में दिलचस्पी रखता है। जानती हूँ, परिवेश प्रतिकूल है। फिर भी यही संदेश महिला समिति, मिलनायतन के डेढ़-दो सौ इंसानों में आबद्ध न करके इसे जन-जन में बिखेर दिया जाए। पता नहीं, इंसान अज्ञान के अँधेरे से कब मुक्त होगा। फिर भी सच को जाहिर करते रहना चाहिए या सत्य का संधान करना चाहिए। हम जो इंसान की विजय चाहते हैं। हम जो किसी भी सवाल को सामने लाना चाहते हैं, वहीं हम संगठित हो सकें। हम सब अगर एक ही मंच पर न खड़े हुए, तो तमाम सत्याग्रही लोगों में, कौन, कहाँ पड़ा हुआ है, हम किसी का भी पता ठिकाना नहीं जान पाएँगे। वे लोग अंदर ही अंदर हमारी आँखें निकाल रहे हैं, कुछ भी कहने का हक़ छीनते जा रहे हैं। इस तरह तो एक दिन समूचा देश गूँगे-बहरे, बोध-बुद्धिहीन लोगों से भर उठेगा और तब वे लोग जीत जाएँगे! जीत जाएँगे ये मूर्ख मस्तान, मुल्ले! अज्ञान, असत्य और अन्याय की विजय होगी।

अपने शक्तिमान हाथ, मंगलकामना में उठाने का अभी भी वक्त है! अभी भी वक्त है। पाठको! अगर आप लोग इंसान हैं, तो इंसान के लिए एक बार एकजुट हों।

इंशाअल्लाह, माशाअल्लाह, सुभानअल्लाह

इस देश के बंगाली मुसलमान, बात-बात पर कहते हैं—'इंशाअल्लाह! मसलन्—यह काम मैं करूँगा, इंशाअल्लाह! कल मैं जाऊँगा, इंशाअल्लाह!' वे लोग माशाअल्लाह, सुभानअल्लाह भी कम नहीं बोलते! 'तुम्हारे एक बेटा हुआ है, सुभानअल्लाह!' इम्तहान में बढ़िया किया है, माशाअल्लाह!' इसी तरह विदा लेते हुए, निश्चित तौर पर जुबान पर आ जाता है—खुदाहाफिज़! 'अस्सलामवालेकुम' तो सिर्फ बंगाली मुसलमान ही नहीं, इस देश के बंगाली हिंदू भी हमेशा ही बोलते हैं।

लेकिन, क्यों कहते हैं? बात-बात में अल्लाह को दैनिक शब्दों के इस्तेमाल में उतार लाने की क्या वजह है? जो लोग नमाज़-रोज़ा नहीं करते, अल्लाह के आदेश-निर्देशों का पालन नहीं करते वे लोग भी इंशाअल्लाह, माशाअल्लाह, खुदाहाफिज़ कहते-कहते, मुँह से फेन उगलने लगते हैं। यह मक्कारी आखिर किसके साथ? क्या अपने ही साथ नहीं? तथाकथित सभ्य-शिक्षित इंसान अपने ही साथ प्रतारणा कर रहा है, करता ही जा रहा है। उन लोगों के बोध और विश्वास के साथ, हालांकि ये शब्द नहीं मिलते। फिर भी...। जो लोग यह विश्वास करते हैं कि इंशाअल्लाह, माशाअल्लाह कहने से उन्हें थोड़ा-बहुत पुण्य होगा, उन लोगों की बात अलग है। मैं उन लोगों को गिनती में नहीं लाती क्योंकि उन लोगों के जरिये अमंगल के अलावा, कभी कोई मंगल नहीं होगा। लेकिन, जिन लोगों के जीवन में धर्माचारों की बला नहीं है। कम से कम उन लोगों को तो अरबी शब्दों का धार्मिक मोह छोड़कर, बांग्ला शब्द इस्तेमाल करना चाहिए। मैं खुद कभी इंशाअल्लाह, माशाअल्लाह वगैरह शब्द इस्तेमाल नहीं करती। मैं कहती हूँ—'यह काम मैं ज़रूर करूँगी।' इस जुमले के साथ इंशाअल्लाह शब्द जोड़ने की ज़रूरत नहीं पड़ती। कोई खुशख़बरी सुनकर मैं इंसान का 'अभिनंदन' करती हूँ, माशाअल्लाह नहीं कहती। 'खुदा हाफिज़' का मतलब है, खुदा सर्वज्ञानी है। यह जुमला, रुख़सत होते वक्त कहने की कोई ज़रूरत है? खुदा ज्ञानी है या मूर्ख, यह तो ज़रा दिमाग भिड़ाने से ही समझ में आ जाता है। तोते की तरह 'खुदा ज्ञानी' रटने से इंसान या खुदा, कोई भी बुद्धिमान प्राणी नहीं लगता।

शक्की लोग भी घूम-फिरकर एक बात बार-बार दोहराते हैं। जो लोग हर पाँच

जुमले के बाद अल्लाह का नाम लेते हैं उन लोगों को ज़रूर यह शक़ होता है कि अल्लाह नामक कोई शै है भी या नहीं।

हाँ, किसी के भी रुख़्सत के समय मुझे यह कहना पसन्द है—फिर मिलेंगे! किसी भी शुभ विदा के वक्त, यह जुमला अत्यंत मानवीय और आंतरिक है! 'अस्सलाम वालेकुम' अरबी शब्द है। जिसका मतलब है—आप पर शांति की वर्षा हो। 'आप पर शांति की वर्षा हो—' इस वाक्य को भिन्न भाषा में उच्चारण करने की क्या ज़रूरत है? हमारी बांग्ला भाषा क्या इतनी ही दीन-हीन है? इतनी ही दरिद्र है? किसी से भेंट या परिचय होने पर, मैं 'अस्सलाम वालेकुम' नहीं कहती। मैं कहती हूँ—'शुभेच्छा', 'कैसे हैं?' 'सब कुशल-मंगल है न?' या 'सुप्रभात' 'शुभ-संध्या' वगैरह! मैं यथासंभव विदेशी शब्द या वाक्य का आश्रय नहीं लेती। मुझे यह पसंद ही नहीं है! देश के चोर, डाकू, खूनी, चोरी का धंधा करने वाले और दहशतगर्द लोग, अपना दिन 'अल्लाह' के नाम से शुरू करते हैं और 'अल्लाह' पर ही ख़त्म करते हैं। चूँकि वे अल्लाह का नाम लते हैं, इसलिए वे लोग महान् इंसान हैं। यह बात सही नहीं है। वैसे भी, कहना चाहिए, अल्लाह का नाम, मेरे जीवन के आचार में अनुपस्थिति रहता है; होश सम्हालने के बाद मैंने यह नाम कभी श्रद्धा से नहीं लिया, लेकिन इस वजह से मैं कहीं से झूठी-बेईमान, अमानवीय, अनुदार हरगिज नहीं हूँ। मैं तार्किक हूँ! मैं अपने स्वभाव की सच्चाई और ईमानदारी की बदौलत ही सहनशील और उदार हो सकती हूँ!

इंशाअल्लाह, माशाअल्लाह, सुभानअल्लाह के व्यापक इस्तेमाल से और कुछ भले हो, इंसान का कोई भला नहीं हो सकता। यह मैं साफ-साफ बता दूँ। विज्ञान या प्रगति के साथ इन शब्दों का दूर-दूर तक कोई सरोकार नहीं है। अस्तु विदेशी और निरर्थक शब्दों को, विज्ञानसम्मत लोग अनायास ही खारिज़ कर सकते हैं।

आजकल तो टेलीफोन पर भी यह उपद्रव शुरू हो गया है। अक्सर दूसरी छोर से आवाज़ आती है—'हलो, अस्सलामवालेकुम!' अब यह 'हलो' शब्द के साथ अस्सलाम वालेकुम शब्द भी मानो गोंद की तरह चिपक गया है! क्या हमारे समाज में, भिन्न भाषा में सम्भाषण क्या अड्डा गाड़कर बैठ गया है? इस रिवाज को झाड़-झंखाड़ की तरह उखाड़ फेंकना होगा, क्योंकि संस्कृति, धर्म से बड़ी है! अनपढ़ लोगों की संस्कृति है—धर्म और पढ़े-लिखे लोगों का धर्म है—संस्कृति! हम लोग अशिक्षित तो नहीं कहलाना चाहते।

चूँकि मैं प्रोफेसरों को अस्सलाम वालेकुम कहकर, मौखिक परीक्षा में नहीं बैठी थी, इसलिए मेडिकल कॉलेज में आखिरी वर्ष के इम्तहान में, मेरे नम्बर काट लिए गए थे। बात ऐसी नहीं थी कि प्रोफेसरों को अस्सलाम वालेकुम नहीं कहा, इसलिए उन लोगों के प्रति मेरी श्रद्धा में कोई क़मी थी, बल्कि बहुतों से, बहुत ज़्यादा ही थी। मुझे याद है कि मौखिक परीक्षा देकर जब मैं बाहर निकली, तो उसी छात्र ने

एक प्रोफेसर को 'हरामज़ादा' कहकर गाली दी थी जिसने परीक्षा देने से पहले बेहद विनीत भंगिमा में, उस प्रोफेसर को 'अस्सलाम वालेकुम' कहा था। उसकी यह अशोभन उक्ति सुनकर, मैं आतंकित हो उठी थी। इम्तहान में उस छात्र के नम्बर तो नहीं काटे गए। बल्कि उसके भद्र आचरण के लिए उसके नम्बर शायद बढ़ा दिए गए थे। मैं अपने प्रोफेसर को 'अस्सलाम वालेकुम' भी नहीं कहूँगी, लेकिन उनके प्रति मैं अतिशय श्रद्धा अर्पित करूँगी; मैं उन्हें कोई नुकसान नहीं पहुँचाऊँगी; उन्हें गाली भी नहीं दूँगी; अशोभन वाक्य भी नहीं उछालूँगी। लेकिन वह छात्र उन्हें 'अस्सलाम वालेकुम' भी कहेगा और उन्हें गाली-गलौज भी करेगा, उनकी अश्रद्धा करेगा, मौका देखकर उन पर दुलत्ती भी झाड़ेगा—ऐसे में सच्चा शरीफ कौन है? मैं या वह छात्र?

आजकल अल्लाह खुदा का नाम लोगों की जुबान पर रहता है। इससे अल्लाह की कोई भलाई नहीं होती। जो यह नाम दोहराता है, भला उसका भी नहीं होता। असल में, इंसान को ईमानदार और सच्चा होना होता है, विवेकवान होना होता है; उदार, सहनशील और तार्किक होना होता है, तभी इंसान का सचमुच मंगल होता है और इंसान के मंग़ल का मतलब है मानव जाति का मंगल!

फतवाबाज़ प्रोफेसरों ने छात्रावास शाम को बंद कर दिया

जहाँगीर नगर विश्वविद्यालय के दो-दो छात्रावास के सुपरिंटेंडेंट ने छात्राओं के अभिभावकों को इन दिनों एक ख़त भेजा है! ख़त कुछ यूँ है—जहाँगीर नगर विश्वविद्यालय के छात्र-छात्राओं के आवास और नियम अध्यादेश के द्वितीय पर्व की धारा 4 में उल्लेख है कि शाम 6.30 बजे और साल के बाकी वक्त, शाम 5.30 बजे, छात्रावास के प्रवेश-द्वार बंद कर दिए जाएँ और छात्रावास के अधिकारियों की पूर्वानुमति बिना, उल्लिखित समय-सीमा के बाद छात्रावास की कोई भी छात्रा, बाहर नहीं रह सकती। छात्राओं की सुरक्षा का ख़्याल रखते हुए, यह नियम लंबे अर्से से जारी रखा गया है। लेकिन आजकल चंद छात्राएँ, सैकड़ों बहाने से छात्र-छात्राओं के समान अधिकार प्रतिष्ठा के नाम पर छात्रावास का प्रवेश-द्वार रात नौ बजे तक और किसी-किसी दिन रात दस-ग्यारह बजे तक खुला रखने की माँग कर रही हैं।

पहले तो यही देखकर अचरज होता है कि विश्वविद्यालय की छात्राओं के लिए, छात्रावास में लौटने की समय-सीमा निर्धारित की गई है। वे लोग ठहरीं विश्वविद्यालय की छात्राएँ। किसी किंडरगार्डेन की बच्ची नहीं हैं। वे लोग न रास्ता भूलनेवाली हैं, न ही सड़क पार करते हुए, गाड़ी तले आने की आशंका है (आमतौर पर यह भय बच्चों के संदर्भ में होता है)! वे लोग बालिग लड़कियाँ हैं। अपनी हिफ़ाजत के बारे में काफी सजग हैं। इसके अलावा उनका भी मन हो सकता है न कि वे लोग लाइब्रेरी में लिखाई-पढ़ाई करें? लाइब्रेरी तो रात आठ बजे तक खुली रहती है, जहाँ उनके सहपाठी लड़के आराम से लिख-पढ़ सकते हैं। अब, लड़कियों का अगर मन करे कि किसी साथी या बंधु-बांधव के साथ खुली हवा में सैर-तफरीह करें? गप-शप करें? या ऐसा भी हो सकता है कि किसी के साथ नहीं, वह अकेली-अकेली ही शाम को टहलने निकल पड़ें? कहीं बैठकर धुंधुवाती चाय पीएँ? लड़की के मन में ऐसी चाह जाग ही सकती है! आखिर वह भी इंसान है। जीवन में ऐसी चाह जागना सरासर संभव है! इंसान गाय-बकरी या मुर्गी नहीं है, जो शाम होते ही उन लोगों को तबेले

में ठूँस दिया जाए। अगर लड़कों के लिए ऐसा तबेला बनाया जाए, तो वे लोग क्या क़बूल कर लेंगे? मुझे पक्का विश्वास है कि वे लोग नहीं मानेंगे। विश्वविद्यालय की छात्राएँ क्या छात्रों की तरह मेधावी नहीं हैं? वे लोग क्या विश्वविद्यालय में कुछ निम्न स्तर की पढ़ाई-लिखाई करती हैं? हरगिज नहीं!

विश्वविद्यालय में आखिर कौन लोग पढ़ने आते हैं? बेशक, मेधावी, संस्कारयुक्त, उच्चाकांक्षी लड़कियाँ! उन लोगों के बारे में ऐसी आपत्तिजनक उक्ति जुबान पर लाने का हक़, किसी भी सुपरिंटेंडेंट को नहीं होना चाहिए। आखिर मैं भी औरत हूँ। औरत की यह बेइज़्ज़ती मुझे बेतरह आहत करती है। मेरे ख्याल से यह किसी भी स्वस्थ-सजग औरत के लिए चरम अपमान की बात है! छात्राएँ बहाने बनाती हैं, छात्र-छात्राओं के समान अधिकार प्रतिष्ठा का वास्ता देते हुए वे लोग माँग पेश करती हैं—सुपरिंटेंडेंट के ये मंतव्य सुनकर, ऐसा लगता है, जैसे छात्राओं का छात्रों के समान अधिकार की माँग मानो कोई बहुत बड़ा गुनाह है, मानों जो औरतें यह माँग करती हैं, वे महापापी हैं। उन लोगों ने इस समाज की नज़र में विश्वविद्यालय के कानून के प्रति अत्यंत नीच कर्म किया है। ये अध्यक्ष लोग देश के सर्वोच्च विद्यापीठ के आसन पर बैठे-बैठे, औरत मर्द के समान अधिकार की माँग पर करारा व्यंग्य करने में बिल्कुल नहीं हिचकिचाते।

ख़त में यह भी लिखा गया है—'लड़के चूँकि नौकरी करते हैं या ट्यूशन करके लौटने में देर हो जाती है, सांस्कृतिक-कार्यक्रमों में हिस्सा लेते हैं, इसलिए यह सरासर उचित है कि वे रात तक लाइब्रेरी में लिखाई-पढ़ाई करें! यानी कई-कई तरह की वजह दिखाई जाती हैं हालाँकि पिछले काफी दिनों से यह बात गौर की गई है कि कुछेक छात्र-छात्राएँ, सांस्कृतिक कार्यक्रम का बहाना बनाकर रात दस-बारह बजे तक छात्रावास से बाहर रहते हैं और किसी कार्यक्रम वगैरह में जाने के बजाय काफी रात तक जनपद से बाहर किसी रिहायशी इलाके के ओने-कोने में इकट्ठे बैठे, वक्त गुज़ारने में मगन रहते हैं। रिहायशी इलाकों में यह सब राग-रंग देखकर कैम्पस कमेटी ने काफी दिनों पहले, लिखित तौर पर एतराज किया है।' छात्राओं को जैसे ढाका में ट्यूशन करने, लाइब्रेरी में पढ़ने-लिखने, सांस्कृतिक कार्यक्रमों में हिस्सा लेने का अधिकार है, उसी तरह उन्हें यह अधिकार भी है कि वे लोग किसी के साथ निर्जन में बैठकर या रिहायशी इलाके के बाहर जाकर, खुलेआम या किसी ओने-कोने में बैठकर मित्र या प्रेमी के साथ गपशप करें उन्हें कोई बहाना बनाने की ज़रूरत क्यों पड़ती है? उन्हें अपनी मर्ज़ी मुताबिक कहीं जाने का अधिकार क्यों नहीं है? जन-बस्ती के बाहर, किसी रिहायशी इलाके के ओने-कोने में बैठकर गपशप करने को ये अधिकारी बेहद घृणा की निगाहों से देखते हैं। मेरा सवाल है कि औरत अगर चाहती है कि किसी कोने में बैठकर वह किसी से बातें करे, तो अधिकारी बाधा क्यों देते हैं? वे लोग छात्रों को किसी ओने-कोने में जाने से कभी रोकते हैं? मेरी राय में छात्राओं

की व्यक्ति-स्वाधीनता में हस्तक्षेप करने का हक़, विश्वविद्यालय के अधिकारियों को नहीं है।

छात्राओं की सुरक्षा में कौन लोग बाधा डालते हैं? छात्र? अगर छात्र उनकी सुरक्षा में रोड़े बने हुए हैं, तो पहले पता करना होगा कि इस बारे में विश्वविद्यालय की छात्राओं ने अधिकारियों से कोई शिकायत की है या नहीं! अगर शिकायत न भी की हो, तो अधिकारी खुद आगे बढ़कर उनको सुरक्षा दे रहे हैं या नहीं? अगर यह शिकायत उठती है कि छात्रों की वजह से छात्राओं की सुरक्षा नष्ट हो रही है, तो इसके प्रतिकार में छात्रावास शाम से ही बंद कर देना चाहिए? या अपराधी छात्रों के खिलाफ कार्रवाई करना चाहिए? मुझे पक्का विश्वास है कि कोई भी विवेकवान, युक्तिवादी इंसान अपराधियों के खिलाफ की गई कार्रवाई को संगत मानेंगे या फिर किसी छात्र के बजाय अपराधी कोई बाहरी व्यक्ति हो, अगर कोई संन्यासी, औरतों की सुरक्षा में बाधा डालता है, तथा मेरी राय में अधिकारियों को चाहिए कि सुरक्षा में बाधा डालने वालों के खिलाफ कानूनी कार्रवाई करें। इस समस्या का समाधान यह नहीं है कि औरतों को दरबे में ठूँस दिया जाए। यह असंभव है।

मैंने यह भी सुना है कि विज्ञान विभाग की छात्राओं को प्रयोगशाला में काम करने या परीक्षा से पहले, रात को लाइब्रेरी में पढ़ने-लिखने की सख़्त ज़रूरत महसूस होती है, लेकिन उन लोगों के लिए यह संभव नहीं होता। जबकि छात्रों के लिए यह आराम से संभव है। छात्राएँ अगर रात के वक्त लाइब्रेरी जाना चाहें, तो उन्हें अधिकारियों से लिखित-अनुमति लेना होगी। विश्वविद्यालय की छात्राओं के लिए इस हैरानी का कोई मतलब नहीं होता। छात्राओं के जरिए विश्वविद्यालय में कोई हादसा हुआ हो, अब तक ऐसी कोई ख़बर नहीं सुनी। लेकिन जिन छात्रों ने कोई ज़लील हरकत की, वे आज भी बहाल तबीयत घूम-फिर रहे हैं। उन लोगों के लिए छात्र-हॉस्टल लौटने की कोई समय-सीमा नहीं बाँधी गई है। जो लोग कोई अनिष्ट नहीं करते, बस, उन्हें ही क़ैदखाने में ठूँस दिया जाता है! विश्वविद्यालय के अधिकारी अगर सुरक्षा के नाम पर औरतों को क़ैद रखने का इंतज़ाम करें तो क्या ऐसे ही नियम बनने चाहिए कि तमाम निरीह और जुल्म के शिकार लोगों को बंदी बना लिया जाए और संन्यासी और निर्यातनकारियों को समाज में छोड़ दिया जाए? इससे क्या मूल समस्या का समाधान हो जाएगा? छात्राओं की सुरक्षा के बारे में अधिकारी वर्ग जितने फ़िक्रमंद हैं, छात्राएँ उतनी नहीं हैं। अधिकारियों को चाहिए कि जो सुविधाएँ, छात्रों को दी जाती हैं, उसी क़िस्म की सुविधाएँ छात्राओं को भी दें; छात्राओं की मेधा और प्रतिभा का सम्मान किया जाए, छात्राओं को इंसानों में गिना जाए। यह सब न करके, सुरक्षा का झूठा वास्ता देते हुए, उन लोगों की व्यक्ति-स्वाधीनता में हस्तक्षेप करना, बेशक सभ्यता-विरोधी काम है। छात्रावास और विश्वविद्यालय प्रशासन ने विश्वविद्यालय के सिनेट हाल में, छात्राओं का हॉस्टल शाम को ही बंद कर देने के मामले में, अभिभावकों

से सलाह-मशविरा किया। ये लोग अभिभावकों को बुलाकर, उनकी बहन-बेटियों के खिलाफ शिकायतें करना चाहते हैं। लेकिन जिस देश में अभिभावक अपनी बेटियों को लिखाई-पढ़ाई ही नहीं करने देना चाहते। मध्यवित्त पुरातनपंथी परिवारों की लड़कियाँ तो बाक़ायदा लड़-भिड़कर विश्वविद्यालय में पढ़ने आती हैं, वहाँ अभिभावकों से उनकी बेटियों की सुरक्षा के बारे में परेशानी व्यक्त करने पर, जाहिर है कि अभिभावक परेशान होंगे। नतीजा यह होगा कि वे लोग अपनी बहन-बेटियों को विश्वविद्यालय में पढ़ाने को उत्साहित नहीं होंगे। यह समाज के लिए भला होगा या बुरा?

विश्वविद्यालय की छात्राओ, आप लोग आंदोलन करें। सिर्फ जहाँगीरनगर विश्वविद्यालय ही नहीं, किसी भी विश्वविद्यालय के छात्रावास में छात्राओं को लौटने के लिए कोई समय-सीमा न बाँधी जाए। लड़कियों को कोई वजह न बताना पड़े कि छात्रा को बाहर क्यों जाना है? क्यों उन्हें लौटने में रात होगी? हादसा कोई होना होगा, तो दिन के वक्त भी हो सकता है। इंसानों की सुरक्षा की जिम्मेदारी सरकार की है। छात्रावास और विश्वविद्यालय प्रशासन, वह जिम्मेदारी खुद सम्हालकर, लड़कियों को छात्रावास में क़ैद कर रहे हैं। मेरा मतलब है कि वे लोग औरतों की व्यक्ति-स्वाधीनता नष्ट कर रहे हैं! छात्राएँ अब अपने को और बेइज़्ज़त नहीं होने देंगी। ऐसा मैं उम्मीद करती हूँ और विश्वास भी करती हूँ! जिन प्रोफेसरों या संचालकों ने छात्रावास के दरवाज़े शाम को ही बंद कर देने का फतवा जारी किया है, उनमें और देशव्यापी नारी-हत्यारे, फतवाबाज़ मौलानाओं में कहीं, कोई फर्क नहीं है। फर्क सिर्फ एक है, मौलाना कुर्ता-टोपी-पायजामा पहनते हैं, प्रोफेसर शर्ट-पैंट। वे लोग देखने में तो मानुष जैसे ही लगते हैं मगर अंदर से सर्वाधिक अमानुष हैं।

फतवाबाज़ों की खुराफ़ात

मस्जिद के इमाम और गाँव के सरपंचों की साठ-गाँठ के तहत, हाल ही में सिराजगंज जिला के उल्लापाड़ा थाना के मातहत वादेकुशा गाँव में पैंतीस औरतों को बिरादरी-बाहर कर दिया गया है। यह दिलचस्प ख़बर, अखबारों में काफी बढ़ा-चढ़ाकर छापी गई है। अभी उसी दिन सिलहट के छातकछड़ा गाँव में मौलानाओं ने नूरजहाँ को मार डाला। अब उल्लापाड़ा में लगभग मार डालने की तरह ही, इन औरतों को समाज के बाहर फेंक दिया गया। इन पैंतीस औरतों का जुर्म? इन लोगों ने परिवार परिकल्पना तरीके का इस्तेमाल किया था यानी परिवार नियोजन का! और ग्रामीण बैंक से उधार लिया था। मौलाना लोगों का वक्तव्य है—औरत को परिवार-नियोजन की भला क्या ज़रूरत? परिवार-नियोजन का मतलब है—अल्लाह के खिलाफ़ जाना! अल्लाह ने अगर उसकी कोख भरी है, तो उस कोख को दुनिया में आमंत्रित न करने का हक़, किसी भी इंसान का नहीं है, खासकर औरत का! देश में परिवार-नियोजन आन्दोलन की खासी धूम मची है और उन्हीं दिनों देश के ही किसी गाँव में परिवार-नियोजन को महा-अपराध मान लिया गया है। सरकार कई सालों से परिवार-नियोजन के लिए चीख-पुकार मचा रही है, मगर उल्लापाड़ा के मुल्लाओं की हिम्मत तो देखो। उन लोगों ने एक फतवा देकर सरकार के सर्वाधिक अहम कार्यक्रम को ख़ारिज कर दिया। और जो लोग यह कार्यक्रम अपनाकर, अपनी और समाज की तरक्की में मददगार हैं, उन लोगों को बिरादरी-बाहर कर दिया है, उन पर जुल्म बरसा रहे हैं।

पैंतीस अदद आधुनिक, मुक्तबुद्धि औरतें, आज समाजच्युत होकर, दुःख-दुर्दशा में दिन गुज़ार रही हैं। उस गाँव की मस्जिद के इमाम और जानी-मानी लोगों ने जो फैसला सुनाया है, उसे वापस लौटाने की मजाल, न तो उल्लापाड़ा के निरीह लोगों में है। न ही उन पैंतीस अदद औरतों में! वे लोग समूचे गाँव भर लोगों के सामने बहिष्कृत की गई हैं। उन लोगों ने पंचायत का यह फैसला क़बूल कर लिया है! इसके अलावा औरत के लिए और कोई उपाय भी क्या है? वे लोग तो ऐसी निरीह जीव हैं कि उन पर धर्म की कुठार तानी जा सकती है; उन लोगों पर ही समाज का फतवा! उन्हीं औरतों पर हल चलाया जाता है; उन्हीं लोगों पर बुलडोजर!

इन मुल्लों का फतवा, औरतों पर ही ज़्यादा बरसता है, क्योंकि औरतें तो 'सबकुछ मान लेने वाली जात' होती हैं, 'छाती फटे, मगर जुबान न फूटने वाली' जात होती हैं। लेकिन आखिर कितने दिनों तक उन बदमाश मौलानाओं की तनी हुई तलवार के नीचे अपना सिर बिछाती रहेंगी? इस तलवार का नाम है शैतान! औरतों को लेकर चारों तरफ शैतानी चल रही है। ये मौलाना ही औरतों को लेकर शैतानी खेल खेल रहे हैं। हम लोगों तक कितनी नूरजहाँ जैसी औरतों की ख़बर पहुँच पाती है? समाजच्युत कितनी औरतों का हाल हम जान पाते हैं? जो दो-चार ख़बरें मिलती हैं, बस, वही जान पाते हैं और परेशान हो उठते हैं। उन्हीं ख़बरों पर लम्बी-लम्बी उसाँसें भरते हैं।

पैंतीस अदद औरतें आज भी समाजच्युत हालत में दिन गुज़ार रही हैं? मुझे नहीं मालूम! यह समाज अब किन लोगों की दखल में है? इस समाज में कौन हैं वे लोग, जो औरतों को बिरादरी-बाहर करते हैं? यह अधिकार उन लोगों को कहाँ से मिला? इस देश में आखिर किन लोगों का राजपाट है? देश मौलानाओं और मस्तानों के निर्देश मुताबिक चलेगा? हमने कभी ऐसा सोचा था? हम लोगों ने सत्य, समानता और सुन्दर के सपने देखना सीखा था! हम लोगों ने जिन्होंने धर्मनिरपेक्षता और समाजतंत्र के पक्ष में कहना-सुनना सीखा था, आज़ादी पाने के बाईस साल बाद, हम लोग अपनी आँखों के सामने सुजला-सुफला गाँव में धर्म का ऐसा असभ्य शासन देखते रहेंगे?

मुझे बंगलादेश पर बेहद गर्व है! यह मेरा देश है! यह धर्म मेरे पूर्व-पितामहों का जन्म स्थान है! उनकी देश-भुई! ये सब मेरे खेत-खलिहान हैं! इन भरी-भरी फसलों के देश में, टिड्डियों के दल की तरह, मुल्ले उतर आए हैं और अपना रौब-दाब विस्तार कर रहे हैं! ग़ुलाम आयम ने सन् इकहत्तर में लाखों-लाखों बंगालियों को क़त्ल किया और फिर जय-जयकार की गूँज के साथ जेल से बाहर निकल आया है। खून चूसनेवाले ड्रैकुला की तरह अब वह मारे खुशी के, दाँत निपोरकर ठहाके लगाता है! महा-खुशी से जश्न मनाता है। हालाँकि इसी कारागार में ही किसी रीमा की हत्या करके, कोई मुनीर फाँसी पर झूल गया और लाखों-लाखों इंसानों का खून करके ग़ुलाम आयम 'बेकसूर' साबित होता है। और रिहा भी हो जाता है! जेल-गेट पर उसका इंतज़ार कर रहे होते हैं अनगिनत हत्यारे! कातिल! इन लोगों में विराज रहे होते हैं वही मौलाना लोग, जो लोग उल्लापाड़ा में पैंतीस जुझारू और कर्मठ औरतों के खिलाफ फतवों की राजनीति करते हैं। नहीं, 'करते हैं' के बजाय 'खेलते हैं' कहना चाहिए। ये लोग तो असल में इंसानों के साथ एक तरह से खिलवाड़ ही कर रहे हैं। जिसे कहते हैं, गुड़ियों का खेल! आम जनता तो उनके हाथों का खिलौना है! वे लोग धर्म का भय या लोभ दिखाकर। मज़ेदार खेल, खेलते ही जा रहे हैं! धर्म मानों मौलानाओं के बाप की जायदाद है! अलखल्ला झब्बा-टोपी पहन लिया, नमाज़ पढ़-पढ़कर माथे

पर निशान बना लिए। हाथ में तस्बीह हिलती-डुलती रही—बस्स, धर्म उन लोगों की अचल जायदाद बन गया—यह क्या क़बूल किया जा सकता है?

अब यह खेल, खेलने देना उचित नहीं है। इससे तो बेहतर है उल्लापाड़ा के जागरूक लोग, इन फतवाबाज़ों को समाजच्युत कर दें। सिर्फ उल्लापाड़ा ही क्यों, समूचे देश में जितने भी फतवाबाज़ मौलाना मौजूद हैं, नई पीढ़ी उन्हें समाज-बाहर करने की दर्पपूर्ण शपथ ले। फतवाबाज़ मौलाना लोग किसी न किसी दिन ज़रूर निर्मूल होंगे, चूँकि मुझे इसका पक्का विश्वास है शायद इसीलिए मैं ज़िंदा हूँ और अभी भी इस देश पर गर्व करती हूँ!

कंजेनिटल एनोमॅली

(1)

स्वास्थ्य विभाग का एक नियम है, किसी भी अस्पताल, मेडिकल कॉलेज, स्वास्थ्य कॉम्प्लेक्स, रूरल या अर्बन डिस्पेंसरी में सरकारी डॉक्टर तीन साल तक टिके रह सकते हैं। अगर वह खुद न हटना चाहे, तो तीन साल से पहले, उसे नहीं हटाया जाता। सो, साल भर में ही शहर के अस्पताल से किसी उजाड़-गाँव-बस्ती के किसी डिस्पेंसरी में पोस्टिंग पर भेज दिया गया एक डॉक्टर, मुँह लटकाए, स्वास्थ्य विभाग के बरामदे में बैठा हुआ था। इस बरामदे में बहुतेरे डॉक्टरों की भीड़ लगी रहती है। किसी के चेहरे पर हँसी! किसी का चेहरा उदास! उन लोगों का चेहरा हँस रहा होता है, जो लोग मंत्री की तरफ से ज़ोर लगाकर, ढाका के किसी अस्पताल में पोस्टिंग वसूल लेते हैं।

बरामदे में बैठे हुए उदास डॉक्टर से मैंने दरयाफ्त किया, 'आपका क्या मसला है?'

'जिस अस्पताल में तीन साल रहने का मेरा हक़ बनता था, वहाँ से मुझे कुल साल भर में हटा दिया गया।'

'क्यों?'

'क्योंकि मुझे 'कंजेनिटल एनोमॅली' जो है, इसीलिए।'

कंजेनिटल एनोमॅली का मतलब है जन्मजात पंगुत्व! मैंने उस डॉक्टर को आपादमस्तक गौर से देखा। उन साहब के हाथ-पाँव, छाती-पेट, आँख-कान-नाक-होंठ, उँगलियाँ—सभी कुछ स्वाभाविक था। वे न तो लँगड़े थे। न काने! उनका कौन-सा अंग पंगु है?

यही जानने के लिए, मैंने उनसे सवाल किया, 'आपका 'कंजेनिटल एनोमॅलिटी' किस अंग में है? मुझे तो कहीं नजर नहीं आ रहा है।'

डॉक्टर ने लंबी उसाँस भरकर पूछा, 'आप पकड़ नहीं पाईं? मेरा नाम अनिमेष मित्र है।'

(2)

मिखारुन्निसा नून स्कूल और कॉलेज की एसेम्बली में जातीय संगीत गाने से पहले, सस्वर कुरान की सुरा का पाठ किया जाता है। सुरा फातेहा और सुरा इखलास! सिर्फ अरबी में ही नहीं, बांग्ला और अंग्रेजी में भी इसकी व्याख्या पढ़ते हैं। उसके बाद, जातीय संगीत! पहले धर्म, बाद में देश! लेकिन स्कूल, कॉलेज के हिंदू बौद्ध, ईसाई लड़कियों को भी इस एसेम्बली में इस्लाम धर्म ठुँसाया जाता है। इसकी क्या वजह है? अगर सुरा-पाठ को 'प्रार्थना' कहा जाए, तो हिंदू, बौद्ध और ईसाई की 'प्रार्थना' कहाँ गई? या 'विधर्मी' लोगों को दल बाँधकर अब मुसलमान बन जाना होगा? हर सुबह स्कूल-कॉलेज की यह 'प्रार्थना', गैर-मुसलमानों की पीठ पर 'इस्लामी चाबुक' भर है, और कुछ नहीं!

(3)

पिछले वर्ष धार्मिक खाते में खर्च होने वाला बजट, अनुन्नयन खाते में शामिल था—धार्मिक सहायता मंजूरी : इस्लामिक फाउंडेशन, ढाका—1,50,00,0000 टका। वक़्फ प्रशासक मंजूरी—8,00,000। अन्यान्य धार्मिक मंजूरी—2,60,00,000 टका। जकात फंड प्रशासक को मंजूरी, 2,20,000। इस्लामिक मिशन प्रतिष्ठान बावत, 2,50,00,000 टका संख्यालघु संप्रदाय के लिए अमानत तहबिल में—2,50,000 टका। मस्जिद में बिना मूल्य बिजली सप्लाई—1,20,00,000 टका। मस्जिद में बिना मूल्य पानी सप्लाई—50,00,000 टका। ढाका तारा मस्जिद—3,00,000 टका। बयतुल मुकर्रम मस्जिद की देखरेख—15,00,000 टका। प्रशिक्षण और उत्पादनमुखी कार्यक्रम निविड़करण और प्रसार के लिए कुल अनुन्नयन पर मंजूरी—10,93,38,000 टका। उन्नयन के खाते में धर्म-विषयक मंत्रालय—20,00,000 टका। बांग्ला में इस्लामिक विश्वकोश संकलन और प्रकाशन—20,000 टका। इस्लामिक फाउंडेशन इस्लामिक सांस्कृतिक केन्द्र योजना—1,90,00,000 टका। मस्जिद पाठागार योजना—25,00,000 टका। नए-नए ज़िलों में इस्लामी सांस्कृतिक केन्द्र विस्तार, इमाम प्रशिक्षण। ट्रेनिंग अकादमी 1,50,00,000 टका। कुल—5,68,50,000 टका। उसके बाद उप-खाते में इस्लाम धार्मिक अनुष्ठान, उत्सव उद्यापन वगैरह के लिए भी टके विभाजित किए गए हैं—5,00,000 टका। इस्लाम के धार्मिक संगठनों के लिए कार्यक्रम आधारित सहायता मंजूरी—28,60,000 टका। माननीय संसद सदस्य/सदस्यों के माध्यम से देश के विभिन्न मस्जिदों के सुधार-संस्कार। मरम्मत और पुनर्वासन के लिए—2,00,000 टका। विदेश से आगत और विदेश जानेवाले धार्मिक प्रतिनिधि दल के लिए खर्च की मंजूरी—10,00,000 टका। अंतर्राष्ट्रीय धार्मिक संस्था बावत चंदा—6,40,000 टका। नव-मुसलमान, दीन-गरीब पुनर्वासन के लिए—10,00,000 टका। कुल, 2,60,00,000 टका। (उत्स : धर्म मंत्रालय की स्मारिका

नं. 2/अ-7/91-92 ता. 28.11.91 अं.)

सन् 1991-92 में धार्मिक बजट मंजूरी में साफ़ नज़र आता है कि उन्नयन और अनुन्नयन खाते में मंजूरी की कुल रकम है—16,62,13,000 टका। इसमें संख्यालघु सम्प्रदाय के लिए अमानत फंड के तौर पर कुल 2,50,000 टके। देश में धार्मिक संख्यालघु की संख्या लगभग ढाई करोड़ है। ढाई करोड़ लोगों के लिए ढाई लाख टकों की मंजूरी वाकई हास्यास्पद है। इस बजट का एक उल्लेखनीय पक्ष है—नव मुसलमानों के पुनर्वासन का खर्च! संख्यालघु लोगों के लिए विकास के लिए कुछ भी मंजूर नहीं किया गया। लेकिन नव मुसलमानों के लिए होने वाले ख़र्च को मंजूरी दी गई है यानी जो संख्यालघु, इस्लाम धर्म अपना लेंगे, उन्हें रुपए-पैसे दिए जा रहे हैं।

समालोचना के आमने-सामने

(1)

जिज्ञासा में छपी 'अब रखो न अँधेरे में, मुझे देखने दो–' मेरी रचना निबंध नहीं है और 'निबंध में जैसे पक्ष-विपक्ष के महत्त्वपूर्ण तथ्यों-तर्कों का जोड़-घटाव करके, प्रतिपाद्य विषय को प्रतिष्ठित करना होता है'–इस रचना में नहीं की गई है, इसे क़बूल करते हुए, मैंने भी इसे सिर्फ 'रचना' ही कहा है! रचना को निबंध कहने की धृष्टता मुझमें नहीं है। यह रचना 'तथ्य' 'तर्क' और 'सायास नियंत्रित भावोच्छ्वास' से ठँसा हुआ नहीं है। यह भी क़बूल करने में मुझे बूँद भर भी दुविधा नहीं है।

जिस देश के क़ानून में औरत को इंसान की मर्यादा नहीं दी जाती, विवाह, विवाह-विच्छेद, संतान के अभिभावक के तौर पर पुरुषों का प्राधान्य ही जाहिर होता है; जिस समाज में औरत, मर्दों से बराबरी के हक़ के लिए स्वीकृत नहीं है, उस समाज और देश में रहते हुए और जहाँ धर्म का कंकड़-पत्थर औरत पर ही बरसाया जाता है, जो धर्म यह कहता है कि मर्द की पसलियों से औरत का जन्म हुआ है, जो धर्म यह कहता है कि 'मर्द, औरत का कर्ता है, अल्लाह ने उन लोगों में से एक को, दूसरे पर श्रेष्ठता प्रदान की है' (सुरा निसा आयात 33)। वह धर्म जब राष्ट्रीय धर्म के रूप में प्रतिष्ठित हो, तब कोई औरत अगर पैरों में बेड़ियाँ पहने ऐसी रचना लिखे कि घर से बाहर निकलने का, उसका भी मन करता है, तो क्या वह लिंगवादी हो उठती है? वह 'वर्ग आधिपत्य' प्रतिष्ठा करना चाहती है? पिंजरे में क़ैद चिड़िया अगर उड़ना चाहती है, तो इसका मतलब क्या यह होता है कि वह अकेली ही उड़ेगी, कोई दूसरी औरत नहीं? जो लड़कियाँ पहले से ही उड़ानें भर रही थीं, तो उन लोगों को पिंजरे में क़ैद कर दिया जाए? मेरी राय में जिन लोगों ने उसे पिंजरे में कैद कर दिया है, उनके प्रति क्षोभ जाहिर करना, पिंजरे में क़ैद चिड़िया के लिए स्वाभाविक है। हाँ, अगर यह बात उसकी समझ में आ जाए कि उसे पिंजरे में कैद कर लिया गया है, यह पिंजरा उसकी अपनी जगह नहीं है, कम से कम आकाश की माँग करने का उसे सरासर अधिकार है!

उस रचना में क्षोभ है। घृणा भी कुछ कम नहीं है और किसी भी सच्चे और स्वस्थ इंसान में, अत्याचारी के प्रति क्षोभ और घृणा, युक्तिसंगत है यह बताने की बिल्कुल ज़रूरत नहीं है कि औरत को 'घरबंदी' किन लोगों ने बनाया है! कौन-से लिंगवाद ने उसे धकियाते-धकियाते हाँडी-कलसी में ठूँस दिया है, बच्चे तैयार करने की मशीन बना दिया है, किस लिंगवाद ने उसकी देह के सौंदर्य और पति-गृहस्थी को निवेदित होने को उसकी अहम खूबी मान ली है। यह भी बताने की ज़रूरत नहीं है।

शेख मिजान ने लिखा है–'ऐसी कुल एक औरत को दिखाने से काम चल जाता, जो किसी एक भी मर्द से ज़्यादा सबल, कठोर, साहसी और निर्लज्ज हो।' यह जुमला लिखने की एक वजह है। उन्होंने यह जुमला इसलिए लिखा क्योंकि मैंने लिखा है–'औरत मात्र ही कमजोर, कोमल, डरपोक और लज्जाशीला नहीं है।' उन्होंने यह समझाना चाहा है कि 'औरत मात्र' में सारी औरतें सिमट आती हैं और इस बात से वे सहमत नहीं हैं। एकाध अपवाद हो ही सकते हैं और उन्होंने ऐसे ही एकाध अपवाद का उदाहरण माँगा है। लेकिन मैंने यहाँ मर्दों से तुलना करते हुए, 'औरत मात्र'–ये दो शब्द इस्तेमाल नहीं किए हैं। उन्होंने खुद ही आगे बढ़कर यह तुलना लाद दी है और मैंने तो यह भी नहीं लिखा है कि कोई भी औरत दुर्वल, कोमल, डरपोक, लज्जाशीला नहीं है। अधिकांश पुरुष, यहाँ तक कि पुरुषतंत्र को धारण करने वाली, कुछेक औरतें भी यही सोचती हैं कि औरत मात्र ही दुर्बल होती हैं। वे लोग समूची औरत जात को इन विशेषणों से विभूषित करना चाहती हैं और यह सच नहीं है, यही मैंने स्पष्ट करने की कोशिश की है। जैसे पुरुषों में दुर्बल और डरपोक होते हैं, उसी तरह औरतों में भी! इसलिए डरपोक या लज्जाशील होने का दोष, एकतरफा औरतों पर नहीं लादना चाहिए। चूँकि मैंने कोई उदाहरण नहीं दिया कि स्वप्ना नामक लड़की, दुलाल नामक पुरुष से ज़्यादा कठोर, सबल, साहसी है। इसलिए उन्होंने लिखा है कि यह एक उदाहरण है! जैसे कोई तैरना न जाने और पानी में डूब मरे, उसी तरह उन्होंने उसे उदाहरण समझ लिया। हालाँकि इसमें तैरना न जानने का नवजात शिशु के लिए कोई सवाल ही नहीं उठता! यह तैराकी से संबंधित मृत्यु भी नहीं है, यह शरीर-विज्ञान का मामला है! गायनाकोलॉजी प्रैक्टिस करते हुए, मैंने खुद देखा है कि जन्म के समय नॉर्मल, ऑब्स्ट्रक्टेड और सिजारियन के जरिए पैदा होने वाले शिशुओं में लड़कियों के बचने की संख्या ज़्यादा होती है। सिर्फ नवजात शिशुओं की बात नहीं है, अगर अनजान आदमी के तौर पर भी, शेख मिजान साहब खोज-खबर लेकर देख सकते हैं कि उम्रदार औरतें भी फुसफुस, दिल दिमाग के रोग की उतनी शिकार नहीं होतीं, जितने पुरुष! दिल, फुसफुस और दिमाग, बदन के अहम अंग हैं। औरत के अहम अंग अगर सबल होते हैं, तो मेरा सवाल है कि समाज के चंद मर्द अगर औरत को जो दुर्बल प्रमाणित करना चाहते हैं, वह

किसी नॉन-अहम के जरिए ही न? नॉन-अहम मांसपेशियों की ताकत को उन्होंने मर्द की शक्ति को उदाहरण के तौर पर समझाने की कोशिश की है। पेशियाँ सबल होने की कई-कई वजह होती हैं। जन्म से ही लड़कियों में कम आहार की आदत डाली जाती है। आहार में कार्बोहाइड्रेट की मात्रा ज़्यादा होती है, प्रोटीन की मात्रा नहीं के बराबर! उन्हें हाथ-पाँव फैलाकर खेलने के लिए मैदान नहीं दिया जाता। जैसे लड़कों को दिया जाता है। पुष्टि पानेवाली, व्यायाम करने वाली किसी भी लड़की की मांसपेशी, अपुष्ट और कसरत न करनेवाले लड़कों से ज्यादा शक्तिशाली होगी। शेख मिजान अगर इसका उदाहरण चाहें, तो मेरा जवाब है कि उदाहरण वे खुद तैयार कर लें। किसी लड़के को घर में बिठाकर, उसे जूठा-कूठा खिलाकर बड़ा करें और लड़की को सैकड़ों तरह की कसरत कराएँ। आमिष खिलाएँ, उनकी नज़रों के सामने इसका ज्वलंत उदाहरण तैयार होने में ज़रा भी वक्त नहीं लगेगा। असल में यह सच है कि मर्द और औरत में प्राकृतिक फर्क तो होता है, लेकिन इसी वजह से कोई सबल या दुर्बल नहीं होता; योग्य-अयोग्य भी नहीं होता। यह योग्यता-अयोग्यता तो समाज के ठेकेदारों द्वारा लादे गए नियम, रीति-नीति, आहार और कामकाज के फैसलों के जरिए रची-गढ़ी गई है।

मैंने तथ्य ठूँसकर रचना को निबंध नहीं बनाना चाहा। आदिम युग के औरत-मर्द छीन-झपटकर जीव-जन्तुओं का गोश्त खाते थे। जैसे यह बात सच है। वैसे ही यह भी सच है कि औरत जब गर्भवती होती थी और शिकार के लिए नहीं जा पाती थी, इसलिए उसे संग्रह का काम करना पड़ा और शिकार का काम मर्द ने लिया और इस मौके का फ़ायदा मर्दों ने तभी उठाया, जब उनके हाथों में अस्त्र आया। अस्त्रों के रौब-दाब की वजह से वह जो समूची समाज-व्यवस्था मर्दों के पक्ष में चली गई, आज तक उसी के पक्ष में है। किसी ज़माने में मातृतांत्रिक समाज ने आज पुरुषतांत्रिक समाज का रूप ले लिया है। बनैले जन्तुओं में भी नर-जन्तु शिकार पर जाते हैं और मादा-जन्तु अपने गर्भ की रक्षा करती हैं। लेकिन इसका यह मतलब कदापि नहीं है कि नर-बाघ की तुलना में बाघिन कुछ कम ताकतवर होती है। बाघिन अकेले ही अपने निजी अंचल में निवास करती है, अकेले ही अपने लिए खाना जुटाती है, सिर्फ गर्भावस्था में वह शिकार का जिम्मा नर-बाघों को देती है और चूँकि उसे नर-बाघों पर भरोसा नहीं होता, इसलिए अपने बच्चे को जन्म देते ही, वह बच्चे के जन्मदाता, नर-बाघ को खदेड़ देती है। अगर वह नर-बाघ को खदेड़े नहीं, तो वह उसके बच्चे को खा जाता है। जो भरोसा जन्तुओं को नहीं है, वह भरोसा इंसान ने अर्जित किया है। इसलिए उसने समाज की रचना की। लेकिन इस समाज में पर्याप्त फाँकीबाज़ी है, क्योंकि यह कोई वर्गहीन समाज नहीं है। पुरुष और दौलतमंद लोगों ने अपना आधिपत्य, बड़े क़ायदे से समाज के ऊँचे तबके में बहाल कर दिया है। इंसानों में अब समता-ममता नहीं रही, इसलिए इंसानों के दिल से लिंग और

वित्त का फ़र्क दूर नहीं हुआ। शेख मिजान ने शायद 'शक्तिमान' शब्द के इस्तेमाल के जरिए, मांसपेशियों के ज़ोर पर बल दिया है। अब पेशियों की ताकत के दम पर राज्य और इंसानों पर जय करने का नियम नहीं है। 'शक्तिमान' शब्द का प्रयोग करके सिर्फ पुरुषों को ही गौरवान्वित क्यों किया जाता है? उन्होंने लिखा है—'मुमकिन है, नारी, पुरुष के समान बलशाली प्रमाणित न हुई हो, लेकिन इसके बावजूद समाज में ज़रूरत के खाद्य का तीन चौथाई हिस्सा नारी ही जुटाती थी।' जो प्राणी समाज का तीन-चौथाई भोजन जुटाती हो, अगर वह बलशाली न हो, तो कौन होगा? बल-विचार की जिम्मेदारी किस पर थी? जो प्राणी एक-चौथाई भोजन जुटाकर अपने को बलवान कहे, आखिर किस दम-खम पर? मेरा अंदाज़ा है कि ऐसा वह अस्त्र के ज़ोर पर करता था। इंसान के तौर पर बराबरी के हक़ के सवाल पर, मैं यह जानना चाहती हूँ कि औरत को यह प्रमाण क्यों देना होगा कि उसमें सामर्थ्य और योग्यता है? वह भी इंसान है, क्या यह परिचय ही उसके समान अधिकार पाने के लिए काफी नहीं है?

शेख मिजान जिस किसी भी प्रसंग में यह जानना चाहते हैं कि ये तथ्य मुझे कहाँ से मिले। नारी विवेक, बुद्धि द्वारा परिचालित होती है, ममता और प्यार धारण करने की क्षमता, उसमें अधिक है। उन्होंने यह जानना चाहा है कि यह तथ्य मुझे कहाँ से मिला। यह तथ्य मैंने मानव-जीवन से लिया है। उन जनाब को क्या इसके विपरीत कोई तथ्य मिला है? मुझे ये तथ्य कहाँ से मिले, यह पूछने के बजाय अगर वे इसके विपरीत तथ्य खड़ा कर पाते, तो यह लग सकता था कि मैंने कहीं भूल की है। तथ्य के लिए मैं सिर्फ किताबों पर ही निर्भर नहीं करती। सिर्फ पोथी के तथ्यों के सहारे मेरी सोच आगे नहीं बढ़ती। मैं अपनी विवेक, बुद्धि और तजुर्बे से भी यह समझ लेती हूँ कि औरत ममता और प्यार धारण करने की ज़्यादा क्षमता रखती है। इम्पीरिकल ऑब्ज़र्वेशन में भी मैंने देखा है कि औरत में सहनशक्ति और धैर्य ज़्यादा होता है। गर्भावस्था में बुद्धि बढ़ाने की जिस बात को लेकर शेख मिजान ने सवाल उठाया है। उसके जवाब में यह कहा जा सकता हैं कि परिवर्तित परिस्थिति की वजह से उसकी बुद्धि का विकास हो ही सकता है। प्रकृति विज्ञान में भी विभिन्न कम्पेनसेटरी मैकेनिज़्म मौजूद है।

इसी प्रसंग में शेख मिजान ने लिखा है, 'अगर कोई पुरुष, किसी नारी से अपनी संतान चाहता है, तो उसमें सहयोगिता की जिम्मेदारी पहले पुरुष की ही होती है।' मेरा सवाल है कि पुरुष, नारी से अपनी संतान क्यों चाहेगा? यह क्या किसी किसान की तरह खेत से शस्य माँगने जैसा है? या कोई मिल-मजदूर, स्विच दबाकर, मशीन से कपड़े माँगने जैसा है? बच्चा अकेले पुरुष का क्यों होने लगा? जिस औरत ने नौ महीने सात दिन अपनी कोख में शिशु को धारण किया है, उसे जन्म दिया है, उस शिशु पर किसका अधिकार ज़्यादा है? औरत का या मर्द का? फर्ज़ करें,

औरत के हिस्से में ज़्यादा न भी डाला जाए, अगर मैं बराबरी का ही पक्ष लूँ तो क्या आज के समाज में हल्का-सा भी बराबरी का अधिकार विराज करता है? पितृतांत्रिक समाजव्यवस्था ने क्या माँ के परिचय और अधिकार की कहीं भी प्रतिष्ठा की है? पति-पत्नी में विवाह-विच्छेद होने पर, सात साल से ज़्यादा उम्र के बच्चों पर माँ का हक़ नहीं होता। पुरुष के लिए नारी बच्चे पैदा करेगी। इसलिए पुरुष उसे सहयोग देंगे। शेख मिजान के मुताबिक, इसमें नारी के लिए गौरवहीनता जैसी कोई बात नहीं है! औरत के लिए इससे बढ़कर गौरवहीनता और क्या होगी कि औरत, मर्द को बच्चा उपहार देगी और इस बावत उसे सहयोग मिलेगा। लेकिन यूँ जबर्दस्ती गले पड़कर मर्द पर यह अहसान करने की, औरत को ज़रूरत क्या है? औरत को शिशु रचना अपने लिए करना होगी। वह कोई अनाज खेत तो नहीं है कि मर्द उसमें बीज-वपन करें और मौसम आने पर उसकी फसल का आनंद लें। औरत भी इंसान है! वह गर्भ धारण करेगी। वह अगर किसी को अपने शिशु के पिता के रूप में परिचय देना चाहे, तो दे; न चाहे, तो न दे। वह खुद अपने को और प्रकृति को एक अदद मानव-संतान उपहार देगी। अगर वह किसी प्राणी के हाथों बंधक हो जाए, तो वह ज़रूर क्रीतिदासी बनकर रह जाएगी।

योग्यता या दक्षता मुताबिक कोई काम या दायित्व निभाने में औरत-मर्द में फर्क करना बेतुकी बात है। शेख मिजान का कहना है कि पुरुष-प्रधान समाज-व्यवस्था अब तक यही करती आई है। पुरुष-प्रधान समाज-व्यवस्था ही औरत-मर्द के फर्क की निर्माता है और पिछले रिकॉर्ड का हिसाब-किताब भी जो दिखाता है, वह भी औरत की अवमानना ही दिखाता है। लेकिन मेरा कहना है कि यह जो कहा जाता है कि औरत योग्य नहीं है, यह बात सही नहीं है। नारी बेशक योग्य है। लोग जो यह कहते हैं कि औरत दक्ष नहीं है, यह भी ठीक नहीं कहते। नारी पूरी तरह दक्ष भी है! कभी-कभी तो वह अपने कर्ता-पुरुष से भी ज़्यादा योग्यता और दक्षता दिखाती है। मेरे इस आवेदन का अर्थ, लिंगवाद की प्रतिष्ठा करना नहीं है, अस्तित्व की रक्षा है! जिसका अस्तित्व ही अस्वीकार्य है। वह भला लिंगवाद की प्रतिष्ठा क्या करेगी? पुरुष-प्रधान समाज औरत का कोई भी पृथक अस्तित्व स्वीकार नहीं करता, वहाँ अस्तित्व की रक्षा के लिए, औरत की योग्यता या दक्षता की बात उठाई जाती है, तो वह भी लिंगवाद के उद्देश्य से ही—ऐसा कुछ सोचना भी एक क़िस्म की पुरुष-प्रधान मनोवृत्ति है। वैसे बांग्ला में एक कहावत है—'चोर का मन, पुलिस-पुलिस!' इस मामले में यह कहावत भी फिट बैठती है!

(2)

परिमाप-यंत्र किसके हाथ में है? किसी की परिमिति या अपरिमिति का निर्णय कौन करेगा? अकेले अगर शेख मिजान ही यह मापक-यंत्र लिए बैठे रहें, तो क्या यह

पुरुष-नियंता का स्वरूप ही स्पष्ट नहीं करता? पुरुष हमेशा से ही माप-जोख करते रहे हैं। औरत के कंठ-स्वर की सीमा, उसके चलने-फिरने, बातें करने, हँसने-दौड़ने की सीमा! उसी माप-यंत्र से शायद शेख मिजान ने भी मेरी परिमितिबोध को लेकर सवाल उठाया है। मेरी रचना में वेंटिलेटर, पिंजड़ा, बकरी का खूँटा वगैरह की जो उपमा दी गई है, उन्होंने उसका भी उल्लेख किया है। 'प्रबंध' में (शुरू-शुरू में तो उन्होंने यह साबित करने की कोशिश की है कि यह रचना प्रबंध ही नहीं है, लेकिन यहाँ तक आकर उन्होंने भी इस रचना को निबंध ही कह डाला) क्या एलीगोरी नहीं चलती, शेख मिजान? यह किसने कहा है कि एलीगोरी सिर्फ कविताओं में ही चलती है, निबंध में नहीं? निबंध की संज्ञा तैयार करने की जिम्मेदारी किसकी है? संज्ञा क्या बदलती नहीं? या पुरुष-आधिपत्य की तरह ही अड्डा गाड़कर जमे हुए, इन तमाम संज्ञाओं में भी वे कोई बदलाव नहीं चाहते?

बेगम रुकैया को समय का प्रतीक मानकर उन्होंने जो सवाल किया है उस पर मैं चकित हूँ। बंगलादेश के अशिक्षित, ज्ञान-बुद्धि वर्जित, चेतनहीन, कुछ ही लोग इस क़िस्म की बातें करते हैं कि इस देश में औरत की आज़ादी का सिलसिला आराम से जारी है या औरत की स्थिति में पहले से कहीं ज़्यादा विकास हुआ है। मेरा सवाल है कि बेगम रुकैया के जमाने में बंगलादेश में औरत की जो स्थिति है, उसमें बाहरी तड़क-भड़क के अलावा क्या वाकई कोई विकास हुआ है? एक सौ बारह वर्ष बाद भी क्या देश में बाल-विवाह, वधू हत्या, तलाक और बहु-विवाह का अत्याचार नहीं है? औरत की अशिक्षा की स्थिति में क्या कोई सुधार आया है? पुरानी मान्यताएँ ही क्या बहुत ज़्यादा बढ़ी नहीं हैं? मसलन औरत को पर्दे में रहना होगा। पर्दा अब सिर्फ गाँवों में ही नहीं, नागरिक रीति से औरतों के बदन पर सज गया है। इस्लामी देशों से आए हुए तरह-तरह की डिज़ाइनों के बुर्कों से समूचा हाट-बाज़ार पट गया है। स्कूल, कॉलेज यूनिवर्सिटी में लड़कियाँ-औरतें, यहाँ तक कि मेडिकल में पढ़नेवाली छात्राएँ भी आपादमस्तक ढँकी हुई, काले बुर्के से सिर्फ दो आँखें भर झलकाते हुए, सड़कों पर चलती-फिरती नज़र आती हैं। पर्दे की तरफ झुकाव दिनोंदिन बढ़ रहा है! अभी उसी दिन सिलहट के छातकछड़ा गाँव में मौलानाओं ने व्यभिचार के गुनाह पर, नूरजहाँ नामक एक लड़की के नाम फतवा जारी कर दिया और एक गड्ढा खोदकर, उसमें उसे खड़ी करके उस पर कंकड़-पत्थर बरसाकर, उसे मार डाला। सातक्षीरा के कालिकापुर गाँव में प्यार करने के जुर्म में, सोलहसाला फिरोज़ा के नाम, मौलानाओं ने एक सौ झाड़ू मारने का फतवा जारी किया। उस पर झाड़ुओं की झड़ी लगा दी गई और फिरोज़ा मर गई। इस तरह कितनी ही औरतें गाँव-शहर में मर रही हैं। कितने ही पति अपनी बीवियों का गला घोंटकर मार डालते हैं, दाँव कटारी से धज्जी-धज्जी कर डालते हैं। फाँसी पर झुला देते हैं। मौलानाओं के फतवों से आज गाँव के गाँव कलुषित हो रहे हैं। हम तक मौत की कितनी ख़बरें पहुँचती हैं? कितनी

फाँसी, एसिड फेंकने के कितने केस दहेज न देने की वजह से निर्यातन की कितनी खबरें, हम जान पाते हैं? अगर कोई अखबार बड़ी मेहरबानी दिखाते हुए, ये खबरें छापने को आग्रही हो तभी लोगों को कुछ दिनों हो-हल्ला मचाने का मौका मिलता है। पारिवारिक क़ानून से शरिया की गंध अभी दूर नहीं हुई है; अभी भी काबिननामा में औरत को तलाक देने का हक़ तभी मिलता है, जब तलाक देने के हक़ के बारे में, निकाहनामे में छपे खानों से बाहर, अतिरिक्त रूप से लिख दिया गया हो। वर्ना उसे तलाक देने का हक़ नहीं होता। आज भी अनगिनत शिक्षित (!) औरत के काबिननामा में तलाक देने के हक़ का जिक्र नहीं होता। बेगम रुकैया के ज़माने में मर्द को बहु-विवाह के लिए, बीवी की अनुमति ज़रूरी नहीं थी। सन् 1961 के पारिवारिक क़ानून में बहु-विवाह के लिए बीवी की अनुमति ज़रूरी कर दी गई। उस वक्त से अब तक बस, यही उन्नति हुई है कि असल में बहु-विवाह में कोई बाधा नहीं है। सिर्फ अनुमति भर लेना होगी। इस समाज में औरतें, पति के घर में लगभग नौकरानी की भूमिका निभाती हैं। शेख मिजान दो-एक अपवाद का उल्लेख कर सकते हैं। लेकिन हमें यह भी याद रखना ज़रूरी है कि अपवाद कभी उदाहरण नहीं बन सकता। मैंने अपनी रचना में लिखा है—'मर्द डोर में बँधी औरत का भी स्वाद पाना चाहते हैं और डोर टूटी औरत का भी स्वाद पाना चाहते हैं!'—शेख मिजान ने मेरे इस जुमले की इस तरह से आलोचना की है—'तमाम शरीफ लोग, समस्त मर्द जात ही यहाँ मुजरिम है।' असल में शेख मिजान यह कहना चाहते हैं कि समूची मर्द जात इस तरह की हरक़त नहीं करती। यानी कुछ मर्द ऐसे हैं, जो औरत-मर्द के बराबरी के हक में विश्वास करते हैं। जो लोग विवेकवान, तार्किक, ईमानदार और सहनशील हैं, वे लोग बेशक आज के समाज में व्यतिक्रम हैं। इस नज़रिए से भी तो यही बात दोहराई जा सकती है कि अपवाद कभी उदाहरण नहीं बन सकता।

शेख मिजान ने लिखा है कि रमना पार्क, शाम ढलने के बाद किसी पुरुष के लिए भी सुरक्षित नहीं है। वे शायद यह समझाना चाहते हैं कि चूँकि वह जगह पुरुष के लिए भी सुरक्षित नहीं है। इसलिए औरत के लिए सुरक्षित होने का सवाल ही नहीं है। लेकिन जिस अर्थ में वह जगह पुरुष खतरा-मुक्त नहीं है वह अर्थ औरत पर लागू नहीं होता। पुरुष के लिए इस वजह से सुरक्षित नहीं है क्योंकि छिनताई का खतरा है। छिनताई तो ख़ैर औरत के साथ भी हो सकती है। लेकिन अपहरण, बलात्कार, सेक्सुअल हमला क्या पुरुष के साथ घटता है? इस देश में? मुझे अफसोस है कि उन्होंने सिर्फ उसी स्थिति को संकटजनक कहा 'जिस स्थित में पलटन के फुटपाथ पर सुबह दस बजे भी अकेली औरत के चलने-फिरने में बलात्कार-अपहरण की शिकायत होने की सामूहिक संभावना है।' मैंने यह बात नहीं कही कि सुबह दस बजे भी औरत अगर अकेली आती-जाती है, तो उसे बलात्कार का शिकार होना पड़ता है। लेकिन दिन के वक्त किसी क़िस्म का अपहरण या बलात्कार की घटना

नहीं घटती। यह भी सच नहीं है। ऐसे हादसे भी होते हैं। अभी उसी दिन स्वास्थ्य विभाग में ड्यूटी के बाद, गौरी रानी दास नामक एक औरत, महारवाली के स्वास्थ्य-दफ्तर में आई। दफ्तर से घर लौटते हुए रास्ते में स्वास्थ्य-निदेशक के ड्राइवर ने अपने चेले-चामुंडों के साथ गौरी का अपहरण किया और सबने मिलकर, उसके साथ बलात्कार किया। इसी तरह एक औरत वेश्यालय से भागकर अपने घर जा रही थी। उसे भी मीरपुर में भरी दोपहर के वक्त सामूहिक बलात्कार का शिकार होना पड़ा। दिन के उजाले में भी औरत को जिबह करके नदी में बहा दिया जाता है; पीठ में छुरा घोंप दिया जाता है; गला घोंटकर मार डाला जाता है। ये घटनाएँ अगर रात के वक्त घटती हैं, तो शेख मिजान को लगता है कि स्थिति संकटजनक नहीं है। सिर्फ दिन के वक्त घटें, तभी संकट की बात है! लेकिन अगर घटना घटती है, तो दिन क्या, रात क्या? उन्होंने खुद क़बूल किया है कि कोई लड़की या औरत रात एक बजे अकेली बाहर निकलती है, तो उसका बलात्कार का शिकार होना निश्चित है! यही क्या संकटजनक स्थिति का उदाहरण है? उन्होंने इन सब घटनाओं को संकटजनक स्थिति क्यों नहीं कहा। मेरा यही सवाल है! किसी औरत को अगर रात-बिरात घर से निकलना ही पड़े तो उसे अपहरण या बलात्कार का शिकार क्यों होना पड़ेगा।

शराफत से ज़रा बाहर गई नहीं कि उस औरत को 'वेश्या' कहकर गाली दी जाती है, यह बात शेख मिजान मंजूर नहीं करते। शोभन सीमा के बाहर जाकर, बँधे-बँधाए वक़्त के अंदर घर लौट आने से, क्या किसी औरत को सिर्फ 'अभद्र' ही कहा जाता है? फर्ज़ करें एक लड़की की सीमा अपना स्कूल या कॉलेज है! जिस लड़की ने स्कूल-कॉलेज की दहलीज पार कर ली, उसके लिए कर्मक्षेत्र और जो बेरोजगार हैं उनके लिए दो-एक रिश्तेदारों के घर और दो-एक मार्केट—आमतौर पर लड़कियों के अभिभावक उन्हें इसी तरह बाँध देते हैं। अगर वही लड़की, बँधी-बँधाई सीमा लाँघकर यानी कॉलेज, रिश्तेदारों का घर या कर्मक्षेत्र में न जाकर, कहीं और चली जाए और नपे-तुले वक़्त के बाद लौट आए, फर्ज करें, दो-तीन दिनों बाद वह घर लौटे, तो क्या उसे सिर्फ 'अभद्र' कहा जाता है? जहाँ तक मैं जानती हूँ कि ऐसी औरत को 'नष्ट औरत', 'बुरी औरत', 'वेश्या' कहा जाता है! लेकिन बिल्कुल इसी तरह कोई लड़का अगर किसी अज्ञातवास में रहकर, दो दिनों बाद घर लौटे, तो उसे भावुक. कवि, उड़न-छू बोहेमियन कहा जा सकता है, हद से हद उसे 'अभद्र' कहेंगे। लेकिन उसे 'नष्ट लड़का', 'बुरा लड़का' या 'पतित लड़का' हरगिज नहीं कहा जाता है। अभद्र और वेश्या कभी भी समानार्थक शब्द नहीं हैं।

शेख मिजान ने लिखा है, 'चबूतरे, रास्ते या रेस्तराँ में अकेले पहुँचने या बैठने से लोग उस पर वेश्या होने का शक नहीं करते। हाँ, ख़ासतौर पर दिन या रात के किस हिस्से में, एक लड़की कहाँ, किस भंगिमा में खड़ी है या बैठी है, वह ज़रूर महत्त्वपूर्ण है।' मुझे ताज्जुब होता है कि कौन-सी भंगिमा वेश्या की नहीं है। यह

कैसे समझ में आता है? समय, भंगिमा, स्थान क्या वेश्याओं के लिए सुनिश्चित है? वेश्या के अलावा क्या और किसी औरत को वह भंगिमा, वह स्थान, वह समय ग्रहण करने का हक़ नहीं है? फर्ज़ करें, दिन-रात के हिस्से में वह रात का वक्त है; समय आठ या नौ या दस बजे, एक अकेली लड़की, रमना पार्क के किनारे, त्रिभंगी भंगिमा में खड़ी है, तो लोग ज़रूर यही सोचेंगे कि यह पतिता की भंगिमा है। ठीक इसी तरह कोई लड़का, उसी समय, उसी स्थान पर, अगर उसी तरह की मुद्रा में खड़ा हो तो उसे किस नाम से पुकारा जाएगा? 'पतित'? बेशक नहीं!

दुर्विनीत और उद्धत शब्दों का प्रयोग न करके, शेख मिजान ने सुनम्य और साहसी शब्दों का प्रयोग किया है। उनका भी शायद यही ख्याल है कि बाकी सब संस्कारग्रस्त लोगों में, लड़कों के लिए 'दुर्विनीत' शब्द भले फिट लगे, मगर लड़कियों के संदर्भ में यह फिट नहीं बैठता। जैसे यह ख्याल आम है कि 'शर्मालु' विशेषण औरतों के लिए भले फिट हो, लड़कों के लिए बिल्कुल फिट नहीं बैठता।

दुर्विनीत शब्द का अर्थ है—अविनयी, उद्धत! असल में कोई लड़का अगर विनयी न हो, तो लोगों को कोई फर्क नहीं पड़ता, बल्कि 'साहसी' होने के तौर पर लोग उसकी वाहवाही करते हैं। लेकिन किसी लड़की या औरत का विनयहीन होने को समाज नेक नज़र से कतई नहीं देखता। उद्धत शब्द का अर्थ है—अविनीत, धृष्ट, स्पर्धित, दुर्दांत, गर्वित वगैरह! सुनम्य शब्द का अर्थ है—अनायास, स्वच्छन्द, आकर्षक! 'उद्धत' शब्द की जगह 'सुनम्य' शब्द लिखने के प्रस्ताव करके, लेखक ने अपनी हीन मानसिकता और पुरुष मनोभाव का परिचय दिया है, जो हमारे पिछड़े, अनग्रसर, कुसंस्कारग्रस्त समाज में प्रचलित है। कोई लड़की बेहद स्वाभाविक भाव से दुर्विनीत, दुर्दांत, स्पर्धित हो सकती है, जैसा कि एक लड़का भी हो सकता है, लेकिन इस वजह से शेख मिजान ने जो कहा, 'दुर्विनीत या उद्धत भंगिमा के लिए किसी लड़के 'इतर' या किसी लड़की के 'वेश्या', होने का शक़ होगा, इसमें मुझे कोई अन्याय या बेतुकापन नजर नहीं आता।'—यह बात क्या किसी भी तरह से तर्कसंगत है? मैं उसे निश्चित तौर पर अन्याय ही कहूँगी, अगर वजह एक हो। फिर भी लड़के को तो 'इतर' भर कहकर छोड़ दिया और लड़की को 'वेश्या'! जिस वजह से लड़कों को सिर्फ 'इतर' कहा जाता है, इसके लिए लड़कियों को 'वेश्या' क्यों कहा जाता है? मेरा सवाल यही है। इतर शब्द का मतलब होता है—नीच, अधम और 'वेश्या' शब्द का मतलब है, जो देह का धंधा करती है! गणिका! वारवधू! इन दोनों शब्दों का अर्थ कभी भी एक नहीं हो सकता। दुर्विनीत आचरण के लिए अगर इतर कहने की ज़रूरत पड़े, तो लड़के-लड़कियों, दोनों को ही 'इतर' कहा जाए।

शेख मिजान के साथ मैं और एक बात से असहमत हूँ, वह है, किसी भी लड़के को उसके दुर्विनीत या उद्धत आचरण के लिए 'इतर' कहकर गाली नहीं दी जाती। उसे मर्द का स्वभाव मान लिया जाता है। अपने इस आचरण के लिए

कभी-कभी तो वह समाज में प्रतिभाशाली के तौर पर जाना-पहचाना जाता है। जो लोग औरतों को 'वेश्या' कहकर गाली देते हैं, शेख मिजान लिखते हैं कि वे लोग 'समाज में मूर्ख, इतर, दुर्वृत्त के तौर पर जाने जाते हैं।' झूठ बात! समाज में शिक्षित, भद्र, सज्जन, निहायत शरीफ आदमी के तौर पर जाना-माना जाने वाला इंसान भी मौका पाते ही औरतों को 'वेश्या' कहने से बाज़ नहीं आता। औरतें अगर समाज और धर्म द्वारा निर्देशित सीमा लाँघकर, जैसे ही बाहर जाती हैं, उन्हें यह अपवाद सुनना ही पड़ता है। समाज के ठेकेदार मर्द जैसे सीमा नाप देते हैं, शेख मिजान भी उन्हीं मर्दों में से हैं। सीमा का सवाल उन्होंने अपने अनजाने में ही उठाया है, क्योंकि औरतें अगर 'सीमा' लाँघ जाएँ, तो मर्द चाहे कितना भी बड़ा प्रगतिवादी हो, वह उसे 'बुरी' ही कहेगा।

(3)

'औरत मर्द के बिना क्यों घूमती फिरे–' समाज के अधिकांश लोगों के इस सवाल को ही, शेख मिजान ने तर्क बनाकर खड़ा किया है, यह बात, एक बार फिर उनके पुरुषतांत्रिक मनोभाव ही प्रकट करती है। मसलन उन्होंने लिखा है, 'कोई अकेला इंसान निहायत कमजोर होता है। दुर्वृत्त मर्द उसी कमजोरी का फ़ायदा उठाते हैं। यह सच है कि अकेले चलने-फिरने के बजाय किसी बलवान मर्द का साथ, सुरक्षित होता है। कोई औरत हो तो विपत्ति में पड़ने की संभावना कम हो जाती है।' मेरा ख़्याल है कि शेख मिजान को समाज का चेहरा अच्छी तरह देखने का मौका नहीं मिला। इस समाज में किसी मर्द को साथ लेकर चलना, सुरक्षित तो हो सकता है। लेकिन दो-दो औरतों का साथ चलना भी सुरक्षित है–यह सच नहीं है। अगर किसी बाघ के सामने किसी हिरन का पड़ना अगर जोखिमभरा है, तो दो-दो हिरन के सामने पड़ने से मुसीबत कुछ कम हो जाती है? या बाघ के मुँह से और ज़्यादा लार टपकने लगती है? (यहाँ बाघ और हिरन की तुलना, सामाजिक नज़रिए से की गई है, उसकी शक्ति या प्रकृति का विचार करते हुए नहीं)! एक और सवाल भी है, औरत को किसी बलवान मर्द के साथ क्यों चलना-फिरना होगा? अपनी सुरक्षा के लिए वह अकेली ही काफी क्यों नहीं है? यहाँ राज्य की क्या यह जिम्मेदारी नहीं है कि वह हर नागरिक की सुरक्षा का विधान करे? मर्द औरतों को लोभनीय खाद्य की तरह क्यों देखेगा? इस मानसिकता को बदलने के लिए समाज या राज्य, कोई जिम्मेदारी निभाता है? शेख मिजान ने लिखा है, 'चूँकि मर्द आमतौर पर बलवान होते हैं, इसलिए कोई मर्द साथी, उसे बेशक सुरक्षा दे सकता है।' उनकी यह बात नितांत बेतुकी है। मर्द किस नज़र से ताकतवर है? समाज में सुयोग-सुविधा की ताकत के अलावा मर्दों में ऐसी कौन-सी ताकत है, जो औरतों से ज़्यादा है? इसके अलावा कोई भी ऐरा-गैरा मर्द औरत को सुरक्षा क्यों देगा? सुरक्षा का सवाल अगर उठा ही है, तो

यह जिम्मेदारी देश की है कि वह औरत-मर्द को समान भाव से सुरक्षा दे। उन्होंने यह भी लिखा है कि समाज जो मर्दों पर नारी को निर्भर करना चाहता है, यह बात अगर साबित करना चाहूँ, तो मेरा तरीका बिल्कुल ग़लत है। बहरहाल, कौन-सा तरीका ठीक है और कौन-सा ग़लत, एक जुमले में, लेखक इस बारे में अपनी राय, बिल्कुल नहीं दे सकता, क्योंकि कहीं भी, कोई भी तरीका तय नहीं किया जा सकता। यह बात कभी भी ध्रुव सत्य नहीं है कि इस तरीके से अगर आगे बढ़ा जाए, तो 'प्रमाण' सही होगा, वर्ना नहीं! मर्द अगर साथ न हो, तो झंझट-झमेले झेलने होते हैं। उसका बयान देने से भी यह बात प्रमाणित नहीं होती कि मर्द पर औरत को निर्भर होने के लिए लाचार करने की चाह, कोई प्रमाण नहीं हो सकती।

'भय नारी का भूषण है—' यह जुमला लोकोक्ति के तौर पर भले ख़ास सम्मानित न हुआ हो। लेकिन सिर्फ इसी वजह से यह धारणा समाज में प्रचलित नहीं है, यह बात भी सही नहीं है। 'इतनी रात को बाहर नहीं निकलूँगी, डर लगता है।' यह जुमला न कहकर, अगर कोई लड़की यह कहे, 'जुलूस गुज़र रहा है। चलो, निकल पड़ें!' या 'पति की अनुमति की क्या ज़रूरत, जाना है, जाऊँगी'। लेकिन समाज में कोई उसे 'भली औरत' कहेगा, वह 'भूषण' है। ऐसा कोई भी क़बूल करेगा, ऐसा मुझे बिल्कुल नहीं लगता। शेख मिजान ने लिखा है, 'जितने दिनों तक समाज में पुरुष-दुर्वृत्त मौजूद रहेंगे, उतने दिनों, पुरुष के मुक़ाबले, औरत को चलने-फिरने से डरना होगा; उसे ज़्यादा सावधान रहना होगा।' मैं पूछती हूँ, क्यों? पुरुष-दुर्वृत्तों के लिए क़ानून की व्यवस्था अगर कठोर कर दी जाए, तो औरतों को डर-डरकर क्यों चलना होगा? फिर राज्य क्यों है? संविधान क्यों है? मानवाधिकार क्यों है? एक नागरिक को, दूसरे नागरिक से डरना क्यों होगा? प्रकारान्तर से यह क्या किसी औरत के नागरिक अधिकार का लंघन नहीं है?'

'किसी औरत को डरने के लिए कुछेक और भी अतिरिक्त वजहें होती हैं।' शेख मिजान के इस वक्तव्य का मैं विरोध करती हूँ। किसी औरत के संदर्भ में 'अतिरिक्त विषय' से उनका मतलब अगर औरत नर्म या नाजुक अंगों से है, तो मर्द के भी कमज़ोर अंग का भी जिक्र करना ज़रूरी है, सिर्फ अंग्रेजी में 'सेक्ट्रम' और देशी भाषा में 'अंडकोष' कहते हैं, इस पर अगर चोट लगे, तो मर्द पल भर में बेहोश हो जाते हैं। मर्द को भी इस वजह से अतिरिक्त डर होना चाहिए। लेकिन उन्हें यह डर-भय बिल्कुल नहीं है। क्योंकि इसका चलन नहीं है। चलन तो औरत के अंगों पर आघात करने का है। उस हालत में मर्द अगर जरा-जीर्ण, पंगु, अपाहिज भी हो, तो उसे कोई हल्का-सा धक्का भी नहीं देगा, बल्कि उसके हुंकार से औरत नतसिर दासी ही बनी रहेगी। इसे कहते हैं, सिस्टम के प्रति सिर झुकाना! सिस्टम के खिलाफ प्रतिवाद करने पर, औरत पर प्रचंड दबाव डाला जाता है। ऐसे में बहुतेरी औरतें यह ख़तरा मोल नहीं लेना चाहतीं और चूँकि वे लोग ख़तरा मोल नहीं लेतीं।

इसलिए समाज उन्हें सैकड़ों तरह से पुरस्कृत करता है। पुरस्कार का लोभ, हर कोई संवरण नहीं कर पाता।

सबल हमेशा से ही दुर्बल पर हमलावर होते हैं। लेकिन इसीलिए मर्द को सबल घोषित करने की मुझे कोई वजह समझ में नहीं आती। इंसान—वह मर्द हो या औरत—व्यक्ति के तौर पर सबल या दुर्बल हो सकता है। लेकिन लिंग के आधार पर नहीं। समाज के मुट्ठी भर मर्दों ने ज़ोर-ज़बर्दस्ती यह ग़लतफहमी खड़ी कर ली है कि 'पुरुषमात्र ही सबल होता है।' इन तमाम धारणाओं को निर्मूल करके, समाज में समता का बोध फैलाना होगा।

शेख मिजान ने इस बात से इनकार नहीं किया है कि औरत के साथ मर्द का संपर्क भोग, वंशरक्षा और तीसमारखाँ बनने के लिए नहीं है। उन्होंने यह सब अस्वीकार करते हुए कुछेक जुमले और जोड़े हैं, 'स्नेह, श्रद्धा, प्रेम-प्यार, औरत-मर्द के रिश्ते में यह सब भी मौजूद होते हैं।' हाँ मौजूद होते हैं। इस बात से मैं भी इनकार नहीं करती, लेकिन इनमें थोड़ी-सी करुणा भी मिली होती है। मसलन कोई पिता अगर कहे, 'अहा, लड़की बनकर पैदा हुई है! अभागिन लड़की है! इसे थोड़ा-बहुत प्यार-दुलार लूँ।' या कोई बेटा कहे, 'अहा, मेरी माँ ने तो जिंदगी भर दुःख-तकलीफ उठाकर मुझे या हम लोगों को पाला-पोसा, अब वह कहाँ जाए? जितने दिनों जिंदा है, उसे रोटी-कपड़ा दे ही दूँ—' या भाई कहे, 'अहा, बहन ब्याहकर पता नहीं किसके घर जाएगी; पता नहीं किस नर्क में पड़ेगी, इससे तो बेहतर है जितना हो सके छिटपुट उसे कुछ देता रहूँ।' या पति कहे, 'अहा, बिचारी मेरे हुक्म मुताबिक चलती है, इसे जब, जैसे चाहता हूँ, पा लेता हूँ; मेरा बच्चा अपनी कोख में धारण करती है, जन्म देती है, लालन-पालन करती है, बेचारी है तो आखिर मेरी ही चीज़! मैं भी ज़रा इसकी देखभाल कर दूँ।' लेकिन इसके बाद भी पिता, पुत्र, भाई और पति की करुणामिश्रित स्नेह-श्रद्धा, प्रेम-प्यार के साथ-साथ औरत पर अधिकार ज़माना, ज़ोर-जबर्दस्ती करना, जुबान और शरीर की ताकत दिखाना कम नहीं हुआ।

शेख मिजान की माँ-बहन, बीवी-बेटी जो साज-सिंगार करती हैं, यह बताते हुए, वे शायद यह समझाना चाहते हैं कि वे लोग किसी ग्राहक की उम्मीद में नहीं सजतीं। तब वे लोग क्यों सजती हैं? किस वजह से किसी लड़की को अपने चेहरे पर रंग-रोगन चढ़ाना पड़ता है? वह इसीलिए सजती है न कि वह देखने में अच्छी लगे? उसे अच्छी क्यों लगना होगा, मेरा यही सवाल है। उन साहब की माँ-बहन सामाजिक ग्राहकों की उम्मीद में सजती हैं। उनके पिता, जीजा और वे खुद भी सामाजिक ग्राहक ही तो हैं। ये ग्राहक औरतों को खाना-कपड़ा देते हैं और सामाजिक परिचय प्रदान करते हैं। बदले में औरतें, अपने ग्राहक की सैकड़ों आशा-आकांक्षाएँ पूरी कर रही हैं। बेटी जो इन दिनों अपने माथे पर बिंदी लगाने लगी है, असल में वह खुद नहीं लगाती। वह बिंदी लगाना सीख रही है, उसे सिखाया जा रहा है।

उसे इसकी तालीम दी जा रही है कि इस तरह बिंदी लगाई जाती है, इस तरह कानों में बुंदे, हाथों में चूड़ियाँ, गले में माला पहनी जाती है; इस तरह गालों में रूज लगाई जाती है। यह सब करने से वह खूबसूरत लगेगी! अगर वह खूबसूरत दिखेगी, तो लोग उसे पसंद करेंगे? लोग उसे पसंद करेंगे, तो उसका विवाह हो जाएगा? विवाह हो जाएगा, तो उसका नारी-धर्म सार्थक हो जाएगा। बस, इतना भर ही! अब तो डेढ़ साल की बच्ची को भी वेड़ियाँ पहनाई जा रही हैं। अपने को बेशक़ीमती सामग्री बनाने के क़ायदे-क़ानून, उनके दिमाग में भी ठूँसे जा रहे हैं।

(4)

औरतों को किस मैदान-पार्क में, किस फुटपाथ पर, रात कितने बजे चलना चाहिए। इसका कोई भद्रजनोचित हिसाब, लेखक के पास शायद मौजूद हो। तभी उन्होंने बार-बार समय और स्थान का उल्लेख किया है। उन्होंने लिखा है—'दुनिया किसी भी देश के सभी मैदान-पार्क, घाट, फुटपाथ, रात-बिरात को अकेली किसी औरत के लिए तो दूर की बात, दिन-दुपहरिया को भी दो या अधिक मर्दों के लिए भी सुरक्षित नहीं है।' दिन-दुपहरिया दो या अधिक मर्दों के लिए जो सुरक्षित नहीं है, इसके पीछे राजनैतिक, अर्थनैतिक, सामाजिक वजह होती है, लेकिन औरत के लिए इन सब कारणों के बाहर भी, एक और कारण भी होता है—शारीरिक! इसी में मुझे आपत्ति है! शेख मिजान ग़लती कर बैठे हैं। प्रधानमंत्री और राष्ट्रपति को चूँकि देहरक्षी की ज़रूरत होती है, उन्होंने उनकी सुरक्षाहीनता के साथ आम औरत की सुरक्षाहीनता को मिलाकर सरासर भूल की है। जिस वजह से 'पुरुष राष्ट्रपति' सुरक्षित नहीं हैं, उसी वजह से क्या कोई आम औरत भी सुरक्षित नहीं है? शेख मिजान ने खुद ही क़बूल किया है कि औरत अगर किसी अपराध की शिकार हो जाए, तो ऐसा सामग्रिक कानून-शृंखला के कारण तो होता ही है, पुरुष आधिपत्यवादी मानसिकता की वजह से भी घट सकता है। शेख मिजान चाहे किसी भी प्रसंग को लेकर बहस करें लेकिन अंत में वे भी क़बूल करते हैं कि ये सब अक्सर ही पुरुष-आधिपत्यवाद की वजह से भी घटता है। यह बात भी वे ज़रूर समझ गए होंगे कि मेरा क्षोभ, पुरुष आधिपत्यवाद को लेकर है!

उन्होंने यह तो क़बूल किया है कि किसी औरत को किसी निर्जन में बैठी देखकर, आवारा छोकरे उत्पात मचाते हैं। उन्होंने यह सवाल उठाया है, 'आवारा छोकरों की समस्या क्या पुरुष आधिपत्यवाद की समस्या है या समाज के कानून-शृंखला की परिस्थिति की समस्या है?' अगर इसमें पुरुष आधिपत्यवाद न होता, तो आवारा महिलाएँ भी जन्म लेतीं। लोग पार्क या मैदान में लड़के को अकेला बैठा देखकर, उस पर कौतूहल की नज़र डालेंगे, उल्टे-सीधे फिकरे कसेंगे, उसे धकियायेंगे, पत्थर फेंकेंगे। लेकिन ऐसा होता नहीं। घूमने-फिरने वाली पतिताओं को अगर उसे आवारा

औरत समझ लिया जाए तो आवारा मर्दों को भी, इसी श्रेणी में डालकर, 'भ्रमणशील पतित' कहा जाए। लेकिन समाज क्या उन लोगों को 'पतित' कहेगा? जो लोग 'पतिता' की उम्मीद में, शाम से ही रमना के फुटपाथ पर भीड़ लगाए रहते हैं, तो उन लोगों को 'पतित' क्यों नहीं कहा जाता? अखबारों में पतिताओं की तस्वीरें तो छपनी हैं, उनकी करुण जीवनी भी प्रकाशित होती है। लेकिन पतितालय जानेवाले किसी पतित की जीवनकथा, यहाँ तक कि उसकी तस्वीर भी कहीं नहीं छापी जाती। घूमती-फिरती पतिताओं को पकड़-पकड़कर पुलिस ज़ेल भर देती है, लेकिन इन सब 'भ्रमणशील पतित' लोगों में से कोई कभी लॉकअप में नहीं पहुँचता।

शेख मिजान ने बार-बार ग़लती की है, मैं कोई भी नारी तांत्रिक समाज या राष्ट्र व्यवस्था नहीं चाहती। मैं मानवतांत्रिक समाज-व्यवस्था चाहती हूँ। बलात्कार के लिए पूरी सुरक्षा देने का मतलब यह नहीं है कि हर औरत के लिए अंगरक्षक की व्यवस्था की जाए। राष्ट्र के नियम-क़ानून तो रहेंगे ही, साथ ही हर औरत को शिक्षित, स्वावलंबी बनाना होगा, लड़कों के लिए भी शिक्षा और स्वावलंबन ज़रूरी है! औरत की अवमानना करे, ऐसे क़ानून समाज और राष्ट्र में बहाल तबीयत से विराजमान हैं, उन्हें जड़ से उखाड़ फेंकना होगा। समूचे देश में ऐसे आधुनिक क़ानून प्रतिष्ठित किए जाएँ, जो औरत मर्द को बराबरी का हक़ दें। शेख मिजान ने देश की राष्ट्र-व्यवस्था के प्रति ख़ास असंतोष नहीं किया है या टाल-मटोल की मुद्रा में एक तरह से क़बूल किया है, उस देश में जातिसंघ के नारी के ऊपर से सकल 'वैषम्य विलोप' की दलील को भी ख़ास अनुमोदन नहीं मिला है। जिन धाराओं को अनुमोदन नहीं मिला है, उनमें शामिल हैं—उत्तराधिकार, विवाह, विवाह-विच्छेद, संतान का अभिभावकत्व वगैरह में औरत मर्द को बराबरी का हक़! सरकार का कहना है कि ये धाराएँ मंजूर नहीं की जा सकतीं, क्योंकि ये सब इस्लामी शरिया कानून से मेल नहीं खातीं। देश में शरिया के साथ-साथ, अगर संगत क़ानून क़ायम न किए गए, तो और किसी आज़ादी के बारे में भले सोचें, बेशक यह औरत की आज़ादी नहीं होगी।

शेख मिजान एक अनुसिद्धांत पर पहुँचे हैं—'समाज में जब तक अपराध घटने के मौके विद्यमान रहेंगे, उतने दिनों चलने-फिरने में औरत की सुरक्षा, पुरुष के बराबर करना, कतई संभव नहीं है।' यह निहायत गैर-जिम्मेदाराना मंतव्य है। दुनिया में सभी कुछ संभव है। पहले ज़माने में तो माँ-बेटे, पिता-बेटी, भाई-बहन में यौन-संपर्क हुआ करते थे। सभ्यता क्या इंसान को इस स्थिति से निकालकर, किसी नई स्थिति तक नहीं लाई है? उनका कहना है कि चूँकि अन्यान्य अपराध घट रहे हैं। इसीलिए औरतों पर पुरुष का निर्यातन घट रहा है। लेकिन मैं बाकी सब आम अपराधों के साथ नारी-निर्यातन को हरगिज शामिल नहीं कर सकती। आदिम, असभ्य युग में नारी-हत्या हुआ करती थी, अभी भी होती है, इस वजह से हत्या, चोरी, छिनताई वगैरह अपराध

बंद होने पर ही नारी-निर्यातन बंद होगा, इस तसल्ली पर मैं भरोसा क्यों करूँ? यह भी पुरुषतांत्रिक समाज का कोई नया प्रलोभन है; औरत को बहलाने-फुसलानेवाली कोई लोरी! हत्या, चोरी, खून, राहजनी वगैरह अपराधों के साथ लैंगिक अपराध को भी जोड़ दिया गया है।

शेख मिजान ने अमेरिका की किसी छात्रा की असुरक्षा का जिक्र किया है! लेकिन इसके जरिए मेरे किसी भी वाक्य की युक्ति को काटा नहीं जा सकता; क्योंकि मैंने यह बात कहीं नहीं कही कि अमेरिका में लड़कियाँ हर तरह से स्वाधीन हैं। उनपर किए जाने वाले निर्यातन का अर्थ यह हरगिज नहीं है कि नारी-स्वाधीनता का मामला निरा अर्थहीन और युक्तिहीन है। अमेरिका अगर अपने नागरिकों को संपूर्ण सुरक्षा न दे सके, तो इसके लिए दोषी नारी-स्वाधीनता नहीं है, बल्कि अमेरिका की राष्ट्र-व्यवस्था है।

सुबह-दोपहर रात पार्क के किनारे, फुटपाथ मैदानों में अकेले घूमने-फिरने को शेख मिजान ने अति तुच्छ भाव से देखा है। लेकिन यह मामला कहीं से भी तुच्छ नहीं है। आपात् नज़र से देखें, तो ऐसा लग सकता है कि औरत के लिए इतनी तरह की माँग और ज़रूरतें हैं, उन सबको बाद देकर यह घूमने-फिरने का चाव नितांत मध्यवित्त शौक है। ख़ैर भले यह मध्यवित्त शौक हो या रूमानियत, यह मेरा जन्मसिद्ध अधिकार है। यह तुच्छ अधिकार ही मुझे वसूल करना होगा। समाज अगर शुद्ध और न्यायी न हो तो यह अधिकार वह किसी भी औरत को नहीं देगा और यह जो अपनी मन-मर्जी से घूमने-फिरने का मामला है, वह काफी हद तक सिम्बॉलिक यानी प्रतीकात्मक है।

लेखक ने काफी लंबे अर्से तक विदेशों में पढ़ाई-लिखाई की है। इसलिए वे देश की कई स्थितियों से अनजान हैं या फिर यह उनकी अल्पज्ञता है। उन्होंने लिखा है–'पुलिस और क़ानून के प्रहरी विभाग के लोग अगर सुरक्षा दे सकें, तो यही नज़र आएगा कि एक-दो नहीं, ढाका विश्वविद्यालय की सैकड़ों लड़कियाँ चाँदनी रातों में, सुहरावर्दी उद्यान या रमना पार्क में सैर कर रही हैं।' शेख मिजान की जानकारी के लिए, मैं अर्ज करूँ कि शाम सात बजे तक, विश्वविद्यालय के तमाम छात्रावासों का गेट बंद हो जाता है। लड़कियाँ अगर चाहें भी तो सुहरावर्दी या रमना में चाँदनी रातों के सौंदर्य का आनंद लेने के लिए घूम-फिर नहीं सकतीं। वे लोग भी इस प्राकृतिक सौंदर्य का आनंद उठाएँ, उन लोगों को मुर्गी के दरबे में क़ैद रखने का नियम ख़त्म कर देना होगा। वैसे भी एक नियम के साथ सैकड़ों उपनियम जुड़े होते हैं। इन सबको एक-एक करके जड़ से उखाड़ फेंकना होगा। इसी तरह, ये तमाम नियम ख़त्म करते-करते एक औरत के उद्यान से 'नियमों' के तमाम साँप बेनिशान हो जाएँगे।

(5)

समूचा समाज औरत का चरम अपमान करता है। इस्लाम धर्म ने औरत को मर्द की दासी बना डाला है। हमारा समाज या राष्ट्र इस धर्म के खिलाफ जुबान नहीं खोलता। अधिकांश मर्द यह सोचते हैं कि औरत भोग की चीज़ है। इसे सजा-सँवारकर, थोड़ा-बहुत लिखना-पढ़ना सिखाकर, पुरुष की रसना तृप्त करने के लिए खूबसूरत 'माल' बना दिया जाए। औरत अगर आकर्षक दिखेगी तो पुरुष उस पर तरस खाएगा। पुरुष की मेहरबानी में ही नारी जीवन की सार्थकता है। औरत की यह चरम दुर्दशा दूर करने के लिए हमें चरमपंथी बनना चाहिए। कोई आपके अंग-प्रत्यंग पर वार पर वार करता रहे, वार करनेवाले पर पलटकर चोट करने के बजाय पिन-पिनाकर रोने-सिसकने से, लोग-बाग औरत को शायद 'शरीफ औरत' भले कहें; शायद यह भी कहें कि यह औरत चरमपंथी नहीं है, यह लड़की, औरत की तरह, लक्ष्मी बनी, बेचारी आँसू बहा रही है—लेकिन यह सब स्तुति दरअसल किसी काम की नहीं होती। यह सब औरत को और ज़्यादा कमजोर, और ज़्यादा आलसी, अक्षम, पंगु बनाए रखने के पैंतरे भर हैं। चरमपंथियों से जंग करने के लिए, चरमपंथी ही बनना पड़ता है।

लज्जा और अन्याय

(1)

साल के अंत में, 'जाय-जाय दिन' के अंक में, समूचे साल, बंगलादेश से भारत को कौन-कौन सा सामान आयात-निर्यात किया गया, इसका एक हिसाब-किताब प्रकाशित हुआ है। उसमें यह भी छपा है कि तसलीमा की 'लज्जा' भारत को ग़ैर-क़ानूनी तरीके से भेजी जा रही है। यह बात पूरी तरह झूठ है। 'लज्जा' इस देश से कभी भी गैरक़ानूनी तरीके से नहीं गई। इस देश की सरकार द्वारा ज़ब्त किए जाने से पहले, यह किताब भारत को निर्यात की गई थी और पूरी तरह क़ानूनी तरीके से। 'लज्जा' जब इस देश में ज़ब्त कर दी गई और इस किताब का निर्यात रुक गया, तब कुछेक बेईमान धंधेबाज़ों ने यह किताब भारत में गैरकानूनी तरीके से छापना शुरू कर दिया और वह किताब मैदान-हाट-घाट में बेभाव बिकती भी रही। हाँ, बाद में जब आनंद पब्लिशर्स को कानूनी तरीके से यह किताब छापने की अनुमति मिल गई, उन्होंने बहुत सारे नकली कारोबारियों को नकली किताब छापने के जुर्म में जेल के भी हवाले किया।

सरकार इस किताब पर कम क्षुब्ध नहीं थी। लेकिन मैंने भयंकर अचरज से सुना कि वह किताब अभी भी दुकानों, विज्ञान मेलों, रास्ता-घाट, अखबार के स्टॉल, फूल की दुकानों में धड़ल्ले से बिकती रही। ज़िल्दहीन प्रतियाँ, अस्सी टका; ज़िल्द समेत प्रतियाँ सौ टका। किताब पर पाबन्दी लगाकर सरकार को क्या फ़ायदा हुआ, पता नहीं, हाँ, पाठकों को साठ टकों का नुकसान ज़रूर हुआ! जो किताब पाठकों को चालीस टके में मिलती, अब उन्हें साठ टके ज़्यादा चुकाकर किताब खरीदना पड़ रही है।

बहुत से लोगों का कहना है कि भारत में बीजेपी ने यह किताब छापी है। यह सच है कि बीजेपी ने इस किताब के कुछेक अंशों का अनुवाद छापा है, लेकिन पूरी किताब छापने का न तो उनमें साहस है, न स्पर्धा, क्योंकि उस किताब में बीजेपी के खिलाफ भी काफी बातें हैं! पूरी किताब बहुत-से लोगों ने छापी है। वे लोग बीजेपी के घोर विरोधी हैं। वे लोग आपादमस्तक सेकुलर हैं। जिन लोगों ने यह किताब

या भिन्न-भिन्न भाषाओं में अनुवाद छापा है या इस किताब पर जिन लोगों ने यात्रा, नाटक, फिल्म बनाई है, वे सबके सब हिंदू हैं—यह बात सच नहीं है। अब्दुल रशीद, कमालउद्दीन नामक लोग भी इसमें जुड़े हैं। असल में यहाँ किसी असाम्प्रदायिक किताब को साम्प्रदायिक बनाने की जो कोशिश जारी है, वह हास्यास्पद भी है और विरक्ति भरी भी। यह बात भारत के असांप्रदायिक लेखकों को संख्यालघु मुसलमानों के पक्ष में और-और 'लज्जा' लिखने को प्रेरित कर रही है। इसी दौरान देवेश राय ने मुसलमानों के पक्ष में एक उपन्यास लिख भी डाला है। यह सब क्या यहाँ के मुसलमानों की नज़र में नहीं पड़ा? या नजर पड़ी भी हो तो सच को छिपाने का तकाजा इस क़दर ज़्यादा है कि इस मामले में वे लोग जुबान तक नहीं खोलना चाहते। मुझसे बहुतों ने कहा है कि लज्जा लिखकर, मैंने जितना भला हिंदुओं का किया है उससे कहीं ज़्यादा मुसलमानों का किया है। मुसलमान कितने मानवीय और असांप्रदायिक हो सकते हैं, 'लज्जा' इसकी मिसाल बन गई है। संख्या गरिष्ठ होकर भी संख्यालघु के पक्ष में लिखा है, ऐसी उदारता अन्य किसी संप्रदाय में नज़र नहीं आती। मुसलमान इसे अपने सुयोग-सुविधा मुताबिक काम में लगा सकते हैं। दो-चार लोगों ने यह भी कहा है कि 'लज्जा' लिखकर मैंने बंगलादेश के हिंदुओं का कुछ-कुछ बुरा भी किया है। उन लोगों के मन में जो तीखी आग धधक रही थी, उसे मैंने बुझा दिया है। जो क्षोभ उनके सीने में जमा था, जिस क्षोभ की वजह से वे लोग भयंकर कुछ कर गुज़रते, उसे मैंने कम कर दिया है। वे लोग अब सोच सकते हैं कि उन लोगों के पक्ष में लड़नेवाले लोग मौजूद हैं। वे लोग अकेले नहीं हैं। दुर्बल की बगल में अगर कोई सबल आ खड़ा हो, तो दुर्बल सहम जाता है। जो आग वे लोग लगाना चाहते हैं, वह नहीं लगाते। उदारता की यह बहुत बड़ी सफलता है!

(2)

'जाय-जाय दिन' बंगलादेश से भारत को निर्यात होनेवाले सामानों की सूची गिनाते हुए, एक उल्लेखनीय निर्यात के बारे में चूक गया। वह हैं—किताबें! बंगलादेश से कभी कोई किताब, इतनी बड़ी संख्या में भारत को निर्यात नहीं की गई, जिस तरह से तसलीमा नसरीन की किताब निर्यात की गई है! इससे किताब के प्रकाशक, निर्यातक, सभी को फ़ायदा हो रहा है, यह देश विदेशी मुद्रा अर्जित कर रहा है। यह क्या देश के लिए बहुत बड़ी सफलता नहीं है? इसके अलावा तसलीमा की किताब भारत में जनप्रिय होने से, बंगलादेश के लेखकों के प्रति, भारतीय पाठकों के मन में जो अनास्था थी, वह दूर हो गई है और उन लोगों ने पहली बार यहाँ के लेखकों की किताब में दिलचस्पी दिखाई है। इस तरह धीरे-धीरे अन्यान्य लेखकों की किताबें भी भारत जाने लगेंगी। इसी दौरान दो-एक लेखक भारत में किताबों का बाज़ार पाने के लिए अस्थिर हो उठे हैं। तसलीमा की किताब के साथ-साथ, उनकी भी किताबें निर्यात

करने के लिए, वे निर्यातकों से तकादे करने लगे हैं! मुझे उम्मीद है कि इसी तरह धीरे-धीरे अन्यान्य लेखकों के भी पाठक बन जाएँगे। वहाँ इन दिनों पाठकों में किताबों की जितनी माँग है, अकेली तसलीमा के लिए उतनी किताबें लिखना कतई संभव नहीं है। इससे थोड़ा-बहुत तसलीमा का भला ज़रूर होगा, लेखकों के ईर्ष्या-वाण से उसे इतना अधिक छलनी नहीं होना पड़ेगा।

(3)

आजकल शुक्रवार के दिन ढाका की मस्जिदों में नमाज़ियों की भीड़ उमड़ आती है। चींटियों की क़तार की तरह इंसान, सड़क तक उतर आते हैं! नतीजा यह होता है कि रास्ता बंद करके, नमाज़ पढ़ना पड़ता है। आजकल रास्ता बंद करके राजनीतिक सभा या इस्लामी जलसे करने का लगभग नियम-सा बन गया है। इससे आम जनता को कितना दुर्भोग झेलना पड़ता है, वह आम जनता ही जानती है। असाधारण राजनीतिज्ञ और इस्लाम प्रचारकों के जानने की बात भी नहीं है! मेरी राय में आम सड़कें बंद न करके किसी खुले मैदान में सभाएँ आयोजित करनी चाहिए। लोग जिस ज़रूरी काम के लिए निकलते हैं, ज़रूरी काम में फँसकर, उनका काम बिगड़ जाता है। इसका नतीजा यह होता है कि रास्ता बंद करनेवालों पर गालियों की बरसात के अलावा और कोई नहीं बचता। अगर मीटिंग-सभाओं का आयोजन लोगों की भलाई के लिए किया जाता है, तब लोगों के काम का नुकसान करने का हक़ क्या उन लोगों को होता है? जो रोगी समय से अस्पताल नहीं पहुँच पाते और रास्ते पर ही दम तोड़ देते हैं उनकी मौत की जिम्मेदारी क्या वे लोग लेंगे?

वर्तमान विज्ञान के युग में इंसान जब मस्जिदों में उमड़ा पड़ता है, हमारी कम्यूनिस्ट पार्टी के सदस्य ही आजकल जब मस्जिदों में जाने लगे हैं, तब 'मस्जिद तोड़ डालो' का नारा लगाने से हमारा सिर ही कलम कर दिया जाएगा, मस्जिद कोई नहीं तोड़ेगा। ऐसी हालत में आम जनता की तरफ से मैं कहती हूँ कि मस्जिदों को चौड़ाई में न बढ़ाकर, इनकी ऊँचाई बढ़ा दी जाए। यानी मस्जिद चाहे दो-मंजिली, तिमंज़िली या चौमंज़िली भले कर लो, मगर सड़कें मत बंद करो क्योंकि जिन्हें अलौकिक से ज़्यादा लौकिक की ज़रूरत ही अधिक है, जिन्हें मेहनत-मशक्कत करके आहार जुटाना होता है, रास्ता-घाट बंद कर देने से, उनकी कमाई के रास्ते भी बंद हो जाते हैं। वैसे मेरा एक और भी प्रस्ताव है कि हर मुहल्ले में एक से अधिक मस्जिदें तो मौजूद हैं, अब और नहीं। इसकी जगह खेल का मैदान, एकाध लाइब्रेरी। एकाध विज्ञान क्लब या स्कूल बनाने की गुंजाइश रखें। मस्जिद में अगर जगह संकुल हो, तो उसकी मंजिलें बढ़ा दें। लेकिन खेल के मैदान, स्कूल, लाइब्रेरी और विज्ञान-क्लब की गुंजाइश ज़रूर रखें। इससे समाज में अमंगल होने के बजाय ज़रूर मंगल होगा।

अवज्ञा

मैं नाफ़रमाबरदार जीव हूँ यानी सरकश इंसान! मैंने समाज नीति नहीं मानी। राष्ट्रनीति भी नामंजूर कर दी। सब कुछ से इनकार करके, मैं दुरंत, दुर्दांत क्रमशः आगे बढ़ती रही। इस वजह से लोगों ने मेरी आलोचना भी की, तरह-तरह के इल्ज़ाम भी लगाते रहे। रास्ता-घाट, दुकान-पाट, मेला-जुलूस, जहाँ भी मुझ पर नज़र पड़ी, मुझ पर कंकड़-पत्थर बरसाए, गाली-गलौज की। अख़बारों में मेरे बारे में अश्लील मंतव्य दिए। सरकार ने मेरे ख़िलाफ मुकदमा ठोंक दिया। सवाल यह उठता है कि मैंने समाज-नीति क्यों नहीं मानी। मैंने नहीं मानी, क्योंकि औरत के प्रति समाज का विषमता भरा आचरण मेरी नज़रों में अमानवीय लगता है। सिर्फ औरत ही नहीं, संख्यालघु लोगों के खिलाफ जातीय क़ानून और उन लोगों पर समाज के संख्याबहुल लोगों के अन्यायपूर्ण आचरण, मेरे लिए करना संभव न हो सका। इसलिए मैंने अपनी कृतियों में इन निर्ममताओं और बर्बरताओं का प्रतिवाद किया है। मैं थी सरकारी अस्पताल में चिकित्सक! सरकारी कर्मचारी या अधिकारियों का सरकारी अनुमति बिना, पत्र-पत्रिकाओं में लिखना या किताबें प्रकाशित कराना, क़ानून के खिलाफ है। इसके बावजूद मैं लिखती रही। मुद्दे की बात यह कि सरकार के प्रति नाफ़रमानी की है, क्योंकि लेखन के माध्यम से लोगों को समाज की समस्याओं की जानकारी देना, मुझे ज़रूरी लगा। मुझे हमेशा युक्तिसंगत बात करना भला लगता है। जब मैं कुल तेरह साल की थी, मेरी अम्मी कहा करती थी—'घर के बाहर मत जाओ। क्योंकि लड़की जात घर से बाहर नाहीं निकलतीं। लड़की जात को मनमानी भी नाहीं करना चाही।' मुझसे वे नमाज़ पढ़ने को कहती थीं, रोज़ा रखने, पर्दा करने का मशविरा देती थीं। ख़ैर, यह सब करने के पीछे, मुझे कोई युक्ति समझ में नहीं आई। चूँकि मैं लड़की हूँ, इसलिए मुझे घर में बैठे रहना होगा। बाहर खेल के मैदान, नदी किनारे, जहाँ मेरे हमउम्र लड़के जाते हैं, वहाँ मेरा जाना नहीं चलेगा—यह बात मैं किसी शर्त पर भी क़बूल नहीं कर सकी। मैंने अम्मी की भी नाफ़रमानी की। कमरे के दमघोंटू आबोहवा से निकलकर, मैं दौड़कर खुले आसमान तले जा पहुँची। खुले मैदान, नदी के सुहाने किनारे घूम-फिर आती। मुझे नाफरमाबरदार लड़की कहा गया। जब मैं बड़ी हुई मेरे

अब्बू-अम्मी, नाते-रिश्तेदारों ने मेरी शादी कर देनी चाही। जिसे मैं जानती-पहचानती नहीं उसके साथ शादी? मैंने साफ़ जवाब दे दिया कि ऐसी शादी मैं किसी शर्त पर भी नहीं करूँगी। मेरी राय में यह बदस्तूर अन्याय है। सिर्फ मेरे ही संदर्भ में नहीं, जब भी मुझे कोई कमउम्र लड़की या परिचित सखी-सहेलियों की शादी जोर-ज़बर्दस्ती किसी अनजान-अपरिचित शख़्स से तय होते हुए देखती, मैं उन्हें नाफरमाबरदार होने की सलाह दे डालती थी। काजी जब निकाह के वक्त उसकी मर्जी जानने आएँ कि वह ब्याह के लिए राजी है या नहीं, वह सबके सामने ही 'ना' कह दे या घर छोड़कर चली जाए। समाज का यह नियम हरगिज क़बूल न करे। अगर अपने नैतिक बोध को यह इंतज़ाम बेतुका लगे तो खामोशी से मान लेना, हरगिज ज़रूरी नहीं है। मैंने ऐसा भी देखा है कि बहुतेरी औरतें पति के अत्याचार बर्दाश्त करती रहती हैं। लेकिन उसका घर त्याग करने की हिम्मत नहीं करतीं, क्योंकि समाज में वे 'नष्ट औरत' या 'बुरी औरत' कही जाएँगी। बहुतेरी औरतें सोचती हैं कि समाज के जो नियम हैं, उन्हें मानकर चलना चाहिए। अपनी बुद्धि या विवेक से न्याय-अन्याय का विचार करने की क्षमता या साहस, उन लोगों में नहीं होता। समाज के ही नियम या नीति की बात नहीं है, हमारे देश के काफी सारे कानून ही औरतों की आज़ादी के विरोधी हैं। मसलन विवाह क़ानून! यह धर्म पर आधारित है। इस नियम के तहत पति अपने घर में चार-चार बीवियाँ रख सकता है। कोई भी औरत पति को अन्य तीन औरतों में हिस्सा बाँट हरगिज नहीं करना चाहती। लेकिन अधिकांश औरतें धार्मिक क़ानून के आगे लाचार होती हैं। इन धार्मिक क़ानूनों के प्रति इंसान को नाफ़रमान बनाने के लिए जिस जागरूकता, शिक्षा और संस्कृति की ज़रूरत है, वह बहुतेरे अन्य देशों की तरह, बंगलादेश में भी अब तक तैयार नहीं हुआ है।

'लज्जा' नामक मेरे एक तथ्य आधारित उपन्यास में संख्यालघु हिंदुओं पर मुसलमानों के अत्याचार का बयान है। सरकार ने यह उपन्यास ज़ब्त कर लिया है। ज़ब्त करने के पीधे यह वजह खड़ा किया गया है कि विभिन्न धार्मिक संप्रदायों में ग़लतफहमी पैदा हो सकती है, दंगा-फसाद हो सकता है, वगैरह-वगैरह! असल में वह किताब पूरी तरह सांप्रदायिकता के खिलाफ लिखी गयी है। लेकिन, इसके बाद भी, मैंने असाम्प्रदायिकता के पक्ष में लिखना बंद नहीं किया है। इसी तरह, इस्लामी धर्मग्रंथ, कुरान के प्रति, मेरे इनकार वाचक मंतव्य की वजह से सरकार ने मेरे खिलाफ इंसान की धार्मिक अनुभूति को ठेस पहुँचाने का इल्ज़ाम लगाकर, मुझ पर मुकदमा दायर कर दिया है। पुलिस मुझे जेल में ठूँसने आ धमकी। चूँकि जेल मेरे लिए सुरक्षित नहीं है, इसलिए मैं फ़रार आसामी बनकर, सरकारी कानून का उल्लंघन करते हुए, दो महीनों तक छिपी रही। मैंने अपनी गिरफ्तारी नहीं दी। समाज के धार्मिक ठेकेदारों ने मुझे फाँसी देने और इस्लामी क़ानून मुताबिक मेरी हत्या करने का खुलेआम ऐलान कर दिया। समूचे देश के लाखों-लाख लोगों ने मेरे खिलाफ जुलूसें निकालीं, हड़तालें

कीं, सिर पर इनाम घोषित किया। मैं इस्लामी क़ानून का उल्लंघन करते हुए, सरकारी कानून की अवज्ञा करते हुए, अपने और अन्यान्य युक्तिवान लोगों की मदद से, अपना देश छोड़ आई और धर्म के खिलाफ सामाजिक विधि-निषेध और कुसंस्कारों के विरुद्ध अपनी राय और मंतव्य लगातार प्रचारित करती रही हूँ क्योंकि अपनी जिस जागरूकता, विवेक और नीतिबोध की हिफ़ाज़त की है, वह मुझे किसी भी अन्याय और विषमता के आगे सर नहीं झुकाने देता।

देश की सार्वभौमिकता को भी मैंने क़बूल नहीं किया। समाज या राष्ट्र के क्षमताशाली लोगों ने मुझ पर देशद्रोही होने का इल्ज़ाम लगाया है। मेरा ख्याल है कि पूर्व और पश्चिम दोनों बंगाल को मिलाकर, बंगलादेश निर्मित होना चाहिए था क्योंकि भारत के पश्चिम बंगाल में भी इसी भाषा और संस्कृति के लोग निवास करते हैं। भारत धर्म के आधार पर विभाजित हुआ था। सन् 1971 के बंगलादेश के मुक्ति-युद्ध ने यह साबित कर दिया है कि धार्मिक आधार पर देश का विभाजन सरासर भूल थी। लेकिन धर्म की वजह से जो दूरी पूर्व और पश्चिम बंगाल में है, वह भी क्यों रहे? बंगलादेश बंगालियों का देश होगा, वह चाहे बंगाली मुसलमान हो या हिंदू हो; बौद्ध हो या ईसाई हो! अपने माथे पर 'देशद्रोही' होने का इल्ज़ाम लेकर भी, अपनी नीतिबोध की वजह से, मैं दोनों बंगाल को इकट्ठा करने के पक्ष में, लोगों को जागरूक करने की कोशिश कर रही हूँ। राष्ट्र और समाज की नीति, मेरी नीति से नहीं मिलती। लेकिन गणतांत्रिक राष्ट्र का नियम ही यही है कि जैसे राजनीतिक मतवाद भिन्न-भिन्न होते हैं, जिस किसी भी विषय में इंसान का अपना मत होता है और मत के प्रति समाज या राष्ट्र की तरफ से कोई बाधा आती है, तभी नाफ़रमानी का सवाल उठता है। ऐसे में जो भी शख्स, जो कुछ भी कहता है, मैं क्या बेजान चीज़ या गाय-भेड़ की तरह बस, सिर झुकाकर मान लूँ? या नाफरमाबरदार हो जाऊँ? नाफरमाबरदार होने के लिए सच्चे और सख़्त नीतिबोध की ज़रूरत है। इसके लिए असीम साहस चाहिए। ऐसा नीतिबोध और साहस, सबमें नहीं होता। राष्ट्र के कला-कौशल, अधिकांश लोगों को गूँगा-बहरा-बोधहीन और साग-पात बना देता है।

राष्ट्र में स्वेच्छाचारी सरकार या तानाशाही शासन लागू हो तो आम जनता में असंतोष नज़र आने लगता है। वे लोग बार-बार कानून की अवमानना करते हैं, नाफ़रमाबरदार होते हैं, क्योंकि आम जनता का मत लेकर नियम कानून नहीं बनते। गणतांत्रिक देशों में अवज्ञा की मात्रा अपेक्षाकृत कम होती है। क्योंकि अवाम की पसंद-नापसंद के आधार पर नियम-कानून में संशोधन की भी व्यवस्था होती है। इसके बाद भी मैंने देखा है कि गणतांत्रिक देशों में भी इंसान अपने नैतिक मूल्यबोध की वजह से नाफ़रमानी करता है! स्वीडन जैसे आदर्श गणतांत्रिक देश में जहाँ मानवाधिकार के बारे में बड़े एहतियात से विचार-विमर्श होता है, मैंने देखा है, वहाँ भी लोग क़ानून

का उल्लंघन करते हैं। एक मिसाल दूँ! दरिद्र देश के लोग, जब स्वीडन आकर, राजनीतिक शरण चाहते हैं और उन्हें शरण नहीं दी जाती, तो वे लोग स्वीडन में 'अवैध' समझे जाते हैं। पुलिस उन्हें धर-बाँधकर ज़बर्दस्ती उनके देश वापस भेजने के लिए, खोज निकालती है। तब बहुत से मानवतावादी स्वीडिश लोग, उन अवैध एमिग्रेंटों को अपने घरों में छिपा रखते हैं और उन लोगों के खाने-पीने का इंतज़ाम करते हैं। क़ानून की नज़र में यह अन्याय है लेकिन वे लोग यह अन्याय अपने नैतिक बोध से करते हैं। चूँकि उन लोगों को यह सही लगता है। उनका अपना मानवता-बोध, राष्ट्र के मानवता-बोध से फर्क़ होता है। लेकिन तब यह सवाल उठता है कि इंसानों के मानवता बोध से, राष्ट्र की मानवाधिकार नीति क्यों नहीं तैयार करता। इसकी वजह शायद यह है कि अधिकांश जनता ऐसा नहीं चाहती या वह तो चाहती है, मगर शासकों का राजनीतिक स्वार्थ, इसे मिटा देता है।

पश्चिमी पाकिस्तानी शासक जब पूर्व पाकिस्तान को एक कॉलोनी मानकर, अंग्रेजों की तरह उस पर शासन और शोषण कर रहे थे, तब पूर्व पाकिस्तान की जनता ने उसे मंजूर नहीं किया। उन लोगों ने पाकिस्तानी शासकों के खिलाफ जंग का ऐलान कर दिया। उस वक्त पूर्व पाकिस्तान की शोषित निपीड़ित लोगों के नीति-बोध, पाकिस्तानी राष्ट्रीय नीति के खिलाफ अड़ गये। इस तरह एक नए स्वाधीन देश का जन्म हुआ। इंसान का मानवताबोध नव हिंस्रता, निर्ममता को मानने से इनकार कर देता है। तब वे लोग एकजुट हो जाते हैं। यह वृहद्तर सम्मेलन बेशक राष्ट्रीय या सामाजिक नीति को बदलने में मदद करता है। दुनिया के इतिहास में अन्याय, रक्तपात, घात-प्रतिघात के खिलाफ इंसान ही पैर जमाकर खड़ा हो गया है और दुनिया को रहने लायक बना लेता है। महात्मा गाँधी के नीति बोध ने इंसान के बोध को अंग्रेजों के खिलाफ आंदोलन करने को और उनके राज-शासन की उपेक्षा करने के लिए जाग्रत किया। किंग मार्टिन लूथर के नीतिबोध ने काले और गोरे लोगों में विषमता मिटाने के आंदोलन में हज़ारों-हज़ार लोगों को शरीक होने को प्रेरित किया। नेल्सन मंडेला का नीतिबोध, राष्ट्रीय नीति के खिलाफ डटकर खड़ा हो गया। महान लोगों ने हमेशा ही मानव-कल्याण के पक्ष में अपने नीतिबोध को सजग और स्थिर रखा है। विएतनाम युद्ध में अनगिनत अमेरिकी लोगों ने जाने से इनकार कर दिया यानी उन लोगों ने सरकारी हुक्म की अवमानना की। उन लोगों ने अपने नैतिक बोध का विसर्जन नहीं दिया और देशांतरी तक हो गए। सच तो यह है कि जो लोग अन्याय के खिलाफ अपनी नैतिकता को मजबूत रखते हैं, उनमें से बहुतेरे लोगों को तरह-तरह की क़ीमत चुकाना पड़ती है। कोई क़त्ल हो जाता है, कोई देशांतरी हो जाता है, किसी-किसी को जेल की सज़ा हो जाती है। फिर भी वे लोग अपनी नज़र में, अपने प्रति शुद्ध होते हैं। इतिहास में ही यह भी नज़र आता है कि नात्सी शासन काल में, जर्मन फौजियों ने अपने-अपने नैतिकताबोध का विसर्जन देकर, कन्सल्ट्रेशन कैम्प

में लाखों-लाखों यहूदी, जिप्सी, कम्यूनिस्ट लोगों की हत्या की। उनका कहना था, उन लोगों ने सरकारी हुक्म का पालन किया है! दुनिया के विभिन्न देशों में ऐसे ढेरों नज़ीर मिलते हैं, जहाँ सरकारी हुक्म चाहे जितना भी मानव विरोधी हो, उसका पालन किया जाता है। सरकारी हुक्म पर ही, पुलिस किसी भी सरकार-विरोधी जुलूस पर गोलियाँ चलाती है। पुलिस अपना नीतिबोध का विसर्जन देकर भी यह काम करती है, क्योंकि उन लोगों को यही लगता है कि सरकारी नीति का पालन करना ही पुलिस का पवित्र कर्तव्य है। कोई-कोई पुलिस इसकी अवमानना भी करती है और अपनी इस नीति-रक्षा की वजह से ही, उन्हें अपनी नौकरी तक गँवाना पड़ती है। जेल जाना पड़ता है। ज़िंदगी में ढेरों दुर्भोग झेलना पड़ता है। ऐसा जोखिम सभी नहीं लेते या ले नहीं पाते। युग-युगों से इंसान ही हिंस्र व्यवस्था का अनुगामी हुआ है और इंसान ने ही इसे अस्वीकार भी किया है।

विविध समाज में विभिन्न तरह के नीतिबोध हैं। समाज के नीतिबोध का मान नितांत ही आपेक्षित है। यह उस समाज के आर्थिक-सामाजिक ढाँचे, राजनीतिक व्यवस्था, धर्म, शिक्षा, संस्कृति पर निर्भर करता है। हमने मानवता के संदर्भ में नीति-बोध-विचार का मानदंड खड़ा कर लिया है। जो लोग धर्म से नैतिकता की शिक्षा लेते हैं, वे लोग धर्म के अमानवीय पक्ष को भी महान मान लेते हैं। मेरी राय में नैतिकता अर्जन का मूल आधार धर्म नहीं, युक्ति, बुद्धि, विवेक और हृदय होना चाहिए। मानवता के पक्ष में सुशिक्षा, इंसान के नैतिकताबोध को विशाल व्याप्ति देती है और उसे आलोकित करती है। फिर भी इंसान ने कारण-अकारण नैतिकता का विसर्जन दिया है, दे रहे हैं! मेरा ख्याल है कि पुराने ज़माने की तुलना में, आज के युग में, अनगिनत समाज में समाज और राष्ट्र-व्यवस्था का विरोध करना, ज़्यादा आसान हो गया है। पुराने ज़माने में यूरोप में जो लोग गिरजाघर के अनुगामी नहीं होते थे, उन्हें जलाकर मार डाला जाता था। आज के ज़माने में गिरजाघर के नियम-क़ानून मानकर न चलना पहले की तरह गुनाह नहीं समझा जाता। समाज-व्यवस्था कभी भी स्थिर नहीं होती, इसमें हमेशा ही परिवर्तन होता रहता है। युग-युगों से इंसान अगर समाज-व्यवस्था के बारे में सोचता न होता, प्रतिवाद न करता, तो बुझे हुए पोखर की तरह समाज भी वेगहीन और दुर्गंधमय हो उठता। चूँकि इसमें वेग और परिवर्तन है, इसलिए इंसान और उसका समाज धीरे-धीरे आगे की तरफ बढ़ता जा रहा है। अर्थनैतिक, राजनीतिक, सामाजिक, मानविक, नैतिक बोध बढ़ रहा है; बोध का दायरा भी बढ़ रहा है। नाफरमानी प्रगति के लिए मंगलजनक भी है। इसके बावजूद, किसी-किसी देश ने धर्म की दुहाई देकर या हथियार के ज़ोर पर, पुरानी समाज-व्यवस्था को टिकाए रखा है! मध्य-प्राच्य के बहुत से देश इसकी मिसाल हैं!

असल में अवमानना शब्द नेतिवाचक है। धर्म, राष्ट्र, समाज की सुस्थिति-रक्षा करने के लिए, जन-गण को नियम-क़ानून मानकर चलना चाहिए। लेकिन, धर्म, राष्ट्र

या समाज-व्यवस्था अगर इंसान की नैतिकता पर चोट करता है, तो इंसान का नाफरमाबरदार हो जाना ही ज़रूरी है। ऐसी स्थिति में नाफरमानी गठनमूलक हो उठती है। इसके अलावा एक और किस्म की अवज्ञा तो खैर, पहले से ही मौजूद है जो नैतिक क्षय का कारण है। चोरी, डकैती, हत्या, बलात्कार, दंगे वगैरह के पीछे की वजह है, बहुतों का नैतिक अधःपतन! धार्मिक प्रचार-प्रसार, अर्थनैतिक पतन, सामाजिक क्षय, राजनीतिक अस्थिरता, इंसान के नैतिक अधःपतन के लिए, काफी हद तक जिम्मेदार है।

थोड़ा-बहुत

किताबें जितनी ख़रीदी जाती हैं, उतनी पढ़ी नहीं जातीं। फुर्सत नहीं मिलती, ऐसा नहीं है, समय बस, बहता चला जाता है।

इसके बावजूद कुछेक किताबें, चुनिंदा किताबें अचानक ही पढ़ डालती हूँ। यह मैं नहीं कहूँगी कि उन किताबों को पढ़कर उसे मन में बसाए रखती हूँ। पिछले दिनों मैंने 'गैलिलिओ की बेटी' पढ़ी। अमेरिकी लेखक, दाभा सवेल ने इस किताब को लिखने में कम मेहनत नहीं की। फ्लोरेंस के जादूघर से गैलिलिओ की नाजायज बेटी, वर्जिनिया का अपने पिता को लिखे गए एक सौ चौबीस ख़तों का उन्होंने इटालियन से अनुवाद किया है। अपनी बेटी को लिखे गए गैलिलिओ के ख़त इकट्ठे करना संभव नहीं हुआ। वह सब तो जाने कभी आग में जलकर खाक़ हो चुके हैं। तमाम ख़त उसी कॉन्वेंट में ही जला डाले गए, जहाँ वर्जिनिया नन थीं। सन् 1600 में उनका जन्म! जिस साल जियोर्दानो ब्रूनो को जलाकर मार डाला गया। बेटी की उम्र, जब कुल बारह वर्ष थी, गैलिलिओ ने उसे दक्षिणी फ्लोरेंस के एक कॉन्वेंट में भेज दिया था। वहीं वर्जिनिया ने अपना नाम बदलकर, मारिया सेलेस्त रख लिया। ज़िंदगी भर इसी नाम से जानी जाती रहीं और गैलिलिओ ज़िंदगी भर उसे ख़त लिखते रहे और मारिया भी अपने 'डियर लॉर्ड फादर' को ख़त लिखती रहीं। गैलिलिओ के बारे में सभी लोग जानते हैं–गैलिलिओ ने पिसा के झुके हुए टावर से कमान का बॉल, नीचे फेंक दिया था; लोग जानते हैं कि गैलिलिओ ने भी समूची दुनिया के विश्वास की बुनियाद हिला दी थी। जब समूची दुनिया इस पृथ्वी को समूचे ब्रह्मांड का केंद्र मानती थी, उन्होंने ऐलान किया, पृथ्वी ही सूरज के चारों तरफ घूम रही है। लोगों को यह भी पता है कि इस वजह से उन्हें सज़ा झेलनी पड़ी थी। लेकिन किसी को क्या इस बात की जानकारी थी कि गैलिलिओ की एक नाजायज बेटी थी, जिसे वे बेहद प्यार करते थे, जिसे ख़त लिखते हुए, वे पन्ने पर पन्ने रंगते रहे। उन दिनों भी, जब वे घर में क़ैद थे। वे सब ख़त कैसे हो सकते थे? एक शख़्स ईश्वर में विश्वासी, दूसरा ईश्वर की हक़ीक़त एकदम से उड़ा देनेवाला, वैज्ञानिक! उस ज़माने में इटली में, उस सतरहवीं शती में, गिरजा की ही काफी तूती बोलती थी। कॉन्वेंट में रहनेवाली

अपने बेटी से मिलने का, खास कभी संयोग नहीं बना। हालाँकि जब तक वे ज़िंदा रहे। बेटी को ख़त लिखते रहे। उन ख़तों में विज्ञान, विश्वास और प्यार के किस्से होते थे।

खुद गैलिलिओ का जन्म, पिसा में 15 फरवरी, 1564 में हुआ था। उनके पिता विन्सेनजिओ थे, संगीत शिक्षक! उन्होंने अपने बेटे को ऑर्गन बजाना और गाना सिखाया। दस साल की उम्र में गैलिलिओ पिसा से फ्लोरेंस आए। वहाँ तीन साल तक उन्होंने स्कूल की पढ़ाई की। उसके बाद वे ग्रीक और लैटिन भाषा सीखने किसी मठ में जा पहुँचे। लेकिन उनके हिसाबी पिता को लगा, बेटियों के ब्याह के लिए दहेज देने में ही काफी सारे रुपए ख़र्च हो जाएँगे! बेटियाँ खर्च की चीज़ हैं और बेटा अगर संन्यासी बना बैठा रहे, तो गृहस्थी कैसे चलेगी? विन्सेनजिओ ने बेटे को धर-पकड़कर पिसा विश्वविद्यालय में दाखिल करा दिया। गैलिलिओ ने वहाँ से मैट्रिक पास किया। उसके बाद दो साल डॉक्टरी पढ़ने के बाद, डिग्री लिए बिना ही वे अपने पिता के घर फ्लोरेंस लौट आए। गैलिलिओ का मन डॉक्टरी में नहीं टिका। उनका झुकाव, गणित और पदार्थ विज्ञान में था। उस ज़माने में डॉक्टरी पढ़ने के लिए थोड़ा-बहुत गणित भी सीखना पड़ता था। गणित के मामले में फ्लोरेंस में इधर-उधर जितनी भी विद्या उपलब्ध थी, वह सब झाड़कर, उन्होंने पिसा विश्वविद्यालय में गणित-टीचर के पद के लिए आवेदन किया और नौकरी मिल भी गई। उन्हीं दिनों उन्होंने पिसा टावर से कमान की बॉल नीचे फेंका। अरस्तू ने कहा था कि अगर सौ हाथ ऊपर से सौ पाउंड की बॉल नीचे फेंकी जाए और साथ ही एक हाथ ऊपर से कुल एक पाउंड वजन की बॉल भी नीचे फेंकी जाए, तो सौ हाथ ऊपर से फेंकी गई बॉल ही पहले धरती चूमेगी। गैलिलिओ ने कहा कि दोनों बॉल एक साथ धरती चूमेंगी, आगे-पीछे नहीं। इस बात को लेकर पिसा विश्वविद्यालय में गैलिलिओ को अपनी जनप्रियता कम नहीं खोना पड़ी। गैलिलिओ ने अफसोस जताते हुए कहा, 'मेरी ग़लती पर तुम लोग नाराज क्यों हो गए? अरस्तू की ग़लती पर तो चूँ तक नहीं किया—'

विंसेनजिओ, गैलिलिओ की मौत के बाद, घर-द्वार गृहस्थी की जिम्मेदारी, गैलिलिओ के कंधे पर आ पड़ी! उन दिनों उनकी कमाई-धमाई ख़ासी अच्छी थी। ऐसा तो नहीं कहा जा सकता था। उन साठ रुपए में ही बहन का ब्याह। छोटे भाई, माइकेलएंजोलो की पढ़ाई-लिखाई का ख़र्च, माँ का मासिक हाथ-खर्च, सारा कुछ निपटाना होता था। सन् 1592 में गैलिलिओ ने पिसा छोड़ दिया और पादोवा विश्वविद्यालय में चले आए। वहाँ उन्होंने अठारह साल तक अध्यापन किया। उन्होंने बाद में कहा भी था कि ज़िंदगी का सबसे सुनहरा समय, उन्होंने वहीं बिताया था। तनखाह भी अच्छी मिलती थी। साल में तीन सौ रुपए से लेकर चार सौ अस्सी रुपए तक! पादोवा में ही उनकी जान-पहचान मरीना गमवार से हुई। वे अक्सर हर

रात मरीना के यहाँ गुज़ारते थे। नहीं, उन्होंने मरीना को कभी, किसी दिन अपने घर में नहीं बसाया। विवाह तो ख़ैर, किया ही नहीं। हालाँकि मरीना ने गैलिलिओ के तीन संतानों को जन्म दिया—वर्जिनिया, लिविया और बेटा, गैलिलिओ के पिता के नाम पर विन्सेनजिओ! कागज-पत्तर में संतान के पिता का नाम भले न हो। मगर गैलिलिओ ने यह क़बूल किया कि वे ही उन बच्चों के पिता हैं। पादोवा विश्वविद्यालय में गणित-टीचरी करते-करते ही, मेदिचि परिवार में उनके लिए एक अदद नौकरी जुट गई! राजकुमार कसीमो को गणित सिखाने की नौकरी! गणित सिखाने के साथ-साथ वे राजकुमार को आकाश के ग्रह-नक्षत्रों की पहचान भी बताते रहे। कसीमो पर कब, कौन-से ग्रह का असर पड़ रहा है इसकी खोज-बीन में वे काफी सारा वक्त खर्च करने लगे। ऐसे विद्याधर को महज़ राजकुमार की कोठी में भला कौन बिठाए रख सकता था? नौकरी में उनकी पदोन्नति हुई। गैलिलिओ समूचे मेदिचि ख़ानदान के अंक विशेषज्ञ बन बैठे। उन्हीं दिनों उन्होंने फौजियों के लिए दिशा-निर्देश यंत्र बनाया। इसके बाद ही उन्होंने टेलीस्कोप-निर्माण में हाथ लगाया। बहुत-से लोगों का ख़्याल है कि टेलीस्कोप का आविष्कार किया था। लेकिन ऐसी बात नहीं है। टेलीस्कोप तो हॉलैंड में बनाया गया था, गैलिलिओ ने उसे और उन्नत किया था। अरस्तू ने ही यह भी कहा था कि गति के बारे में अज्ञ होने का मतलब है, प्रकृति के बारे में अज्ञ होना! गैलिलिओ इस अज्ञता से मुक्त होने के लिए बेतरह व्यग्र हो उठे। कड़कड़ाती ठंड की रातों में टेलीस्कोप पर नज़र जमाए बैठे रहते थे; मारे ठंड के उनके हाथ जम जाते थे, कुहासे से टेलीस्कोप का काँच धुँधला हो आता फिर भी उन्हें झुंड भर नक्षत्रों के पीछे स्थिर जगमगाते हुए, जुपिटर, वीनस, मार्स, मर्करी और सैटर्न साफ़ नजर आ गया। उनमें हरक़त करती हुई गति भी साफ़ नज़र आ गई। सिर्फ इतना ही नहीं, गैलिलिओ ने यह भी कहा कि जुपिटर को घेरे हुए चार-चार चंद्रमा, उसके इर्द-गिर्द चक्कर लगा रहे हैं। ख़ैर, अज्ञता तो कट गई, लेकिन गैलिलिओ क़दम-क़दम पर अरस्तू को काटने लगे। यहाँ तक कि रातोंरात दो वर्ग तैयार हो गए। एक वर्ग गैलिलिओ के पक्ष में, दूसरा अरस्तू के पक्ष में! उस साल, सन् 1610 में, गैलिलिओ की पहली किताब, 'नक्षत्रवार्ता' प्रकाशित हुई, चारों तरफ भयंकर हड़कंप मच गई। हफ्ते भर के अंदर-अंदर उस किताब की सारी प्रतियाँ बिक गईं। यह ख़बर दुनिया भर में फैल गई। अंग्रेज राजदूत, सर हेनरी वेटन ने वेनिस से इंगलैंड के राजा, जेम्स को ज़रूरी ख़त लिखा, 'पादोवा के किसी गणित-टीचर ने दावा किया है कि जुपिटर के इर्द-गिर्द चार-चार चाँद घूमते हैं, आज तक यह आविष्कार तो किसी ने भी नहीं किया। उन्होंने कुछेक स्थिर तारे भी देखे हैं! हैरत है! यह सब पहले तो किसी ने नहीं देखा। उन्होंने वहाँ के छायापथ की असली वजह का भी बयान किया। यह शख़्स या तो बेहद मशहूर या फिर जघन्य होनेवाला है। यह शख़्स जो कह रहा है, वह पागल का प्रलाप है या इसमें कोई सच्चाई है, इसकी जाँच-परख ज़रूरी है।

उसका टेलीस्कोप यंत्र, बाद वाले जहाज से भेज रहा हूँ।'

गैलिलिओ ऊँचाई की तरफ सरपट बढ़ते जा रहे थे। उन्होंने राजकुमार कसीमो को अपने हाथों तैयार किया गया एक टेलीस्कोप और नक्षत्रवार्ता की प्रति भेजी और जवाब में उनके लिए सिर्फ सूखा-सा धन्यवाद भर नहीं जुटा, बल्कि पिसा विश्वविद्यालय में प्रधान गणितज्ञ का पद और ग्रैंड ड्यूक का व्यक्तिगत दार्शनिक और गणितज्ञ होने का भी मौका मिला। गैलिलिओ का आकाश नक्षत्रों से जगमगा उठा। लेकिन इधर सिर्फ मारिया सेलेस्त ही नहीं, गैलिलिओ की और एक बेटी, लिविया भी कॉन्वेंट के अँधेरे में पड़ी रही। नाजायज होने की वजह से उसके विवाह का भी कोई उपाय नहीं था। दोनों कमसिन बेटियों को सोलह वर्ष में क़दम रखने के पहले ही, अपने सिर के बाल कटाने पड़े। सिर पर कपड़ा बाँधना पड़ा और बदन पर ढीलमढाल अलखल्ला लबादा चढ़ाना पड़ा। कॉन्वेंट के प्रधान ने, चूँकि इसमें गैलिलिओ की सहमति नहीं थी, ख़त लिखकर, पहले से ही यह समझाना बुझाना शुरू कर दिया कि ईश्वर की सेवा के काम में उतरना कोई बुरी बात नहीं है, बल्कि भला काम है! गैलिलिओ का मन इस बात को समझने के लिए तैयार नहीं था।

गैलिलिओ ने एक और किताब लिख डाली—जल के अंदर शरीर! यह किताब उन्होंने इतालवी भाषा में लिखी, क्योंकि वे प्रचुर पाठक पाना चाहते थे। गैलिलिओ एक के बाद एक किताबें लिखते रहे और अरस्तू तथा टॉलेमी को चुटकियों में उड़ाने की कोशिश करते रहे, लेकिन कोई एक धर्मगुरु कोपरनिकस के गुण गाता रहा। यह कोपरनिकस कौन था? निकोलस कोपरनिकस इटली में कुछ वर्षों डॉक्टरी, ज्योतिर्विद्या और गणित विद्या सीखने के बाद, तीस साल की उम्र में, अपने देश पोलैंड लौट गए। कोपरनिकस के वापस लौटने के बाद, उनके एक चाचा विशॅप ने उन्हें फ्रमवर्क कैथेड्रल का प्रधान बना दिया। कोपरनिकस उसी फ्रमवर्क में बैठे-बैठे, खुली आँखों से आसमान निहारते रहे और थोड़ा-बहुत अध्ययन करके और चिंतन मनन करके, उन्होंने लैटिन भाषा में एक किताब लिख डाली। सन् 1543 में वह किताब छपा भी डाली। यह किताब लिखने के कई दशक बाद, जब वे सत्तर साल के हो चुके थे और वे बिस्तर से लग चुके थे। (पता नहीं क्यों तो दुनिया भर में हलचल मचा देने जैसा कुछ लिखकर, छपाने में इतना वक्त क्यों लेते थे। 'द ऑरिजिन ऑफ स्पेसिस बाइ मीन्स ऑफ नेचुरल सिलेक्शन' नामक किताब लिखने के बीस साल बाद, डार्विन ने उसे छपने दिया था)। 'दि रिवोल्यूशनिबुस' चूँकि लैटिन में लिखा गया था। कुल मुट्ठी भर लोग ही यह भाषा जानते थे। लेकिन जब वह किताब प्रकाशित हुई, तो चारों तरफ हड़कम्प मच गई, ऐसा भी नहीं था। यह किताब पोप को उत्सर्ग किया गया था। पोप पॉल तृतीय को जिन्होंने धर्मच्युत करने के लिए न्याय-प्रणाली की शुरुआत की थी (जिस न्याय-प्रणाली में आखिरकार गैलिलिओ क़ो फँसना ही पड़ा और इसी किताब के समर्थन के लिए) उस किताब का विषय, टॉलेमी

की राय के बिल्कुल विपरीत था। अलेक्ज़ेन्ड्रिया के वैज्ञानिक, टॉलेमी ने दावा किया कि पृथ्वी केन्द्र में है। और चाँद-सूरज-ग्रह, पृथ्वी को घेरे हुए हैं। कोपरनिकस का कहना था कि पृथ्वी केंद्र में नहीं है, केंद्र में सूर्य है। वह किताब लिखने के बाद गैलिलिओ ने टॉलेमी का पृथ्वी केंद्रित ब्रह्मांड के सिद्धांत को उड़ाकर, कोपरनिकस की राय को ही स्वीकार कर लिया। सूर्य के चेहरे पर कुछेक दाग देखकर गैलिलिओ सोचने बैठ गए, मूल हिसाब लगाने में जुट गए कि इस दाग की क्या वजह हो सकती है। इस दाग को लेकर उनका जर्मन ज्योतिर्विद वेल्स से काफी पत्राचार भी हुआ। गैलिलिओ ने अपनी राय जाहिर की कि मुमकिन है यह दाग, नक्षत्रों की छाया हो, जो सूर्य के चारों तरफ चक्कर लगा रहे हैं! यह भी हो सकता है कि सूरज अपनी ही धुरी पर घूम रहा है! पूरे एक साल में वह पूरी धुरी का एक चक्कर पूरा करता है। इसलिए हर साल ये दाग बदलते रहते हैं; कुछेक दाग़ों के आकार बदलते रहते हैं। कुछ ग़ायब भी हो जाते हैं। गैलिलिओ पूरे साल भर तक टेलीस्कोप में आँखें गड़ाए, सूरज को निहारते रहे। और बेसूलर को ख़त लिख-लिखकर भेजते रहे। यही ख़त, बाद में किताब के रूप में प्रकाशित हुए। इस किताब के प्रकाशन पर लोग-बाग़ दुगना भड़क गए। चूँकि कोपरनिकस अब ज़िंदा नहीं थे, इसलिए सूर्य केंद्रित ब्रह्मांड की सारी जिम्मेदारी अकेले गैलिलिओ पर ही आ पड़ी। सन् 1612 में फ्लोरेंस गिरजाघर के पादरी ने यह ऐलान कर दिया कि कोपरनिकस का वक्तव्य, पवित्र बाइबिल ग्रंथ के बिल्कुल विपरीत है।

उस ज़माने का ज्योतिर्विद और दार्शनिक वर्ग गैलिलिओ के खिलाफ इस क़दर मुखर हो उठा था कि गैलिलिओ के प्रिय छात्र, वेनेदेत्तो कासतेली ने गैलिलिओ के पक्ष में जनमत गढ़ने की कोशिश की। अपने समर्थन में लिखे हुए गैलिलिओ के ख़तों को भी उसने प्रकाशित कर दिया और लोगों में बाँट भी दिया। लेकिन पिसा विश्वविद्यालय में गणितज्ञ के तौर पर नियुक्ति पाते ही कासतेली मुसीबत में पड़ गए। विश्वविद्यालय के संचालक ने साफ़ हिदायत दे डाली 'पृथ्वी घूमती है' ऐसा अद्‌भुत पाठ, किसी शर्त पर भी छात्रों को न पढ़ाया जाए। सिर्फ यही नहीं, बहुत जल्दी ही कासतेली को पेदीची परिवार में हज़ारहा सवालों का सामना करना पड़ा। ग्रह-नक्षत्रों के बारे में सबसे ज़्यादा दिलचस्पी, राजकुमार कसीमो की माँ, ग्रैंड डचेज़ क्रिश्चिना को थी। कासतेली जितना ही केंद्रित ब्रह्मांड के बारे में खुलासा कर रहे थे, क्रिश्चिना क़ो उतना ही झुँझलाहट हो रही थी। उन्होंने बाइबिल खोलकर, जोशुआ की कथा में से पढ़कर सुनाया—'पृथ्वी को स्थिर रखा गया है, हमेशा के लिए स्थिर! यह किसी हालत में हिले-डुले नहीं। फिर?'

कासतेली अजब फज़ीहत में पड़ गए। उन्होंने गैलिलिओ को ख़त लिखा। वह खत पाकर, गैलिलिओ ने कासतेली और क्रिश्चिना को लंबा ख़त लिखा। गैलिलिओ ने व्याख्या दी कि बाइबिल के साथ विज्ञान का कोई विरोध नहीं है। प्रकृति के सत्य

को जानने का मतलब है, बाइविल में जो सत्य है, उनका आविष्कार करना। गैलिलिओ ने यह दोष लगाया कि जो लोग बाइबिल का अक्षरशः अनुवाद करते हैं, ग़लत व्याख्या करते हैं, सारा कसूर उनका है। पवित्र ग्रंथ और प्रकृति, दोनों ही ईश्वर की सृष्टि हैं। इसलिए इन दोनों में कोई विरोध हो ही नहीं सकता। जोशुआ की किताब से एक और उदाहरण देते हुए, गैलिलिओ ने कहा कि यह भी तो लिखा है कि जोशुआ ने अपनी प्रार्थना के अंत में कहा कि हे सूर्य, तुम स्थिर रहना? हे चाँद तुम भी स्थिर रहना, जब तक जाति अपने दुश्मनों को निश्चिह्न न कर दे आसमान के बीचोंबीच, सूरज थिर हो गया हो, ऐसा दिन, पहले कभी नहीं आया।

गैलिलिओ ने कहा, 'जोशुआ ने ठीक ही कहा है। आसमान के बीच में सूरज थिर है। ठीक उसी तरह, जैसे कोपरनिकस ने कहा था और थिर सूर्य के चारों तरफ पृथ्वी और अन्यान्य ग्रह घूम रहे हैं।'

लेकिन, गैलिलिओ के तर्क कौन सुनता?

गैलिलिओ ने दुबारा कहा, 'ईश्वर ने हमें बुद्धि दी है। उस बुद्धि को काम में न लगाकर हम क्या पवित्र धर्मग्रंथ थामे बैठे रहें, जहाँ किसी भी ग्रह-नक्षत्र का मामूली-सा भी उल्लेख नहीं है। वैसे लोगों को ज्योतिर्विद्या में पंडित बनाना, बाइबिल का काम भी नहीं है।'

गिरजाघर के लोग भी, गैलिलिओ के वक्तव्य को अच्छा कहकर, चाहे जितना भी उड़ा दें। मगर उन्हें उसमें युक्ति की तलाश थी। क्रिश्चिना को लिखे गए ख़त में गैलिलिओ ने यह भी बताया कि कोपरनिकस की किताब पर पाबंदी लगाने का मतलब है बाइबिल के सौ पन्नों पर पाबंदी लगाना, जहाँ ईश्वर की महानुभावता की चर्चा की गई है। जहाँ उनकी असीम क्षमता का उल्लेख किया गया है। अगर हम कैथोलिक के स्वार्थ के पक्ष में भी सोचें, तो महाजगत के इस सत्य को, दूसरे-दूसरे लोग, ये प्रोटेस्टेंट ससुरे, कभी न कभी यह ज़रूर आविष्कार करेंगे। लेकिन उन लोगों से पहले ही इन कैथोलिक लोगों को वाहवाही बटोरने दें।

गैलिलिओ की मीठी-मीठी बातों से लोगों का मन नहीं पसीजा। प्रचंड शोर मचा—गैलिलिओ धर्मविरोधी है। उस वक्त गैलिलिओ प्रमाण खोजते फिरे, सूर्य केंद्रित ब्रह्मांड का प्रमाण! अकेला टेलीस्कोप प्रमाण जुटाने के लिए काफी था। आकाश को छोड़कर, गैलिलिओ ने पृथ्वी की तरफ निगाह डाली उन्होंने समुद्र के जल का उल्लेख किया। ज्वार-भाटे की मिसाल देते हुए, उन्होंने कहा, 'पृथ्वी अगर स्थिर होती, तो पानी भी स्थिर रहता।'

वैसे गैलिलिओ की यह धारणा ग़लत थी। उन्हें ज्वार-भाटे का कारण तब भी यह पता नहीं था। उस वक्त तक उन्होंने चाँद और जल के आकर्षण को मिलाकर नहीं देखा था। उन्हें यह जानकारी नहीं थी कि पृथ्वी थिर होने के बावजूद, चाँद की वजह से पानी में लहरें उठेंगी ही, ज्वार-भाटा आएगा ही!

बाद में, जर्मन वैज्ञानिक केपूलर ने चाँद के आकर्षण का खुलासा किया। गैलिलिओ की रक्षा करना, उनके समर्थकों के पक्ष में भी असंभव था। पोप ने खुद ही इस मामले में अपने को लपेट लिया। वहाँ गैलिलिओ का कोई तर्क नहीं टिका, जहाँ बाइबिल में यह साफ-साफ लिखा हुआ है कि सूरज उगता है, अस्त होता है और सूर्य वहीं लौट आता है, जहाँ से वह उगा था। पोप की अनुमति लेकर, कार्डिनल ने जानकारी दी कि ईश्वर के सजाए हुए इस महाजगत को सुधारने की जिम्मेदारी किसी को भी नहीं दी गई। गॉड ने पृथ्वी को जैसा थिर रखा है। पृथ्वी वैसी ही थिर रहेगी। सूर्य, चंद्र, ग्रह-नक्षत्र को वे पृथ्वी के चारों तरफ, जैसे घुमा रहे हैं, ये वैसे ही घूमते रहेंगे।

सन् 1616 का जिक्र है। उस वक्त तक पोप को गैलिलिओ की जवाबदेही अभी ख़त्म नहीं हुई थी। उनके मत के पक्ष में अब कोई भी सबूत मंजूर नहीं किया जाएगा, यह सूचित कर दिया गया। यह भी घोषणा कर दी गई कि कोपरनिकस की राय झूठी है और बाइबिल-विरोधी है। यह कहा गया कि कोपरनिकस की किताब तब तक निषिद्ध रहेगी, जब तक इसे संशोधित नहीं किया जाता। गैलिलिओ रोम से फ्लोरेंस लौट गए। उस वक्त वे बीमार थे। वे मलेरिया या गठिया, जाने कौन से रोग के शिकार हो गए थे। ऐसी हालत में भी उन्होंने किताब लिखना शुरू किया! ज्वार-भाटा पर उन्होंने एक किताब लिख डाली। उसके बाद, उनकी वह मशहूर किताब, सन् 1632 में प्रकाशित हुई—'डायलॉग ऑन द टू चीफ वर्ल्ड सिस्टम, टॅलेपिक ऐंड कोपरनिकस!' उन्हीं दिनों प्लेग महामारी जर्मनी से उत्तर इटली तक आ पहुँची थी। फ्लोरेंस श्मशान होता जा रहा था। इधर गैलिलिओ, किताब-प्रकाशन के दौरान, रोम तक दौड़-धूप कर रहे थे।

प्रकाशन के फौरन बाद ही 'डायलॉग' निषिद्ध हो गया। गैलिलिओ को धर्म के ठेकेदारों की विचार सभा में खड़ा होना पड़ा। सबसे ज़्यादा परेशान थी—मारिया सेलेस्त! पिता के लिए वह प्रार्थना करती रही; ख़त पर ख़त लिखती रही; चोरी-छिपे वह ख़त भेजती भी रही; उन्हें भी ख़त मिलते रहे; निषिद्ध ख़त! फैसला सुनाया गया, गैलिलिओ को नज़रबंद कर दिया गया। अब उनके लिए अपनी प्यारी बेटी को भर नज़र देखने का भी उपाय नहीं रहा। अचानक बेटी बीमार हुई और उसने दम तोड़ दिया। अकेले गैलिलियो और अकेले हो आए। बेटी की मौत के बाद, उन्होंने पैरिस में बसे, अपने किसी मित्र को लिखा, मेरी अनुपस्थिति ने ही मारिया को बीमार कर दिया। उसने अपनी सेहत का बिल्कुल ख़्याल नहीं किया। उसका अभाव मेरी बर्दाश्त-बाहर है! मेरी वह बेटी बहुत असाधारण थी, 'ए वुमेन ऑफ एक्जिक्यूट माइंड, सिंगुलर गुड्नेस ऐंड मोस्ट टेंडरली अटैच्ड टु मी।'

एकाकीपन, अभाव, बीमारी भोगते हुए, गैलिलिओ के भी जाने का वक्त आया। गैलिलिओ आइंस्टाइन के शब्दों में 'आधुनिक पदार्थ विज्ञान के जन्मदाता' चले गए।

जिस साल वे गुज़रे, उसी साल एक और वैज्ञानिक न्यूटन ने जन्म लिया। नहीं, न्यूटन की कहानी उस किताब में नहीं है। विज्ञान और वैज्ञानिकों पर लिखी हुई वह किताब, बाकी सब किताबों जैसी नहीं है। इस किताब में वैज्ञानिक गैलिलिओ से ज़्यादा इंसान गैलिलिओ की कहानी ज़्यादा है। इससे भी ज़्यादा गैलिलिओ की बेटी की कहानी है। इतिहास में जिसका नाम-गंध तक नहीं है। हालाँकि गैलिलिओ के व्यक्तिगत जीवन में एक इंसान की प्रबल उपस्थिति है, वही नेपथ्य के इंसान की उपस्थिति! मारिया सेलेस्त का विश्वास था कि नक्षत्रों के उस पार, उनका अपने पिता से मिलन होगा। गैलिलिओ को भी क्या यह विश्वास था? उन्होंने कभी नहीं कहा कि वे ईश्वर में विश्वास करते हैं। खैर विश्वास रहा भी हो, तो उन्होंने ईश्वर की गर्दन भी मरोड़ दी। उसके दो सौ साल बाद, चार्ल्स डार्विन ने उसी ईश्वर के सीने पर जबर्दस्त कोप बिठा दिया।

डार्विन का जिक्र छेड़ते ही, आजकल रिचार्ड डकिन्स का जिक्र अपने आप चला आता है। उन्होंने अपने को सिर्फ डार्विनवादी कहा। उन्होंने नई किताब लिखी—अनवीमिंग द रेनबो! किताब का नाम, कीट्स की कविता से लिया गया। सूर्य की रश्मियाँ, वर्षा की बूँदों पर पड़कर, उन्हें सतरंगी बना रही हैं। इस बात से कीट्स इस क़दर हताश हुए थे कि उन्होंने न्यूटन पर इल्ज़ाम लगाते हुए एक कविता लिखी—न्यूटन ने सतरंगी धनुष का रंग हथिया लिया। न्यूटन ने इंद्रधनुष की खूबसूरती और रहस्य के बारह बजा दिए। कीट्स की 'लामिया' कविता कुछ यूँ थी—

देयर वाज़ एन ऑफुल रेनबो, वंस इन हेवेन,
वी नो हर टैक्स्चर,
शी इज़ गिवन।
इन डल कैटालॅग ऑफ कॉमन थिंग्स!
फिलॉजोफी विल किलप ऐन ऐंजेलूस विंगूस!
कॅन्कोएर ऑल मिस्ट्रीज बाइ रूल ऐंड लाइन।
एम्पटी द हॉन्टेड एअर,
ऐंड नौमड माइन।
आइ वीभ ए रेनवो...!

रिचार्ड डकिन्स ने कीट्स की कविता से नाम ज़रूर लिया है। लेकिन उसे मूर्ख कहकर गाली भी दी है। यीट्स और ब्लेक भी कीट्स की तरह मूर्ख ही थे। इन लोगों ने भी डकिन्स से गाली खाई है। डकिन्स ने बार-बार यह बात दुहराई है कि विज्ञान कभी, किसी का सौंदर्य नष्ट नहीं करता। रहस्य-मोचन होने पर कविता गुम नहीं हो जाती। बल्कि और आकर्षक हो जाती है, और खूबसूरत हो जाती है। इंद्रधनुष का वैज्ञानिक, सच्चे इंद्रधनुष पर लिखी गई कविता से कम सुंदर नहीं होता। विज्ञान

के सौंदर्य से कवि अनुप्राणित हो, यही तो होना चाहिए। डकिंस भी यही सोचते हैं। आजकल विज्ञान-मूर्ख, बड़े साहित्यकार हो उठे हैं, विज्ञान के बारे में आँय-बाँय बका जा रहा है, प्रचार-माध्यमों में अज्ञ लोगों की भीड़ लगी है। चारों तरफ अज्ञता फैलाने का ही विशुद्ध तरीका जारी है, यह सब राग-रंग डकिन्स को बेतरह क्षुब्ध करता होगा।

डकिन्स के पिछली किताबों—सेलफिश जिन, द ब्लाइंड वाचमेकर, द एक्टेंडेड फेनोटाइप, क्लाइम्बिंग माउंट प्रोबालेर वगैरह के मुक़ाबले यह किताब ज़्यादा पठनीय है। इसमें उपमा और रूपक इतनी खूबसूरती से इस्तेमाल किया गया है कि लगता ही नहीं कि यह विज्ञान की किताब है। ऐसा लगता है, मानो यह लंबी कविता है! सिर्फ कविता ही नहीं, इसे पढ़ते हुए लगता है, मानों रूसी मात्रिअस्का खुलता जा रहा है! गुड़िया के अंदर गुड़िया, उसके भी अंदर गुड़िया, उसके भी अंदर और एक गुड़िया, उसके भी अंदर और एक...। डकिन्स डीएनए के रहस्य और सौंदर्य का जितना आकर्षक बयान कर सकते हैं, कोई भी दूसरा विज्ञान लेखक ऐसा नहीं कर सकता। डकिन्स विज्ञान में कविता और सौंदर्य देखते हैं। यही वे सबको दिखाना भी चाहते हैं, वह भी सभी आम लोगों को सिर्फ मुट्ठी भर विज्ञान-पाठकों को नहीं! जीवन क्या है? जीवन क्यों है? जीवन कहाँ से आया है? यहाँ तक कि फूल क्यों है? फूलों का रंग क्यों है? सिंह हिंस्र क्यों है? हिरण हिंस्र क्यों नहीं है? अंधी मधुमक्खी रंगीन फूलों की तरफ क्यों जाती है? इस किस्म के हज़ारों रहस्यों को ज़रा-ज़रा करके उन्मुक्त कर पाना ही कविता है और उसी कविता के अंदर जीते रहने में ही, जीवन की सार्थकता है। ज्यां पॉल सार्त्र ने कहा था, 'जीवन अर्थहीन है, कुछ-कुछ करके, जीवन को अर्थमय करना होता है।' डकिन्स की राय में, जान-समझकर कुछ करना होता है।

एक और किताब का जिक्र करना चाहूँगी। यह काव्य-विज्ञान की किताब नहीं, उपन्यास है। दक्षिण अफ्रीका के लेखक, जे. एम. कोएत्ज़ी का उपन्यास—डिस्ग्रेस! पिछले साल इस किताब पर उन्हें बुकर पुरस्कार मिला है। इससे पहले, सन् '83 में उन्हें 'लाइफ ऐंड टाइम्स ऑफ माइकेल' के लिए पुरस्कार मिला था। 'डिस्ग्रेस' पढ़ते हुए, शुरू-शुरू में लगता है कि नोवोकब की 'लोलिता' पढ़ रही हूँ। केपटाउन के एक विश्वविद्यालय में वे रूमानी कविता पढ़ाते हैं; अकेले रहते हैं! फुर्सत के पलों में वेश्या को आमंत्रित करके तरुणाई का स्वाद लेते हैं। अधेड़ और दो-दो बार तलाकशुदा, डेविड लूरी का जीवन इसी ढर्रे पर चलता रहता है। कहानी जहाँ से शुरू होती है, वहाँ वे किसी किशोरी छात्रा को अपने घर बुलाकर, छल-बल कौशल से शारीरिक संगम निपटाते हैं। लेकिन शरीर की भूख नहीं मिटती, बल्कि और बढ़ जाती है। उस किशोरी को पाने के लिए, लूरी दिनोंदिन और ज़्यादा हम्बर्ट-हम्बर्ट हो उठते हैं। उसके बाद, कहानी किसी और तरफ मुड़ जाती है, असम्मान की तरफ! छात्रा के

साथ शिक्षक के यौन-संपर्क को लेकर विश्वविद्यालय में जाँच-पड़ताल शुरू हो जाती है। लेकिन लूरी माफी माँगने के बजाय किसी गाँव की तरफ निकल जाते हैं और एक लड़की के साथ रहना शुरू करते हैं। वहाँ उस लड़की के प्रति होते हुए असम्मान पर उनकी नज़र पड़ती है। उन्होंने देखा कि काले लोग बार-बार उसके घर में लूट-पाट मचाते हैं। और लड़की जुबान तक नहीं खोलती। सारी क्षमता काले लोगों की दख़ल में जा रही है। उनकी गोरी मित्र लूसी, पड़ोस के दिहाड़ी-मजदूर, काले पेट्रुस से समझौता कर लेती है और उसकी बीवी बन जाती है, वर्ना उसका जमी-जमा बेदख़ल हो जाता। इससे छुटकारे का एक ही उपाय है कि ज़मीन का मोह छोड़कर वह चली जाए। लूसी ऐसा नहीं चाहती। वह भागना नहीं चाहती। जंग करते हुए जीना चाहती है। डर के मारे जड़ से उखड़कर चले जाने में उसे सख़्त एतराज है। वह जहाँ है, वहीं बनी रहना चाहती है। एपारथेड के समय, गोरों ने कालों के साथ जो हरक़त की, लूसी पर भी काले वही कर रहे हैं और लूसी बर्दाश्त करती जा रही है।

यह उपन्यास मुझे बेतरह परेशान कर गया। दक्षिण अफ्रिका में काले क्या इसी तरह की अराजकता फैला रहे हैं? वे लोग तो अभी भी निर्यातित हैं। अभी उसी दिन चंद गोरी पुलिस ने हिंस्र कुत्ते लगाकर एक काले शख़्स की बोटी-बोटी नुचवा डाली। असल में लेखकों को पत्रकारों की तरह चालू ख़बरों पर नज़र रखना होगी और उस पर कहानी भी लिखी जाए, ऐसा भी संभव नहीं है! कोएत्ज़ी ने दूसरी तरफ भी नज़र डाली है। मंडेला के ज़माने में काले-गोरे का जो भेद दूर नहीं हुआ। अभी भी मंज़िल तक पहुँचने में, काफी लंबी राह बाकी है, उन्होंने यह भी समझाने की कोशिश की है।

इन सबके बावजूद, मैं तो यही कहूँगी कि कोएत्ज़ी किसी नीति कथा की ओर नहीं गए; लूसी का छात्रा-संगम भी पाठकों को क्षुब्ध नहीं करता। ऐसा कहीं भी नहीं लगता कि कोएत्ज़ी यह उपदेश दे रहे हैं—'यह अन्याय कर्म है, यह मत करो।' लूसी के असम्मान का हवाला देते हुए भी कोएत्ज़ी ने यह नहीं कहना चाहा है कि जैसा किया, वैसा भोगो।

जीवन, जीवन की तरह बहता रहा। उनकी आँखों के सामने जीवन का पोर-पोर खुलता रहा। उन्होंने व्यक्तिगत विरोध देखा, घृणा, छोटा-मोटा प्रतिशोध भी देखा। धर्म, वर्ण, गोष्ठी, धन वगैरह केवल उपलक्ष्य मात्र होता है। इंसान के अंदर एक नष्ट इंसान वास करता है और वह नष्ट इंसान हर पल अपने धारदार दाँत-नाखून चमकाते हुए, दूसरों की बोटी-बोटी नोच डालने को आतुर रहता है। जब वह किसी को नहीं पाता, तो खुद अपने को ही चीर-फाड़ डालता है। ऐसे लोगों के जीवन में डकिन्स का सौंदर्य नहीं बसता इन सब ज़िंदगियों के लिए सीने में ज़रा-जरा करके दर्द जमता रहता है। ढेरों दर्द जमा रहता है।

दर्द एंजेला के लिए भी जमा है। फ्रैंक मैककोट की माँ! फ्रैंक ने 'एंजेलास

ऐशेज़' में बचपन की कथा लिखी है और 'टीज़' में जवानी की कहानी लिखी है। दरिद्र आइरिश परिवार का बेटा, फ्रैंक, लिपरिक की एक बस्ती में रहता है! माँ साल-दर साल बच्चे पैदा करती जा रही है। पिता बेकार है। उसके पास नौकरी नहीं है। कभी-कभार थोड़ा-बहुत काम करते हैं, तो कमाई के वे रुपए दारू में ही उड़ा देते है। दारू के नशे में टुन्न होकर, 'आयरलैंड की खातिर लुटा दूँगा जीवन—' गाते-गाते, रात गए घर लौटते हैं। दारूबाज पिता काम करने के लिए लंदन चले जाते हैं? जाते-जाते कह जाते हैं कि हर महीने वे रुपए भेजते रहेंगे। वही पिता रुपए-पैसे भेजने की बात तो छोड़ें, दुबारा घर भी नहीं लौटते। लंदन में भी जो रोजगार करते हैं, दारू में उड़ा देते हैं। इधर माँ अपने छः-छः बच्चों के साथ फाके करती हुई, दिन गुज़ार रही है। बच्चे भी पट्-पट् दम तोड़ते रहे। आखिर में तीन बेटे बच रहते हैं। पढ़ाई-लिखाई छोड़कर, फ्रैंक कोयला चुनने के काम में लग जाते हैं। कोयला चुनते-बीनते आँखें प्रायः जाने-जाने की हालत में पहुँच जाती हैं। एंजेला बेटे का वह काम छुड़ाकर, अपने साथ ले आती है। खुद चोरी-छिपे भीख माँगती है और बच्चों के पेट में कुछेक दाने डालती है। ऐसी तो टूटी-फूटी बस्ती! उन्हें वहाँ से भी उठ जाना पड़ा। उन्हें अपने किसी रिश्तेदार के यहाँ शरण लेना पड़ी। वहाँ एंजेला को हर रात उस रिश्तेदार मर्द का बिस्तर गर्म करना पड़ता है। ये सारे त्याग वह अपने तीनों बच्चों को जिलाए रखने के लिए करती है! फ्रैंक से यह सब बर्दाश्त नहीं होता। वे घर छोड़कर निकल पड़ते हैं। स्कूल छोड़कर, उन्होंने डाकिए की नौकरी कर ली। वह नौकरी करते-करते ही अचानक उनके हाथों ढेर सारे रुपए आ पड़े। चोरी के रुपए! वे रुपए समेटकर, अपना जीवन बदलने के लिए न्यूयॉर्क चले आते हैं। न्यूयॉर्क में भी ज़िंदगी क्या सहज़ हो पाती है? जहाज से उतरते ही वे एक समकामी पादरी के हत्थे चढ़ जाते हैं। फ्रैंक के लिए जीने का संघर्ष फिर शुरू होता है। वे किसी होटल के झाड़ूदार के रूप में ज़िंदगी शुरू करते हैं। दूसरे महायुद्ध के दौरान वे अमेरिका की फौज में जा भिड़े और जर्मनी चले गए। वहाँ उन्हें चिट्ठी-पत्तर टाइप करने का काम मिल गया। बहरहाल, वे उसी में अच्छी-भली ज़िंदगी जीने लगे, लेकिन जाने किस क्षुद्र प्राणी के साथ मिलकर, जाने कौन-सा गलीज काम कर बैठे और उस गुनाह में उनकी नौकरी चली जाती है। उन्हें कुत्तों को खाना खिलाने की जिम्मेदारी मिली। अब झुंड भर हिंस्र कुत्तों के साथ फ्रैंक की ज़िंदगी शुरू होती है। युद्ध जब समाप्त हो गया, तो फौजी घर वापसी की राह में किसी भी लड़की पर निगाह पड़ते ही, गाड़ी रोककर हहाते-शोर मचाते उतर पड़ते, झोंप-झंखाड़, जंगल में लड़कियों को ले जाकर, अपनी ज़रूरत मिटाते रहे। उस वक्त लड़की तो क्या, उन फौजियों की भूख इतनी तीखी थी कि गाय-बकरी भेड़ भी मिल जाती, तो उसे धर दबोचते थे। एक पैकेट सिगरेट के बदले, फ्रैंक ने भी एक मरगिल्ली जिप्सी लड़की को पकड़ लिया और अपनी भूख मिटाई। न्यूयॉर्क लौटने के बाद, उनकी ज़िंदगी काफी कुछ बदल जाती है। दिन में

वे कुली-मजूर का काम करते और रात जाग-जागकर लिखाई-पढ़ाई करते। उनक मन की गहराइयों में विश्वविद्यालय में पढ़ाई करने का गोपन सपना पलता रहा। हाईस्कूल पास किए बिना ही वे विश्वविद्यालय में भर्ती हो गए। आखिरकार उनकी मेहनत रंग लाई; मेहनत की फसल घर में आई। इम्तहान पास करके वे स्कूल टीचर बन गए। सन् साठ के दशक में, हिप्पी लोग की जयजयकार मची थी; नियम-नीति के बदन पर लड़के-लड़कियाँ बाक़ायदा पेशाब कर रहे थे और बेचारे मास्टर हर क्लास में नेस्तनाबूद होते रहे।

उनके दोनों छोटे भाई भी लिमरिक छोड़कर न्यूयॉर्क चले आए। उधर माँ एंजेला लिमरिक में अकेली पड़ी रही। अभाव तो खैर था ही! ऊपर से भयावह अकेलेपन ने धर दबोचा! काफी सालों बाद वे बेटों के साथ बड़े दिन का जश्न मनाने न्यूयॉर्क आती हैं। बड़ा दिन गुज़र जाता है, एंजेला लिमरिक लौटने का नाम नहीं लेतीं। वे चाहती हैं कि वे किसी घर में अपने बेटों के साथ सुख-चैन की ज़िंदगी गुज़ारें। इतने अर्से बाद सुखद ज़िंदगी! लेकिन बेटे ब्याह-शादी करके अपने-अपने व्यक्तिगत जीवन में व्यस्त हो चुके थे। एंजेला को कुछ वक्त देने की किसी के भी पास फुर्सत नहीं थी। किसी के यहाँ, एंजेला को जगह देने के लिए किसी के भी पास अतिरिक्त कमरा नहीं था। अपने सारे सपने दरकिनार करके, उन्हें अकेले ही एक घर किराए पर लेना पड़ा और जुआ खेलकर, अपनी ज़िंदगी चलाती रहीं। अकेलेपन से उनका रोजमर्रा का साथ था। ऐसे में अचानक उन्हें अपने पति का एक ख़त मिला। पति ने लिखा था कि शराब का नशा अब नहीं रहा। कहा जाए कि शराब को अब वे हाथ नहीं लगाते। अगर एक बार...एंजेला राजी हों, तो...। एंजेला भी एक बार अपने पति को देखना चाहती थीं। ज़िंदगी के आखिरी दिनों में, थोड़े से वक्त के लिए ही सही, उन्हें भी पति का साथ पाने का बेहद चाव हो आया। लेकिन एंजेला की क़िस्मत में और कुछ भले हो, सुख कतई नहीं था। पति आए तो सही, लेकिन हर रात लापता हो जाते। नाली में पड़े, नशे में बेसुध पति को उठाकर, आधी रात को घर लाना पड़ता था। एंजेला को काफी हिसाब-किताब से जीवन चलाना पड़ता था। पति के लिए शराब के पैसे जुटाना, उनके लिए संभव नहीं था। पति को ज़िंदगी भर के लिए अलविदा कहकर, उन्होंने सिगरेट फूँक-फूँककर अपने फेफड़े नष्ट कर डाले। जिंदगी का बोझ ढोने में असफल होकर एक दिन गहरे अभिमान के साथ चली गईं। फ्रेंक, उनका लाड़ला सपूत, द मास्टर साहब, एंजेला का भस्म लिमरिक में छितरा आए। उस किताब में इतना-इतना दुःख है कि पाठक रो पड़ते हैं। साथ ही हँसते भी हैं। फ्रैंक के बयान में अद्भुत हँसी भी है। यह लेखक अपने पाठकों को हर पन्ने पर रुलाता है और खुद अपने टूटे दाँत, फूटी आँख और फटे जूतों में हँसते रहे। पाठक भी आँखों के आँसू पोंछते-पोंछते हँस देता है। ऐसा खूबसूरत बयान इससे पहले, इतने गहरे दुःख की कहानी, मैंने पहले कभी नहीं पढ़ी। इसके

अलावा, यह कोई रची-गढ़ी कहानी नहीं है। लेखक की अपनी जीवन-कथा है। पिता के रोग ने बाद में लेखक को भी धर दबोचा। लेखक भी दारूबाज हो जाता है।

टाल्सटॉय का दर्शन न मानूँ, तो मैं कहूँगी, तमाम सुख अलग-अलग होते हैं। मगर तमाम दुःख एक होता है।

दुनिया के तमाम गरीब-दरिद्र लोगों के दुःख एक होते हैं। कलकत्ता और लिमरिक की बस्ती में, मुझे कोई फर्क़ नज़र नहीं आता। दरिद्र लोग, चाहे जिस भी देश के हों। एक ही क़िस्म की दुर्दशा से दो-चार होते हैं, एक ही क़िस्म के दुःख झेलते हैं। आइरिश एंजेला मैककोर्ट और बंगाली रहीमा खातून या प्रतिमा पाल का दुःख बिल्कुल भी अलग नहीं है।

फ्रैंक मैककोर्ट! कभी-कभी मैं सोचती हूँ कि इस वक्त वे क्या कर रहे होंगे। ज़रूर वे इस वक्त ग्रीनिच विलेज के व्हाइट हॉर्स टैवर्न में बैठे, दारू का मज़ा ले रहे होंगे। देर रात घर लौटते होंगे अपने पिता की तरह लड़खड़ाते-डगमगाते। लेकिन गनीमत यह है कि घर में एंजेला जैसी फाके करने या समझौता करने के लिए कोई दुःखवती नहीं है।

मेरी दुखियारी वर्णमाला

दुनिया के इक्कीस करोड़ लोग बांग्ला भाषा में बातें करते हैं, बंगाली के लिए यह बहुत बड़े गौरव की बात है। लेकिन बंगाली क्या अपनी भाषा को लेकर क्या सच ही गौरवान्वित है? जिस भाषा को प्यार करते हुए सन् 52 में अनगिनत बंगाली राजपथ पर उतर आए, जिस भाषा के प्रति ममता ने एक स्वाधीन राष्ट्र का सपना रचा था और जो आकाशचारी सपना सुदीर्घ नौ महीने तक जंग करने के बाद, हाथ की मुट्ठी में आ गया था, बंगाली क्या उस स्वप्नमय भाषा के लिए गर्व महसूस करता है? मुझे ऐसा नहीं लगता। पश्चिम बंगाल की हालत बंगलादेश से ज़्यादा करुण है। वहाँ कान लगाते ही अंग्रेजी-हिंदी गानों की गूँज सुनाई देती है। बांग्ला की नहीं! बांग्ला मानो अछूत भाषा हो! इस भाषा में बातचीत करने से जाति में नहीं उठा जाता। जाति में उठने की पहली शर्त है अपनी भाषा बांग्ला का त्याग! हाय अभागी जाति! बांग्ला राष्ट्र होने के बावजूद पश्चिम बंगाल के दफ्तर-अदालत में सारे काम अंग्रेजी में होते हैं; दुकान-पाट के चंद साइन बोर्ड ही, बांग्ला में होते हैं, बाकी या तो अंग्रेजी में या हिंदी में! लड़के-लड़कियाँ अंग्रेजी स्कूलों में पढ़ते हैं। कहते हैं, अंग्रेजी-हिंदी के अलावा, कहीं कोई भविष्य नहीं है। अच्छी नौकरी के लिए बंगाली लोग-बाग़ दिल्ली-बम्बई भाग रहे हैं। जो गैर-बंगाली, पश्चिम बंगाल में काम करने आते हैं, वे लोग ज़िंदगी भर के लिए एक अक्षर बांग्ला जाने बिना ही वहाँ रस-बस सकते हैं।

भिन्न-भिन्न भाषाओं के दबाव में पश्चिम बंगाल की बांग्ला भाषा के प्राण लगभग होठों पर जाने-जाने को हैं! भाषा के प्राण बचाने के लिए वहाँ के चंद बंगाली सड़कों पर उतरने लगे हैं। आंदोलन करने पर भी कोई बहुत बड़ा फ़ायदा होगा या हो रहा है, मुझे नहीं लगता। पश्चिम बंगाल के बंगालियों का कहना है–'बांग्ला, बंगलादेश में ही टिकी रहेगी।'

बंगलादेश में बंगालियों की संख्या ज़्यादा है। यह किसी देश का छोटा-सा दरिद्र प्रदेश नहीं है, जो बांग्ला की रक्षा में कोई अशांति या हंगामा हो। लेकिन बंगलादेश में ही क्या वाकई बांग्ला की रक्षा हो रही है? बांग्लाभाषा को कितने से लोग प्यार

करते हैं? समूचे देश भर में जलकुंभी या जंगली लतर की तरह सैकड़ों-हज़ारों अंग्रेजी स्कूल खड़े हो गए हैं। अपने बच्चों को अंग्रेजी पढ़ाने के लिए, वे लोग बेचैन रहते हैं। अपने बच्चों की जुबान से बांग्ला का कोई दोहा या छड़ा सुनने से ज़्यादा अंग्रेज़ी 'राइम' सुनने में ज़्यादा दिलचस्पी रखते हैं। बांग्ला बोलते ही, बीच-बीच में अंग्रेज़ी शब्द इस्तेमाल करना, बंगालियों में एक किस्म से सनक या झख है। जिसे अंग्रेजी बोलना आती है, उन्हें ही शिक्षित और पढ़ा-लिखा समझा जाता है। अधिकांश लोगों का विश्वास है कि अपनी विद्या जाहिर करने के लिए अंग्रेज़ी के अलावा और कोई उपाय नहीं है। जब यह हालत है, तो मैं कैसे कहूँ कि बंगाली को अपनी भाषा पर नाज़ है? बहुत से लोगों का कहना है कि बहुत से अंग्रेजी शब्दों के लिए बांग्ला शब्द नहीं हैं। इसीलिए मनमाने ढंग से अंग्रेजी शब्दों का ही इस्तेमाल जारी है। मुझे यह समझ में नहीं आता कि पारिभाषिकवेत्ता अकादमी में बैठे-बैठे क्या कर रहे हैं? अतलांतिक के ऊपर एक नन्हा-सा द्वीप है! नाम आइसलैंड! कुल ढाई लाख लोग बाशिंदा! उस देश की भाषा में किसी क़िस्म का अंग्रेजी शब्द प्रवेश नहीं कर पाता। उन्नत तकनीक, ख़ासकर कम्प्यूटर से संबद्ध प्रचुर अंग्रेजी शब्द अब, समूची दुनिया भर में तेजी से फैल रहे हैं, लेकिन आइसलैंड जैसे छोटे-से द्वीप में भी उन्हें शब्दान्तरित किया गया है। भाषा को प्यार करो, तो ऐसा ही होता है। भाषा के मामले में मैं तंगदिल भी नहीं हूँ। एक भाषा का शब्द, दूसरी भाषा में शामिल होकर, उसे समृद्ध बनाता है, यह भी मैं मानती हूँ। लेकिन साथ ही अपनी स्वकीयता और सांस्कृतिक परिचय के लिए, अपनी भाषा की सेवा करना ज़रूरी है, यह मेरा गहरा विश्वास है। अंग्रेजी भाषा दुनिया की एक बड़ी साम्राज्यवादी शक्ति की भाषा है। उपनिवेशिकता के कारण ही दुनिया की एक छोर से दूसरी छोर तक इस भाषा का सफ़र जारी है। सिर्फ सफ़र ही नहीं, यह भाषा बहुत-सी जातियों पर लादकर, साम्राज्यवादियों ने बहुत-सी भाषाओं की हत्या कर डाली है। वैध और अवैध, दोनों ही तरीकों से यह भाषा आज सांस्कृतिक अग्रासन की तौर पर चारों तरफ घुसपैठ कर गई है। इस वजह से दुनिया की बहुत-सी भाषाओं में ध्वंस की स्थिति नज़र आने लगी है। यह ध्वंस शायद हमारे अंचल में भी जाहिर है। भारतीय उपमहादेश के लोगों के द्वारा बोली जानेवाली भाषा अब खिचड़ी के अलावा, कुछ भी नहीं है। मैं जब किसी बंगाली से बातचीत करती हूँ, मेरे विदेशी दोस्त मेरी तरफ अवाक् नज़रों से देखते रहते हैं। वे मुझसे पूछते हैं—''तुम इतने अंग्रेजी शब्द क्यों इस्तेमाल करती हो? तुम जो-जो अंग्रेजी शब्द इस्तेमाल करती हो वे शब्द क्या तुम्हारी भाषा में नहीं हैं? तुम्हारी भाषा क्या इतनी ही दरिद्र है?''—मुझे शर्म से सिर झुका लेना पड़ता है। यह शर्मिंदगी मेरी है। दुनिया में किसी भी देश में, जब कोई अपनी भाषा में बातें करता है, तो हम जैसे बज्रदरिद्र के अलावा, कोई भी अंग्रेजी शब्द इस्तेमाल नहीं करता। भारत से औपनिवेशिक शक्ति विदा ले चुकी है। लेकिन इस देश के लोगों ने ही आज

भी प्रभु-भक्ति के चिह्न थामे रखा है। यह प्रभु-भक्ति ऐसी भयंकर है कि रोजमर्रा के हर कर्मकांड में हमारी निजता का कोई भी नामोनिशान नहीं बचा रहता। नकल-प्रियता हमें इस क़दर पसंद है कि हमारी पोशाक़, हमारी भाषा, हमारा आहार, हमारी अपनी संस्कृति का विसर्जन देते हुए, हमें ज़रा भी पछतावा नहीं होता। मीरा नायर की 'मानसून वेडिंग' फ़िल्म में भारतवर्ष के मध्यवित्त, शिक्षित परिवार के लोग दिन में अगर सौ शब्द बोलते हैं, तो उसमें अस्सी शब्द, अंग्रेज़ी के होते हैं। वह फिल्म अंग्रेजीदाँ लोगों का अद्भुत उदाहरण है। सुना है, स्वीडन के बंगलादेश दूतावास में, वर्तमान बंगलादेश के राजदूत, बांग्ला लिखना-पढ़ना-बोलना नहीं जानते। उन्होंने कार्यालय के सभी कागज-पत्र अंग्रेजी में लिखने का निर्देश दिया है! बहुतों का कहना है कि वे बंगलादेश की भाषा न जानते-समझते हुए भी बंगलादेश का प्रतिनिधित्व कर रहे हैं और इस बारे उन्हें कोई मलाल हो, ऐसा भी नहीं लगता।

दुनिया के विभिन्न देशों में, मैंने विभिन्न विद्वानों से बात-चीत की है। वे लोग अंग्रेजी या भिन्न देशी एक भी शब्द नहीं जानते, फिर भी वे लोग सिर्फ अपने ही देश में विद्वान व्यक्ति के तौर पर परिचित नहीं हैं, बल्कि और और देशों में भी सम्मानित हैं। ज्ञानी होने के लिए अंग्रेजी जानने की कोई भी ज़रूरत नहीं है सिर्फ अपनी मातृभाषा की जानकारी के दम पर, अनगिनत लोग, विभिन्न क्षेत्रों में, अपनी मेधा और दक्षता की वजह से मशहूर हुए हैं। अमर भी हो गए हैं।

हालाँकि इक्कीस करोड़ लोग, बांग्ला भाषा में ही बातें करते हैं। यह भाषा दुनिया की छठी या सातवीं वृहद्तम भाषा है, लेकिन पश्चिम बंगाल और बंगलादेश, चूँकि दोनों ही देशों में दरिद्रता विराज करती है। इसलिए बांग्ला भाषा, किसी मूल्यवान भाषा के तौर पर दुनिया के बाज़ार में स्थान नहीं पा सकी! पश्चिमी देशों के बाज़ार में आज जापानी भाषा एक ज़रूरी भाषा है। बड़े-बड़े रेस्तराओं के मेनू में जिस भाषा ने दूसरा स्थान दखल कर रखा है, वह है जापानी भाषा! बड़ी-बड़ी दुकान-पाट में भी यही हाल है। जापानी के जानकार दुभाषिए को नौकरी पर तैनात किया जाता है। इसकी वजह है, जापानी लोग जब पश्चिमी देशों की सैर के लिए निकलते हैं, तो जेब भरकर ढेरों रुपए लाते हैं। बांग्ला भाषा को दुनिया के द्रव्य-बाज़ार में अगर स्थान न मिले, तो कोई हर्ज़ नहीं। लेकिन इंसान के दिल में तो जगह पा सकती है और वह स्थान तय करने के लिए बांग्ला साहित्य और संस्कृति का मान और ज़्यादा उन्नत करना चाहिए। रवींद्रनाथ ठाकुर और सत्यजित राय के साहित्य और उद्योग ने ढेरों विदेशियों को बांग्ला भाषा के प्रति आकृष्ट किया है; बहुतों ने बांग्ला भाषा सीख भी लिया है। फ्रांसीसी साहित्य के प्रति आकर्षित होकर, मूल फ्रांसीसी भाषा में साहित्य पढ़ने के लिए दुनिया के प्रचुर लोगों ने फ्रांसीसी भाषा सीख ली है। आजकल डेनमार्क के चंद प्रोड्यूसरों ने ऐसी हैरतअंगेज़ फिल्में बनाई हैं कि अनगिनत लोग डेनिश भाषा के प्रति आकर्षित हुए हैं। हालाँकि यह छोटी-सी भाषा है। कुल

पचास लाख लोग, इस भाषा में बात-चीत करते हैं फिर भी यह लोकप्रिय है। अन्यान्य भाषाएँ जानने का यह मतलब हरगिज नहीं है कि अपनी भाषा की उपेक्षा की जाए। उपेक्षा का नतीजा कभी भी, किसी भी काल में भला नहीं होता। भाषा अपनी पहचान होती है। अपनी पहचान ही अगर लज्जाजनक हो, तो अपना अस्तित्व बहुत बड़ी शर्मिंदगी है। अपनी भाषा चाहे जितनी भी छोटी, जितनी भी दरिद्र हो, भाषा को प्यार करते हुए जैसे अपनी ही नज़र में विराट हो जाते हैं, वैसे ही दूसरों की नज़रों में भी! बंगलादेश में मैंने देखा है, शिक्षित समूहों में जी-जान से यह कोशिश चल रही है कि विभिन्न अंचलों की आंचलिक भाषा छिपाकर, तथाकथित किताबी विशुद्ध भाषा में बात-चीत की जाए। जुबान से बोली जानेवाली कोई भी भाषा शुद्ध होती है। दुनिया भर में कोई भी भाषा अशुद्ध नहीं होती।

दक्षिणी जर्मनी के बभेरिया अंचल के लोग एक ऐसे ही किस्म की जर्मन भाषा बोलते हैं कि वे लोग खुद भी यह मिली-जुली भाषा पर बेतरह गर्व महसूस करते हैं। अगर अपनी भाषा पर गर्व न हो तो जाति के तौर पर भी गर्व नहीं किया जा सकता। अगर ऐसे किसी गर्व का अहसास न हो, तो मन में ऐसा हीनताबोध बस जाता है कि मेरुदंड सीधी रखकर, अपने दोनों पाँवों पर, कोई इंसान खड़ा होने में भी कुंठा महसूस करेगा। व्यक्ति से समूह, समूह से जाति, जाति से देश–सभी मुँह के बल गिर पड़ते हैं। मयमनसिंह में पली-बढ़ी लड़की होने के बावजूद किसी ज़माने में खुद मैंने ही मयमनसिंह की आंचलिकता को यथासंभव दबा-छिपाकर, कलकतिया उच्चारण में बांग्ला बोलने की कोशिश शुरू कर दी, इसलिए कि वही भाषा शुद्ध समझी जाती है। शुद्ध की चर्चा भला कौन नहीं करना चाहता? लेकिन बहुत सारे साल विदेशों में गुज़ारने के बाद, वहाँ की आंचलिक भाषा के प्रति लोगों की प्यार-ममता और इसकी खूबसूरती देखने के बाद, मेरे अंदर भी छिपाने का भाव बिल्कुल ही लुप्त हो गया है। शुद्धता की संज्ञा भी उसी तरह लुप्त हो गई है। अब मैं महानंद से विशुद्ध मयमनसिंह भाषा में, किसी भी बंगाली से बात-चीत करती हूँ। आइबाम (आऊँगी) खाइबाम (खाऊँगी) जाइबाम (जाऊँगी) का विशुद्ध सौंदर्य, पहले कभी इस तरह महसूस नहीं किया था, जैसा अब करने लगी हूँ।

'मुझे अपनी रिस्टवाच नहीं मिल रही है!', 'किसी आदमी ने मुझे इनूवाइट किया है', 'मेरा तो टाइम बर्बाद हो जाएगा–' यह जो तीन जुमलों में तीन अंग्रेजी शब्द इस्तेमाल किए गए हैं, उनके लिए बांग्ला शब्द नहीं हैं, ऐसी बात नहीं है। इसके बांग्ला शब्द भी मौजूद हैं और वे शब्द अचल भी नहीं हुए। इनके बाक़ायदा सचल शब्द मौजूद हैं। इसके बावजूद इन्हें इस्तेमाल नहीं किया जाता, आखिर क्यों? नहीं, इसकी कोई भी वजह नहीं है। असल में बंगालियों की ज़्यादातर बातें और कामकाज के पीछे, बहुत बार, कोई वजह नहीं होती। बंगाली बेवजह ही खूब-खूब बातें करते हैं। बेवजह लंबे-चौड़े काम भी करते हैं। गुस्सा-क्षोभ, दलबाज़ी, खून-क़त्ल,

हर तरह के कामकाज। बेतुके काम? फरवरी का महीना आते ही बंगालियों का भाषा के प्रति आवेग मानो उमड़ पड़ता है। यह सच है! लेकिन पूरे साल अगर भाषा को प्यार न किया जाए, कुल महीने भर के प्यार से चाहे और किसी का भला हो, भाषा को कोई लाभ नहीं होता और भाषा को अगर प्यार न किया जाए, तो अपने को भी प्यार करना असंभव है और अगर अपने को प्यार न किया जाए, तो दूसरों को प्यार नहीं किया जा सकता। दूसरों को अगर प्यार न करें, तो इंसान-इंसान में सौहार्द और प्रीति, जो थोड़ा-बहुत स्वस्थ देश के लिए ज़रूरी है, वह नष्ट होने में वक्त नहीं लगता। दूसरों की गुलामी करना और दूसरों को प्यार करना—ये दोनों ही दो अलग-अलग चीज़ें हैं।

रवींद्रनाथ ठाकुर ने कहा है—'रखा है बंगाली बनाकर, नहीं बनाया इंसान!' इसे ही पलटकर कहने का मन होता है—'बंगाली अगर इंसान बनना चाहे, तो पहले उसे बंगाली होना होगा।' देश और जाति को, जाति की भाषा और संस्कृति को प्यार करते हुए, रफीक़ सलाम बरक़त के वारिसों ने बंगलादेश नामक देश, दुनिया में भाषा-आंदोलन के देश के तौर पर हमेशा-हमेशा सम्मानित होता रहे, इस क़िस्म का इंतज़ाम करें, इसकी मुझे सिर्फ उम्मीद ही नहीं, यह मेरा सपना भी है।

मनी, मिसाइल, मीडिया

उन जैसा शक्तिशाली और कौन है? उनके पास धन-दौलत है, बम और प्रचार यंत्र है। वे विश्व-ब्रह्मांड के बादशाह हैं। उनकी ताकत के आगे बाकी तमाम ताकतें हार मानने को लाचार हैं। मैं महा-शक्तिशाली, जनाब बुश की बात कर रही हूँ। आजकल वे एक और खेल में उतरे हैं। उस खेल का नाम है—लड़ाई-लड़ाई! वैसे इस खेल में उनका कोई विरोधी-पक्ष नहीं है। वे अकेले ही खेल रहे हैं और इस खेल में वे ही जीतेंगे, यह जान-समझकर खेल रहे हैं। यह खेल खेलने का उन्हें शौक चर्राया है। इसलिए खेल रहे हैं। शक्तिमानों के अजीबोग़रीब शौक होते हैं। उनका यह खेल काफी कुछ परी कथा जैसा है! कहानी में जैसे कोई राक्षस या आदमखोर उड़कर किसी देश में जा पहुँचते हैं और देश के पेड़-पौधे, पहाड़-पर्वत खा-चबा डालते हैं, बिल्कुल उसी तरह! बुश ने घोषणा की है कि ओसामा बिन लादेन उग्रवादी है, ओसामा का अल-कायदा संगठन उग्रवादी संगठन है। मैं मानती हूँ, ओसामा उग्रवादी है, दहशतगर्द है। मैं यह भी मानती हूँ कि ओसामा का संगठन, उग्रवादी संगठन है। लेकिन ओसामा से भी बड़े उग्रवादी, क्या खुद बुश ही नहीं हैं? अल-क़ायदा से बड़ा उग्रवादी क्या सी आइ ए संगठन नहीं है? हमें समूची दुनिया में सी आइ ए की करतूतों को नज़र अंदाज़ नहीं करना चाहिए। सी आइ ए ने किस क़ायदे से विभिन्न राजनीतिक नेताओं की कत्ल की योजना बनाई है और बेहद ठंडे दिमाग़ से खून करती जा रही है, किस तरह तमाम दहशतगर्द नेताओं को ईंधन जुटा रही है! पेरन से लेकर पीनोश तक, मार्कोस से लेकर सुहार्तो तक, बतिस्ता से लेकर सेरन तक—इन सब उग्रवादियों को अमेरिकी प्रशासन ही मदद जुटाते हैं। ओसामा बिन लादेन नामक, फ्रैंकेन स्टाइन को अमेरिका ने ही जन्म दिया है। यह सुनकर हँसी आती है कि दुनिया का नंबर वन उग्रवादी राष्ट्र उग्रवाद-विरोधी अभियान चला रहा है। इस राष्ट्र को उग्रवाद के खिलाफ कुछ कहने का क्या हक़ है? हिरोशिमा-नागासाकी ध्वंस करने के बाद, वियतनाम जला डालने के बाद, लैटिन-अमेरिका में गणहत्या और कम्यूनिस्ट नेताओं का खून करके, इराक के लाखों-लाखों निरीह लोगों को अनाज-खाद्य सप्लाई से वंचित करके, अंतर्राष्ट्रीय उग्रवाद-विरोधी अभियान की योजना बनाने जैसी भयंकर

मक्कारी, सभ्यता के इतिहास में और भी कुछ है, मुझे बिल्कुल नहीं लगता। गणतंत्र-गणतंत्र का चीख-चीखकर नारे लगाना भी एक क़िस्म की मक्कारी ही है। अमेरिका की कोई भी उग्रवादी सरकार, अगणतांत्रिक देश सऊदी अरब और पाकिस्तान को अपनी ज़रूरत के तकाजे पर दोस्त बनाने में कभी पीछे नहीं हटी। वह पूँजीवादी देश अब धार्मिक कट्टरवाद के विपक्ष में नाक-भौं सिकोड़ रहा है। हाय रे! कट्टरवाद और पूँजीवाद का चरित्र क्या एक होता है? और कहीं से भी अभिन्न नहीं होता?

उग्रवाद दमन के नाम पर, बुश जिस खेल में उतरे हैं, उसमें बेमौत मर रहे हैं, लाखों-लाखों निरपराध इंसान। यह खेल अब यूरोप में भी संक्रमित हो उठा है। यहाँ भी अब वर्णभेद तेज़ी से बढ़ रहा है। चरम दाहिना-पंथी राजनीतिक पार्टियाँ लोकप्रिय हो उठी हैं। देश के क़ानून का उल्लंघन करके काले-बादामी लोगों को गिरफ़्तार कर रहे हैं। उन पर बाक़ायदा अकथनीय अत्याचार बरसाया जा रहा है। ब्रिटेन के तमाम मंत्री समुदाय, ब्रिटेन में बसे विदेशियों से ब्रिटिश सरकार के प्रति भक्ति की माँग करने लगे हैं; यहाँ तक कि परिशीलित अंग्रेजी बोलने की भी माँग कर रहे हैं। गणतांत्रिक सरकार की ऐसी अगणतांत्रिक हरक़तें देखकर भयंकर ताज्जुब होता है। संत्रास-दमन के नाम पर यूरोप और अमेरिका में एमिग्रेशन क़ानून इस क़दर सख़्त बना दिया गया है; अश्वेत लोगों के लिए अब यूरोप की सैर, लगभग असंभव हो उठेगी। चरम दाहिना-पंथी पार्टी और वर्णवादियों का सपना, अनायास ही पूरा हो गया। दीर्घ-दीर्घ सालों के आंदोलन की फसल, मानवाधिकार और मानवता धूलधूसरित हो गई। जो लोग अत्याचारी सम्राट के सैकड़ों अन्याय का विरोध कर सकते थे, वे लोग भी अपनी जुबान पर ताला जड़े हुए हैं। डर के मारे ख़ामोश हैं। अमेरिका विरोधी कुछ भी कहना इन दिनों गुनाह है। कहीं, कोई भी देश यहाँ तक कि विभिन्न अरब देश, अन्यान्य मुस्लिम देश भी यह गुनाह करने को राजी नहीं हैं। कोई भी देश, कोई भी संगठन या कोई भी व्यक्ति अगर प्रतिवाद करता है, तो इसके नतीजे से सभी अवगत हैं, उन लोगों के सिर पर अमेरिकी जंगी विमान मँडराने लगेंगे, बड़े खूबसूरत-खूबसूरत नामोंवाले बम-वर्षण होंगे या सी आइ ए जैसे क़ातिल, इज़राइल की तरह एक़दम से हमलावर होकर, किसी भी पल क़त्लेआम शुरू कर देंगे। अब वाक्-स्वाधीनता कहने लायक कुछ भी नहीं बच रहा है। वाक्-स्वाधीनता की मौत हो गई है। कम से कम अमेरिकी प्रचार माध्यमों में तो इसने ज़रूर दम तोड़ दिया है। बुश-विरोधी वक्तव्य प्रकाशित करने के जुर्म पर बहुतेरे पत्रकारों की नौकरी चली गई। अमेरिका के दो लेखक, सुजान सनटग और नॉर्मन मेलर ने अमेरिका की विदेश नीति की आलोचना की थी; उन दोनों ने सवाल उठाया था। लोग अमेरिका से नफ़रत क्यों करते हैं, इसका जवाब खोजने की कोशिश की थी। उन दोनों को देशद्रोही कहकर, निर्लज्ज भाव से उनकी लानत-मलामत की। दीर्घ-दीर्घ सालों के आंदोलन की फसल, वाक्-स्वाधीनता, आज सिर्फ धूल में ही नहीं लोट रही है। आम सड़क

पर खून में लथपथ पड़ी हुई है। व्हाइट हाउस से हरी झंडी का संकेत पाकर चरम दाहिनापंथी जल्लाद, शेरॉन, निरीह फिलिस्तीनियों को पीस-कुचलकर निश्चिन्ह किए दे रहे हैं। अपनी आँखों के सामने ऐसी बर्बरता देखकर भी, यूरोप और अमेरिका के अधिकांश लोग इज़राइल का ही पक्ष ले रहे हैं। इज़राहल के आकाश पर उड़ान भरने के लिए फिलिस्तीन के पास जंगी-विमान नहीं हैं। इज़राइल के गाँव-शहर में विचरण करने लायक तोप-कमान भी नहीं है। फिलिस्तीनियों के पास सिर्फ जान है और प्रतिवाद के तौर पर वे लोग अंधाधुंध अपनी जानें गँवा रहे हैं। अमेरिकी और इज़राइली जंगी विमानों से बम फेंके जाते हैं। किसी को अपनी जान भी नहीं देना पड़ती। आकाश में सुरक्षित जमे हुए, धरती पर वे लोग असुरक्षा का ख़ौफ रचते हैं। पाखी की नज़र से इंसानों की दुर्दशा देखना शायह बेहद खूबसूरत लगता है।

अफ़ग़ानिस्तान में जब दो अमेरिकी के हाथ या पाँव में चोट लगी थी। वह एक बड़ी घटना थी। हालाँकि वहाँ सैकड़ों अफ़ग़ान लोग लाश बनकर आम सड़कों पर पड़े रहते हैं। मजार-ए-शरीफ के जेल में जिस दिन पाँच सौ अफगान मारे गए, उसी दिन एक सी आइ ए एजेंट भी मरा था। लेकिन आहज़ारी सिर्फ उस एक गोरे सी आइ ए एजेंट को लेकर शुरू हुई। यही बड़ी ख़बर भी बनी, पाँच सौ लोगों की मौत कोई घटना नहीं थी। एक गोरे का जीवन सैकड़ों अश्वेत के जीवन से ज़्यादा मूल्यवान है। हज़ारों-हजार अफ़गान मर रहे हैं। हज़ारों-हजार अफगान शिशु लैंडमाइन और क्लस्टर बम में अपनी जान गँवा रहे हैं; पंगु हो रहे हैं, वह सब बेशक़ीमती जीवन प्रचार-माध्यम में कोई घटना ही नहीं है। उलट-पलट तो तब होता है, जब किसी श्वेत की मृत्यु होती है। जॉन वाकर नामक एक गोरा अमेरिकी नागरिक मज़ार-ए-शरीफ के जेल में बंद था। क्योंकि उसने तालिबान के पक्ष में जंग की थी। लेकिन जेल के नियम का उल्लंघन करके, उसे आराम से उठाकर अमेरिकी सरकार उसे किसी सुरक्षित जगह पर ले आई। क्यों? इसलिए कि जॉन वाकर गोरी चमड़ी था? अगर उस जेल में कोई बंगाली, लेकिन अमेरिकी नागरिक होता तो क्या अमेरिकी सरकार उसका उद्धार करती। हरगिज नहीं। कहा यह गया कि जॉन वाकर शायद किसी और के सलाह-मशविरे पर गुमराह हो गया और तालिबान बन गया। यही बात दूसरे-दूसरे तालिबान योद्धाओं के संदर्भ में भी कही जा सकती है। लेकिन वह तो नहीं कहा जा रहा है। यह विषमता और असमता, हम सभी को देखना पड़ रही है। वर्ल्ड ट्रेड सेंटर की जगह पर कोई विशाल स्मारक बनने वाला है। वहाँ तीन हज़ार लोग भी नहीं मरे और वहाँ स्मारक बनेगा। सर्व और क्रोएट लोगों ने ढाई लाख बेसनियन को मार डाला। किसी ने भी वहाँ स्मारक बनाने का जिक्र नहीं छोड़ा। रूयाल्ड में लगभग नौ लाख लोग मर गए, कहाँ है स्मारक?

एन्थ्रेक्स की जिस घटना ने दहशत फैलाई थी, वह अभी भी पूरी तरह मरी नहीं है। एन्थ्रेक्स अमेरिका से ही फैलाया जा रहा है, यह जानने के बाद भी, एन्थ्रेक्स के बहाने इराक पर अमेरिका की तरफ से हमला करने की वासना कम हो गई है,

ऐसा नहीं है। दूसरे महायुद्ध के समय अमेरिका ने जीवाणु-अस्त्र निर्माण के मामले में रिसर्च शुरू की थी। उस रिसर्च में बंदी जापानियों को इस्तेमाल किया गया। उन लोगों के शरीर में जीवाणु घुसाकर, जाँच-परख करके ही तो वैज्ञानिकों ने एन्थ्रेक्स नामक प्राणनाशक जीवाणु का आविष्कार किया और उसे युद्धास्त्र के तौर पर इस्तेमाल करने के लिए पेश किया। वैसे बाद में वहाँ की सरकार ने इस अस्त्र का निर्माण निषिद्ध कर दिया, क्योंकि यह अस्त्र अगर एक बार इस्तेमाल किया गया और अगर बाहरी दुनिया को इस गुप्त खबर की जानकारी मिल गई कि अति सस्ते में एन्थ्रेक्स तैयार करना संभव है, तो सर्वनाश हो जाएगा। अगर अन्य देशों को यह पता चल गया कि इसका निर्माण बेहद सस्ता है तो कोई भी देश यह जानलेवा अस्त्र-शस्त्र तैयार कर सकता है। प्राणनाशक अस्त्रों के निर्माण की क्षमता और किसी की भी न रहे, बस, एकमात्र अमेरिका की रहे। सैकड़ों किस्म के आणविक, परमाणविक, अमानविक बम बनाने का अधिकार और क्षमता किसी महाशक्ति को ही होनी चाहिए। अगर यह अधिकार और क्षमता किसी और के पास भी रही, तो महाशक्ति में ज़रा कमज़ोर पड़ जाएगी और अमेरिका भला ऐसा क्यों चाहेगा? उसे तो यह डर है कि जाने किस तरफ जाने कौन यह सस्ता-संभव अस्त्र ढेरियों में बना डाले। इसलिए अस्त्र सिर्फ मेरे पास रहे, तुम्हारे पास क्यों रहे, यही दंभ और आह्लाद दिखाकर अमेरिका इराक को छोड़ देगा, ऐसा नहीं लगता। इसी मौके का फ़ायदा उठाकर, क्यूबा या लीबिया को काट खाने के लिए अमेरिका घात लगाए बैठा है।

हालाँकि-अरब देशों के चंद नेताओं ने अनुरोध किया था कि अफ़ग़ानिस्तान पर बम न बरसाया जाए, बुश साहब ने किसी के भी अनुरोध की परवाह नहीं की। परवेज़ मुशर्रफ ने भी कहा था कि कम से कम रोज़े के दिनों में बम बरसाना बंद रखा जाए, लेकिन बुश सरकार ने यह अनुरोध भी नहीं माना। चूँकि उन लोगों की बात नहीं मानी गई, इसलिए किसी ने बुश की हरकतों का विरोध किया, ऐसा भी नहीं हुआ। सभी ने सविनय सर झुका दिया। किसमें इतनी ताकत है कि इस साम्राज्यवादी दैत्य के खिलाफ चूँ तक करे? अफ़ग़ानिस्तान के नए नेता, हामिद करज़ई ने भी शुरू-शुरू में खासा डंका पीटा था कि कान्धार में तालिबानों ने आत्मसमर्पण कर दिया है। अब उन लोगों को माफ़ कर दिया जाए। लेकिन हामिद करज़ई, अफ़ग़ानिस्तान के सरकार-प्रधान तो हो गए, मगर अफ़ग़ानिस्तान के मामले में उनका कोई फैसला लागू किए जाने का सवाल ही नहीं उठता। अमेरिका ने हामिद करज़ई का प्रस्ताव उड़ा दिया। हामिद करज़ई ने भी भावी ख़तरे को पहचान लिया और अपना प्रस्ताव खुद ही हजम कर गए। यही कहना बेहतर होगा कि इसे हजम करने को वे लाचार हो गए।

और एक मसखरी हुई है, लादेन का वीडियो लेकर! ग्यारह सितंबर के हमले के पीछे बिन लादेन ही था, कहा जा रहा है कि वह वीडियो, इसी का सबूत है! लेकिन अफ़ग़ानिस्तान में दो महीनों तक बम बरसाने के बाद, अब सबूत हाज़िर करने की क्या वजह है? कहा यह गया कि सबूत तो अमेरिका के हाथ में पहले से ही मौजूद था। काफी बड़े-बड़े सबूत! तो सब सबूत पेश करने के बजाय, अमेरिका ने अफ़ग़ानिस्तान में बम बरसाने की स्पर्धा दिखाई। बम बरसाने से पहले यह तो प्रचारित कर ही दिया गया था कि इसके लिए बिन लादेन कसूरवार है। ऐसे में दोष प्रमाणित करने के लिए एक अदद कमजोर-सी वीडिओ, लोगों को दिखाना क्या निरर्थक नहीं है? सज़ा देने का सिलसिला ख़त्म होने के बाद, प्रमाण हाज़िर करना पूरी तरह फ़िज़ूल है। ऐसी एक वीडिओ, जिसमें संवाद समझ में आना ही दुरूह है, जिसका अनुवाद पढ़कर भी समझने का कोई उपाय नहीं है, बिन लादेन ने उस हमले का एक ब्लू-प्रिंट आँका है, क्योंकि बिन लादेन को कुल पाँच दिनों पहले हमले की जानकारी मिली। वहाँ हमला करने की तैयारी पिछले पाँच सालों से चल रही थी। यही वीडिओ अमेरिका के हाथ में है, जो बिन लादेन को कसूरवार साबित करने का सबसे ज़बर्दस्त प्रमाण है। बुश ने कहा है कि लोग अपनी आँखों से जब यह वीडिओ देखेंगे, तो समझ सकेंगे कि अमेरिका ने अफ़ग़ानिस्तान पर बम बरसाकर, कोई ग़लती नहीं की। ओसामा को खोज निकालने के बहाने, उन्होंने जो हज़ारों-हज़ार निरीह अफ़गानियों का खून करके, बुश ने कोई ग़लती नहीं की, लोग-बाग़ यह समझ लें! लेकिन लोगों को क्या यही समझना चाहिए? यह भी कहा गया कि उस वीडिओ का प्रचार करने में वे देर कर रहे हैं। वर्ल्ड ट्रेड सेंटर में जिन लोगों की जानें गई हैं, उनके नाते-रिश्तेदार वह वीडिओ देखकर आहत होंगे। बहरहाल, इस नाटक में बुश साहब ने अभिनेता के तौर पर काफी कच्ची यानी लचर भूमिका निभाई है! उन्होंने कहा है–'उफ! कितने भयंकर तरीके से उस दानव ने अपने गुनाह का बयान दिया है!'

हाय! उस वीडिओ में ओसामा क्या दानव जैसा दिखता है। उसके मुक़ाबले बुश का चेहरा ही भयंकर दानव जैसा लगता है, जब वे युद्ध का हुक्म देते हैं; निरपराध जनता पर बम-वर्षण करने का हुक्म देते हैं; जब एक देश में ध्वंस-यज्ञ ख़त्म होते ही, वे किसी दूसरे देश में युद्ध-यज्ञ शुरू करने की योजना बनाते हैं। अमेरिका क्या वाकई चाहता है कि ओसामा बिन लादेन पकड़ा जाए? या उसे गिरफ़्तार करने के नाम पर वह समूची दुनिया में अपना आधिपत्य विस्तार करना चाहता है? यह समझने में कतई असुविधा नहीं होती कि यह युद्ध साम्राज्यवादी युद्ध तालिबान को सबक देने या अल-क़ायदा के सदस्य या बिन लादेन को सज़ा देने के लिए छेड़ा गया युद्ध नहीं है। बिन लादेन या अल-क़ायदा निहायत बहाना भर है। किसी भी अशुभ काम में अमेरिका को कभी भी, किसी भी बहाने की कमी नहीं होती।

यह युद्ध तो अमीरों का युद्ध है, ग़रीबों के खिलाफ! यह युद्ध सबल का निर्बलों

के खिलाफ़ है। यह युद्ध श्वेत का अश्वेत के खिलाफ है। इन दिनों इस्लामी कट्टरवाद अब प्रासंगिक नहीं रहा। प्रासंगिक है, दुनिया के एकमात्र आधिपत्य लोभी महाशक्ति का प्रलाप भर! जो थोड़ा-बहुत विवेक बच रहा था, वह तो गया ही, अगर विवेक न भी होता, तो कम से कम इसके प्रदर्शन की ज़रूरत समझी जाती, वह भी गई—इसका भी शक्तिधर ताकतों को अहसास नहीं है। सीधा-सीधा हिसाब है—कुत्सित राक्षस का चेहरा सामने रख दो, इसकी पूजा करो, सिर झुकाकर नमन करो। अगर नहीं किया, तो सर कलम कर दिया जाएगा।

लेकिन युद्ध की सच्ची विजय क्या बमबाज़ी से होती है? नहीं होती! गरीबों की भूख क्या बम के साथ झरे हुए पीले पैकेट की 'पी नट बटर' से जा सकती है? नहीं जाती! वंचित, निपीड़ित, अत्याचारित का क्षोभ क्या अत्याचारी की चिकनी-चुपड़ी मीठी बातों से जा सकता है? हरगिज़ नहीं!

मैं क्या स्वेच्छा से निर्वासन में हूँ?

अभी, उसी दिन 'जनकंठ' में मेरी एक रचना प्रकाशित हुई। उस रचना के नीचे, 'जनकंठ' की तरफ से यह कहा गया है कि मैं स्वेच्छा से निर्वासन में हूँ। सिर्फ 'जनकंठ' ही नहीं, यह बात और भी बहुत से लोग कहते हैं। लेकिन मैं क्या स्वेच्छा से निर्वासन में हूँ? मैंने क्या अपनी मर्जी से देश छोड़ा है? सन् 94 की अगस्त में मुझे देश क्यों छोड़ना पड़ा यह बात, उस वक्त की बीएनपी सरकार बखूबी जानती है। सन् 98 में, जब मैं अपने देश वापस लौटी, कैसे लौटी, किसकी, कितनी अनिच्छा रही, बाधा और धमकियों की उपेक्षा करके लौटी, यह अवामी लीग सरकार जानती है। यह वजह भी उस वक्त की सरकार को ही मालूम है कि देश वापस लौट आने के बाद भी, मुझे देश दुबारा क्यों छोड़ना पड़ा? मैं कभी भी स्वेच्छा से निर्वासन में नहीं गई। हर बार, मुझे देश छोड़ने के लिए लाचार किया गया है। मेरे नागरिक अधिकार का उल्लंघन करने में अवामी लीग और बीएनपी, सभी सरकारों ने एक जैसी दक्षता दिखाई है। यह जो अभी भी मैं देश लौटने की कोशिश किए जा रही हूँ, इसमें क्या सफल हो सकी मैं? बंगलादेश के दूतावासों में मैं हैरान-परेशान भटकती रही कि मेरे पासपोर्ट की मियाद बढ़ा दी जाए। ताकि मैं अपने देश जा सकूँ। मुझे इत्तला दी गई कि कोई भी दूतावास, मेरे पासपोर्ट की मियाद बढ़ाने को तैयार नहीं है। क्यों नहीं बढ़ाएँगे, भई? क्योंकि सरकार की तरफ से मनाही है। मनाही क्यों है? मैं क्या फ़रार असामी हूँ? ऐसा बिल्कुल भी नहीं है। तमाम उड़ते-उड़ाते, इधर-उधर के मामलों में जितनी भी बार मुझे फँसाया गया, मैंने जान-जोखिम उठाकर भी जमानत ले ली है। लेकिन, मेरे खिलाफ मामला ठोंकना, आश्चर्यजनक रूप से आसान है। देश के किसी भी ओने-कोने में बैठे-बैठे, जो कोई भी यह कह दे कि मेरी लिखी हुई किताबों के किसी शब्द या किसी वाक्य में उसकी भावनाओं को ठेस पहुँचा है, तमाम सरकारी अदालतें उसकी शिकायत हुमककर ग्रहण करेंगी। मुझे नीचा दिखाने के लिए, जो जो करना होगा, करेंगी। मैंने क्या किसी का खून किया है? कहीं उग्रवादी हमला किया है, जो मुझे अपने देश में रहने-सहने के अधिकार से वंचित कर दिया जाएगा? बंगलादेश में अंधाधुंध खून, संत्रास, छिनताई, बलात्कार, चोरी-डकैती-प्रतारणा वगैरह की वारदातें

घटती रहती हैं। मैं इन सब मामलों से कहीं भी जुड़ी हुई नहीं हूँ, फिर भी मुझे यह दुर्भोग झेलना होगा।

कभी न कभी तो मुसीबत गुज़र जाती है, दुर्भोग ख़त्म होता है। एक मेरा ही कभी कुछ ख़त्म होने को नहीं आता। इंतज़ार करते-करते ज़िंदगी ख़त्म होती जा रही है। लेकिन पल-पल जो सपना देखते हुए, वक्त गुज़ार रही हूँ, देश लौटने का सपना, वह सपना कभी पूरा नहीं होता। कोई भी उसे पूरा ही नहीं होने देता। जब मेरी अम्मी मरण-सेज पर थी, उनके साथ आखिरी कुछ दिन गुज़ारने के लिए, मैंने स्वदेश लौटना चाहा। मेरी चाह की जानकारी मिलते ही, सरकारी लोगों ने मना कर दिया। नहीं, देश लौटना नहीं चलेगा। मेरे अब्बू भयंकर बीमार हैं। मैं उनके आखिरी दिनों में उनके साथ रहना चाहती हूँ। मैंने सरकार से दुबारा आवेदन किया है। मुझे स्वदेश लौटने दिया जाए। इस बार भी मेरा आवेदन ठुकरा दिया गया है। मैं उनकी अनिच्छा, बाधा, धमकियों की उपेक्षा करके, पहले की तरह देश लौट जाऊँ, अब इसका भी उपाय नहीं रहा। मेरा पासपोर्ट अचल कर दिया गया है। ऐसा निर्मम-निष्ठुर व्यवहार इंसान के प्रति इंसान कैसे कर सकता है? बंगालियों का प्यार कहाँ गुम हो गया है? संवेदना कहाँ खो गई है? क्या, कहीं, कुछ भी नहीं बचा है? वैसे देश के हाल-समाचार देखकर, ऐसा नहीं लगता कि कहीं, कुछ बचा है। संख्यालघु संप्रदाय पर अकथनीय अत्याचार जारी है, सत्ता के लिए अश्लील जंग छिड़ी है, किसी भी वक्त, जिस किसी भी वजह से कोई भी, किसी को कत्ल कर देता है—बंगाली क्या पहले जैसा बंगाली रह गया है? जो बंगाली बड़े गर्व से दावा करता था कि हम हिंदू हैं, हम ईसाई हैं, हम बौद्ध हैं, हम मुसलमान! लेकिन हम सब बंगाली हैं। जो बंगाली दूसरों की ज़रूरत पर जान-जोखिम उठाकर भी कूद पड़ता था; जो दूसरों के लिए अपनी जान तक दे डालता था! अब वह जान देता नहीं, लेता है। प्रेम में असफल होकर जान ले लेता है, लोभ-हिंसा, ईर्ष्या-मोह आक्रोश में प्राण लूट लेता है। ढेर-ढेर खून बहाकर, अर्जित किए हुए देश के प्रति, ऐसा नहीं लगता कि किसी को, कोई मोह-माया है। सन् 71 में बंगाली जागरूकता के चरम शिखर पर थे। सन् 71 में वे लोग जितने दिलदार थे, उतने ही अंगार भी! सन् 71 में हिंस्र लोगों की हिंस्रता से उन लोगों ने अपने को मुक्त किया। उसके बाद ही जाति के जीवन में एकदम से टूटन उतर आया। क्षुद्र स्वार्थों में निमग्न एक-एक दिलदार इंसान एक-एक ज्योतिर्मय अंगार अपनी आँखों के सामने ही एक संभावना का विनाश देखने को विवश है। ये बंगाली लोग खुद ही अपने को जलाकर खाक़ कर रहे हैं। सन् 52 से लेकर सन् 71 तक, इन बीस सालों के बाद ही, वह पहले की तरह फिर बंदी हो गया है; खुद ही अपने खून से समूची राह लाल कर डाली है। खुद अपनी ही ज़ंजीर में खुद आबद्ध हो गया है; खुद ही उसने अपनी जुबान पर ताला जड़ लिया है! उसने खुद ही अपनी चेतना के कमरे में काल-सर्प बसा लिया है। जो भी राजनीतिक

दल सत्ता में आता है, छल-बल-कौशल से इंसान को ठगकर, इंसान का कत्ल करके, गरीब को और ग़रीब बनाकर, धनी का धन और बढ़ाकर देश का बारह-चौदह-सोलह बजाकर भी, सत्ता में बना रहना चाहता है; सत्ता का ऐशो-आराम जीना चाहता है। देश भले रसातल में जाए, इंसानों की मौतों से देश भले श्मशान हो जाए। भले अभाव-अशांति, अन्याय, विषमता का बोलबाला हो, उन लोगों का कुछ भी नहीं आता-जाता।

देश के अर्थनैतिक और सामाजिक विकास की बात, स्वस्थ शिक्षा-प्रसार की बात, गरीबी मिटाने की बात, सम्पत्तियों के समान बँटवारे की बात, अब कोई नहीं सोचता। इंसान के मंगल के बारे में अब कोई राजनीतिज्ञ सोचता है, मुझे विश्वास नहीं होता। हाँ, उँगलियों पर गिने जाने लायक कुछेक इंसान ही ऐसा सोचते हैं। वे लोग संख्या में कम हैं वे लोग अन्याय का विरोध करते हैं। वे लोग ही अनशन या हड़ताल करने की हिम्मत भी दिखाते हैं। वे लोग ही बंगलादेश के गौरव हैं। चूँकि वे लोग विद्यमान हैं, इसीलिए मैं अभी भी देश लौटने के सपने देखती हूँ। एक अदद फूल को बचाने का सपना देखती हूँ।

अब तो जैसे यह नियम बन गया है कि हर सरकार की एक निजी दहशतगर्द फौज होगी। जिस फौज का काम देश में हर तरफ दहशत फैलाकर, सत्ता का ग़लत इस्तेमाल करना है। सरकार गणतांत्रिक तरीके से सत्ता में आई है। इसमें किसको क्या कहना है? सच्चा गणतंत्र किसे कहते हैं, यह समझने की क्षमता अगर किसी भी राजनीतिक पार्टी में होती तो देश की तकदीर में ऐसी दुर्गत न बदा होती। यह देश दुनिया में अव्वल दर्जे का दुर्नीति के देश में अपना नाम नहीं लिखाता। अब तो दुर्नीति चारों तरफ फैल चुकी है। इस दुर्नीति के कीचड़ में फिसलकर, अपनी अंगहानि या अर्थहानि करने की साध, किसी भी विदेशी कंपनी में नहीं है। दुर्नीति के शिकंजे से बचने के लिए, इस देश के मेधावी नौजवान, किसी भी तदबीर से देशत्याग कर रहे हैं। ज्यादातर नेता, राजनीति में निरे अनभिज्ञ, राजनीति का सिर-पैर न जाननेवाले, निरक्षर, दरिद्र इंसानों को ग़लत-सलत समझाकर, झूठ बोलकर वोट खरीदते हैं। माथे पर काली पट्टी बाँधकर, हाथ में तसबीह लेकर, धार्मिक सजकर, धर्मभीरु इंसानों को धोखा देकर भी वोट ख़रीदते हैं। भारत के हाथों देश बेचने का षड्यंत्र कौन दल रच रहा है, इस बात को लेकर, मंच-कँपाते हुए, लंबे-चौड़े भाषण झाड़कर, जनता-जनार्दन को बेवकूफ बनाकर, चतुर राजनैतिक नेतागण, अपनी मूँछों की आड़ में मंद-मंद मुस्कराते रहते हैं, महिला नेता भी मुँह पर आँचल डालकर हँसती रहती हैं। बाढ़-सैलाब, सूखा, अनाहार, अशिक्षा झेलते इंसान अपनी तकदीर लौट आने की उम्मीद में वोट देते हैं। लेकिन उनकी तकदीर कभी नहीं लौटती! उनकी तक़दीर जैसी थी, वैसी ही रह गई। रानी जाती है, रानी आती है। प्रजा का दुःख नहीं मिटता। मेरी एक जर्मन सहेली, अल्लाह के अस्तित्व पर विश्वास नहीं करती

थी, लेकिन अब, बंगलादेश घूम आने के बाद, अल्लाह पर विश्वास करने लगी है। अब, उसका कहना है, अल्लाह ज़रूर है। वर्ना वह देश चल कैसे रहा है? कभी-कभी मुझे भी लगता है कि अल्लाह मौजूद है, तभी यह देश चल रहा है। देश के अधिकांश लोग, मानवेतर ज़िंदगी गुज़ारने के बाद भी, किसी के खिलाफ, कोई शिकायत नहीं करते, क्योंकि उन लोगों का विश्वास है कि खुद अल्लाह ने ही उन लोगों को इस ज़िंदगी की सौगात दी है। बीमारी, अभाव, मौत में अल्लाह उन लोगों के ईमान का इम्तहान लेता है। इंसान के सारे दुर्भोग, दुर्गति, दुर्दशा का दायित्व अल्लाह पर सौंपकर, सरकार काफी हद तक दायित्वमुक्त हो रहती है। चूँकि सरकार दायित्वमुक्त रहती है, इसलिए उनका सिर, धड़ पर सलामत रहता है। धर्म को राजनीति के अहम हिस्से के तौर पर इस्तेमाल करना, राजनीतिज्ञ लोगों का, लोगों को ठगने का कौशल भर है, इसके अलावा और कुछ नहीं। यह बात लोग आखिर कब समझेंगे?

अभी उस दिन लेखक शहरयार कबीर की जबानबंदी, जब अखबार में पढ़ रही थी, उस दिन दिमाग़ में यादों की भीड़ उतर आई। एक दिन मेरे खिलाफ भी देशद्रोह का इल्ज़ाम लगाया गया था। मुझे भी 'र' का एजेंट कहा गया था। मैं उन दिनों जानती भी नहीं थी कि 'र' कहते किसे हैं? मुझे याद है कि मैंने अपने एक मित्र से पूछा था कि यह 'र' क्या है? मित्र ने ज़ोर का ठहाका लगाया। जिसे समूचा देश 'र' का एजेंट समझता है, वह जानती ही नहीं कि 'र' क्या बला है! वाकई, हँसने की वजह थी! मुझे याद है, मेरे एक फ्रेंच प्रकाशक ने फ्रांस से मेरे नाम रॉयल्टी का चेक भेजा था। वह चेक मेरे हाथ तक नहीं पहुँचा, बीच में ही चोरी हो गया। हैरत है! चोरी गए चेक की तस्वीर, इन्क़लाब के पहले पन्ने पर छपी थी और यह लिखा गया था कि बीजेपी ने मुझे मोटी रकम भेजी है, यह उसी का प्रमाण है। छः दिसम्बर के दंगे में संख्यालघु हिंदुओं की दुर्दशा का जो चित्र मैंने बयान किया था, इसीलिए मुझे बीजेपी से रुपए खाने का ताना सुनना पड़ा। अगर मैं इंसान हूँ, अगर मैं सच हूँ, अगर मैं विषमता के खिलाफ जंग लड़ूँ, तो मैंने क्या किसी पार्टी का रुपया खाया है? दुर्नीतिग्रस्त समाज में यही एक दोष है। किसी भी निःस्वार्थ काम को, कोई निःस्वार्थ समझने को राजी नहीं होता। हर काम के पीछे उद्देश्य खोजता है। पता नहीं, कहाँ तो खो गया है प्राणवान् बंगालियों का प्राण!

जब अँधेरे में, मुझे एक घर से दूसरे घर में भागते रहना पड़ा था। कुचक्री सरकार की पुलिस-फौज और कट्टरवादी दहशतगर्दों के शिकंजे से बचने के लिए, जब मेरे सामने मौत के अलावा और कोई भविष्य नहीं था, तब चंद लोगों ने मुझे ज़िंदा रहने की प्रेरणा दी थी। उन लोगों ने जीवन का चरम जोखिम उठाकर मुझे पनाह दी थी। उन लोगों की असंभव उदारता की याद आते ही, मेरी आँखें भर आती हैं। असल में, अनाचार और अन्याय, देश की नस-नस में जहर की तरह घुलमिल

गया है। उसके बाद भी उन चंद उदार लोगों को याद करके, बंगाली के लिए मुझे गर्व होता है। वे लोग अभी मौजूद हैं, इसलिए अभी भी मैं अपने देश लौटने का सपना देखती हूँ। मैं एक फूल को बचाने का सपना देखती हूँ! देश लौटकर, किसी एक भी हरसिंगार को अगर सांप्रदायिक बलात्कारी के हाथों से बचा सकूँ अगर किसी एक भी नूरजहाँ को कट्टरवादियों के लांछन से बचा सकूँ...!

संत्रास किसे कहते हैं? कितने प्रकार के हैं और कौन-कौन से?

'टाइम' पत्रिका ने साल के चर्चित चरित्र, ओसामा बिन लादेन को अस्वीकार करके, न्यूयॉर्क के मेयर रुडॅल्फ जूलियानी का चुनाव करके, बेईमानी का परिचय देने के बावजूद राजनीतिक नज़रिए से सही रही है। टाइम पत्रिका के लोग बखूबी जानते हैं कि समग्र विश्व में ओसामा को लेकर चर्चा हुई है, जूलियानी को लेकर नहीं! यहाँ तक कि जूलियानी, जिस शहर के हैं, उस शहर में भी उनके बारे में कोई चर्चा नहीं हुई। जूलियानी खुद ही अपने हर इंटरव्यू में ओसामा का जिक्र करते रहे हैं। राजनीतिक दृष्टि से सही रहना, इन दिनों सबके लिए एक ज़रूरी मुद्दा बन गया है। दुनिया में जो कुछ भी घटता है, घटता रहे; लोग देखकर भी नहीं देखते, सुनकर भी नहीं सुनते, सिर्फ बड़े क़ायदे से वही वही कहते हैं, जो भला सुनाई दे। टाइम पत्रिका, चर्चित चरित्र को भले अस्वीकार कर दे, मगर उसने चर्चित प्रसंग, संत्रास को स्वीकार किया है। संत्रास! यह एक ऐसा शब्द है, जिसकी संज्ञा से अधिकांश लोग अनजान हैं। सन् 1984 में मुक्तराष्ट्र के राष्ट्रीय सचिव, जॉर्ज सुल्टेज ने कहा था–'संत्रास है आधुनिक बर्बरता!' उन्होंने यह भी कहा, 'संत्रास है, एक क़िस्म का राजनीतिक हमला! पश्चिमी सभ्यता और मूल्यबोध के लिए धमकी का और एक नाम है–संत्रास!' वगैरह-वगैरह! उन्होंने संत्रास की विस्तृत व्याख्या दी है, लेकिन उन्होंने इसे कोई 'संज्ञा' नहीं दी। उन्होंने यह भी कहा है कि चाहे जैसे भी हो। हम किसी भी संत्रास का दमन करेंगे। इस मामले में हम कोई भी भौगोलिक सीमा नहीं मानते। चूँकि भौगोलिक सीमा नहीं मानी गई, इसलिए एक दिन में ही अफ़ग़ानिस्तान और सूडान में बम बरसाए गए थे। दोनों देशों में दो हज़ार तीन सौ मीलों की दूरी है और जिस देश की तरफ से इन दोनों देशों पर बम बरसाए गए थे, वह देश इन दोनों देशों से लगभग आठ हज़ार मील दूर था। संत्रास की वजह के बारे में, ख़ासकर फिलिस्तीनी लोगों के संत्रासी होने के पीछे क्या वजह है, यह पूछने पर सुल्टेज ने जवाब दिया था–'संत्रास बस, संत्रास होता है। इसके पीछे कोई वजह नहीं होती।'

हम वजह ढूँढ़ने क्यों जाएँ? हम जानते हैं, कौन मुक्तियोद्धा है, कौन संत्रासी! अमेरिका तो ख़ैर जानता ही है, सर्वजानकार जो है! इस अमेरिका ने जिसे एक बार मुक्तियोद्धा घोषित किया था, अब उसे ही 'संत्रासी' कह रहा है। आज जो मुक्तियोद्धा है, कल वही संत्रासी हो जाएगा। कल जो संत्रासी था, आज वह मुक्तियोद्धा है! सन् 1969 से 90 तक पीएलओ, पैलेस्टाइन लिबरेशन ऑर्गनाइजेशन को संत्रासी दल कहा जाता था। न्यूयॉर्क टाइम्स में कभी यासिर अराफात को संत्रास का राजा तक कहा गया था। (सन् 1972 में म्यूनिख के ओलंपिक में ग्यारह यहूदी खिलाड़ियों की हत्या के पीछे यासिर अराफात के पीएलओ संगठन को जिम्मेदार ठहराया गया था। संत्रास का जवाब देने के लिए इज़राइल के प्रेसिडेंट, गोल्डामेयर ने भी जवाबी संत्रास का भी कम आयोजन नहीं किया था)। इसी संत्रासी यासिर अराफ़ात को ही नोबेल शांति पुरस्कार भी दिया गया। अमेरिका के प्रेसिडेंट, बिल क्लिंटन, अपनी दाहिनी तरफ इज़राइल के प्रधानमंत्री और बाईं तरफ यासिर अराफात को खड़ा करके, मंद-मंद मुस्कराते भी रहे। तीस और चालीस के दशक में चरमपंथी यहूदी, जिओनिस्ट लोगों के इर्गुन दल को संत्रासी दल कहा जाता था। उन्हीं दिनों मेनोहेम बेगिन नाम के जिओनिस्ट नेता के नाम, यह भी ऐलान किया गया कि जो कोई उन्हें गिरफ़्तार करा देगा, उसे एक लाख पाउंड का पुरस्कार दिया जाएगा। ऐसा कोई संत्रास नहीं है, जो बेगिन की अंडरग्राउंड इर्गुन पार्टी ने नहीं किया। बम मारकर, इसी बेगिन ने ही डेविड होटल उड़ा दिया था। लेकिन दूसरे महायुद्ध में यहूदी-विधन घटने के बाद, यहूदी के प्रति पश्चिमी देशों की माया-मुहब्बत बढ़ गई। पूरी घटना ही बदल गई। इन्हीं जिओनिस्ट लोगों को मुक्तियोद्धा नाम दिया गया। मेनोहेम बेगिन, सत्तर के दशक के अंत में, इज़राइल के प्रधानमंत्री भी निर्वाचित हुए और वे ही इज़राइल के पहले प्रधानमंत्री थे। जिन्होंने मिस्र के साथ पहला शांति-समझौता किया था। सन् 1985 में अमेरिका के प्रेसिडेंट, रोनाल्ड रेगन ने चंद दाढ़ीवाले पगड़ीधारी लोगों का व्हाइट हाउस में सादर स्वागत करते हुए, पत्रकारों से कहा था–'दीज़ आर द मोराल इक्विवलेंट ऑफ अमेरिकाज़ फाउंडिंग फादर्स–' दाढ़ीवाले, पगड़ीधारी लोग, अफगान मुजाहिदीन थे। हाथ में बंदूक थामे, उन लोगों ने दुश्मन सोवियत के खिलाफ जंग की थी। इसीलिए वे लोग, 'मोरल इक्विवलेंट ऑफ अमेरिकाज़ फाउंडिंग फादर' कहलाए। इसके बाद, सन् 1998 में यह घटना भी पलट गई। अमेरिका ने ओसामा बिन लादेन गिरोह को निश्चिन्त करने के लिए पंद्रह मिसाइल बरसाए, जो लोग कुछ ही वर्षों पहले तक जॉर्ज वाशिंगटन और टॉमस ज़ेफरसन के मोरल इक्विवलेंट थे।

संत्रास को जैसे जॉर्ज सुल्टेज़ कोई संज्ञा नहीं दे पाए, अधिकांश शब्दकोश भी इसे कोई संज्ञा देने में असफल रहे हैं। वहाँ भी संत्रास या संत्रासवाद की सिर्फ व्याख्या ही दी गई है। संज्ञा नहीं! 'टेरर' शब्द का प्रयोग, सबसे पहले फ्रेंच देश में शुरू हुआ। फ्रांसीसी क्रांति के बाद (1793-1794) मैक्सिमिलिएन रॉबेसपियर के नेतृत्व

में, फ्रांसीसी राजतंत्र के पृष्ठपोषकों के अबाध निधन-यज्ञ के समय को 'टेरर' कहा गया। इसी टेरर से टेररिज़्म, टेररिस्ट शब्द आया! संसद शब्दकोश के मुताबिक, संघबद्ध तरीके से भय दिखाकर, कब्जा करने की नीति को संत्रासवाद कहा जाता है। ऑक्सफोर्ड और कोलंबिया शब्दकोश कहता है कि संत्रास का मतलब है, भयंकर आतंक! संत्रासवाद है, मूलतः राजनीति कारण से जनगण पर उग्र हमला करना या आक्रमण की धमकी देना। वेबस्टर शब्दकोश में संत्रासवाद के बारे में ज़रा और खुलासा करके कहा गया है कि संत्रास के माध्यम से सरकार चलाना या संत्रास के माध्यम से सरकार का विरोध करना। लेकिन कहीं भी इसके उद्देश्य के बारे में कुछ भी नहीं कहा गया। वैसे इसका उद्देश्य भी बिल्कुल अलग है। यह भी कहीं नहीं कहा गया है कि यह अन्यायपूर्ण या ग़लत काम है।

संत्रास कितने प्रकार के होते हैं और कौन-कौन से होते हैं, इसका भी किसी शब्दकोश में जिक्र नहीं है, लेकिन इसके प्रकार आसानी से निर्धारित किए जा सकते हैं। संत्रास पाँच प्रकार के होते हैं। भयावहता के क्रम से कहूँ, तो पहला—राष्ट्रीय संत्रास! दूसरा, धार्मिक संत्रास! तीसरा दुर्नीतिग्रस्तों का संत्रास! चौथा, मानसिक रोगग्रस्त लोगों का संत्रास और पाँचवाँ गैरसरकारी समूह का राजनीतिक संत्रास! इन पाँचों संत्रासों में से कोई भी संत्रास, दूसरे संत्रास में परिणत हो सकता है, जिसे कहते हैं, ज़रूरत के मुताबिक चोला बदलना। बहरहाल रूप बदले या न बदले, दुनियाभर के इतिहास में सबसे खौफनाक संत्रास का नाम है—राष्ट्रीय संत्रास। इसका कोई मुक़ाबला नहीं है। राष्ट्र जब व्यक्ति या संगठनबद्ध या धार्मिक संत्रास में प्रत्यक्ष या परोक्ष रूप से सहयोग पर उतरता है, तो आग में मानो घी पड़ जाता है। राष्ट्र तो अकेला ही सौ के बराबर है। इसके बावजूद गैर-सरकारी संगठन या व्यक्ति के जरिए राष्ट्रीय संत्रास चलाने की काफी घटनाएँ होती हैं। अमेरिका के वर्णवादी संत्रासी संगठन, कू क्लूस क्लान को, राष्ट्र ने जब भी मदद की है, संत्रास सौ गुने ज़्यादा बढ़ गया है। लैटिन अमेरिका में सरकारी हत्याकांड में किराए के खूनी इस्तेमाल किए जाने का काफी रिवाज है। अफ़ग़ानिस्तान और मध्य अमेरिका में सी आइ ए दुर्वृत्त और नशाखोरों को किराए पर नियुक्त करती है और उन्हें संत्रास के काम में लगाती थी। नशीले द्रव्य और हथियार, दोनों एक साथ सप्लाइ किए जाते थे। अफ़ग़ानिस्तान में मुजाहिदीन, निकारागुवा में कॅन्ट्रा और अब अमेरिका, अफ़ग़ानिस्तान के नॉर्दर्न एलाएन्स को इस्तेमाल कर रहा है। सोवियत के खिलाफ अफ़गानों को भिड़ाकर अमेरिका को क्या मिला? बीस लाख अफ़गानों की मौत, छः लाख अफ़गानों का देशत्याग, बीस हज़ार सोवियत नागरिकों की मौत! इस बार के संत्रास में भी कुल अफ़गानों की मौत, वर्ल्ड ट्रेड सेंटर की कुल मृत्यु-संख्या को पार कर गई है। राष्ट्रीय संत्रास जैसा भयावह, अन्य कोई संत्रास नहीं है। एक किस्म का संत्रास अन्य किस्म के संत्रास का रूप ले सकता है—यह चर्चा चल रही थी। बंगलादेश में राष्ट्रीय संत्रास,

हमेशा धार्मिक संत्रास का रूप ले लेता है। मुसलमान, हिंदुओं पर हमला करते हैं। हिटलर के ज़माने में जर्मनी में भी यही हुआ था। यहूदी निधन में ईसाई मदमस्त हो उठे थे। शिया, सुन्नी को मारने लगा, सुन्नी, शिया को। किसी ज़माने में समूचे यूरोप में कैथोलिक लोग प्रोटेस्टेंट लोगों की जान के दुश्मन बने रहे, प्रोटेस्टेंट, कैथोलिक की हत्या करते फिरे। इरान में शिया लोग, बहाइयों के क़त्ल में जुटे रहे। मुसलमान, ईसाइयों को मारता-पीटता रहा, ईसाई, मुसलमानों का खून करते रहे। यह था धार्मिक संत्रास! दरअसल बीसवीं शती में धार्मिक संत्रास पहले के मुक़ाबले काफी कम था। मध्य युग की याद आते ही, भला कौन नहीं काँप उठता है? प्रेसिडेंट बुश शायद 'क्रूसेड' शब्द का इतिहास नहीं जानते, इसीलिए इतनी सहजता से इस शब्द का उच्चारण कर बैठे। तीसरा भयावह संत्रास है—दुर्नीतिग्रस्त का संत्रास! माफिया लोगों के इतिहास का जिक्र करके, इसकी व्याख्या की जा सकती है। इटली में राष्ट्रीय संत्रास ने जब दुर्नीतिग्रस्त लोगों के संत्रास का रूप ले लिया, तभी इसने विकराल रूप धारण किया। सिसिली से माफिया काफी अर्से पहले ही सफर पर निकल चुका है। अभी भी कोई कमजोर राष्ट्र हत्थे चढ़ते ही, एकदम से सिर उठाते हैं। बंगलादेश में माफिया का नाम है—चंदेबाज़ी! यह मूलतः गैर-सरकारी होता है। इसका सरकारी नाम है—परसेंटेज! चौथा संत्रास है—मानसिक रोगग्रस्त लोगों का संत्रास! बीमार दिमाग लोग इस क़िस्म का संत्रास फैलाते हैं! राष्ट्र प्रधान या समाज के नामी-दामी लोगों का खून करके ध्यानाकर्षण करना ही उनका मक़सद होता है! स्वीडन के प्रधानमंत्री, उलफ पालमे को किसी नशेबाज़ पागल ने क़त्ल किया था। अमेरिका के प्रेसिडेंट, जॉन एफ केनेडी का भी, किसी पागल-क़िस्म के शख़्स ने ही खून किया था। इन पाँचों संत्रासों में, जिस संत्रास को सबसे ज़्यादा अहमियत दी जाती है, वह है राजनीतिक संत्रास! हालाँकि इस क़िस्म के संत्रास में ही सबसे कम मौतें होती हैं। यही सबसे कम भयंकर भी है। सन् 1998 के रैंड कार्पोरेशन के सर्वेक्षण में यह नज़र आया कि पिछले दस सालों में जितने भी संत्रास घटे, उसमें से पचास प्रतिशत संत्रास के पीछे कोई और वजह नहीं थी, कोई राजनीतिक वजह भी नहीं थी। फिर भी राजनीतिक संत्रास को ही दुनिया के मंच पर सबसे ज़्यादा अहमियत मिलती है, क्योंकि राजनीतिक संत्रासी काफी धूमधाम से या किसी घटना या दुर्घटना के जरिए अपना वक्तव्य पेश करते हैं, क्योंकि उन लोगों को अपना वक्तव्य या माँग आम लोगों को सुनाने की और कोई व्यवस्था नहीं होती। आमतौर पर मुसाफिरों से भरा जहाज छीनकर, जहाज को पूरी तरह ध्वंस कर देने की धमकी देकर, वे लोग अपनी माँगें पेश करते हैं। अत्याचार के शिकार अरबों ने ही सबसे पहले हवाई जहाज छीनने की घटना को अंजाम दिया। यह तरीका उन्हीं लोगों की खोज है! लोगों की छिनताई की इस घटना ने इतनी बुरी तरह चौंका दिया कि वे लोग उनका वक्तव्य सुनने को लाचार हो गए। पेरु के जापानी दूतावास के लोगों को जिम्मेदार ठहराकर, वामपंथी विप्लवी दलों ने भी

अपनी माँगें पेश की थीं। कोलंबिया में भी अपहरण हुआ है और बंदी लोगों की मुक्ति की माँग की गई है। हमास, अल-क़ायदा, इस्लामिक जिहाद, इसी क़िस्म के दहशतगर्द गिरोह हैं। इज़राइल की सड़कों पर हमास के सदस्यों ने फिर फिलिस्तीन की आज़ादी की माँग करते हुए, आत्मघाती बमों का इस्तेमाल किया है। न्यूयॉर्क के वर्ल्ड ट्रेड सेंटर को धज्जी-धज्जी कर देनेवाले, अल-क़ायदा संगठन का संत्रास भी पाँचवें क़िस्म के संत्रास में पड़ता है। यह गैर-सरकारी संगठन का राजनीतिक संत्रास है। इन संत्रासियों की माँग है कि मध्यप्राच्य में अमेरिका और इज़राइल का संत्रास बंद किया जाए। लेकिन इस क़िस्म का संत्रास, देखने-सुनने में भले भयंकर हो, जैसा कि मैंने पहले कहा है, यही सबसे कम भयंकर है। सबसे ज़्यादा भयंकर है—राष्ट्रीय संत्रास! राष्ट्र जितने लोगों का खून कर सकता है, उतना और कोई भी नहीं कर सकता। पिछले पंद्रह महीनों में फिलिस्तीनी उग्रवादी संगठन ने जितने लोगों को कत्ल किया है, उससे चौगुना ज़्यादा इज़राइल राष्ट्र ने किया है। अतीत से अगर उद्धरण दिया जाए, तो ऐसे बहुतेरे उदाहरण मिल जाएँगे। ब्रिटिश सरकार ने जितने आइरिश या भारतीय लोगों की हत्या की थी, उग्रवादी संगठन के तौर पर मशहूर आई आर ए आइरिश रिपब्लिकन आर्मी या आज़ाद हिंद फौज ने उतने ब्रिटिश लोगों की हत्या नहीं की। पी एल ओ, आई आर ए, जर्मनी के बादेर मेनहफ, इटली के रेड ब्रिगेड, कुर्दिस्तान के पी के के वगैरह संत्रासी संगठनों ने जितने इंसानों की हत्या की, उनसे लाखों गुना ज़्यादा हत्या विभिन्न संत्रासी राज्यों ने की है। ये संत्रासी राष्ट्र हैं—अर्जेन्टिना, ब्राजील, चिली, इंडोनेशिया! अमेरिका की मदद से बतिस्ता ने क्यूबा में किया, अनास्तासिओ ने निकारागुवा में किया। और ज़्यादा अतीत में जाएँ तो राष्ट्रीय संत्रास का और भी कुत्सित चेहरा नज़र आता है। अमेरिका का इतिहास कोलम्बस से शुरू नहीं हुआ। मुझे ख़बर है कि यूरोपीय राष्ट्रों ने किस तरह अजटेक, माया, इनका-सभ्यताओं को ध्वंस किया, किस तरह रेड इंडियन लोगों की हत्या की, कैसे काले लोगों को पकड़-पकड़कर, बेड़ियों में जकड़कर, क्रीतदास बनाने को खींच लाए। ऑस्ट्रेलिया का इतिहास वहाँ से शुरू नहीं होता। जब कैप्टन कुक की नाव उस किनारे पर लगी। इससे पहले भी वहाँ का इतिहास विद्यमान था। कहा जाता है कि वास्को द गामा ने भारत का आविष्कार किया, भारत क्या इसके पहले गुमनाम था? इतिहास कोई भूल जाता है, कोई नहीं भूलता।

असल में यह देखना ज़रूरी है कि कब और कौन लोग उग्रवादी हो जाते हैं और क्यों हो जाते हैं। अमेरिका किसी भी संत्रास की कोई वजह नहीं खोजता। अमेरिका संत्रास दमन करना चाहता है। मारणास्त्र इस्तेमाल करके, इंसानों का खून करता है। लेकिन जैसे बीमारी की वजह खोज निकालने के बजाय, सिर्फ मॉरफिन देकर सुलाए रखने या तकलीफ दूर करने के लिए दवा खिलाने से कोई फ़ायदा नहीं होता। उसी तरह बम बरसाकर भी सचमुच कोई फ़ायदा नहीं होता, क्योंकि बमों की बरसात

से इंसान के अंदर क्रोध का जन्म होता है और उग्रवाद को जन्म देने के लिए क्रोध एक बड़ी वजह होती है। मूलतः जो लोग वंचित हैं, जिनके अधिकारों का उल्लंघन किया जाता है, जिन लोगों को बेवजह सज़ा झेलना पड़ती है, जो लोग नाउम्मीदी के अँधेरे में पड़े हैं, जिन लोगों की आँखों के सामने कोई भविष्य नहीं है। कष्ट झेलते-झेलते जिन लोगों की पीठ दीवार से जा लगी है, वे ही लोग उग्रवादी हो उठते हैं या उग्रवादी संगठन में अपना नाम लिखाते हैं। यह बिल्कुल वैसा ही है, जैसे माँ-बाप के लाड़-प्यार के बजाय, गाली-गलौज, लात-घूँसे-मुक्के खाते-खाते बड़े होते हुए लड़के का आवारा या बदमाश हो जाना। यह लड़का भी अपने बेटों को अनादर से पीट-पीटकर बड़ा करता है। इतिहास के पन्ने उलट-पलटकर देखें तो पता चलता है कि जो लोग आज संत्रास राज चला रहे हैं, कल वे ही लोग संत्रासी लोगों के हमले का शिकार होकर, बेमौत मर जाते हैं। सच तो यह है कि संत्रास बेहद संक्रामक चीज़ है। एक गाल पर थप्पड़ खाकर, दूसरा गाल आगे बढ़ा देने की बात, पवित्र ग्रंथों में उपदेश के तौर पर भले लिखी हो, मगर इंसान के चरित्र में हरगिज नहीं है। जाने कब तो सुना था कि दुनिया भर के चौबीस या चालीस दरिद्र देशों के पास जितनी दौलत है, उतना अमेरिका के एक या पाँच अमीरों के पास है। दुनिया में कुल पाँच सौ नब्बे विलियनियर हैं, ज़्यादातर अमेरिकी! यह विषमता सबसे बर्दाश्त नहीं होती। किसी-किसी में क्षोभ या क्रोध जन्म लेता है। आर्थिक बदहाली उन लोगों को लापरवाह बना देती है। तुम खाते-पचाते रहो, हम न खाएँ, अब यह नहीं होगा। यह कुछ अस्वाभाविक भी नहीं है। समता के देश, उत्तरी यूरोप में भी पड़ोस के घर का कोई शख़्स अगर चमचमाती मर्सिडीज़ बेंज खरीदता है, तो इस घर के बंदे की त्योरियाँ चढ़ जाती हैं—मैं अभी तक वॉक्सवागन चला रहा हूँ और तुम, गुरु मर्सिडीज़ खरीदनेवाले कौन होते हो, जी? और वह फौरन टैक्स-ऑफिस में ख़बर दे देता है कि—कमबख़्त पड़ोसी को इतने रुपए कहाँ से मिले, यह पता किया जाए। अगर उत्तरी यूरोप के देशों में ऐसा होता है तो अमीर-गरीब के आकाश-पाताल के फासले में, ऐसा क्यों नहीं होगा? आर्थिक वजह, राजनीतिक वजह का रूप ले लेती है। मैं पहले ही कह चुकी हूँ संत्रास की जड़ों तक पहुँचना होगा। संत्रास को अगर जड़ से न मिटाया गया, तो संत्रास मौजूद रहेगा, संत्रास फैलता जाएगा। संत्रास की पद्धति और-और बढ़ती जाएगी। पहली बार जहाज अपहरण के बाद, अन्यान्य उग्रवादियों ने भी यह तरीका अपनाया। एसिड फेंकने की हरकत, कब, किसने, कहाँ शुरू की थी, पता नहीं, लेकिन, बंगलादेश में यह तरीका बेहद जनप्रिय है। हाथ-पाँवों की नस काटना, बंगलादेशी कट्टरवादियों का संत्रासी तरीका है। माफिया लोगों का अंगूठा काटने का तरीका, इटली से चलकर, सुदूर चीन तक आ पहुँचा है। लेकिन लोग चाहे जो भी तरीका इस्तेमाल करें, सबसे बड़ी मिसाल रचता है, सरकारी संत्रास का तरीका! आज बीएनपी ने जिस तरीके का संत्रास अपनाया है, कल जब अवामी लीग सत्ता में आएगी,

यही तरीका अपनाएगी।

गैरसरकारी राजनीति संगठनों में अगर विप्लवी आदर्श मौजूद न हों, तो उलटा-पलटा संत्रास रचकर, कोई फ़ायदा नहीं होता। फिर भी कोई-कोई बाग़ी बेतुके संत्रास की तरफ मुड़ जाते हैं, कोई-कोई नहीं जाते। इसी वजह से यूरोप के दो विप्लवी दल—मार्क्सवादी और ऐनार्किस्ट लोगों में भी विरोध रहा। मार्क्सवादी लोग अगर संत्रास मचाते तो उसके पीछे आर्थिक-सामाजिक कारण होता। वैसे चीन, विएतनाम, अलजीरिया, क्यूबा के बाग़ियों के उग्रवाद के पीछे वृहद् और महान आदर्श थे।

समय बदल चुका है। इस युग में राजनीतिक संत्रास के लिए जहाज़ छीनने की ज़रूरत नहीं पड़ती। अपना वक्तव्य या माँग पेश करने के लिए, किसी जहाज़ को, किसी ऊँचे टावर के पेट के अंदर घुसेड़ देने की कोई ज़रूरत नहीं होती। इससे अनगिनत लोगों के प्राणनाश के अलावा और कुछ अर्जित नहीं होता। जहाँ उन्नत ज्ञान की संचार-व्यवस्था है, वहाँ आधुनिक तकनीक का प्रयोग करके, संगठन तैयार कर लेना। दूसरों को राजनीतिक आदर्शों से अनुप्राणित करना, समूची दुनिया में अपने विचार-मंतव्यों का प्रचार करना सरासर संभव है। वैसे संत्रास दमन के लिए भी अगर प्राचीन पद्धति इस्तेमाल की जाए, तो भी अनगिनत लोगों के प्राणनाश के अलावा और कुछ नहीं मिलता। प्राचीन काल में वल्लम का इस्तेमाल किया जाता था। अब मिसाइल का। इन्हीं सब कारणों से आम इंसान में क्षोभ जन्म लेता है। इंसान को नए-नए उग्रवादी संगठन तैयार करने की प्रेरणा मिलती है। राजनीतिक संत्रास की राजनीतिक भाव से ही समीक्षा की जानी चाहिए, मिसाइल के जरिए नहीं। विषमता की मीमांसा, विषमता मिटाकर, समता के जरिए की जानी चाहिए। मिसाइलों से कोई फैसला नहीं होता। कानून अपने हाथ में लेने से मुसीबत होती है! तब और-और लोग भी क़ानून अपने हाथ में ले लेते हैं। सच तो यह है कि मीमांसा की जिम्मेदारी जातिसंघ पर छोड़ देनी चाहिए। अंतर्राष्ट्रीय संत्रासियों के बारे में न्याय की जिम्मेदारी, अंतर्राष्ट्रीय अदालत को सौंप देना चाहिए। इन सबको ठोकर मारकर—'आई वांट हिम डेड और एलाइव, आइदर वे!'—यह घोषणा करना भयंकर गुना है। ऐसी घोषणा असभ्यता के अलावा और कुछ नहीं है। किसी भी दूसरे देश पर हमला करना, अंतर्राष्ट्रीय क़ानून तोड़ना अमेरिकी सरकार के इस गुनाह की वजह से लोगों में क्षोभ बढ़ रहा है, बढ़ता रहेगा। इराक की जनता क्षुब्ध है! बम बरसाकर, अमेरिका ने इराक का ढाँचा ही ध्वंस कर दिया है, हालाँकि पचहत्तर प्रतिशत बम, लक्ष्यभ्रष्ट ही हुए। इसमें निरीह लोगों की मौत के अलावा और कुछ नहीं हुआ। इन दिनों बच्चे अपुष्टि भुगत रहे हैं, इंसान भूखों मर रहे हैं, अधिकांश लोग बेकार बैठे हैं, पेड़ों तले पनाह ले रहे हैं। अस्पतालों में दवाएँ नहीं हैं। बाज़ारों में खाना नहीं है। बमबाज़ी में पाउडर दूध के कारखाने नष्ट हो गए हैं। इसलिए दूध का भी अकाल पड़ गया है। बेचारे दीन-हीन गरीब बच्चे, सिर्फ पानी पी-पीकर बड़े हो रहे हैं, वह पानी भी

दूषित! पीने के विशुद्ध पानी की सप्लाई का इंतज़ाम तोड़-फोड़ दिया गया है। गाँव-गाँव में लोग पोखर-तलैया का दूषित पानी पी-पीकर बीमार हो रहे हैं। लेकिन बीमारियों का कोई इलाज नहीं है। अस्पतालों में रोगी हैं, डॉक्टर भी हैं, मगर यंत्र-पाति, सरंजाम नहीं है, दवाएँ नहीं हैं। आज इराक, अमेरिका के जंगी विमानों से बरसाए हुए बम और ओवल ऑफिस से फेंके गए एमबरगोर बम--दोनों का ही क़हर झेल रहा है। अमेरिका ने कुर्दों के प्रति मुहब्बत दिखाई थी। वही दीन-दरिद्र कुर्द लोग, इराक के उत्तरांचल में जैसे पहले थे, वैसे ही पड़े हुए हैं! उसी तरह का अभाव, अनाहार, अशिक्षा वे लोग आज भी झेल रहे हैं। सद्दाम हुसेन का खून करने को आमादा अमेरिका ने इराक के नामी कलाकार, लयला बिन अत्तार का खून कर दिया। सद्दाम अभी भी ज़िंदा हैं। गद्दाफी को मारने जाकर, मार डाला उनकी चार साल की बेटी को। कैस्ट्रो को मार डालने के इरादे से जाने कितने लोगों का रक्तपात कर डाला। सूडान के किसी केमिकल कारखाने को ध्वंस करने की ठानी और ध्वंस कर डाला दवा का एक पाक-साफ कारखाना!

पश्चिमी दुनिया ने अरबी शब्द 'जिहाद' का अनुवाद किया है--पवित्र युद्ध! लेकिन किसी-किसी का कहना है, इसका सटीक अनुवाद है--संग्राम! यह संग्राम, संत्रास के जरिए होता है और संत्रास के बगैर भी होता है। जिहाद का अंतर्राष्ट्रीय संत्रासी चरित्र तो चार सौ साल पहले ही लुप्त हो चुका था। लेकिन अभी वह दुबारा बदन झटककर, नए सिरे से लौट आया है। हाँ, अस्सी के दशक में लौट आया है और यह लौटा है, अमेरिका की मदद से! सोवियत जब अफ़ग़ानिस्तान में दाखिल हुए, पाकिस्तान के स्वेच्छाचारी शासक, जियाउल हक़ को नास्तिक देश के खिलाफ जिहाद शुरू करने का अच्छा-ख़ासा मौका मिल गया। अमेरिका ने भी देखा, उसे भी दुनिया के एक बिलियन मुसलमानों को भिड़ा देने का ईश्वर-प्रदत्त मौका मिल गया, रीगन की भाषा में जिसे कहते हैं--'एविल इम्पायर' के खिलाफ! अफ़ग़ानिस्तान में रुपए उँड़ेले जाने लगे; सी आइ ए अन्यान्य मुस्लिम देशों से जिहादी जुटाने के लिए सफ़र पर निकल पड़े! जिहाद का पुनरुत्थान इसी ढंग से तो हुआ! अफ़ग़ानिस्तान में प्रागैतिहासिक जिहाद के जब अंडे बिछाए गए, उन्हीं अंडों से अगर प्रागैतिहासिक डायनोसोर किस्म का प्राणी सिर उठाए, तो इसमें आखिर किसका कसूर है? तालिबान ख़ामख़ाह तो पैदा नहीं हुए! उन्हीं अंडों के ही बच्चे हैं न! तालिबान के ज़्यादातर किशोर बच्चे, शरणार्थी कैम्पों में अभाव, अनाहार, अशिक्षा, कुशिक्षा में ही जवान हुए हैं।

संत्रास के बारे में तरह-तरह की व्याख्या देते हुए, एक और तरह के संत्रास की बात तो बताई ही नहीं! वैसे इस संत्रास को नंबर वन में डाला जा सकता है। इस संत्रास का नाम है--लिंग-आधारित संत्रास! इसका मूल उद्देश्य है--आधिपत्य! वैसे यह संत्रास उद्देश्य बिना भी होता है। संत्रास के लिए ही संत्रास होता है! इसके

अलावा, इसके पीछे राजनीतिक, आर्थिक, मानसिक वजहें भी होती हैं। यह संत्रास मर्द, औरत पर बरसाता है! घर-घर के बाहर हर जगह! यह संत्रास वह युद्धक्षेत्र, खुले मैदान, रास्ता-घाट, दफ्तर-अदालत, धान-खेत, पाट-खेत, निर्जन जगह, हाट-बाट—सभी जगह बरसाता है। यह संत्रास वह बेहिचक अंजाम देता है और यह संत्रास मचानेवाले मर्दों के खिलाफ़ ज़्यादातर कोई विचार नहीं होता। इसकी वजह यह है कि अधिकांश मर्द, आज भी इसे संत्रास नहीं मानते। मर्दों की कौन कहे, ज्यादातर औरतों को भी जानकारी नहीं है कि यह संत्रास है। पश्चिमी मानवाधिकार संस्थाएँ भी इसे 'लोकल कल्चर' कहकर कतरा जाती हैं। उन लोगों को यह डर लगा रहता है कि दूसरों के कल्चर की समालोचना करने से, कहीं जातिविद्वेषी होने की धमकी न खाना पड़े! लेकिन जो लोग समालोचना करते हैं, जो लोग 'कल्चर' या शानदार परंपरा नामक इस खौफनाक संत्रास को जड़ समेत उखाड़ फेंकना चाहते हैं, उन लोगों को क़त्ल हो जाना पड़ता है, जेल की रोटी तोड़ना पड़ती है। या फिर निर्वासन में धकेल दिया जाता है! मेरे कंठ को स्तब्ध करने के लिए राष्ट्रीय, धार्मिक और राजनीतिक संत्रास किस क़दर काम कर रहा है, आज यह इतिहास है! इतिहास कोई भूल जाता है। कोई नहीं भूलता।

कश्मीर अगर क्यूबा है, तो क्रुश्चेव कौन है?

अमेरिका ने संत्रास के खिलाफ जंग शुरू कर दी है। गुरु जो सिखाता है, शिष्य वही सीखता है। इज़राइल ने भी इसी क़िस्म की घोषणा की है और युद्ध में उतर पड़ा है। अब, कोई भी संत्रास के खिलाफ युद्ध की पुकार दे सकता है! क्षुद्र बंगलादेश ने भी क्षुद्र-क्षुद्र संत्रासियों के खिलाफ, क्षुद्र मूल्य पर क्षुद्र-सी घोषणा की है। युद्ध संक्रामक होता है। अब पाकिस्तान और भारत भी युद्ध की धमकी देने लगे हैं। धमकियाँ अगर युद्ध की तरफ रुख करें, तो अमेरिका और इज़राइल जो कर रहा है, यहाँ यह घटना और भी भयंकर होगी। दुनिया के सबसे कमज़ोर दो शक्तियों पर, विपुल शक्तिधर अमेरिका ने चोट की है और अमेरिका की मदद से इज़राइल ने भी यही हरक़त की है। सर्वाधुनिक मारणास्त्रों के जरिए बड़ी आसानी से उसने दुश्मनों का अगाड़ी-पिछाड़ी तल्ला चूर-चूर कर दिया है। लेकिन भारत, पाकिस्तान किसी से भी कम नहीं है। जो कुछ अमेरिका के पास है, वह सब इन दोनों देशों के पास नहीं है, यह सच है, लेकिन जो कुछ है, वही लाखों-लाखों इंसानों की हत्या के लिए काफी है! दोनों देशों के हाथ में परमाणविक बम है। और क्या चाहिए? धमकी देने लायक दम-ख़म, दोनों ही देशों के पास है। यहाँ किसी को भी डर के मारे गुफा के अंदर शरण नहीं लेना होगी। या सिर झुकाकर 'तुमने जो हुक्म किया है, मैं उसका अक्षर-अक्षर पालन करूँगा–' यह भी नहीं कहना होगा। अमेरिका चीन के बीच जो समझौता हुआ था, उसे तोड़कर, मारणास्त्र निर्माण में चीन ने पाकिस्तान की मदद की है। चीन ने कहा था–'जिस भी देश में परमाणविक बम नहीं हैं, उस देश पर चीन किसी शर्त पर भी बम प्रयोग नहीं करेगा या अन्य किसी भी देश को परमाणविक बम तैयार करने में मदद नहीं करेगा।'–लेकिन उसने मदद की! अमेरिका की तरफ से भारत में जो परमाणविक रिसर्च का काम हो रहा था, उसका फ़ायदा उठाते हुए, भारत ने भी बम तैयार कर लिया। दोनों पड़ोसी देशों के पास, अब विध्वंसी मारणास्त्र मौजूद है। कौन, किसको तरह देकर बात करे?

भारत की नाराज़गी की वजह है। भारत के संसद पर पाकिस्तानी दहशतगर्द हमलावर हों और भारत चुपचाप बैठा रहे, यह नहीं हो सकता। बम का दंभ भारत

क्यों न दिखाए? दुनिया का सबसे बड़ा गणतंत्र, उसे तो सीना फुलाकर ही बात करनी चाहिए। विदेशी दहशतगर्दी के शिकंजे से अपने देश की हिफ़ाज़त करनी ही चाहिए। वे दहशतगर्द, पाकिस्तान के ही थे, पाकिस्तान ने भारत से इसका सबूत दिखाने को कहा है। लेकिन भारत वह सबूत क्यों दिखाए? अभी उसी दिन तालिबान सरकार ने वह सबूत दिखाने की माँग की कि ओसामा बिन लादेन ही वर्ल्ड सेंटर पर हमले के लिए जिम्मेदार है। लेकिन अमेरिका वह सबूत दिखाने को राजी नहीं हुआ। युद्धों के उस्ताद से भारत ने भी युद्ध के नियम सीख लिए हैं। चाहे जो भी करो, शत्रुपक्ष अगर प्रमाण देखना चाहे, तो हरगिज अहमियत मत देना, अपने फैसले पर अटल रहना। अब खेल परवेज़ मुशर्रफ़ के हाथ में है और वे खेल भी रहे हैं। जो खेल जियाउल हक़ ने अफ़ग़ान सोवियत युद्ध के समय, जिमी कार्टर के साथ खेला था, इस बार परवेज़ मुशर्रफ़ खेल रहे हैं, बुश के साथ–तुम मेरी जगह से अपनी फौज उठा लो, क्योंकि इस वक्त मुझे भारत के खिलाफ जंग लड़ना है! पाकिस्तान के लिए, इस वक्त, भारत से युद्ध करना, अमेरिका की सेवा करने से ज़्यादा ज़रूरी है। यह बात परवेज़ मुशर्रफ़ ने साफ-साफ कह दी। ऐसी स्थिति में बुश साहब अगर पाकिस्तान का पक्ष न लें, तो पाकिस्तान में अपना अड्डा गाड़ने की योजना, कहीं धूल में न मिल जाए। बुश जो संत्रास-विरोधी आंदोलन कर रहे हैं। इस तरह का आंदोलन भारत को भी करना युक्तिसंगत है। यह बात बुश अच्छी तरह जानते हैं। अब वे न तो इस तरफ जा सकते हैं, न उस तरफ! हालाँकि विश्व की महाशक्ति को नेस्तनाबूद होना शोभा तो नहीं देता, मगर अब क्या उपाय?

ऐसे में अचानक पिछले दिनों की याद हो आती है। दूसरे महायुद्ध के बाद, सर्द-युद्ध शुरू हो गया। यह सर्द-युद्ध था मित्र-शक्ति, सोवियत यूनियन और युक्तराष्ट्र की दो पराशक्तियों के बीच। समूची पृथ्वी आज ध्वंस हो जाए या कल! कोई इस दल में, कोई उस दल में। हिंसा, घृणा बढ़ते-बढ़ते ऐसी स्थिति में जा पहुँची कि एक दूसरे पर परमाणविक बम बरसाने के अलावा कोई और कुछ भी नहीं सोच सकता था। सोवियत यूनियन से युद्धास्त्र क्यूबा में आने लगे। अब कोई क्या करेगा, कर ले! पहले तू मारेगा या मैं? दोनों ही मरने-मारने पर उतारू! लेकिन, अंत में, कोई किसी पर हमलावर नहीं हुआ! सवाल उठा, दुश्मन के बिल्कुल आँगन में खड़े होकर धमकी देने के बावजूद, सोवियत पीछे क्यों हट गया? युक्तराष्ट्र भी अफरातफरी में शांत क्यों पड़ गया?

इस प्रसंग में एक बार पीछे मुड़कर देखा जाए। इसलिए कि पिछली एक घटना के साथ, वर्तमान घटना की थोड़ी-बहुत समानता जो है! मुझे उम्मीद है कि उप-महादेश के दोनों दुश्मन देश अतीत से सबक ले सकते हैं। पीछे ही एक देश है, जिसका नाम है–क्यूबा! एक साल है–1962! सन् 1962 में क्यूबा में क्या हुआ था? क्यूबा का बे ऑफ पिग दख़ल करने के बाद, कैस्ट्रो सरकार को जड़ से उखाड़ फेंकने के

लिए, अमेरिका ने ऑपरेशन मंगुश की योजना बनाई। अमेरिका ने क्यूबा में क्यूबन द्वारा ही, कैस्ट्रो-विरोधी आंदोलन की ज़ोरदार तैयारियाँ शुरू कर दीं। आंदोलन जब चरम स्थिति तक पहुँच जाएगा, तब अमेरिका मैदान में उतरेगा। उसके बाद, वह कैस्ट्रो सरकार को उखाड़कर, नई सरकार नियुक्त करेगा! ऐसी सरकार, जिसे अमेरिका अगर कहे तो उठ खड़ी होगी, बैठने को कहे, तो बैठेगी। कैस्ट्रो और उनके कम्यूनिस्ट साथियों की हत्या करने के लिए, ऑपरेशन मंगुश का ब्लू-प्रिंट भी तैयार हो गया—राजनीति, मनोवैज्ञानिक मिलिटरी सैबोटाज़ और इंटेलिजेंस ऑपरेशन के लिए, अमेरिका अक्तूबर के महीने तक ज़रूर उतर पड़ेगा। उसने तुर्की में जुपिटर मिसाइल फिट कर दिया। सोवियत यूनियन और अमेरिका के आपसी रिश्ते चरम कड़वाहट लिए थे। अप्रैल के महीने में, सोवियत नेता, निकिता क्रुश्चेव, जब छुट्टियाँ बिताने के लिए तुर्की गए, तो वहाँ उनके दिमाग़ को ख़्याल सूझा। सोवियत भी तो क्यूबा में मिसाइल रख सकता है! इस तरह क्यूबा को अमेरिका के हमले से बचाया भी जाए। और अमेरिका की आँख में उँगली घुसेड़कर यह भी दिखा दिया जाए कि मेरे आँगन में तुम्हें ही बम सजाने का हक़ नहीं है, हमारा भी कोई हक़ होना ही चाहिए। अपने देश लौटकर, क्रुश्चेव ने यह प्रसंग छेड़ा, लेकिन प्रधानमंत्री अनासतास पिखोयान राजी नहीं हुए। ख़ैर वे भले राजी नहीं हुए, मगर बाकी नेतागण राजी हो गए। उन लोगों ने कहा—'चलो, देखते हैं। कैस्ट्रो को ही यह प्रस्ताव दें, देखें वे राजी होते हैं या नहीं।' क्रुश्चेव ने सोवियत सेना-प्रधान को यह देखने की जिम्मेदारी सौंपी कि क्यूबा में कितने अस्त्र भेजे जाएँगे। ख़बर आई कि मंझोले ताकतवाले क्षेपणास्त्र के साथ-साथ काफी सारी फौज तैनात करना भी संभव है। मॉस्को से एक प्रतिनिधि दल हवाना आ पहुँचा। क्यूबा की मिट्टी पर सोवियत क्षेपणास्त्र बिठाने से मना करने की, कैस्ट्रो के लिए कोई वजह नहीं थी, जब वे देख रहे थे कि कैरीबियन अंचल में अमेरिकी फौज ने अड्डा जमा लिया है। उनका निशाना क्यूबा है!

कैस्ट्रो एकदम से दहाड़ पड़े।

उन्होंने कहा, 'ठीक है, जो लाना है। अभी ले आएँ! इसी वक्त! लेकिन पक्का वादा करने से पहले मैं ज़रा समझ लूँ।'

चे गुवेमारा, भाई राउल कैस्ट्रो और कुछेक अन्य साथी समझ गए। ये राजी हो गए। बाकी लोगों ने भी मंजूरी दे दी। कैस्ट्रो ने सोवियत प्रतिनिधि को भी इत्तला दे दी कि वे राजी हैं। इसका उद्देश्य सिर्फ अमेरिकी हमले को ही नाकामयाब बनाना नहीं है। बल्कि समाजतंत्र की भलाई के लिए भी दो समाजतांत्रिक राष्ट्रों का पारस्परिक सहयोग बढ़ाना भी अहम उद्देश्य है! क्यूबा विप्लव में कैस्ट्रो को सोवियत यूनियन की मदद मिल गई। इसके लिए वे कृतज्ञ भी थे। कैस्ट्रो ने जो कहा, प्रतिनिधि दल ने मास्को लौटकर, वे बातें क्रुश्चेव को बता दीं। जुलाई महीने की शुरुआत में राउल कैस्ट्रो, क्यूबा के रक्षा-मंत्री कुछेक अन्यान्य फौजी-नेताओं के साथ, क्रुश्चेव से भेंट

करने के लिए मॉस्को आए। उन लोगों में बातचीत हुई! जुलाई के मध्य से ही जहाज भर-भरकर अस्त्र-शस्त्र चोरी-चोरी काले सागर और बाल्टिक सागर पार करके, क्यूबा में आने लगे। दो हफ़्ते बाद राउल, मॉस्को से वाप़स लौट आए। उन्होंने जनगण में ऐलान कर दिया कि अब हमारे पास, अमेरिका से मुकाबला करने की ताकत है। उसके बाद, हफ़्ता भर भी नहीं गुज़रा। जुलाई की सत्ताईस तारीख को ही, अमेरिका ने ऑपरेशन मंगुश का काम शुरू कर दिया, हालाँकि तय यही हुआ था कि वे लोग यह काम अक्तूबर में शुरू करेंगे। ग्यारह सी आइ ए गोरिल्लों का दल क्यूबा में घुस आया। एक-एक दल में दो सौ पचास सी आइ ए!

ऑपरेशन मंगुश के ब्लू-प्रिंट तैयार करने वाले, एडवार्ड लैंड्सडेल ने कहा, 'क्यूबा पर अमेरिका का वक्त कम होता जा रहा है। जो भी करना है, जल्दी करो! फिदेल कैस्ट्रो ने कहा है कि पूँजीवादी अब हमारे लिए कोई ख़तरा, कोई धमकी नहीं रह गए।'

उधर अमेरिका में बैठे-बैठे केनेडी ने फरमाया कि वे अपने फैसले पर अटल हैं। कौन-कौन से बम आ रहे हैं, कैसे आ रहे हैं। सी आइ ए, क्यूबा से ये सारी खबरें अमेरिका को भेजता रहा। सी आइ ए के डाइरेक्टर, जॉन मैककोन, सरकार के उच्चस्तरीय लोगों के साथ ज़रूरी बैठक में सोच-विचार के लिए बैठे। उनका वक्तव्य था कि क्यूबा अब अमेरिका पर आक्रमण करने के लिए बिल्कुल तैयार है। रक्षा मंत्रालय, जॉन मैककोन से सहमत नहीं था। क्यूबा, हद से हद, हमला रोकने की तैयारी कर सकता है। लेकिन खुद हमला नहीं कर सकता। ऑपरेशन मंगुश चलाने के लिए केनेडी ने जो स्पेशल ग्रुप ऑगमेंटेड (एस जी ए) का गठन किया था, उसका प्रधान, मैक्सवेल टेलर ने केनेडी को बताया कि ऑपरेशन मंगुश, जिस तरह गुप्त तरीके से होना चाहिए था, अब वह संभव नहीं है। सिर्फ इतना ही नहीं, जो तय हुआ था, उससे बहुत ज़्यादा आक्रमणात्मक होना होगा! सीधे-सीधे हमला करना होगा। अमेरिका के उच्च स्तरीय नेताओं की तो नींद हराम हो गई। ख़ैर ऐसा तो होना ही था! अमेरिका की नाक तले ही दुश्मन का परमाणविक बम! केनेडी ने आदेश दिया कि जितनी जल्दी हो सके, ऑपरेशन मंगुश सफल किया जाए, वह भी गुप्त रूप से! वे कैस्ट्रा का पतन चाहते हैं, अभी तुरंत! अगस्त की छब्बीस तारीख को क्यूबा के उद्योग मंत्री चे ग्वेवारा और कैस्ट्रो के एक दोस्त, एमिलो ऑर्गनिस, क्रुश्चेव से भेंट करने के लिए मॉस्को पहुँचे। चे ने अनुरोध किया कि वे क्यूबा में सोवियत मिसाइल लाने की बात, जनता के सामने घोषित कर दें। क्रुश्चेव इसके लिए राजी नहीं हुए। इधर अमेरिका का विमान, आकाश से, क्यूबा में कहाँ, क्या है—इनकी सारी तस्वीरें लेता रहा। परमाणविक बम की अवस्थिति का पता लगाना ही, उनका मूल लक्ष्य था। जॉन केनेडी के भाई एटार्नी जेनरल, रॉबर्ट केनेडी, अमेरिका में सोवियत राजदूत से मिलने गए। दूत ने उन्हें जानकारी दी कि क्रुश्चेव का अमेरिका पर हमला

करने की कोई योजना नहीं है। क्यूबा को जो अस्त्र-शस्त्र भेजे गए हैं, वह लोगों की रक्षा के लिए हमले के लिए नहीं। इधर अमेरिका तैयार था। केनेडी यह कहते फिरे कि हम लोग क्यूबा पर हमला नहीं करने वाले हैं, लेकिन क्यूबा अगर किसी क़िस्म का हमला करेगा, तो वे लोग भी नहीं छोड़ेंगे।

उधर क्यूबा की तरफ क्षेपणास्त्र ताबड़तोड़ आते जा रहे थे। सी आइ ए ने सूचना भेजी कि क्यूबा पर अमेरिका के भयंकर आक्रमण के मुकाबले को छोड़कर, इन क्षेपणास्त्रों के प्रयोग करने का, क्रुश्चेव का कोई इरादा नहीं है। अमेरिका के संसद में बिल पास हुआ कि कोई भी देश अगर क्यूबा को अस्त्र या कुछ और भेजेगा, तो अमेरिका उस देश से सभी तरह के व्यापारिक समझौते और आर्थिक मदद ख़ारिज कर दिया जाएगा। सितंबर में राष्ट्रसंघ के शीर्ष बैठक में सोवियत यूनियन के विदेश मंत्री, आन्द्रेइ ग्रोमाइको ने कहा, 'अमेरिका युद्ध के लिए उतावला हो उठा है। जिस भी शख़्स में ज़रा भी अक्ल है, वह समझ लेगा कि क्यूबा, अमेरिका या पश्चिमी यूरोप के लिए, कोई धमकी नहीं है! कभी हो भी नहीं सकता। लेकिन अमेरिका अगर क्यूबा पर किसी भी तरह का हमला करता है, तो हम क्यूबा को बचाएँगे।' क्यूबा में जब सोवियत यूनियन से आइ एल 28 आया, तो अमेरिका फिर बौखला गया। सारे युद्ध विमान तो परमाणविक बम वहन नहीं कर सकते। यह आइ एल 28 वहन कर सकता है। क्यूबा में चोरी-छिपे 42 आइ एल 28 आ पहुँचा। लेकिन यह ख़बर केनेडी के कानों तक भी पहुँच गई। अमेरिका की नौ-पोत अब इस पहरे पर तैनात हो गईं कि क्यूबा में सोवियत का कोई भी जहाज न पहुँच सके। अक्तूबर में अमेरिका ने क्यूबा पर विमान हमला, यहाँ तक कि जीवाणु अस्त्र बरसाने की योजना बनाई। क्यूबा में रखे हुए आइ एल 28 ध्वंस कर देने के अलावा, जितने सारे क्षेपणास्त्र मौजूद थे, अपने विमान-हमले में अमेरिका ने उन्हें भी चूर-चूर कर डालने का फैसला किया। सारे अस्त्र चूर-चूर कर देने के बाद, क्यूबा पर दख़ल! फैसला पक्का हो गया। क्रुश्चेव आगे बढ़ आए। फैसला लेने से ही सब हो जाएगा? चलो, बात करते हैं! तुम्हारा मसला क्या है। यह बताओ? मैं अपनी समस्या भी बताता हूँ। चलो, समस्या का समाधान करते हैं। युद्ध के अलावा, अगर किसी और उपाय से समाधान संभव है, तो चलो, करते हैं! जॉन मैककोन ने सोवियत प्रधानमंत्री से भेंट की। क्यूबा में आए हुए क्षेपणास्त्र की सूची दिखाकर, उन्होंने कहा कि जिन सब हथियारों पर अमेरिका को एतराज है, वे सब हथियार क्यूबा से हटा दिए जाएँ, वर्ना मुसीबत हो सकती है। जॉन मैककोन की धमकी सुनकर क्रुश्चेप ने अतिशय शांत लहजे में जवाब दिया कि वे सभी हथियार क्यूबा से हटा लेंगे, लेकिन केनेडी को वादा करना होगा कि वे क्यूबा पर हमला नहीं करेंगे। सिर्फ इतना ही नहीं, लैटिन अमेरिका के किसी भी देश पर हमला करने की साजिश न रची जाए। क्रुश्चेव ने

केनेडी को ख़त लिखा। केनेडी ने भी जवाब लिखा। नवंबर के शुरू में, दोनों पराशक्तियों में यही सब चलता रहा–'क्या बात है? तुम अपना क्षेपणास्त्र हटा क्यों नहीं रहे हो? क्यों? समझौते पर दस्तखत क्यों नहीं कर रहे हो?' क्रुश्चेव ने कहा, 'यह सब हटाने में, मुझे दो-तीन महीनों का वक्त लग जाएगा।' इधर, क्यूबा में आकर, वहाँ कौन-कौन से क्षेपणास्त्र हैं, उसकी जाँच करने के अमेरिका के प्रस्ताव को कैस्ट्रो ने ख़ारिज कर दिया। यह एकपक्षीय जाँच, उन्हें मंजूर नहीं था। क्यूबा भी देखना चाहेगा कि अमेरिका के भंडार में कौन-कौन से अस्त्र हैं। कैस्ट्रो ने यह भी चेतावनी दी कि क्यूबा के आकाश पर उन्हें अगर अमेरिकी विमान उड़ता हुआ नज़र आया, तो उसे बम मारकर ज़रूर उड़ा देंगे।

यह सुनकर केनेडी दुबारा भड़क गए। नवंबर की 16 तारीख को, सुबह सात बजे, उत्तर कैरोलाइना के उत्तरी तट पर अमेरिका का सबसे बड़ा उभचर, एम्फीबियस तैयार किया गया, जो पानी में भी चलता था और जमीन पर भी। क्यूबा पर आक्रमण की तैयारियाँ शुरू हो गईं। एक लाख फौज, चालीस हज़ार नौसेना, चौदह हज़ार पाँच सौ पैराट्रूपर्स, पाँच सौ पचास युद्ध विमान, एक सौ अस्सी युद्धपोत का काफिला तैयार किया जाने लगा। तैयारियाँ पूरी करने में तीस दिन का वक्त लगेगा। उस वक्त क्रुश्चेव, केनेडी को ख़त पर ख़त भेजने लगे। क्रुश्चेव और केनेडी में पत्राचार का सिलसिला शुरू हो गया। केनेडी ने यूरोप के प्रधान वर्ग को लिख भेजा कि क्रुश्चेव आइ एल 28 अभी भी नहीं हटा रहे हैं, इसलिए अमेरिका ने क्यूबा पर आक्रमण के लिए तैयारियाँ शुरू कर दी हैं। लेकिन अब पहले की तरह कहीं भी दुराव-छिपाव नहीं था। उधर सी आइ ए क्यूबा में रहकर ही, जो करना था, कर रहा था। उसने क्यूबा का एक कारखाना उड़ा दिया। खैर, कोई बात नहीं! यह कोई ख़ास बात नहीं है! सामने विशाल आतंक! परमाणविक बम का आतंक! आज नहीं तो कल बरसनेवाला है। उस वक्त क्रुश्चेव ने केनेडी को 14 पन्नों का एक ख़त लिखा। उन्होंने वादा किया कि वे आइ एल 28 हटा लेंगे। हटाने में महीना भर लगेगा। उन्होंने यह भी कहा, 'तमाम आइ एल 28 बारह साल पुराने हैं। अब उन्हें 'ऑफेन्सिव' नहीं कहा जा सकता। ख़ैर फिर भी वे, सब हथियार वहाँ से हटा लेंगे।' पत्र के अंत में उन्होंने ज़ोर देकर कहा कि अमेरिका किसी शर्त पर भी क्यूबा में दखल न करे। क्रुश्चेव के उस ख़त की वजह से अमेरिका ने क्यूबा पर हमले का फैसला रद्द कर दिया। क्रुश्चेव ने केनेडी को फिर एक ख़त लिखा। उन्होंने लिखा कि क्यूबा के राष्ट्र-गौरव पर अमेरिका का आघात न हो। अनुरोध पर अनुरोध! ख़त पर ख़त! रॉबर्ट केनेडी ने उन सब ख़तों के बारे में मंतव्य दिया–लॉन्ग ऐंड इमोशनल! सिर्फ आइ एल 28 ही क्यों, सोवियत यूनियन सभी क्षेपणास्त्र ही क्यूबा से हटा लेंगे, अनुरोध सिर्फ एक ही है–अमेरिका, क्यूबा को चैन से रहने दे! क्यूबा में जितने क्षेपणास्त्र मौजूद थे,

सोवियत ने वे सारे अस्त्र हटा लिए। इसके बावजूद क्रुश्चेव ने कहा, 'अमेरिका अगर अब भी क्यूबा पर हमला करता है, तो हम उसकी रक्षा करेंगे।' 17 दिसम्बर को रेडियो और टेलीवजन को दिए गए अपने इंटरव्यू में केनेडी ने कहा, '17 अक्तूबर को क्यूबा पर आक्रमण न करके, हमने अच्छा ही किया। असल में क्यूबा में जो क्षेपणास्त्र मौजूद थे, वे जानलेवा नहीं थे।' सोवियत यूनियन और अमेरिका, विश्वास के नज़रिए से एक-दूसरे से इतने अलग हैं कि परमाणविक बम का भी इस्तेमाल हो सकता था। लेकिन अगर यह ग़लती कर बैठते, तो कैसा जघन्य कांड हो जाता! क्रुश्चेव ने केनेडी को फिर एक ख़त लिखा—Time has come not to hut an end once and for all to nuclear tests. उन्होंने यह भी लिखा—With the elimination of the Cuban crisist we relieved mankind of the direct menace of combat use of lethal nuclear weapons that impended over the world. Can't we solve a far simpler question—that of cessation of experimental exposions of nuclear weapons in the peaceful conditions?

शुरू-शुरू में अमेरिका पर आक्रमण करने का क्रुश्चेव का कोई इरादा नहीं था। लेकिन क्यूबा पर आक्रमण करने का, अमेरिका का इरादा ज़रूर था। क्रुश्चेव का सिद्धांत था, शांति के पक्ष में शर्त वसूल करना। युद्ध नहीं, शांति के लिए कोशिश करना। उन्होंने यही कोशिश की। लेकिन वे अमेरिका के मन से समाजतांत्रिक देश के प्रति क्षोभ दूर नहीं कर पाए, यहाँ तक कि क्यूबा से भी नहीं! लेकिन क्यूबा में घटनेवाला भावी युद्ध, उन्होंने रोक लिया।

आजकल पाक-भारत युद्ध छिड़ने की तैयारी में है। मैं सोचती हूँ इस बार क्रुश्चेव कौन होगा? युद्ध रोकने का प्रयास कौन करेगा? शांति लाने की कोशिश कौन करेगा? वाजपेयी या मुशर्रफ? सन् 1962 में अमेरिका और सोवियत यूनियन जैसे जात-शत्रु, युद्ध से विरत हो सकते हैं, तो भारत-पाकिस्तान ऐसा क्यों नहीं कर सकेगा? उसे करना ही होगा। किसी न किसी को क्रुश्चेव की भूमिका निभाना ही होगी, वर्ना आम इंसान की मौत को रोकने का उपाय, किसी के पास नहीं होगा। क्रुश्चेव ने केनेडी को खत लिखते हुए, पन्ने पर पन्ने रंग डाले। अ़ब तो बातों के आदान-प्रदान के लिए ख़त से ज़्यादा उन्नत इंतज़ाम है। उस इंतजाम का इस्तेमाल करके, कश्मीर-समस्या का निपटारा करके, युद्ध रोकना ही होगा। भारत और पाकिस्तान के बीच राजनीतिक विश्वास का कोई विरोध नहीं है, जिस विश्वास ने पृथ्वी को दो हिस्सों में बाँट दिया है। कश्मीर में पाकिस्तानी उग्रवादियों के दीर्घ वर्षों से हमलों और हाल ही में भारतीय संसद पर पाकिस्तानी दहशतगर्द गिरोह के हमले की वजह से एक जन अड़ गया है और दूसरा अहंकार से फूल उठा है। इसलिए सारे रिश्ते ज़हर जैसे कड़वे हो आए हैं। इसीलिए युद्ध की गुहार लगा रहे हैं? कैसा होगा वह

युद्ध? परमाणविक बम में अगर किसी की एक बाँह अलग हो जाए? हिरोशिमा नागासाकी की बात, अगर कोई भूल जाए? अगर वाकई भूल गए, तो अशुभ होने के अलावा, और कुछ नहीं जुटेगा। एकमात्र मृत्यु, एकमात्र हाहाकार के अलावा, इस उपमहादेश में और कुछ नहीं बचेगा।

गाँधी जी ने कहा था, 'यू मस्ट हैव मोर फेथ इन आवर नॉन-वायलेंस दैन द टेररिस्ट हैज़ इन हिज़ वायलेंस।' क्रुश्चेव होने की क्षमता, अगर वाजपेयी या मुशर्रफ में न हो, तो इस वक्त वे दोनों कम से कम गाँधी को तो याद कर सकते हैं।

सिमी मर गई, तो क्या हुआ?

सिमी मर गई और हर ओर आह-आह का शोर मच गया। सिमी मर गई तो क्या हुआ? लोगों में सिमी के लिए इतना आवेग क्यों उमड़ आया? इसलिए कि सिमी ढाका शहर की पढ़ी-लिखी लड़की थी? ऐसी बहुतेरी सिमी हर दिन मरती रहती हैं। इस क़िस्म की कितनी ही सिमी को उजाड़ दिया जाता है। कितनी ही सिमी शर्म, अपमान से, अकेले में बेआवाज़ आँसू बहाती रहती हैं! ज़हर पी लेती हैं! फाँसी लगा लेती हैं। जिन लड़कियों को ज़हर भी नहीं जुटता, गले में फाँस लगाते हुए, जिनके हाथ काँपते हैं, वे लोग हर दिन ही दर्द से छटपटाती रहती हैं। हर दिन ही वे लड़कियाँ दोज़ख की आग में जलती हैं; हर दिन ही उन लोगों को साँप-बिच्छू डंक मारते हैं। लड़कियों के लिए दोज़ख परलोक का इंतज़ार तो करती नहीं। इहलोक का समाज ही वह इंतज़ाम कर देता है। किसी भी लड़की के पैदा होते ही, उसे दोज़ख में फेंक दिया जाता है! अगर [illegible] एँ, तब तो एक तरह से बच ही जाएँ! धागे के उस पार चली जाएँ। जो लड़कियाँ धागे के इस पार रह जाती हैं, दुर्भोग तो उन्हीं लोगों का है। सिमी तो बच गई। मरकर वह जी गई। मौत को गले लगाकर, उसने खुद को बचा लिया। सिर्फ अपने को ही नहीं, भविष्य में उसका शादी-ब्याह होता, मुमकिन है, उसे बेटी होती, उसने उस बेटी को भी बचा लिया। उसकी बेटी को भी बेटी ही होती, उसने उन लोगों को भी बचा लिया, बल्कि मैं तो सिमी की तारीफ ही करूँगी कि उसने बुद्धि लगाकर, सही फैसला ही लिया।

जिन लोगों को इंसान के तौर पर जीने की आज़ादी नहीं है, उन लोगों को कम से कम मरने की तो आज़ादी है। सिमी अपनी एकमात्र आज़ादी तो जीकर गई। सिमी तकदीरवाली थी। सिर्फ स्वाधीनताहीन, भाग्यहीन लड़कियाँ ही बच रहती हैं! सिमी के लिए मुझे बिल्कुल भी दुःख नहीं हुआ। दुःख तो उन लड़कियों के लिए होता है, जो सिमी की तरह अतिशय दुःख में या सिमी से लाखों-करोड़ों गुना ज़्यादा तकतीफ-यंत्रणा में ज़िंदा हैं। सिमी की तकलीफ, बंगलादेश की करोड़ों लड़कियों की तकलीफ-यंत्रणा से ज़्यादा नहीं है। मुहल्ले के चंद लोगों, नाते-रिश्तेदारों और दारोगा-पुलिस ने सिमी का अपमान किया, बस, यही न? इससे ज़्यादा तो कुछ नहीं? सिमी किसी

सामूहिक बलात्कार की तो शिकार नहीं हुई? उसके चेहरे पर किसी ने गर्म-तप्त सलाखें तो नहीं दागीं? उस पर किसी ने कंकड़-पत्थर तो नहीं बरसाया? किसने धुर्रा तो नहीं मारा? किसी ने एसिड फेंककर उसका चेहरा तो नहीं जलाया? चूँकि वह लड़की थी, इसलिए उसे किसी ने स्कूल जाने से तो नहीं रोका? लड़की होने की वजह से उसे घर से बाहर निकलने से तो मना नहीं किया? लड़की होने की वजह से उसे घर की दासी तो नहीं बनना पड़ा? क्रीतदासी भी नहीं बनना पड़ा! सिमी को किसी ने चकले में भी नहीं बेचा! सिमी को किसी के घर, नौकरानी का काम नहीं करना पड़ा, जहाँ और-और लड़कियों को हर पल अनन्त दुःख-तकलीफ झेलना पड़ता है। सिमी मर गई। क्योंकि उससे बेइज़्ज़ती बर्दाश्त नहीं हुई। उसके सपनों की दुनिया में ज़रूर किसी ऐसे अपमान या इल्ज़ाम के लिए जगह नहीं थी। इसलिए उससे सहा नहीं गया। सिमी के अपने सपने थे। जाने कितनी लाख-करोड़ लड़कियाँ बंगलादेश में जन्म लेती हैं और स्वप्नहीन ज़िंदा रहती हैं। उन लड़कियों को तो सपने देखना भी नहीं आता। उन्हें तो यह भी नहीं पता कि रोशनी किसे कहते हैं रोशनी देखने में कैसी होती है। उन लड़कियों का जन्म अँधेरे में हुआ है, जितने दिनों ज़िंदा रहती हैं, अँधेरे में ही सड़ती-गलती जीती हैं। उन सबके लिए सपना, कोई अलौकिक मामला है!

सिमी का दुःख-कष्ट-यंत्रणा अब नहीं रही। अब वह सबसे मुक्त हो गई है। उसके अलावा यह खुशख़बरी के अलावा और कुछ नहीं है। दरअसल, बंगलादेश की सभी लड़कियों को एकजुट होकर, सिमी की तरह मर जाना चाहिए। मौत की तकलीफ काफी संक्षिप्त होती है। कभी-कभी मृत्यु में कोई कष्ट नहीं होता, बल्कि एक किस्म का आनंद होता है। हीरोइन या मॉर्फिन किस्म की चीज़ों से होनेवाली मौत में कोई तकलीफ नहीं होती। अगर यंत्रणा भरी मौत चुनी जाए, तो भी यही बेहतर है, क्योंकि यंत्रणा भरी मौत होने पर भी, उसे कुल पाँच मिनट तक ही वह यंत्रणा सहना पड़ती है। कोई लड़की अगर पचास साल ज़िंदा रहेगी। तो उसे पचास साल यंत्रणा सहनी पड़ेगी। सिमी अगर और पचास साल ज़िंदा रहती, तो उसे और पचास साल तक तकलीफ सहनी पड़ती। इससे तो बेहतर यही हुआ कि उसने पचास साल की यंत्रणा को कम करके, पाँच मिनट का कर लिया। ऐसा करके उसने कोई बेवकूफी नहीं की। कोई भी लड़की जितने कम दिन ज़िंदा रहे, उसके लिए उतना ही भला है, उसे उतनी कम यंत्रणा सहनी होगी। पैदा होते ही जिस लड़की की मौत हो जाती है, उसके प्रति मैं एक तरह की ईर्ष्या महसूस करती हूँ! वही लड़की शायद सबसे ज़्यादा सुखी होती है।

बंगलादेश के बहुतेरे मर्दों को सिमी के लिए असीम दुःख है। सिमी देखने में खूबसूरत थी, उम्र भी कम थी। वह खूबसूरत तस्वीरें आँकती थी। अगर वह जिंदा रहती, तो इन्हीं सब मर्दों में से चंद मर्द सिमी के साथ का मज़ा उठाते हैं। उन्हें

दुःख क्यों नहीं होगा भला? जब गाँव-गंज में रहीमा, फ़ातिमा, जहूरा वगैरह पेड़ों की डाल से झूलकर फाँसी लगा लेती हैं तब क्या किसी को इतना दुःख होता है? बंगलादेश के किसी भी परिवार में लड़की का जन्म आकांक्षित नहीं है। वहाँ लड़की का जन्म एक हादसा है। जो औरतें इस हादसे को हजम कर जाती हैं, जो प्रसूतिगृह में बेटियों की हत्या नहीं करतीं, वे लोग लड़कियों को उपेक्षा, अपमान, दुःख-कष्ट, लानत-मलामत देकर बड़ी करती हैं। बड़ी होने के बाद, रास्ता-घाट, पति के घर, दफ़्तर-अदालत, दुकान-पाट, मैदान-नदी तट वगैरह जगहों में, और ज़्यादा लांछन, उन लड़कियों के इंतज़ार में होता है। निपीड़न, शोषण, निर्यातन, निष्पेषण झेलती हुई औरतें ज़िंदगी नहीं जीतीं, बल्कि जिंदगी का विकराल बोझ ढोती हैं। लड़कियों को यह विश्वास करने को लाचार किया जाता है कि यही आचार-व्यवहार, उनका प्राप्य है। उन लोगों को यह विश्वास करने को मजबूर किया जाता है कि वे सूरत-शक्ल से इंसान जैसी ज़रूर हैं, मगर वे इंसान नहीं हैं। लड़कियाँ बिल्कुल निम्न जाति की प्राणी हैं। लड़कियाँ तीसरे दर्ज़े की नागरिक हैं। लड़कियाँ अछूत हैं। औरतें, मर्द के लिए भोग की सामग्री हैं। औरतें बच्चे पैदा करने की मशीन के अलावा और कुछ नहीं हैं। औरतों के मान-सम्मान, इच्छा-अनिच्छा, साध-आह्लाद, उनकी बुद्धिमत्ता, विलक्षणता वगैरह का इस समाज में कोई मोल नहीं है। बेगम खालिदा जिया उर्फ कठपुतली चूँकि राष्ट्रपति की बीवी थीं, इसलिए बंगलादेश की कमजोर, अस्वस्थ, अशिक्षित राजनीतिक वर्ग, चेहरे पर रंग-रोगन पोते, बालों में काकुलें निकाले, गुड़िया के तौर पर उन्हें सत्ता पर बिठाया है। हमारे बुड्ढे-मुन्ना लोग, इस गुड़िया से खेल रहे हैं। लड़कियाँ सिर्फ भोग की ख़ास सामग्री ही नहीं हैं, खेलने का खिलौना भी हैं। लड़कियों या औरतों से खेलने में मर्द को काफी मज़ा आता है। मशीनी-गुड़िया तो कभी-कभी बिगड़ भी जाती है, लेकिन जीती-जागती लड़की-गुड़िया कभी नहीं बिगड़ती। उन लोगों से जैसा कहा जाता है, वे लोग वैसा ही करती हैं। दाहिने कहो, दाहिने चल पड़ती हैं। बायें इशारा करो, बाईं तरफ बढ़ जाती हैं। ये गुड़ियाँ नाचती भी अच्छा हैं। गुड़ियों का नाच देखना, किसे भला नहीं लगता?

बंगलादेश की प्रधानमंत्री तो नाम से भी कठपुतली हैं, काम से भी कठपुतली हैं! वैसे समाज की बाकी औरतें भी महज कठपुतली ही हैं। जो औरत, पुरुष-निर्मित समाज में कठपुतली जैसी न चले, मतलब उसे जैसे चलाया जाए, अगर वह न चली, तभी गड़बड़ी मचती है! गड़बड़ी से छुटकारा पाने के लिए, जिनमें सिमी की तरह मान-सम्मान का अहसास है, वे लोग जान दे देती हैं; जिनमें नहीं है, वे ज़िंदा रहती हैं। कोई-कोई शायद आंदोलन का भी जिक्र करती हैं। लेकिन बंगलादेश में आंदोलन करके, कुछ भी होने-हवाने को नहीं है। इस देश ने कान में रुई ठूँस रखी है, आँखों पर पट्टी बाँध रखी है! मध्ययुग की बर्बरता, इस देश में महासमारोह के साथ विराजमान है। लोग-बाग़ अल्लाह का नाम लेकर जैसे गाय जिबह करते हैं, वैसे ही इंसान भी

जिबह करते हैं। खुलेआम! इस कसाई-पुरुष के देश में हर औरत किसी न किसी तरह से बलि होती है। ऐसे सड़े-गले-नष्ट समाज में, इंसान में अगर आत्मसम्मान है, तो वह आत्महत्या कर लेता है! जैसा सिमी ने किया। आत्महत्या करके उसने बाकी औरतों को राह दिखाई है। औरतें या तो इस देश से निकलकर अन्य किसी भी देश के किसी भी स्वस्थ समाज में जा बसें या फिर खुदकुशी कर लें। वह मर ही जाए! सब मर जाएँ। बचे रहें, नष्ट समाज के सिर्फ नष्ट मर्द! वह जो कहते हैं न कि 'सरवाइवल ऑफ द फिटेस्ट!' इस समाज में मर्द की निष्ठुरता, मर्द को ही शोभा देती है। गंदगी और गलीजपन, इन्हीं मर्दों को ही सजती है।

3812 खून, 559 बलात्कार, 227 एसिड

पिछले साल 3812 लोग खून हो गए; 559 बलात्कार के वारदात हुए; 227 लोगों पर एसिड फेंका गया। यह 25 दिसंबर तक का हिसाब है। साल के बाकी पाँच दिनों में यह तादाद ज़रूर और बढ़ गई होगी। देश किस हाल में है, यह संख्या देखकर, सहज ही अनुमान लगाया जा सकता है। जो बंगलादेशी, देश के बाहर जा बसे हैं, यह संख्या देखकर ज़रूर सिहर उठेंगे। जिन लोगों ने पक्की तौर पर देश के बाहर जाने की बात नहीं सोची, अब उन लोगों ने सोचना शुरू कर दिया है। जो लोग देश में रहते हैं, उन लोगों के लिए शायद यह दाल-भात है। खून की संख्या, दुर्घटना में मृत्यु-संख्या, फतवों की वजह से आत्महत्या की संख्या, सन् 2000 के मुकाबले सन् 2001 में कम है। इसलिए यह सोचकर राहत की साँस ली जा सकती है कि देश की हालत में तरक्की हुई है। वाकई, राहत की ही बात है। मुझे बाघ ने खाया, सियार ने खाया है। चलो, कोई बात नहीं। बाघ के नुकीले, धारदार दाँतों से तो बच गए—यह काफी कुछ उस तरह की राहत है।

ऐसी असुरक्षा दुनिया के अन्य किसी देश में है भला? नहीं है! दुनिया में कहीं भी किसी युद्ध या महामारी के अलावा ऐसा नहीं घटता। बंगलादेश में कोई स्वस्थ-सबल इंसान, सुबह नींद से जागता है, दिन शुरू करता है, लेकिन उसे क्या ख़बर है कि उस दिन वह ज़िंदा रहेगा? नहीं, उसे ख़बर नहीं है, क्योंकि जीवन की कोई सुरक्षा नहीं है। घर से बाहर निकलते ही, सड़क-दुर्घटना में उसकी मौत हो सकती है। कोई अचानक उसका खून कर सकता है। अगर वह औरत है, तो सड़क-दुर्घटना या अचानक खून होने के अलावा, उसके साथ और भी किसी तरह का हादसा हो सकता है। कोई उसका बलात्कार कर सकता है; बलात्कार के बाद, उसका कत्ल कर सकता है; उसके चेहरे पर एसिड फेंक सकता है; एसिड से उसकी मौत हो सकती है। अगर वह नाबालिग शिशु है, तो उसके लिए भी ख़तरा है। यह तो हुई घर-बाहर की घटना! घर के अंदर बैठे रहो, तो मुमकिन है सड़क दुघर्टना से बचा जा सके, लेकिन खून से नहीं, एसिड से भी नहीं; बलात्कार से भी नहीं, फतवों से भी नहीं; अपमान, अवहेलना, आत्महत्या तक से भी नहीं।

559 बलात्कार की घटनाएँ हुईं। इसका मतलब यह हुआ कि 559 औरतों का बलात्कार किया गया है। बंगलादेश में किसी मर्द का बलात्कार नहीं किया जाता, कोई बालक भी बलात्कार का शिकार नहीं होता। वैसे पश्चिमी देशों में ऐसा होता है। लेकिन वहाँ मर्द ही, मर्द का बलात्कार करता है। यह सुनकर बहुत से लोग नौज़्बिल्लाह कहेंगे। मुमकिन है, वे लोग बड़े फ़ख़्र से कहेंगे कि हमारा देश अभी इतने रसातल में नहीं गया, हम अभी भी सिर्फ औरत का बलात्कार करते हैं! वाकई यह बड़े फख़्र की बात है? बलात्कार की शिकार 559 औरतों में 269 शिशु भी शामिल हैं। इस बात पर बहुत से लोग मंतव्य देंगे—हमलोग किसी की माँ या बीवी का बलात्कार करने में ज़रा झिझकते हैं, इसलिए अबोध शिशुओं का बलात्कार करते हैं। 559 बलात्कारों में सामूहिक बलात्कार की घटना ही 309 हैं। गणतंत्र के देश में गण-बलात्कार नहीं घटेगा, तो और क्या घटेगा? सामूहिक मृत्यु-दर, सामूहिक कब्र, सामूहिक बलात्कार—यह सब न हो, तो गणतंत्र कैसे टिका रहेगा? बीच-बीच में मुट्ठी भर लोग सामूहिक आंदोलन ज़रूर करते हैं, कोई-कोई समूह संगीत का भी आयोजन करते हैं। यह सब देखकर गद्दी पर आसीन जन-नेतावृन्द अपनी मूँछों तले मुस्कराते रहते हैं और सामूहिक घुलैया देने के लिए मुट्ठीभर पठान गुंडे भेजते हैं। यही है मेरा देश! यही तो है बलात्कार की शिकार, मेरी मातृभूमि! मेरा बंगलादेश!

दरअसल यह किसी औरत का बलात्कार करना नहीं है। यह अपने देश का बलात्कार करना है। बहुतों के लिए यह भी काफी गर्व की वजह है। वे लोग अपने ही देश का बलात्कार कर रहे हैं, किसी अन्य देश का तो नहीं! अगर वे लोग खून भी करते हैं, तो अपने भाई का करते हैं; फतवा देते हैं, तो अपनी ही बहन को देते हैं। वाकई, बंगालियों के गर्व की सीमा नहीं है। एक-एक जन, विशाल देशप्रेमी! वे लोग देशप्रेम में इस क़दर अंधे और मत्त हैं कि देश का बलात्कार किए बिना, उनकी देह शीतल नहीं होती।

दूर से, अपने देश को देखती हूँ, उतना ही अवाक् होती हूँ! दूर से देखती हूँ, शायद इसीलिए अवाक् होती हूँ। अगर मैं देश में होती, तो ये सारे बलात्कार, सारे खून, सारी दुर्घटनाएँ मुझे भी दाल-भात जैसी लगतीं। वैसे मैं यह भी जानती हूँ कि अगर मैं देश में होती, तो अब तक क़त्ल हो गई होती या बलात्कार की शिकार हो जाती या फिर सड़क-दुर्घटना में मेरी मौत हो चुकी होती। देश में ज़िंदगी की रत्तीभर हिफ़ाज़त नहीं है! लोग-बाग अल्लाह पर भरोसा करते हैं, इसलिए सड़कों पर उतरते हैं। अल्लाह पर विश्वास करते हैं, इसलिए माँ-बाप अपने बच्चों को स्कूल भेजते हैं। अल्लाह के भरोसे ही लोग-बाग़ ट्रेनों में सवार होते हैं। अंत में अल्लाह का अगर आसरा-भरोसा न हो, तो अल्लाह की भी चीज़, अल्लाह वापस ले लेते हैं या अगर हयात ही नहीं बची, तो बचोगे कैसे? या यही तकदीर में बदा है, यह कहकर सारी दुर्घटनाएँ, इंसान क़बूल कर लेता है। किसी बात की कोई निश्चयता

नहीं है; ज़िंदा रहने की भी निश्चयता नहीं है। क़दम-क़दम पर मौत; रोम-रोम में आशंका! ऐसी सुरक्षाहीनता में इंसान भला कैसे ज़िंदगी गुज़ारे?

इंसान के हिस्से में कुल्लमकुल एक ही तो जीवन होता है। जीवन से बढ़कर अनमोल और क्या है? इस जीवन के लिए सबसे बड़ी ज़रूरत है—सुरक्षा! देश उस सुरक्षा का इंतज़ाम करता है। नागरिक के लिए रोटी-कपड़ा-मकान का इंतज़ाम करता है। शिकार की व्यवस्था करता है! चिकित्सा की व्यवस्था करता है। बदले में नागरिकों की दक्षता को राष्ट्र और समाज के कामों में इस्तेमाल किया जाता है। ऐसे ही तो चलता है, कोई राष्ट्र! एक देश! लेकिन बंगलादेश क्या चल रहा है? नहीं चल रहा है! किसी भी राष्ट्र की नज़र में सभी नागरिकों का बराबरी का हक़ है। किसी के लिए ज़्यादा अधिकार किसी के लिए कम नहीं है, हालांकि इस देश में किसी को खाना नसीब होता है, किसी को नहीं! किसी को शिक्षा का मौका मिलता है, किसी को नहीं! शिक्षा मिल भी जाए, तो काम नहीं है! काम भी है, तो तनख्वाह नहीं है; तनख्वाह भी जुटे, तो खाने-पहनने के लिए नाकाफी है! बंगलादेश में सबसे ज़्यादा मुनाफे का धंधा है—राजनीति! राजनीति के बारे में कुछ भी न जानता हो, मगर वह राजनीतिज्ञ हो जाता है। चुनाव में रुपए ढालो, समूचे साल मुनाफा लूटो! सीधा-सा हिसाब है। इस धंधे में किसी बुद्धि-शुद्धि या विलक्षणता की ज़रूरत नहीं पड़ती। अनपढ़ गृहवधू एकदम से प्रधानमंत्री हो जाती है, दक्ष राजनीतिज्ञों को रिक्शावाला बन जाना पड़ता है। चोर अर्थमंत्री बन बैठता है! क अक्षर भी जिसके लिए गोमांस है, वह शिक्षा मंत्री हो जाता है। चिकित्सक झाड़-फूंक में विश्वास करते हैं। गृहमंत्री संत्रासी हो जाता है! मेरा तो ख़्याल है कि नागरिक अधिकार के बारे में भी देश के कर्ता-धर्ताओं को अंदाज़ा तक नहीं है। जो लोग चुनाव जीत लेते हैं, उन्हें भी अपनी जिम्मेदारियों की कोई जानकारी नहीं है। मैं पूछती हूँ, वे लोग जनगण के लिए हैं या जनगण उनके लिए है? बंगलादेश के राजनीतिक मंच पर तथाकथित निर्वाचन नामक प्रहसन में जो घटना घटती है, इसमें वोट जीतने का मतलब है, दहशतगर्दी का लाइसेंस जीतना। वे लोग नाम से रक्षक होते हैं, काम से भक्षक! वे लोग भोग करते हैं, जन-गण भोगते हैं! वे लोग मनमानी करते हैं। बीमार पड़ने पर, वे लोग इलाज के लिए विदेश जाते हैं, जबकि देश के सरकारी अस्पतालों के फर्श पर लेटे-लेटे, देशवासी, बिना इलाज, बिना दवा के दम तोड़ते रहते हैं। वे लोग अपने बेटे-बेटियों को लिखने-पढ़ने के लिए विदेशों के स्कूल-कॉलेज में भेजते हैं, जबकि देश के अधिकांश लड़के-लड़कियाँ शिक्षा के मौके तक से वंचित होते हैं। देश के चंद लोगों के हाथ में अथाह रुपए होते हैं। कुछ लोगों की थालियों में मांस-मछली, कुछ लोगों के बदन पर बेशक़ीमती कपड़े! कुछ लोगों की तकदीर में घर-मकान नहीं,

अट्टालिका होती हैं! कुछ लोग चमचमाती गाड़ी में सवार होकर घूमते-फिरते हैं, अधिकांश लोग अभाव, बीमारी भोगते हैं। अधिकांश के बदन पर फटे-चीथड़े कपड़े; अधिकांश की थालियों में खाना नहीं होता; अधिकांश लोग बेघर होते हैं। अधिकांश लोगों ने कभी किसी दिन सुख-आराम का मुँह नहीं देखा। अधिकांश के पास शिक्षा नहीं होती, इलाज नहीं होता; अधिकांश लोगों के जीवन में सुरक्षा नहीं होती। इस अति-धनी और अति-दरिद्र के बीच में जो लोग रहते हैं, वे लोग दौलत के पीछे दमफूली दौड़ लगाते हैं; गिरते-पड़ते, बेतहाशा इज़्ज़त के पीछे दौड़ते; अपनी लोलुप जुबान से क्षमता के तलवे चाटते हैं। यही तो है मेरा देश! ऐसा देश तुम्हें खोजने पर भी नहीं मिलेगा—'सकल देश में सर्वोत्तम जो, वह है मेरी जन्मभूमि!' असल में ऐसा देश, दुनिया भर में खोजने से भी नहीं मिलेगा। खून, राहजनी, बलात्कार, दुर्नीति में श्रेष्ठ देश है! हिंसा, द्वेष, प्रतिहिंसा, प्रतिशोध, लोभ, स्वार्थ, क्षुद्रता-नीचता में अग्रणी यह देश; बलात्कार का शिकार, बंगलादेश!

देश को आज़ाद हुए तीस साल गुज़र गए। आज भी लोगों को स्वीधनता की चेतना के बारे में चीखना-चिल्लाना पड़ता है! स्वाधीनता की व्यर्थता तो यहीं जाहिर है। जो लोग आज़ादी के खिलाफ थे, उन लोगों को मुक्ति युद्ध का टनाटन इतिहास, ठूँस-ठूँसकर खिलाने पर भी, उन लोगों की चेतना नहीं लौटेगी। देश चेतनाहीन अँधेरे में मुँह के बल गिरा-पड़ा है। अब अतीत में क्या झाँकना? अगर सामने की तरफ न देखा, अगर भविष्य न गढ़ा, राजनीति-अर्थनीति में नीति न लाए, स्वस्थ तरीके से इंसान के जीने का इंतज़ाम न किया, इंसान को सुख-चैन न दिया, न्यूनतम सुरक्षा नहीं दी, तो देश सड़ी-गली फूली हुई लाश की तरह बस पड़ा रहेगा। इसे कोई चील सियार भी नहीं खाएँगे। देश पाकिस्तान झपट ले। भारत खा जाए या चील-कौए खा जाएँ। इस अभागे देश को कोई नहीं लेगा। भविष्य में तो यूँ भी यह देश भूकम्प में धँस जाएगा, बाढ़ में गर्क़ हो जाएगा। इंसान कोई तिलचट्टा तो है नहीं, जो सैकड़ों मुसीबत में भी टिका रहेगा।

देश सिर्फ मिट्टी से ही नहीं रचा-गढ़ा जाता, बल्कि इंसानों से गढ़ा जाता है। इंसान के लिए अगर इंसान का प्यार, ममता, श्रद्धा, स्नेह न हो, तो सुंदर-स्वस्थ देश गढ़ना नामुमकिन है! इंसान का खून-कत्ल करके, बलात्कार करके, अत्याचार करके। इंसान को धोखा देकर इंसान का घर-द्वार फूँककर। उस पर पत्थर बरसाकर, दुर्रे मारकर, एसिड फेंककर, भले धर्मांधता, अंधता, क्षमता, क्षुद्रता की जय हो, देश को कोई लाभ नहीं होता। उत्तरी यूरोप के जिस देश में रह रही हूँ, उस देश में अगर सड़क-किनारे, कोई बस, हल्के से भी एक तरफ झुक पड़े, तो भले किसी यात्री की मौत न हो, बस टेढ़ी होने क़ी ख़बर, राष्ट्रीय ख़बर बन जाती है। बस टेढ़ी क्यों

हुई? टेढ़ी होनी तो नहीं चाहिए थी, हज़ारों तरह की खोज-बीन शुरू हो जाती है, यात्रियों में से किसी एक भी यात्री के मन में अगर हल्का-सा भी आघात लगता है, तो सरकारी ख़र्च पर उसका इलाज किया जाता है! समस्या की जड़ तक जाकर समाधान किया जाता है। इस देश में बच्चे के जन्म लेने से पहले ही, देश उसके लालन-पालन की जिम्मेदारी अपने ऊपर ले लेता है! गर्भवती माँ पर होनेवाला सारा ख़र्च देश के जिम्मे! बच्चे के जन्म के बाद, उसके खाने-पहनने का सारा ख़र्च, राष्ट्र वहन क़रता है! उसकी शिक्षा-दीक्षा, इलाज का सारा ख़र्च देश के जिम्मे! यह इंतज़ाम हर नागरिक के लिए है। बेटे-बेटी के ब्याह के लिए, बुढ़ापे में खाने-पहनने जीने के लिए, भविष्य के लिए, किसी को भी रुपए-पैसे जमा करने की ज़रूरत नहीं पड़ती। सारा ख़र्च राष्ट्र ही वहन करता है। इस देश में ऊपरी कमाई की भी ज़रूरत नहीं पड़ती। बंगलादेश में रुपए संचय करना ज़रूरी होता है, इसलिए लोग दुर्नीति और बेईमानी का आश्रय लेते हैं। यही नहीं वे लोग खून भी करते हैं, बलात्कार करते हैं, एसिड फेंकते हैं—यह सब क्यों करते हैं? सबसे पहले यह देखा जाए कि बंगलादेश में बच्चे बड़े कैसे होते हैं। इस देश में बच्चे जैसे बड़े होते हैं, बंगलादेश में वैसा नहीं होता।

पीट-पीटकर लाश बनाना, मारकर तख्ता बनाना, चंटी मारकर दाँत तोड़ डालना, मारे धुलैया के हाड़-गोड़ पाउडर बना देना, छील-काटकर नून भुरक देना, मार-मार कर, टुकड़े-टुकड़े कुत्ते को खिला देना—ऐसे-ऐसे जुमले जन्म से सुनते-सुनते ही, बच्चा बड़ा होता है। मेरे अब्बू की नीति थी, पिटैया न दी जाए, तो बाल-बच्चे इंसान नहीं बनते। हम सबको अब्बू ने बेभाव पीटा है! सवाल लगाने या वर्तनी की हल्की-सी भूल पर, स्कूल के टीचर बेभाव पीटते थे। घर में भी माट'साब के थप्पड़ तमाचे, घूँसे-मुक्के तो ख़ैर बरसते ही थे, पीठ पर पेड़ों की डालें तक टूटती रहती थीं। यहाँ इस देश में बच्चों को पढ़ाने के सैकड़ों तरीके हैं। ये सारे तरीके ही, बच्चों को सिखाने के लिए होते हैं! शिशु-विशेषज्ञों द्वारा साल-दर-साल गवेषणा कराते हुए, बच्चों को तैयार किया जाता है। इस देश के शिक्षक-शिक्षिकाएँ किसी विद्यार्थी को रोकना-टोकना तो दूर की बात, धमकी तक नहीं देते। ऐसी हरक़तें यहाँ ग़लत और क़ानून-खिलाफ समझी जाती हैं। यहाँ तक कि बच्चे के माँ-बाप भी अगर अपने बच्चों पर हल्का-सा हाथ भी उठाते हैं, तो पुलिस आकर, उन्हें गिरफ़्तार कर लेती है। माँ-बाप को जेल या हाजत में ठूँसकर बच्चों को कैसे इंसान बनाया जाता है, यह सिखाने-पढ़ाने के बाद ही, उन्हें दुबारा घर भेज दिया जाता है। इसका भी अगर कोई असर नहीं होता, तो बच्चों को ही, माँ-बाप के चंगुल से निकालकर, उठा ले जाते हैं। और उसे सरकारी घर के स्वस्थ परिवेश में रखकर इंसान बनाते हैं। यहाँ बच्चे अपनी आँखों के सामने मुर्गी-जिबह, गाय-जिबह देखते हुए, बड़े नहीं होते। लेकिन बंगलादेश में ऐसा होता है। कुर्बानी के ईद के दिन गाय की बलि का निर्मम उत्सव। देख-देखकर बड़े होते

हुए बच्चों के लिए इंसान का गला काटना, कोई रोमहर्षक घटना नहीं होती। बड़े होने के बाद ये ही बच्चे, इस-उस का गला काट सकते हैं। खिलौने का पिस्तौल खेलते-खेलते, इधर-उधर निशाना लगाकर गोलियाँ छोड़ते-छोड़ते, बड़े होने वाले शिशु, जवान होने के बाद, असली पिस्तौल हाथ में लेने में ज़रा भी नहीं हिचकिचाते। निशाना लगाने में भी उनसे चूक नहीं होती। चूक होनी भी नहीं चाहिए।

कुछ सालों पहले इस देश में एक लेखिका के यहाँ मेरी दावत थी। उस लेखिका ने अपने और-और दोस्तों को भी आमंत्रित किया था। जब मैं वहाँ दावत पर पहुँची, मेरे साथ सुरक्षा-पुलिस भी थी। जब मेरी बुलेटप्रूफ गाड़ी उस लेखिका के घर के सामने रुकी, ठीक उसी वक्त मामूली-सी एक सायकिल पर सवार एक महिला भी वहाँ आ रुकीं। सायकिल को सड़क पर ही टिकाकर वह महिला भी लेखिका के घर में दाखिल हुईं। मैं भी! घर में मौजूद बाकी मेहमान से जान-पहचान होने के दौरान, उस सायकिल-सवार महिला से भी परिचय हुआ। वे इस देश की विचारमंत्री थीं। बंगलादेश से सद्यः आई मैं, हैरत से मुँह-बाए सुनती रही।

मैंने कहा, 'मैं आई पुलिस की गाड़ी में, पुलिस से घिरी हुई! और आप आई हैं सायकिल चलाकर? पुलिस-गाड़ी में तो आपको आना चाहिए था।'

मेरी बात सुनकर, विचार-मंत्री अवाक् रह गईं।

उनकी आँखें आसमान पर जा चढ़ीं, 'आप क्या बात करती हैं? आपको सुरक्षा की कमी है, आपको पुलिस की ज़रूरत है! मुझे पुलिस की ज़रूरत क्यों पड़ेगी? मुझे तो किसी ने फतवा दिया नहीं।'

किसी ज़माने में यह देश निहायत गरीब था। भारतवर्ष जब धन-मान, शिक्षा-संस्कृति में उच्च स्थान पर था, इस देश के लोग अशिक्षा, अभाव से जर्जर थे। इस देश की माटी तले, पानी तले, न तो कोई गैस है, न तेल; न हीरा, न सोना! इसके बावजूद यह देश अब दुनिया के अन्यतम धनी देशों में गिना जाता है। यहाँ किसी को रोटी-कपड़ा-मकान का अभाव नहीं है; शिक्षा और इलाज की भी कमी नहीं है। इस देश में सबके पास घर-मकान गाड़ी है। सभी संपन्न हैं। सबके जीवन में सुरक्षा है! यह देश गढ़ने के पीछे, इस देश के लोगों में एक चीज़ सर्वाधिक काम करती है, वह है—सच्चाई और ईमानदारी!

मुझे यह भरोसा करने का मन होता है कि बंगलादेश के सभी लोगों के मन में अभी भी सच्चाई और ईमानदारी जिंदा है, अभी तक उसने निर्वासन नहीं लिया। अभी ही अगर चाहें, तो देश को स्वस्थ और सुरक्षित बनाया जा सकता है। कत्ल-खून, बलात्कार, एसिड, फतवा—यह सब अस्वस्थ समाज के लक्षण हैं। समाज को स्वस्थ बनाने से ये सारे उपसर्ग दूर हो जाते हैं। किसी उग्रवादी या खूनी को गिरफ़्तार करा देने पर, लाख रुपए पुरस्कार देने की घोषणा की जा सकती है, खूनी जब पकड़ा जाता है, तो उसे फाँसी पर भी झुलाया जा सकता है—लेकिन इस ढंग से खूनी या

उग्रवादी या बलात्कारियों की संख्या कम नहीं की जा सकती। खून या बलात्कार क्यों होता है? चोरी, दुर्नीति, डकैती क्यों होती है, जो लोग ये वारदातें करते हैं, क्यों करते हैं—यह सब जानना-समझना होगा। उसके बाद इनके कारणों को निर्मूल करना होगा। इंसान को शिक्षित बनाना होगा, सुशिक्षा फैलाना होगा। मैं जिस शिक्षा की बात कर रही हूँ, वह शिक्षा सिर्फ नाम दस्तखत करने की शिक्षा नहीं है या मक़तब-मदरसे में जाकर, झूम-झूमकर अरबी पढ़ना नहीं है। मदरसे की शिक्षा जिस तरह देश की अर्थनीति को नुकसान पहुँचाती है, समाज और राष्ट्र को भी धमकियों तले रखती है, क्योंकि मदरसे तो ताज़ा-ताज़ा कट्टरवाद तैयार करने के कारखाने होते हैं। कट्टरवाद देश को मध्ययुग के अँधेरे में धकेल देता है। वह सामने की तरफ नहीं बढ़ाता। अफ़ग़ानिस्तान में तालिबानों का समाज, किसी अर्थ में भी स्वस्थ समाज नहीं था। ये तालिबान मदरसे से शिक्षा लेकर आए थे। मैं जिस देश में रहती हूँ, यहाँ धर्म के साथ राष्ट्र का कोई सरोकार नहीं है। इसलिए यह देश इतना उन्नत है। दुनिया में ऐसा कोई भी देश नहीं है, जो धर्म के साथ जुड़ा है और वहाँ अन्याय, अत्याचार, दुर्नीति, बदहाली न हो। धर्म को व्यक्तिगत रखकर, राष्ट्र अपना काम करेगा। राष्ट्र को तो दोज़ख में जाने की फिक्र नहीं होती? या होती है? हमारे निजामी, शयखुल हादिस, ग़ुलाम आय़म जैसे लोगों को बहिश्त जाने का चाव है। वे लोग बहिश्त जाएँ। लेकिन पूरे देश के लोगों को साथ लेकर, वह जन्नत क्यों जाना चाहते हैं? वे लोग इतने तो निःस्वार्थ नहीं हैं। व्यक्तिगत जीवन में ऐसा कोई महान या ईमानदार काम उन लोगों ने नहीं किया है। कोई अगर अल्लाह का हुक्म न माने, तो वह दोज़ख में जाएगा, लेकिन इससे निजामी जैसे लोगों का बहिश्त तो हराम नहीं होगा। वे लोग अनायास ही बहिश्त में सुख-शांति से जिंदगी गुज़ार सकेंगे। अल्लाह तो पूरे देश को पुलसेरात पर एक साथ चलाएँगे नहीं। वहाँ तो एक-एक बंदे को अकेले-अकेले ही चलना होगा, उस वक्त माँ-बाप, भाई-बहन कोई भी अपना नहीं होगा। सभी या नबसी! या नबसी करेंगे। निजामी लोग अभी से ही वह या नबसी शुरू कर सकते हैं। मेरा मतलब है कि दूसरों के चर्खे और राष्ट्र के चर्खे में मैं तेल न ढाल कर, उन लोगों को अपने चर्खे में तेल ढालना चाहिए। दूसरे लोग क्या खाएँगे। क्या पहनेंगे, कैसे चलेंगे-फिरेंगे, क्या पढ़ेंगे, क्या बोलेंगे, कितना बोलेंगे। कहाँ जाएँगे, कहाँ नहीं जाएँगे, यह सब तय करने की ज़िम्मेदारी ये निजामी लोग अपने हाथ में लेना चाहते हैं। ये निजामी और उसकी परिषद अगर वोट में जीत गए और यह सब तय करने की जिम्मेदारी, अंत में उन लोगों ने हथिया ली, तो देश का सामूहिक सर्वनाश निश्चित है। यह सर्वनाश रोकना आसान नहीं है। इंसान के अंदर सच्चाई और ईमानारी चूँकि अभी तक बची हुई है। अगर वह सब भी तबाही के चंगुल में पड़ गई तो उसकी धूल भर ही हवा में नहीं उड़ेगी, जन्म-जन्मांतरों के लिए निश्चिन्ह हो जाएगी।

सुनो, बलात्कार के शिकार बंगलादेश, अभी भी समय है! बचो!

मिचलाहट

मिचलाहट यानी उल्टी का भाव! अंग्रेजी में जिसे कहते हैं—नॉजिआ! यह मिचलाहट या नॉज़िया मुझे तब होता है, जब मैं बंगलादेश की राजनीति के बारे में सोचती हूँ। आजकल मैंने यह सब सोचना छोड़ दिया है। लेकिन जब कभी किसी बंगाली के घर जाती हूँ, तो मुश्किल में पड़ जाती हूँ। आवामी लीग, बी एन पी, जातीय पार्टी, जमाते-इस्लामी वगैरह पार्टियों के बारे में जहाँ जिक्र छिड़ता है, मुझे उठ जाना पड़ता है। अंदर की मिचलाहट से कहीं उल्टी ही न हो जाए और अंत में कहीं कमरे के फर्श पर ही उल्टियों की धार न बहने लगे, इस डर से मैं दूसरे कमरे में जाकर चुपचाप बैठी रहती हूँ, या सीने में मुक्त हवा-बाताश भरने के लिए बरामदे में निकल आती हूँ या फिर टॉयलेट में ही जाकर खामखाह बैठी रहती थी। जब राजनीति की बातचीत ख़त्म हो जाती है, तब उस अड्डे में दुबारा आ मिलती हूँ। इसके बाद, अगर दुबारा राजनीति का जिक्र छिड़ता है, तो मैं उसे बीच में ही रोककर, उस पर घर के सदस्य से पूछती हूँ, 'अच्छा, आपके पास सूखी शुटकी मच्छी है? अगर है, तो ज़रा मिर्च-विर्च डालकर भुर्ता बनाने को कहें न; खाया जाए।' या अन्यान्य मेहमानों से मुखातिब होती हूँ, 'बहुत दिनों से गाना नहीं सुना, कोई गाना छेड़िए न! ज़रा, गाना सुनूँ!' सच्ची, बंगलादेश की राजनीति पर बातचीत करने से कहीं ज़्यादा बेहतर है किसी और विषय पर कहें-सुनें! सच बात तो यह है कि गंदगी में उतरने का मेरा मन भी नहीं होता।

ओवरब्रिज का गार्डर सिर पर टूट गिरा, इंसान मर गया! सड़क-दुर्घटना में हर दिन असंख्य मौतें! बलात्कार! खून! दुर्नीति! संत्रास, दहशतगर्दो का चुनाव में खड़े होना—वगैरह-वगैरह ख़बरें, मैं यथासंभव नज़रअंदाज़ कर जाती हूँ। अखबार में मैं और-और खबरें पढ़ती हूँ। यूँ नज़रअंदाज़ करने की वजह भी है। वजह यह है कि ये सब ख़बरें पढ़ने से रक्तचाप बढ़ जाता है। मन मारे पड़े रहो। मारे फिक्र के अनिद्रा रोग का शिकार होना रोजमर्रा का किस्सा हो जाएगा। मैं जानती हूँ, ये सब बंद

करने के लिए, उत्तेजित होकर, आंदोलन करना, गला फाड़-फाड़कर चीत्कार करना—इन सबसे कोई परिवर्तन संभव नहीं है। यह सब होता रहता है। होता रहेगा। किसी में भी इतनी ताकत नहीं है कि इन्हें रोक दे। तमाम दुःखद संवादों के पीछे, किसी न किसी तरह की राजनीति ज़रूर जुड़ी होती है। दुखद समाचारों के बारे में सोचने का मतलब है, राजनीति के बारे में सोचना और राजनीति के बारे में सोचते ही, मैंने तो पहले ही बताया कि मुझे क्या होता है—मिचलाहट! ये सब दुर्घटनाएँ, दुःसंवाद पढ़-पढ़कर, कोई-कोई विरोधी राजनीतिक दल से उम्मीद लगा बैठता है। उसे लगता है कि विरोधी दल, अगर सत्ता में आ जाए, तो समस्याओं का समाधान हो जाएगा। लेकिन यह बात क्या अच्छी तरह समझ में नहीं आ रही है कि सभी पार्टियों का चरित्र असल में एक है। ये लोग एक और अभिन्न हैं। इन लोगों का सोच-विचार, फिक्र—सब-कुछ एक है। इन लोगों का दहशतगर्द चेहरा भी हूबहू एक है। किसी भी दल से उम्मीद लगाकर बैठे रहना, किसी भी असंभव कल्पना में अपने को लिप्त रखना—इसमें अपने नुकसान के अलावा और कुछ नहीं है। क्षमता में पहुँचकर, विरोधी दल ने भी, उम्मीद के गाल पर, बयासी सिक्के वजन का करारा-थप्पड़ जमा दिया।

एक वक्त था, जब ऐसा लगता था कि आंदोलन करने से समाज की हालत में परिवर्तन होगा। राजनीति में स्वच्छता आएगी। सम्पत्तियों का बँटवारा न्यायपूर्ण होगा, अमीर-गरीब, औरत-मर्द में कोई असमानता नहीं रहेगी। सबके लिए रोटी-कपड़ा-मकान होगा। सबके लिए शिक्षा-स्वास्थ्य-सुरक्षा होगी। अब मुझमें वह रूमानियत नहीं रही, क्योंकि यह बात बखूबी मेरी समझ में आ गई है कि बंगलादेश में कुछ भी किया जाए, कुछ नहीं होने का। राजनीति करने वाले लोग, विशाल, विकट दैत्य की तरह देश के सिर पर सवार हैं। उन दैत्यों ने अंडे दे-देकर बहुत सारे दैत्य-बच्चों से, देश के समूचे शरीर को भर डाला है। इन दैत्य-बच्चों के अत्याचार से आम इंसानों की ज़िंदगी दूभर हो आई है। अब स्वस्थ जीवनयापन संभव नहीं रहा। या तो दैत्यों के पाँव दबाओ या फिर दैत्य-बच्चों के दोस्त बन जाओ। इसके अलावा जीवन की सुरक्षा नैव नैव च! दुर्नीति और दुर्व्यवस्था कहाँ पहुँच गई है, जो ऐसा स्वेच्छाचार फैल गया है। मैंने तो सुना है कि दीवार से पीठ टिक जाती है, तो 'अब तकदीर में जो बदा है' की दुहाई देते हुए सामने की तरफ दौड़ पड़ता है। यहाँ तो दीवार से पीठ कभी की जा टिकी है। अब तो दीवार तोड़कर और पीछे जाते-जाते, इंसान खड्डे में गिरा-पड़ा, दम तोड़ रहा है। फिर आगे कौन बढ़े? असल में सामने कदम बढ़ाने के लिए, अब कोई नहीं रहा, क्योंकि सामने भी मौत का जाल बिछा हुआ है। बंगलादेश की राजनीति ने देशवासियों को पीछे...और पीछे धकेलते हुए, अब तो सब्र की सीमा की दीवार तोड़कर और पीछे, और पीछे, दीवार तोड़ते हुए, उसे खड्डे में धकेल दिया है। इस खड्डे से ऊपर उठ आने की अब कोई संभावना नहीं रही।

पिछले दिनों मैंने सुना कि मेरे भाई के बेटे के लिए पंद्रह अदद गृहशिक्षक

नियुक्त किए गए हैं। बेटे को स्कूल के दस विषय बढ़ाने के लिए पंद्रह गृहशिक्षक! पहले तो मैंने सोचा कि मेरा भाई किसी दिमाग़ी रोग का शिकार हो गया है, वर्ना ऐसी हालत क्यों होती? भाई ने बताया कि अब यही नियम है। इम्तहान में पास करने के लिए स्कूली टीचरों को ही गृह-शिक्षक रखना होगा। इसके अलावा अब कोई उपाय नहीं। टीचर स्कूल में कुछ नहीं पढ़ाएँगे। घर आकर पढ़ा जाया करेंगे। महीने के अंत में काफी मोटी रकम वसूल करेंगे। अब तो यह हालत हो गई है कि दौलत जिसका, शिक्षा उसकी। दौलत नहीं, तो शिक्षा नहीं। वह जो कहावत है न—'जो लिखे-पढ़े, वही गाड़ी-घोड़ा चढ़े!' अब इसे बदलकर यूँ कर देना चाहिए—'जो गाड़ी-घोड़ा चढ़े, वही लिखे-पढ़े।' कितने ही दरिद्र, मेधावी विद्यार्थी, रुपयों के अभाव में शिक्षा-अर्जन से वंचित रह जाते हैं! मुमकिन है, इनमें से कितने ही किसी दिन बड़े दार्शनिक या वैज्ञानिक हो सकते थे! मुमकिन है, यही लोग देश का भविष्य उज्ज्वल कर सकते थे। शिक्षक हमेशा ही एक आदर्श का नाम रहा है। देश में भले सभी लोगों का चरित्र नष्ट हो जाए, शिक्षकों का चरित्र कभी नष्ट नहीं होता था। मुझे तो अंदेशा है कि जब टीचरों का चरित्र नष्ट होता है, तब समूची जाति का चरित्र नष्ट होना यकीन है। शिक्षकों के इस अर्थनैतिक व्यवहार की आखिर क्या वजह है? इसका भी जवाब घूम-फिरकर राजनीति तक ही पहुँच जाता है। जब समूचे देश में दुर्नीति बिखरी पड़ी है, तब शिक्षक ही भला इस जाल में क्यों न फँसे? पंगु राजनीति की वजह से अर्थनीति भी पंगु हो गई है। किसी के हाथ में अस्सी, किसी के हाथ में बीस! चूँकि बीस में गुज़ारा नहीं होता, इसलिए कुलंगार होना यकीनी है। सिर्फ टीचर ही नहीं, जिस किसी भी पेशाजीवी को ही दुर्नीति का आश्रय लेना पड़ता है। दुर्नीति का बाप तो ऊपरी मंज़िल पर बैठा रहता है। निचली मंज़िल की नीति लेकर रहना-सहना भला कैसे संभव है?

बंगलादेश की राजनीति, तेल या गैस या हिंदू या बौद्ध या सूखा या बाढ़ वगैरह—ऐसे ही किसी न किसी विषय को लेकर खदबदाकर फूटने लगती है! इन दिनों दो मरे हुए लोगों की तस्वीर को लेकर है? किसी भी दल के किसी भी नेता की तस्वीरें हमेशा सिर के ऊपर रहेंगी! किसी तस्वीर की क़ीमत ज्यादा होती है। किसी भी तस्वीर का कोई मोल नहीं होता—इस बात को लेकर हवा गर्म है। बिल पास हो रहा है; काली बैज लगाए, जुलूस निकाले जा रहे हैं! तूलकलाम कांड! मुझे समझ में नहीं आता कि आज के युग में ऐसी पुरानी-धुरानी रूमानियत के साथ बंगाली टिके कैसे हैं? हाय रे, तस्वीर! सुनहरे फ्रेम की तस्वीर! तस्वीर टाँगकर क्या होना है? क्या इससे देश का कुछ फ़ायदा होता है? इंसान की हालत में कोई परिवर्तन होता है? सिर के ऊपर एक कुत्ते की तस्वीर टाँगकर भी देश बेहद खूबसूरती से चलाया जा सकता है। और सिर के ऊपर, विश्वब्रह्मांड के जनक या बिग बैंक के घोषक की तस्वीर टाँगकर भी देश बखूबी नहीं चलाया जा सकता। देश को स्वच्छ

तरीके से चलाना, किसी तस्वीर पर निर्भर नहीं करता। सिर के दो हाथ ऊपर जो हैं, उसके सहारे दक्षता का प्रदर्शन नहीं किया जा सकता, दक्षता तो उसके सहारे प्रदर्शित की जाती है, जो सिर के भीतर हैं दिमाग के अंदर की चीज ही बेशकीमती होती है। दिमाग़ के अंदर अगर माल-मत्ता न हो, तभी इंसान बाहरी प्रदर्शन में व्यस्त होता है। अगर मुझे तस्वीरों के चुनाव का हक़ होता, तो मैं झुंडभर नंगे बच्चों की तस्वीर टाँगती। जिनके सामने छेदभरी थाली होती, बच्चे मलवे के ढेर के किनारे बैठे होते। उनकी नाक से सर्दी झर रही होती; मैला बदन, तेलहीन रूखे-सूखे बाल—न आहार नसीब है, न कपड़े! जिनके पास सिर छिपाने तक की जगह नहीं है! न शिक्षा है, न इलाज!

मैं पहले ही कह चुकी हूँ, आजकल गंदगी में उतरने का मेरा मन नहीं होता। किसी का भी झोंटा-झौटौवल देखने की भी तबीयत नहीं होती। बचपन में, मयमनसिंह की एक बस्ती में मैंने झगड़ा देखा था। दो लड़कियाँ एक-दूसरे के बाल नोच रही थीं, गाली-गलौज के साथ एक-दूसरे पर ईंट के ढेले फेंक रही थीं। यहाँ तक कि एक-दूसरे पर दाँव-बइंठी की झनझनाहट! मेरे लिए वह कुत्सित और खौफनाक दृश्य देखना संभव नहीं हुआ। मैं भागकर लौट आई और अम्मी की गोद में पनाह ली। अम्मी ने समझाया था—'ई सब झगड़ा-फ़साद ना देखा कर। ई सब देखकर, मन सुंदर नाहीं रहता।' बाद में मैंने सुना कि बस्ती की उन दोनों लड़कियों के झगड़े के पीछे, दो दल मर्द थे। दोनों दल में झगड़ा था। मगर वे मर्द खुद जंग में न उतरकर उन्होंने दोनों दल की दो लड़कियों को आँगन में उतारा था। उन दोनों को सिखा दिया गया कि उन्हें क्या-क्या कहना है। वे दोनों लड़कियाँ बेभाव झगड़ती रहीं। हर रोज ही दोनों लड़कियों को झगड़ने के लिए आँगन में उतार दिया जाता था। कुछ महीनों बाद, मुझे ख़बर मिली कि उन दोनों में मेल हो गया है। अब वे लोग लड़ती-झगड़ती नहीं हैं, क्योंकि उनके झगड़ों से उनके कच्चे बच्चे भी, उसी तरह बाल नोचा-नोची, मार-पीट सीखने लगे थे। बच्चे भी एक-दूसरे का सिर फोड़ने लगे थे, घर-द्वार तोड़ने लगे थे। एक-दूसरे के घर में सेंध लगाने लगे थे। आग लगा रहे थे! उनके ऊधम से समूची बस्ती ही उजाड़ होने लगी थी। दरअसल, कुरुक्षेत्र एक-दो दिन तो सहा जा सकता है। साल-दर-साल तो नहीं सहा जा सकता न! बस्ती के दोनों दल समझ चुके थे कि अगर वे लोग यह फसाद-विवाद बंद कर दें तो बस्ती में नए घर खड़ा कर सकते हैं। बिना किसी बाधा-विघ्न के कामकाज कर सकेंगे। अपने कच्चे-बच्चों को स्कूल भेज सकेंगे। चोरी-चकारी बंद होगी। आगजनी बंद हो जाएगी। यह सिर-फुटौवल और हड्डी तोड़ना भी ख़त्म होगा। काश, मयमनसिंह की उस बस्ती के लोगों से, हमारे नेता-नेत्री भी सबक़ लेते तो अवाम को इतना दुर्भोग न झेलना पड़ता।

अब कहीं, कोई यह न सोच ले कि यह सब मैं अपनी सुविधा के लिए लिख

रही हूँ। मैं यह सब अपनी नहीं, जन-गण की सुविधा के लिए लिख रही हूँ। वैसे मैं जन-गण में से एक नहीं हूँ। जन-गण में से एक जन होने के मामले में मुझे सुनियोजित तरीके से वंचित किया जा रहा है। काफी अर्से से मुझे वंचित रखा गया है! जन-गण का दुर्भोग कम हो, तो मेरा भी दुर्भोग कम हो जाएगा। ऐसा भी नहीं है, क्योंकि मैं क़ानूनन बंगलादेश की नागरिक हूँ इसके बावजूद, चाहे जो भी पार्टी सत्ता में आती है, गैर-क़ानूनी तरीके से मेरे नागरिक अधिकार का उल्लंघन करती है। इसलिए जन-गण में से एक होना मेरे लिए संभव नहीं है। मुझे अपने देश की माटी पर रहने देना तो दरकिनार, पैर तक रखने में बाधा दी जाती है। आपस में जमकर झोंटा-झौटौवल करने के बावजूद मेरे मामले में हसीना और खालिदा की राय में, बाल भर भी अलगाव नहीं है। मुझे लेकर देश की कट्टरवादी पार्टियाँ जिस सुर में गाती-बजाती रहती हैं। हसीना और खालिदा भी एक ही सुर में गाती हैं। दोनों ने ही मेरी एक-एक किताब पर पाबंदी लगा दी। एक ने 'लज्जा' ज़ब्त की और दूसरी ने 'मेरे बचपन के दिन'। दोनों के जमाने में ही, मेरे विरुद्ध फतवा ज़ारी किया गया..., मेरे सिर की क़ीमत घोषित की गई, दोनों को ही किसी फतवेबाज़ को सज़ा देने का ख्याल नहीं आया। दोनों के ज़माने में मेरे खिलाफ मुकदमा दायर किया गया। एक जन ने किया, दूसरे ने कराया। दोनों के ही शासनकाल में मेरे खिलाफ गैर-जमानती गिरफ़्तारी का परवाना जारी किया गया। दोनों के ही ज़माने में ही लोअर कोर्ट से मुझे जमानत दी गई। दोनों के ही राज में हाईकोर्ट में जमानत का नाटक चला। दोनों ने ही मुझे देशत्याग करने को मजबूर कर दिया। वाक्-स्वाधीनता के खिलाफ़ दोनों मोहतरमा की राय इस क़दर अभिन्न है कि अपना सर्वनाश होने क़े बावजूद मैं इस उम्मीद के झूले में झूलती रही हूँ कि काश, देश के अन्यान्य मामलों में भी वे लोग अगर ऐसी अभिन्न राय रखतीं। देश की आर्थिक-सामाजिक विकास की प्रक्रिया में वे दोनों अगर इसी तरह एकमत होतीं; अगर दोनों ही देश की समस्याओं पर सच ही एक होकर सोचतीं, और समाधान की कोशिश करतीं; अगर अपने स्वार्थ की फिक्र न करके, अवाम के कल्याण के लिए हिंसा, द्वेष, घृणा, विद्वेष कम से कम एक बार भुला पातीं।

काश, ऐसा होता, तो बंगलादेश के बारह करोड़ अवाम का सच ही बेहद भला होता और मेरी भी मिचलाहट ख़त्म हो जाती।

मैंने जान-बूझकर किया है विषपान

पिछले कई सालों से, देश के बहुत सारे लोगों से, इस विषय पर मेरी बातचीत हुई है। लेकिन यह जिक्र किसी ने नहीं किया कि बंगलादेश में एक समस्या है—पीने के पानी की समस्या! आर्सेनिक की समस्या! आर्सेनिक की समस्या के बारे में मैंने खुद ही पूछा। लेकिन कोई भी इस बातचीत के लिए राजी नहीं हुआ। लोगों ने इस विषय को बिल्कुल तवज्जो ही नहीं दी। पानी में आर्सेनिक की मात्रा ज़रूरत से ज़्यादा मात्रा में मिली है। इस बारे में लोग-बाग को ख़बर नहीं है। ऐसा नहीं है, ख़बर उन्हें है, लेकिन कोई इसे समस्या ही नहीं मानता। बहुत से लोगों ने डेंगू का जिक्र छेड़ दिया। उन लोगों का कहना है कि डेंगू बेहद जानलेवा है! मैंने यह भी देखा है कि डेंगू के ख़ौफ से लोग-बाग तटस्थ हैं। डेंगू के मामले में लोग जागरूक हैं। आर्सेनिक के मामले में खामोश क्यों हैं? यह सवाल बार-बार मेरे मन में उठा है। बाद में मुझे इसका जवाब भी मिल गया। जवाब है, डेंगू से मरने में इंसान को पूरे 10 दिन लगते हैं। आर्सेनिक से मरने में भी 10 वर्ष लगते हैं। यहाँ दिन और साल का फ़र्क है। सो अभी करीब का मसला सम्हालो। बाद का बाद में देखा जाएगा। समूचे तन-बदन को जहरीले साँप ने जकड़ रखा है और सामने हिंस्र बाघ! ख़ैर, बाघ सामने है, रहने दो, पहले साँप के दंश से तो बच लूँ। साँप से बच निकलने के बाद, बनैली भैंस द्वारा खदेड़े जाना। उससे बचने के लिए गिरते-पड़ते दौड़ना पड़ता है। जब किसी तरह इससे भी बच निकले, तो सामने भूखे सिंहों का झुंड! अब, सिंह से बचो। ऐसे में बाघ के बारे में सोचने की फुर्सत किसे है? इंसान को वर्तमान समस्या का समाधान करके ही एक-एक दिन गुज़ारना होता है। सामने समस्याओं का इतना विशाल पहाड़ होता है कि करीबी भविष्य में आर्सेनिक की समस्या की वजह से सैकड़ों तरह के असाध्य रोग हो सकते हैं। उस रोग से मौत भी हो सकती है। इस बारे में फिक्र करने का वक्त, लोगों के पास नहीं है। मौत की सिर्फ एक ही वजह नहीं होती। लोग-बाग हज़ारहा वजह साथ लिए हर दिन ज़िंदा रहते हैं। एक दिन ज़िंदा रहना, कई मौतों को लाँघ जाता है। अगर यही हालत है, तो आर्सेनिक की फिक्र करना, लोगों के लिए विलासिता के अलावा और कुछ नहीं है।

दुनिया में बंगलादेश ही एकमात्र ऐसा देश है जो आर्सेनिक का सर्वाधिक शिकार है। बंगलादेश की माटी के जिस स्तर पर आर्सेनिक मौजूद है, दुनिया के और किसी भी देश की माटी के उस स्तर पर आर्सेनिक नहीं होता। बंगलादेश अनन्य है। ढेरों मामले में यह देश अनन्य है। जिसे रोग है, वह है अनजान, अड़ोसी-पड़ोसी की नींद हराम! बंगलादेश में आर्सेनिक रोग को लेकर कोई सिर-दर्द नहीं है! सिर-दर्द तो भू-तत्त्वविद, यूनिसेफ और हू को है! आर्सेनिक की वजह से त्वचा के रोग फैल रहे हैं। दस वर्ष बाद, फुसफुस, मूत्र-थैली, सीने में कर्कट रोग शुरू हो जाएगा। करोड़ों-करोड़ों लोग यह रोग झेलेंगे, लाखों-लाखों लोग दम तोड़ देंगे। इंसान के लिए यह कोई बड़ी धमकी नहीं है। मुझे पूरा विश्वास है कि बंगलादेश के लोग मृत्यु-भय, मृत्यु-शोक जय कर चुके हैं। यह जय, देश-जय से कहीं ज़्यादा विशाल है। पीने के पानी में ज़हर मौजूद है। यह सुनकर किसी को भी आतंकित नहीं होना चाहिए। बंगाली की साहित्य-संस्कृति में ही विषपान करके, मृत्यु-वरन् करने को, महान आत्म त्याग के तौर पर मर्यादा दी गई है। पुराने ज़माने के रवीन्द्रनाथ से लेकर, आधुनिक ज़माने के सुनील तक ने, विषपान पर कविताएँ लिखी हैं–'मैंने जानबूझकर किया विषपान! मैं ओठों को दूँगा अंगूर की छुअन विषपान से करूँगा मृत्यु-वरण!'

बंगलादेश में कैंसर-रोगियों की संख्या प्रचुर है! जब मैं चिकित्सा महाविद्यालय की छात्रा थी, कैंसर रोग के इतने मरीज नहीं देखे थे। आर्सेनिक की वजह से कैंसर होने के अलावा, बंगलादेश में कैंसर फैलने के और भी बहुत से कारण हैं। कैंसर होने के सैकड़ों उपकरण, चारों तरफ फैले-बिखरे हुए हैं। ढेरों मामूली ज़ख्म या छोटे-से दाने, इलाज के अभाव में पड़े रहते हैं और बाद में कैंसर का रूप ले लेते हैं। इलाज कराने में रुपये लगते हैं, दवाएँ ख़रीदने में रुपये लगते हैं। जो लोग रोज कुआँ खोदते हैं, रोज़ पानी पीते हैं, उनको इलाज कराने की न तो फुर्सत होती है, न औकात। बिल्कुल मरणासन्न न होने तक, कोई अस्पताल नहीं जाता। औरतों की हालत और करुण है औरतें मरणासन्न भी हों तो कोई उन्हें अस्पताल ले जाने की कोशिश नहीं करता। आम मध्यवित्त घरों की औरतें बीमार हों तो परिवारवाले उसे अस्पताल ले जाना ज़रूरी नहीं समझते। इसलिए अस्पतालों में मर्दों रोगियों की तुलना में महिला रोगियों की संख्या काफी कम होती है। अपने ही परिवार की एक मिसाल दूँ! मेरी अम्मी की खाद्यनली में एक छोटा-सा दाना जैसा कुछ हुआ था। अम्मी ने पूरे बीस सालों तक इसे पाले हुए, अपनी जिंदगी गुज़ार दी। लगातार खून भरता रहा, उन्होंने काफी झेला भी! मेरे अब्बू खुद भी डॉक्टर थे, लेकिन उन्होंने भी किसी दिन माँ की उस बीमारी का इलाज कराने की ज़रूरत नहीं समझी! वही छोटा-सा दाना धीरे-धीरे कैंसर बन गया। आँत से शुरू होकर धीरे-धीरे शरीर के बाकी अंगों में भी फैल गया।

जब अम्मी को अस्पताल ले जाया गया। काफी देर हो चुकी थी। निरोग होने की कोई भी राह बाकी नहीं बची थी। जब किसी डॉक्टर के घर का यह हाल है, तब अन्य आम घरों में किस क़िस्म की जागरूकता विराज कर रही है, इसका अंदाज़ा मैं लगा सकती हूँ। घर के सभी लोगों का जूठा-कूठा खाते-खाते, अम्मी ने यह रोग मोल ले लिया था। औरतें तो गृहस्थी में इसी क़िस्म की दासी होती हैं। उन्हें जूठा-कूठा खाकर ही गुजारा करना पड़ता है। बंगलादेश की कितनी औरतों की आँत में कैंसर रोग ने घर बना लिया है। इसका कोई हिसाब है? कौन करे हिसाब? किसी के पास इतनी फुर्सत नहीं है। इस बारे में सोच-फिक्र करना भी वक्त की बर्बादी है।

आजकल आर्सेनिक, सिर्फ पानी तक ही सीमाबद्ध नहीं है। अब यह धान-चावल-साग-सब्जी तक फैल चुका है। दूध में भी, बस घुलने-मिलने ही वाला है। इसकी रोक-थाम का जितना भर इंतज़ाम किया गया है उसका कोई असर नहीं हुआ है। सभी लोगों के लिए पीने के विशुद्ध पानी का इंतज़ाम अभी तक नहीं किया जा सका है। अनगिनत अंचलों के लोग, अभी तक ज़रूरत से ज़्यादा मात्रा में आर्सेनिक-मिला पानी पी रहे हैं। बंगलादेश में जब सभी कुछ मात्रा से ज़्यादा है, तब आर्सेनिक ही भला मात्रा से ज़्यादा क्यों न हो? ज़रूरत से ज़्यादा गरीबी, ज़रूरत से ज़्यादा जनसंख्या, ज़रूरत से ज़्यादा बाढ़, ज़रूरत से ज़्यादा खून, बलात्कार, अन्याय-अत्याचार-विषमता, ज़रूरत से ज़्यादा दहशतगर्दी, ज़रूरत से ज़्यादा दुर्नीति? राजनीतिज्ञों का ज़रूरत से ज़्यादा झूठ—सभी सीमा से बाहर! दुनिया में ऐसा कोई एक भी देश नहीं है, जहाँ इतनी ज़रूरत से ज़्यादा बुरी-बुरी चीजें मौजूद हैं। लेकिन सभी नेतिवाचक नहीं हैं। बंगलादेश में एक अदद इतिवाचक मामला भी है। वह है—सुख! लंदन के एक अर्थनीति कॉलेज के पर्यवेक्षण में पता चला है कि बंगलादेश के लोग दुनिया के सबसे सुखी जीव हैं। इतनी सारी बुराइयों के साथ, इंसान अगर खुश रह सकता है, तब फिक्र करने की क्या बात है? एक बार मैं ढाका की 'तेज़बस्ती' में गई थी। वहाँ गंदे जलाशय के ऊपर, बाँस गाड़कर, फटे-चिथड़े प्लास्टिक से बनाई हुई झोंपड़-झुग्गी! उन झुग्गियों के अंदर से तैरकर आती हुई रुनझुनाती हँसी खिलखिलाहट। मैं वे आवाजें सुनते-सुनने आगे बढ़ती जा रही थी। मारे बदबू के मेरे भीतर की नसें तक में मिचली उमड़ती हुई! वहाँ से गुज़रते ही, बस्ती के असंख्य औरत-मर्द-बच्चों के चेहरों पर मेरी नज़र पड़ी! सबके चेहरे खुशी से डगमग! वे लोग सुखी जीव थे। क्योंकि उन्हें जानकारी नहीं थी कि इंसान के तौर पर उनका क्या-क्या प्राप्य है और क्या-क्या उन्हें नहीं मिल रहा है! बंगलादेश के अधिकांश लोगों को इसका अहसास नहीं है, इसलिए वे लोग आराम से रह सकते हैं! शिक्षा, चिकित्सा, रोटी-कपड़ा-मकान का अधिकार, जैसे धानमंडी, गुलशन, बनानी, वारिधारा के लोगों को है, उसी तरह उन लोगों को भी है। यह हक़ीक़त वे लोग नहीं जानते। राजनीतिज्ञ और धर्म-विशेषज्ञों से उन लोगों को एक ही शिक्षा मिली है कि जितनी भी दुर्गति-दुर्भोग

है, वह सब अल्लाह ने दिया है। इन सबके जरिए अल्लाहताला हमारे ईमान का इम्तहान लेते हैं। असमानता की इस ज़मीन पर जो कुछ भी मौजूद है, सबके सृष्टिकर्ता अल्लाह हैं! बंगलादेश की माटी, माटी तले का आर्सेनिक सबकुछ अल्लाहताला की सृष्टि है। विस्मिल्लाह कहकर यह पानी पीने से कोई असुविधा नहीं होती। ज़हर मिटाने के लिए 'विस्मिल्लाह' शब्द ही काफी है। इसके बाद भी अगर कोई रोग धर दबोचे, तो कोई बात नहीं। रोग भी तो अल्लाह का ही दान हैं। अल्लाह ही अगर चाहता है कि उसके बंदे अभाव भोगें, तो किसी को कोई शिकायत नहीं होनी चाहिए।

आर्सेनिक-मुक्त पानी का इंतज़ाम करना, ऐसा कोई मुश्किल काम नहीं है। दुनिया के अनेक देशों के पानी में आर्सेनिक होने का पता चलते ही, फौरन उचित क़दम उठाया गया और उन देशों के पानी को आर्सेनिक मुक्त कर दिया गया। और किसी देश के लोगों में जान-बूझकर ज़हर पीने की रूमानियत नहीं है, इसलिए विशुद्ध पानी के मामले में वे लोग सजग रहते हैं। सेहतमंद रहकर भला कौन नहीं जीना चाहता? बंगलादेश के नागरिक समाज में शारीरिक अस्वस्थता एक क़िस्म के उत्सव जैसी होती है। यूरोप के देशों में मैंने देखा है कि कोई बंदा बीमार होता है, तो वह किसी से भेंट नहीं करता। अगर कोई खुद उसके घर आना चाहता है, तो वह कह देता है कि 'मैं बीमार हूँ, अभी न आएँ। जब मैं ठीक हो जाऊँ, तब आएँ।' जितने दिनों लोग बीमार होते हैं, अकेले रहते हैं। स्वस्थ होने के बाद ही वे लोग स्वाभाविक सामाजिक जीवन की तरफ लौटते हैं। लेकिन बंगलादेश में बीमार की खैरियत पूछने जाना बहुत बड़ा सामाजिक कर्तव्य है। हमारे वहाँ के घर में भी बंधु-बांधव और नाते-रिश्तेदारों की उतनी भीड़ कभी नहीं होती थी, जितनी उस वक्त, जब घर में कोई बीमार होता है। कोई दोस्त या परिचित बीमार होता था, तो हम भी उसे देखने जाते थे। बीमार होने का मतलब है, एक तरह से हीरो बन जाना। जो भी बीमार होता था, उसके लिए आदर-जतन, अच्छा-अच्छा खाना, अच्छा व्यवहार—सबकुछ की धूम पड़ जाती थी। बचपन में मैं अल्लाह से दुआ माँगती थी कि हे भगवान, मुझे बुखार चढ़ जाए। बुखार चढ़ जाए तो मैं आराम से लेटी रहूँगी। सभी लोग मेरा लाड़-प्यार करेंगे, भर-भर ठोंगे मेरे लिए अंगूर सेब आएँगे, मेरी ख़ैरियत पूछने के लिए, मेरे आस-पास कितने-कितने लोगों की भीड़ लगी रहेगी। बीमारी के दौरान मैं बदस्तूर शहज़ादी की तरह रहती थी। ठीक होते ही मुझे दुबारा पहले की तरह, पीठ पर घूँसे, गाल पर तमाचे, सिर पर चपत वगैरह की स्थिति में दुबारा लौटना होता था। मेरा सच ही मूड खराब हो जाता था।

मेरे रिश्तेदारों में कुल उन्नीस जन ने मुहब्बत की और ज़हर खाया। लेकिन अंत में मरा कोई नहीं। ज़हर खाने के बाद प्रेमी या प्रेमिका के तौर पर उनका मोल

काफी बढ़ गया। यह जो जान-बूझकर ज़हर खाने की रीति है, यह साहित्य-संस्कृति में कोई अलग विषय नहीं है, यह समाज का ही विषय है। छोटे-बड़े सैकड़ों क़िस्म के दुःख में आदमी ज़हर खाता है। सिमी ने जिस वजह से ज़हर खाया, रिमी के ज़हर खाने की वह वजह नहीं भी हो सकती है। इंसान के विषाद तरह-तरह के होते हैं। कुछ लोग ज़रा-सी बात पर आहत हो जाते हैं। कुछ बहुत ज़्यादा में भी कुछ भी नहीं आता-जाता। लेकिन बंगलादेश के लोगों ने जानबूझकर, संघबद्ध तरीके से एक ही ज़हर पीया है। वह है–आर्सेनिक! सिर्फ इसी एक मामले में, देश में समता के भाव रहे हैं। अब तो धान में ज़हर, चावल में ज़हर! फल-फूल में ज़हर! बंगलादेश में धनी-दरिद्र का फर्क़ बहुत ज़्यादा है, लेकिन खाद्यवस्तु में मिला हुआ ज़हर, सब मिल-बाँटकर ही खाएँगे! इंशाअल्लाह! दस साल बाद कैंसर होगा? अरे वह तो दस साल बाद, अभी तो नहीं! दस साल में अभी हज़ारों साल बाकी हैं। बंगलादेश में, आज नौ बजे की ट्रेन, अगर अगले दिन के दो बजे आती है, तो कौन कह सकता है कि दसवाँ साल, ठीक दस साल बाद ही आ धमकेगा?

यह मैं कौन-सी दुनिया में रहती हूँ?

यह हम किस अजीबोग़रीब दुनिया में रहते हैं? यह विचित्र दुनिया है! विज्ञान और तकनीक सर्र-सर्र आगे बढ़ रहे हैं और साथ ही धर्मांधता भी! चारों तरफ सहनशीलता, उदारता, मानवता की गूँज है। साथ ही हिंसा, लोभ, स्वार्थ, क्षुद्रता, नीचता की भी जय-जयकार हो रही है। न्याय विचार की भी व्यवस्था है, फिर भी बड़े-बड़े युद्ध अपराधी और क़ातिलों का कोई भी विचार नहीं होता। वे लोग रौब ग़ालिब करते हुए, शान से ज़िंदा हैं। धन-दौलत और अस्त्रों का रौब-दाब! क्षमता का रौब! वे लोग लच्छेदार बतकही करते रहते हैं और सहज-सरल-निरीह इंसानों को बुद्धू बनाए रखते हैं।

आजकल अमेरिका में किसी-किसी ने यह कहना शुरू कर दिया है कि यह जो संत्रास के नाम पर बिलियन-बिलियन डॉलर खर्च हो रहा है, इसकी क्या वाकई ज़रूरत है? इससे तो बेहतर था कि यह रकम शिक्षा पर खर्च करते, सबके लिए इलाज का इंतज़ाम किया जाता, समाज-विकास के कामों में लगाया जाता। किसी-किसी ने तो यह सवाल भी उठाया है कि साल में तीन सौ बिलियन डॉलर, तथाकथित रक्षा पर ख़र्च करने के बावजूद, दुनिया भर में मिलिटरी बेस, हर सागर पर अत्याधुनिक अस्त्रों से सजाए हुए, रक्षा-जहाज मौजूद रखकर भी, दुश्मन देशों में लाखों-लाखों लैंडमाइन बिखेरकर भी, अमेरिका की सरकार जनता की हिफ़ाज़त निश्चित नहीं कर पाई। अगर कर पाती, तो वर्ल्ड ट्रेड सेंटर पर वह हमला आखिर कैसे संभव होता? वैसे गिनती भर लोगों ने ही यह सवाल उठाया है। बाकी लोग तो अज्ञानता और मूर्खता के अँधेरे में ही, आँखें मूँदकर तैर रहे हैं। वे लोग जानते हैं कि अमेरिका ही समूची दुनिया नहीं है, अमेरिका के बाहर भी, और भी देश हैं, उन देशों में भी इंसान बसते हैं! उन इंसानों का इतिहास है, संस्कृति है। उन इंसानों को भी जीने का हक है। उन लोगों ने वर्ल्ड ट्रेड सेंटर से इंसानों की आती हुई चीत्कार, आर्तनाद सुना है। उन लोगों ने खून देखा है। कटे हुए हाथ-पाँव देखे हैं। उन लोगों ने अफ़ग़ानिस्तान के औरत मर्द-बच्चों की रक्ताक्त, छिन्न-भिन्न देह नहीं देखी, उन लोगों का आर्तनाद नहीं सुना। जैसे वर्ल्ड ट्रेड सेंटर के लोगों को जीने का अधिकार

था, अफ़ग़ानिस्तान के लोगों को भी वह अधिकार था। हज़ारों-हज़ार अफ़गानों की हत्या करने के बाद जब एक अमेरिकी सिपाही की मौत हुई, अमेरिकी सरकार उस सिपाही की मौत के शोक में बावरी हो गई। यह सरकार सहस्रों अफ़गान लोगों की मौत के लिए जिम्मेदार है, लेकिन उसने एक बार भी कोई शोक प्रकट नहीं किया, कोई दुःख तक जाहिर नहीं किया। किसी तरह की माफी नहीं माँगी। यह जो विशप नामक, पंद्रह साला अमेरिकन किशोर ने ओसामा बिन लादेन और वर्ल्ड ट्रेड सेंटर पर हमले का समर्थन करते हुए, अपना छोटा-सा हवाई जहाज, चौबीस मंजिली इमारत के भीतर घुसा दिया, अपनी मौत निश्चित जानकर भी आगे जहाज को टकरा जाने दिया, आखिर क्यों? (छानबीन करने पर पता चला है कि विशप को किसी तरह की दिमाग़ी बीमारी नहीं थी। वह अतिशय तेज़ बुद्धि का किशोर था)। इतने-इतने सालों से विभिन्न देशों के लोग अमेरिकी पताका क्यों जला रहे हैं? अमेरिका के प्रति सभी इतने नाराज़ क्यों हैं? अगर कोई यह सवाल उठाता तो उसे जवाब भी मिलता। अमेरिका पर लोग इस क़दर नाराज क्यों हैं, इस सवाल के जवाब में प्रेसिडेंट बुश ने कहा, 'क्योंकि अमेरिका गणतंत्र में विश्वास करता है, क्योंकि अमेरिका वाक्-स्वाधीनता में विश्वास करता है।' ख़ैर एकमात्र बुश को ही यह आज़ादी है कि वे कुछ भी बोलें, वर्ना अमेरिका के मुक्तबुद्धि में विश्वास रखने वाले लोग, सरक़ार नियंत्रित प्रचार-माध्यम में अपनी बात कहने का मौका न पाकर वाक्-स्वाधीनता नामक बिल्कुल अलग टेलीविजन न खोल लेते। 'गणतंत्र अब निर्वासन में है'—इस नाम से इंटरनेट में किसी भी आंदोलन की कतई ज़रूरत न होती। अब्राहम लिंकन ने कहा था, 'तुम हमेशा चंद लोगों को बेवकूफ बना सकते हो, कुछ वक्त तक लोगों को बेबकूफ बना सकते हो, लेकिन हमेशा बेवकूफ नहीं बना सकते।'

गणतंत्र के कई-कई स्तर होते हैं। सरकार अगर किसी का बारह बजाना चाहे तो क्या वह बजा सकती है? पहले संसद में बारह बजाने के लिए क़ानून पास करना होगा। उसके बाद, सुप्रीम कोर्ट से बारह बजाने के मामले में अनुमोदन प्राप्त करना होगा। कोर्ट यह देखेगा कि बारह बजाना, संविधानसम्मत है या नहीं। अमेरिका में क्या कभी ऐसा होता है? कभी हुआ है। कम से कम विदेश नीति और युद्ध के मामले में तो नहीं हुआ है। युद्ध का प्रसंग उठते ही, संसद ने एक वाक्य में, हर किसी सरकार प्रधान को सहमति प्रदान की है। वैसे इस बार सिर्फ एक ही सदस्य ने प्रतिवाद किया है—बारबरा ली ने! अफ़ग़ानिस्तान में बुश की युद्ध घोषणा के पक्ष में उन्होंने कागज पर दस्तखत नहीं किया। उन्होंने कहा कि वर्ल्ड ट्रेड सेंटर में निरीह लोगों की मौतें हुईं, हम शोकाहत हैं। हम नहीं चाहते कि दुनिया में कहीं भी, अब किसी भी निरीह मनुष्य की मृत्यु हो। लेकिन बुश बारबरा ली की बातों की परवाह क्यों करने लगे? अमेरिका में जिसके पास ज़्यादा दौलत है, उसे ही उच्च-शिक्षा का मौका मिलता है, उन्हीं को बेहतर इलाज मिलता है। उन्हीं लोगों के जीवनयापन

का स्तर ऊँचा है। जिनके पास कम दौलत है, उनकी तकदीर में कुछ भी नहीं जुटता। उन्हें न शिक्षा नसीब है, न चिकित्सा! उनके पास तो सिर छिपाने के लिए जगह तक नहीं है। पूँजीवादी देशों का नियम ही यही है कि धनी के लिए और धन जुटाया जाए, दरिद्र, दरिद्र ही रहे। अभी उस दिन बुश साहब ने फरमाया—'शिक्षा, चिकित्सा से कहीं ज़्यादा ज़रूरी है कि फिलहाल रक्षा पर खर्च किया जाए। रक्षा-खर्च वे और बढ़ाएँगे।' असल में इसे रक्षा खाते में खर्च न कहकर, आक्रमण-खर्च कहना ज़्यादा संगत है। अब तक अमेरिका ने जितने भी देशों पर हमला किया है, सच पूछें, तो वह कभी भी रक्षा के नज़रिए से नहीं किया। दुनिया में ऐसी कोई भी ताकत नहीं है, जो अमेरिका के आस-पास भी पहुँच सके; दुनिया में ऐसी कोई भी शक्ति नहीं है, जो प्रतिरक्षा के लिए अमेरिका को यूँ जी-जान से पीछे पड़ना पड़े। पिछली शती के एक ख़ास दशक में अमेरिका में, आइ एफ स्टोन नामक एक पत्रकार थे। उन्होंने देश के चालू अखबारों के खिलाफ प्रतिवाद जाहिर करते हुए, एक छोटा-सा अखबार निकालने की शुरुआत की, जिसमें बिना किसी लाग-लपेट के, वे सच्ची ख़बरें छापते थे। लोग-बाग़ जब भी चालू अखबारों की किसी ख़बर पर शक जाहिर करते तब वे लोग सच्ची ख़बर जानने के लिए स्टोन का अखबार पढ़ते थे। उन दिनों स्टोन काफी मशहूर हो उठे। स्टोन जब नए-नए पत्रकारों को सलाह देते थे, वे एक ही बात बार-बार कहते थे—सरकार झूठ बोलती है। युद्ध में जाने से पहले सरासर झूठ बोलती है। स्टोन ने सरकार के असली चेहरे को पहचान लिया था। ज़्यादातर लोग ऐसा नहीं कर पाते। उन लोगों ने स्कूल में अमेरिका के गौरव का इतिहास पढ़ा है। इससे बाहर का कोई इतिहास इन लोगों ने नहीं पढ़ा। अमेरिका की विदेश नीति और युद्ध के कारण के बारे में सरकार जनता को जो समझाती है, जनता वही समझ लेती है। अमेरिकी सरकार ने इस बारे में वर्ल्ड ट्रेड सेंटर की दुर्घटना के साथ पर्ल हार्बर का तालमेल खोज निकाला है। पर्ल हार्बर के साथ मेल? किसके साथ किसका मेल? जापान सरकार ने अमेरिका के पर्ल हार्बर द्वीप पर जहाजी हमला करके, अमेरिका की विशाल नौ-वाहिनी को तहस-नहस कर डाला था। अस्त्र के लिए धन-क्षमता में, जापान बड़ा शक्तिशाली राष्ट्र है। वर्ल्ड ट्रेड सेंटर पर हमले के पीछे कौन-सी भयंकर शक्ति मौजूद है, जो इसकी तुलना पर्ल हार्बर से की गई है?

अमेरिकी सरकार इतिहास से तो सबक नहीं ही लेती, वह तो इतिहास का ग़लत इस्तेमाल करती है। अमेरिका सिर्फ अपनी विदेश नीति के मामले में ही अपना भयंकर निष्ठुर चरित्र जाहिर करता है, ऐसा नहीं है। द्वितीय विश्वयुद्ध तक गृह-नीति में संत्रास कम नहीं था। पहले विश्वयुद्ध में जिन लोगों ने युद्ध के पक्ष में राय नहीं दी थी, अमेरिकी सरकार ने उन्हें पकड़-पकड़कर जेल में ठूँस दिया। दूसरे महायुद्ध के समय, जितने भी जापानी, अमेरिका में बसे हुए थे, अमेरिका ने उन लोगों को कन्संट्रेशन कैंप में डाल दिया। हिटलर ने यहूदियों पर जो अत्याचार किए, अमेरिका

ने उतना न सही, जापानियों पर कम सितम नहीं बरसाए। उन लोगों का आखिर क्या कसूर था? सरकार ने झूठ कहा, यह बात कुछ लोग ही जानते थे। अमेरिका सरकार ने पहले विश्वयुद्ध से पहले झूठ कहा! उसने मेक्सिको, मध्य अमेरिका, फिलिपिन, कोरिया, वियतनाम, के मामले में, हमेशा झूठ ही कहा! अरब उपसागर के युद्ध में जाने से पहले भी, उसने झूठ ही कहा।

सरकार के झूठ को ही ज़्यादातर लोग सच मानकर विश्वास करते हैं। विश्वास करते आ रहे हैं। मेक्सिको से स्पैनिश लोगों को खदेड़ने के बहाने, उसने आधे मेक्सिको पर अपना दख़ल जमा लिया; टेक्सस भी हथिया लिया। पुएरतो रिको नामक द्वीप भी पूरी तरह आत्मसात कर लिया। जब स्पैनिश लोगों के खिलाफ, क्यूबा का स्वाधीनता आंदोलन चल रहा था, वहाँ भी वह झपट पड़ा और स्पैनिश लोगों को खदेड़ने के नाम पर आगे अपना दख़ल जमा लिया। फिलिपिन में भी वही हुआ। सालों-साल फिलिपिन में जंग जारी रही, दास लाख फिलिपिन लोगों ने अपनी जानें गँवाईं। जंग ख़त्म होने के तीन महीने बाद, फिलिपिन की दक्षिणी छोर पर, छः सौ निरीह मुसलमानों को अमेरिकी फौज ने निर्मम तरीके से मार डाला। ख़बर पाकर, रूज़वेल्ट ने अभिनन्दन संदेश भेजा। रूज़वेल्ट के इस आचरण पर क्षुब्ध होकर, मार्क ट्वेन ने कहा, 'अब वे अमेरिका की जातीय अखंडता में आस्थावान् नहीं रहे।' आज मार्क ट्वेन नहीं, रूज़वेल्ट ही जाति के गौरव माने जाते हैं।

वियतनाम युद्ध के समय भी संसद सदस्य एकदम से उछल पड़े और सबने खुशी से चीखकर कहा कि वे लोग राजी हैं। वियतनाम में दीर्घ नौ सालों तक जंग चलती रही। अमेरिका की फौज ने वियतनाम के बीस लाख लोगों की हत्या कर डाली। कोरिया में भी तीन साल में पूरे तीस लाख! युद्ध के समय, हर बार यही कहा जाता है कि सिर्फ फौजी टार्गेट पर ही बम गिराए जाएँगे। लेकिन तीसरी दुनिया के दरिद्र देशों में इतने ज़्यादा मिलिटरी टार्गेट नहीं होते। जल्दी ही ख़त्म हो जाते हैं! जब वे टार्गेट ख़त्म हो जाते हैं, तो और-और जगहों पर बम गिराए जाते हैं रास्ता-घाट पर, स्कूल-कॉलेज पर, अस्पतालों पर, लोगों के घर-मकान पर! वियतनाम में स्कूल-अस्पतालों पर बम गिराए गए। जिन बमों को चालाक बम कहकर पुकारते थे, उनमें से पचासी प्रतिशत असल में 'गँवार बम' थे। वे बम यत्र-तत्र जा गिरे। मिलिटरी टार्गेट से मीलों दूर गिरे। उन बमों ने पानी के टैंक, रास्ता-घाट, सेतु—सारा कुछ चूर-चूर कर डाला। रेड-क्रॉस जलाकर फूँक दिया। सन् 91 की फरवरी में, ये बम बगदाद के आश्रय-केंद्र पर भी गिरे, जहाँ आम लोगों ने बम से बचने के लिए आश्रय लिया था। उस केंद्र में पाँच सौ लोगों ने आश्रय लिया था। वह इमारत भी बिल्कुल उसी तरह धँस गई, जिस तरह वर्ल्ड ट्रेड सेंटर धंस गया था। मिट्टी तले छिपे हुए, अधिकांश ही औरत और शिशु थे। अमेरिकी सरकार ने एक बार भी नहीं कहा कि आश्रय केंद्र पर बम गिराना, एक हादसा था, अफसोस जाहिर करना तो दूर की बात थी। अफ़ग़ानिस्तान

पर बम बरसाए जा रहे थे। इधर यह चर्चा आम थी कि मिस्र की मरुभूमि में सत्ताईस हज़ार अमेरिकी फौजों ने गोलियाँ बरसाई हैं। सन् 73 में मिस्र की इसी मरुभूमि पर, अमेरिकी फौज ने चौदह हज़ार मिस्री फौज को कत्ल कर डाला था।

किसी पत्रकार ने अभी उसी दिन किसी अमेरिकी फौजी से सवाल किया, 'तुम लोगों को कैसा लग रहा है?'

फौजी ने जवाब दिया, 'बहोत अच्छा लग रहा है। गोलियों की आवाज़ पर, लोग जब डर के मारे इधर-उधर दौड़ने-भागने लगते हैं तो देखकर बहोत मज़ा आता है! दुनिया में जहाँ भी, जितने भी बुरे लोग हैं, हम सबको मारकर ख़त्म कर देंगे।'

वाकई! क्या बात है! कौन भला इंसान है, कौन बुरा—यह फैसला करने की जिम्मेदारी, अब पूरी तरह अमेरिका की जो है! अमेरिका, अब तालिबान को जड़ से निर्मूल करना चाहता है। दुनिया में जहाँ कहीं भी ओसामा बिन लादेन का समर्थन है, वहाँ उन्होंने बम बरसाने की इच्छा जाहिर की है! तालिबान! कौन हैं ये तालिबान? किन लोगों को निर्मूल करने के लिए, अमेरिका इस क़दर पगला उठा है। कभी किसी ने यह जानना चाहा है? निरीह किशोर, नौजवान, शरणार्थी अफगानों ने ज़्यादातर अभाव, रोग और अशिक्षा में ही अपनी ज़िंदगी गुज़ारी है। जन्म से ही इन लोगों ने हमेशा युद्ध देखा है, हथियार देखे हैं। जो थोड़ी-बहुत शिक्षा नसीब हुई, वह मदरसे में! इन कम उम्र लड़कों को और कुछ होने का मौका था क्या? आज उन लोगों को धर-पकड़कर कन्धार में स्थित अमेरिका नियंत्रित डिटेंशन कैम्पों में ले जाया जा रहा है। क्यूबा के उपसागर में लंगर डाले खड़े, अमेरिका के नौ-वाहिनी जहाजों में उन लोगों को भरा जा रहा है, जहाँ मिलिटरी ट्राइब्युनल में अमेरिकी सरकार इन किशोरों को सख़्त सज़ा देने का इंतज़ाम करेगा। पंद्रह हज़ार अमेरिकी फौज, क्यूबा के गुवानतानायो उपसागर की तरफ भेजी गई है।

अमेरिकी सरकार आज यह क़बूल करने को तैयार नहीं है कि ये तालिबान तैयार करने के लिए अमेरिका की विदेशी नीति ही जिम्मेदार है। सन् 1998 में फ्रांस के नोबेल आब्ज़र्वेटर अखबार ने जिमी कार्टर के ज़माने के, जातीय सुरक्षा सलाहकार, ब्रोजेनस्की का एक इंटरव्यू छापा था। उस इंटरव्यू में ब्रोजेनस्की ने कहा है कि अफ़ग़ानिस्तान में सोवियत यूनियन के दाखिल होने से छः महीने पहले, अमेरिका इस देश में गुपचुप घुस आया था। सोवियत ने जब अफ़ग़ानिस्तान पर हमला किया, तब अमेरिका ने अफ़गान मुजाहिदीनों के हाथ में हथियार थमा दिए, यह बात आम लोग जानते हैं। लेकिन सोवियत हमले के बाद नहीं, असल में छः महीने पहले ही अमेरिका ने हथियार दे डाले थे। ब्रोजेनस्की का कहना है कि दरअसल यह एक चाल थी, सोवियत को उकसाने के लिए! अमेरिका को मालूम था कि सोवियत, पड़ोसी देश में अमेरिका की दख़ल क़बूल नहीं करेगा। वह जवाबी हमला करेगा या प्रतिरक्षा के लिए बौखला उठेगा। इसीलिए उसने यह तैयारी की। अफ़ग़ानिस्तान के जन साधारण

के धार्मिक विश्वास को कुरेदकर अमेरिका ने तथाकथित वास्तविक लोगों के खिलाफ भिड़ा दिया था। सोवियत जैसे ही अफ़ग़ानिस्तान में उतरा, ब्रोजेनस्की ने कार्टर को ख़बर भेज दी थी–'चलिए, इस देश को अभी ही वियतनाम बना देते हैं। सोवियत को मात देने का यह सुनहरा मौका है। मुसलमानों को भड़काने के बारे में जब ब्रोजेनस्की से सवाल किया गया, तो उन्होंने जवाब दिया, 'कौन बड़ा है? मुस्लिम कट्टरवाद का उत्थान? या सोवियत का पतन?' बेशक, सोवियत का पतन! अमेरिका उन दिनों एक के उत्थान करके, दूसरे के पतन में मगन हो गया था। अब वह दुबारा अपने पुराने दिन के पतन में व्यस्त है।

अमेरिका आज जिसे दोस्त कहता है, कल ही उसे दुश्मनी में बदल सकता है। इतिहास में इसके काफी उदाहरण हैं। ईरान का रज़ा शाह पहलवी भला आदमी नहीं है। यह शख़्स नाज़ियों से हाथ मिला सकता है। यह कहकर अमेरिका ने शाह को झड़ुवाकर विदा कर दिया। शाह के बाद, जब सन् पचास के दशक में मोहम्मद मोसद्दिक, ईरान के प्रेसिडेंट बने, ईरान में उन्होंने प्रचंड जनप्रियता हासिल की। उन्होंने ईरान की तेल कंपनी को ब्रिटिश के चंगुल से मुक्त करके, उसका राष्ट्रीयकरण कर डाला, यह देखकर ब्रिटिश सरकार पर मानों गाज गिर पड़ी। ब्रिटिश ने अपनी नाक बचाने के लिए अमेरिका से भीख माँगी। अमेरिका ने टाँग अड़ाई! टाँग अड़ाने से अमेरिका का भी फ़ायदा! उसने मोसद्दिक को धर-पकड़कर जेल में ठूँस दिया और पुराने शाह को ही सत्ता पर आसीन कर दिया। बाद में ईरान-इराक युद्ध में अमेरिका ने इराक का पक्ष लिया। जितनी तरह के ज़हरीले गैस हैं, उन्हें ईरान के खिलाफ बिखेर देने की कुबुद्धि, ईरान को अमेरिका ने ही दी थी। उन दिनों सद्दाम हुसेन अमेरिका के जानी दोस्त थे। लेकिन अब आँखों का काँटा! पनामा के मैनुएल नरइयेगा का भी वही हाल हुआ। पनामा में गणतंत्र की प्रतिष्ठा के नाम पर, अमेरिका ने ही पनामा दखल किया था। नरइयेगा जैसा मादक चीज़ों के राजा को अमेरिका ने ही सत्ता पर बिठाया था। कुछ दिनों बाद ही नरइयेगा अमेरिका के मन से उतर गया। दोस्त बहुत जल्दी ही शत्रु में बदल गए। उसका फैसला करने के लिए नरइयेगा को अमेरिका लाकर, उसे चालीस साल के लिए जेल भेज दिया गया। उसी नरइयेगा को जेल में ठूँस दिया गया, जिसके बिना अमेरिका का काम नहीं चलता था। लैटिन अमेरिका के विभिन्न देशों में, गणतंत्र की प्रतिष्ठा का नाम करके, स्वेच्छाचारी शासक तैनात करके, अमेरिका ने लाखों-लाखों लोगों की जान ले ली। एल सल्वाडोर, गुयेतमाला, निकारागुवा, चिली में, बेकसूर-मासूम इंसानों को, इसी अमेरिका ने मौत के घाट उतार दिया। हज़ार-हज़ार नहीं, लाखों-लाखों इंसान! सन् छियासी में रीगन सरकार ने लीबिया में बेवजह बम बरसाकर सैकड़ों लोगों की जान ले ली! रीगन ने इल्ज़ाम लगाया कि जर्मनी के एक नाइट-क्लब में, अमेरिकी फौज पर लीबिया ने हमला किया। रीगन के हाथ में इसका कोई प्रमाण नहीं था। यह बात आज भी

प्रमाणित नहीं हुई कि उस नाइट क्लब पर लीबिया ने बम बरसाया था।

बहरहाल, अमेरिकी सरकार के लिए किसी सबूत की ज़रूरत नहीं पड़ती। झूठ बोलकर ही काम चल जाता है। झूठ बोलना, अमेरिकी सरकार का स्वभाव है। जिस किसी भी दख़ल, युद्ध, उपनिवेश में अमेरिका का स्वार्थ होता है, पनामा में नहर था! मध्य-प्राच्य में तेल! इराक ने कुवैत पर हमला किया है—यह कहकर बुश के बाप, बुश जो कुवैत को बचाने के लिए कूद पड़े थे, वह क्या कुवैत के प्रति किसी क़िस्म के मोह-माया में? उनका उद्देश्य था, तेल अपनी मुट्ठी में रखना; तेल का बाज़ार अपने हाथ में रखना। सऊदी में अमेरिकी फौज आराम से अड्डा गाड़े पड़ी है। क्यों? अब, अफ़ग़ानिस्तान में भी खूँटा गाड़कर बैठेगी। उज़बेकिस्तान में भी! समूची दुनिया में अमेरिका का राजनीतिक अर्थनैतिक और फौजी उपनिवेश स्थापित होगा। यही तो हो रहा है, वर्ना अफ़ग़ानिस्तान में 7 अक्तूबर से बम-वर्षा शुरू करने के कई दिनों बाद ही, डोनाल्ड रम्सफील्ड, अफ़ग़ानिस्तान की गरीबी पर व्यंग्य करते हुए, यह कहकर नहीं हँसते—'वी आर रनिंग आउट ऑफ टार्गेट!' अभी ही अगर 'टार्गेट' ख़त्म हो जाए, तो आज, तीन महीने बाद भी बमबाज़ी बंद क्यों नहीं हुई? टार्गेट तो जुटाते जा रहे हैं। अपनी ज़रूरत पर टार्गेट जुटा लेने की चतुरता अमेरिका में मौजूद है। अफ़ग़ानिस्तान पर बम बरसाना अभी तक बंद क्यों नहीं हुआ, यह सवाल अमेरिका की अवाम नहीं करती। उन लोगों को नए-नए कारण दिखाकर बहलाया-फुसलाया जा रहा है, वे लोग भी झाँसे में आ जाते हैं। बुश ने फरमाया—'ओसामा दोषी है।' जनता ने भी समवेत स्वर में हुंकारी भर दी—'हाँ, ओसामा दोषी है।' दोष साबित करने का भी एक तरीका होता है; एक नियम होता है, मानवाधिकार और गणतंत्र का दावा करने वाली अमेरिकी सरकार, उसके आस-पास से भी गुज़रने को राज़ी नहीं है। ओसामा, वह बीमार ओसामा, जो इंसान डायलिसिस पर ज़िंदा है। उसकी खोज में समूचे अफ़ग़ानिस्तान पर बम बरसाया जा रहा है। वह आज इस पहाड़ पर है या फिर उस पहाड़ पर! यह भी झूठ है। मूल उद्देश्य है, इसी बहाने अमेरिकी फौज से समूचे अफ़ग़ानिस्तान को भर देना। सर्वाधुनिक अस्त्र-शस्त्र तैयार करने में जिस देश का कोई जोड़ नहीं है, उस देश के पक्ष में अफ़ग़ानिस्तान के हज़ारों-हज़ार लोगों की हत्या करने के बजाय, अलग से ओसामा की हत्या करके भी अमेरिका अपना शौक पूरा कर सकता था। जो सी आइ ए इस गुप्त हत्याकांड में कई-कई सालों से अपने हाथ पक्के कर चुका था वही इस काम को भी अंजाम दे सकता था, लेकिन अमेरिका उस ऑपरेशन में नहीं गया। बम बरसाकर, समूचे एशिया में त्रास फैलाना ही उसका मूल उद्देश्य था।

कहीं, कुछ घटते ही अमेरिका उसका तत्काल समाधान चाहता है। उन लोगों की राय में तत्काल समाधान है, बम बरसाना! पैर में घाव हो गया है, पाँव काट डालो! सिर-दर्द हो रहा है, सिर काटकर फेंक दो। लेकिन, डॉक्टर लोग ऐसा नहीं

करते। डॉक्टर वर्ग को मेडिकल एथिक्स मानना होता है और मेडिकल एथिक्स यह कहता है कि इलाज करते हुए, मरीज का कोई नुकसान न किया जाए। अमेरिका लगातार दुनिया भर के लोगों को नुकसान पहुँचा रहा है। कई-कई सालों से नुकसान पहुँचा रहा है। अमेरिका कभी यह फैसला करे कि वह समूचे वाशिंगटन पर बम बरसाएगा? नहीं, वह ऐसा नहीं करेगा, क्योंकि वहाँ अमेरिकी लोग रसे-बसे हैं। किसी अमेरिकी की ज़िंदगी, जिस किसी भी ज़िंदगी से ज़्यादा क़ीमती है। अल-क़ायदा के जितने भी कैम्प थे, सब उड़ा दिए गए। ओसामा के सारे अस्त्र-शस्त्र ध्वंस कर दिए गए। यह मामला वाकई हास्यास्पद है। 11 सितंबर को दुनिया के सबसे बड़ी मिलिटरी शक्ति वाले देश, अमेरिका पर हमले के लिए मोहम्मद अता और उसके साथियों को टन-टन बजनवाले बम की ज़रूरत नहीं पड़ी। किसी मिसाइल डिफेंस शील्ड की भी ज़रूरत नहीं पड़ी। नन्हा-सा बॉक्स-कटर ही काफी था। छुरी भी नहीं, महज बॉक्स-कटर! देखने में छुरी जैसा बॉक्स-कटर लोगों की जेबों में मौजूद रहता है। यह कोई हथियार नहीं है! बुश ने कहा—'वे लोग कायर हैं!' नहीं वे लोग कायर नहीं हैं कायर तो वे लोग हैं, जो मक्खी को मारने के लिए तोप दागते हैं, जो लोग धन के गरूर में तीस हज़ार फुट की ऊँचाई से बम बरसाकर, निरीह व निर्विरोध, निरपराध इंसानों की हत्या करते हैं; जो लोग जन-साधारण के टैक्स के रुपए, इंसान की हिफाज़त में लगाने के बजाय, दूसरों को नुकसान पहुँचाने में खर्च करते हैं।

अमेरिका पर लोग-बाग़ नाराज़ क्यों हैं? मध्य-प्राच्य, लैटिन अमेरिका, अफ्रीका इस क़दर क्षुब्ध क्यों है? इसकी जानकारी ज़रूरी है! अमेरिका की विदेशी नीति से दुनिया के करोड़ों-करोड़ इंसान आक्रांत हैं। उनके क्षुब्ध होने की वजह भी है। क्षुब्ध इंसान ही कभी-कभी उग्रवादी हो उठता है। तभी वह वर्ल्ड ट्रेड सेंटर के पेट में हवाई जहाज घुसेड़ देता है। दिशा-दिशाओं में बम-वर्षण, अमेरिका के विरुद्ध लोगों को क्षुब्ध कर देता है, यह बात उस देश के जन-साधारण के दिमाग में नहीं आती। चूँकि उन्हें यह बात समझ में नहीं आती, इसलिए वे लोग कोई सवाल नहीं करते। डोनाल्ड रम्सफील्ड या बुश, जो समझाते हैं, जनता-जनार्दन वही समझ लेती है। असल में जनता बहुत सारी सच्चाइयाँ न समझती है, न जानती है। उसे खबर ही नहीं है कि दुनिया के बीस करोड़ लोगों को खाना-पीना तक नसीब नहीं है। वे नहीं जानते कि दुनिया के करोड़ों-करोड़ इंसानों को दो जून का खाना तक नसीब नहीं है। उनको यह भी नहीं मालूम कि बम फेंककर संत्रास नहीं रोका जा सकता, सुरक्षा निश्चित नहीं की जा सकती। ऐसा किसी दिन नहीं हुआ! वे कारलाइन ग्रुप से अनजान हैं। अमेरिका में कारलाइन ग्रुप काफी चोरी-छिपे निर्मित हुआ है। बड़े-बड़े क्षमताधारी इसके मालिक हैं। अर्थ शक्ति, राजनीतिक शक्ति और मिलिटरी शक्ति! सऊदी अरब के रुपए, अमेरिका की सरकार और अमेरिका की फौज! भूतपूर्व प्रेसिडेंट बुश, स्टेट सेक्रेटरी, कॉलिन पावेल, पेंटागॅन के बड़े-बड़े अफसर, ओसामा बिन लादेन का सौतेला

भाई, बकर बिन लादेन, इनमें अन्यतम हैं। कारलाइन ग्रुप के पक्ष से सीनियर जॉर्ज बुश, कई बार सऊदी अरब हो आए हैं। सऊदी प्रिंस के इस ग्रुप न ढेरों रुपए ढाले हैं! शीत-युद्ध के समय इसी कारलाइन ग्रुप ने 'क्रूसेडर' नामक अत्याधुनिक अस्त्र तैयार किया था। जब वर्ल्ड ट्रेड सेंटर का पतन हुआ, इस ग्रुप का उदय हुआ। 11 सितंबर के बाद इस कारलाइन ग्रुप के हाथों, मानों स्वर्ग आ गया। फ्रैंक कारलूची जो भूतपूर्व स्टेट डिफेंस सेक्रेटरी थे, कारलाइन ग्रुप के चेयरमैन हैं और वर्तमान डिफेंस सेक्रेटरी डोनाल्ड रम्सफील्ड के दोस्त हैं! चूँकि कोरिया में कारलाइन ग्रुप का टेलीकम्युनिकेशन का कारोबार स्थित है। इसलिए उत्तर कोरिया में बुश को अचानक शांति-समझौते की ज़रूरत आन पड़ी। दक्षिण-उत्तर में अगर शांति कायम रहे तो धंधा अच्छा चलता है! युद्ध के लिए भी स्वार्थ ज़रूरी है और शांति के लिए भी! अमेरिका का सबसे बड़ा फौजी-अनुबंध इसी कारलाइन ग्रुप के साथ है। इस तरह गुपचुप क्या घट रहा है इसका आसानी से अनुमान लगाया जा सकता है। देश-देश में जंग छिड़े, संत्रास दमन के नाम पर दीदार अस्त्र-शस्त्र बिकें। इसलिए अमेरिका तो चाहेगा ही और व्यक्तिगत तौर पर बुश भी यही चाहेंगे क्योंकि बाद में अथाह पैतृक संपत्ति के मालिक तो बुश ही होंगे। जनमत इन सब चक्कर से बेख़बर है। भाषाविद्, नाओम चामस्की, लेखक-फिल्म प्रोड्यूसर, माइकेल मूर, लेखक एलिस वाकर, इतिहासकार हावर्ड जिन ने जुबान खोली है। लेकिन, बड़े-बड़े प्रचार माध्यमों तक उनकी आवाज़ पहुँचने नहीं दी जा रही है। जनता अभी भी अज्ञानता के सागर में आँख मूँदकर तैर रही है। अगर वे लोग इसके पीछे की हक़ीक़त जान पाते, तो मुमकिन है वे लोग प्रतिवाद भी करते। वियतनाम में युद्ध के खिलाफ, कम प्रतिवाद तो नहीं हुआ।

संत्रास के खिलाफ जंग, अमेरिका के लिए कोई नई बात नहीं है। ऐसी जंग उसने पहले भी की है। संत्रास दमन के नाम पर देश-देश में संत्रास ही फैलाता रहा है! गणतंत्र-प्रतिष्ठा के नाम पर जैसे स्वेच्छाचारी शासक तैनात करता रहा है, बिल्कुल उसी तरह! कम्यूनिस्ट खदेड़ने के नाम पर जैसे देश दखल करता रहा है, वैसे ही! आज दुनिया के सभी दहशतगर्द राष्ट्रों ने, संत्रास के उस्ताद, अमेरिका से हाथ मिलाया है। राशा! तुर्की! ब्रिटेन! अल्जीरिया! इज़राइल! राशा ने चेचनिया में दहशतगर्दी फैला रखी है। तुर्की, कुर्द लोगों के खिलाफ उग्रवादी हमले किए जा रहा है। पाकिस्तान तो संत्रास का अखाड़ा बन गया है! अल्जीरिया, दहशतगर्दों को पाल-पोस रहा है। इज़राइल शुरू से ही संत्रासी राष्ट्र है। अमेरिका से पहले दुनिया भर में दहशगर्दी का एकछत्र अधिकार ब्रिटेन के पास था। ये लोग आम इंसानों पर हमला करके, अपना राजनीतिक उद्देश्य हासिल करने में उस्ताद हैं। अमेरिका की इस नई जंग में साथ देकर, जन-साधारण को भी ठगकर, उसे बेवकूफ बनाया गया और अपने अपकर्म के इतिहास पर भी पर्दा डाल दिया गया। यह हमने इतिहास से जाना है, अफ़ग़ानिस्तान के युद्ध से ज़रा और ज़्यादा जाना है, संत्रास दमन करने का मतलब

है, संत्रास फैलाना! अमेरिका ने समूची दुनिया में संत्रास फैला रखा है, अविराम फैलाता जा रहा है। यूरोप में एक क़ानून था कि बिना किसी इल्ज़ाम के किसी को भी गिरफ्तार नहीं किया जा सकता; बिना किसी निर्णय के किसी को भी जेल में नहीं भरा जा सकता। उस क़ानून की परवाह न करते हुए, अब तो जिस-तिस को चाहो, गिरफ्तार कर लो! अमेरिका की हवालातों में भी क़ानून तोड़कर हज़ारों हज़ार मुसलमानों को धर दबोचा जाता है और तथाकथित खबरें निकालने के लिए उन पर बेभाव अत्याचार किया जाता है। फ्रांस के नागरिक, जकारियास मोसाउई, ब्रिटिश नागरिक, रिचार्ड रिड को गिरफ्तार कर लिया गया है। कहा जा रहा है कि उन्हें मृत्युदंड दिया जाएगा। जनगण को जकारियास या रिचार्ड रिड का कोई वक्तव्य सुनने नहीं दिया जा रहा है। जनता एकतरफ राय भर जानती है। दूसरे पक्ष के मुँह पर बंदूक की नली है। इसी तरह एक और पक्ष के सिर पर बम-वर्षक विमान। अमेरिका ने विश्व-पुलिस का चेहरा अख्तियार कर रखा है! अफसोस है कि विश्व-पुलिस वाहिनी ने सच्चाई और ईमानदारी का, कभी किसी दिन लेशमात्र भी जिक्र नहीं किया।

यही तो है हमारी दुनिया। हम इसी दुनिया में ज़िंदा हैं, जी रहे हैं। यूँ जीते हुए हम सब मानवता, स्वाधीनता वगैरह की बातें करते हैं। हम राष्ट्रसंघ के प्रति आस्थावान हैं। छिः! कोई भी मानवाधिकार संस्था, कोई भी गणतांत्रिक राष्ट्र, यहाँ तक कि हमारा लाड़ला राष्ट्रसंघ भी, अमेरिका के इस घृणित, जघन्य, गैर गणतांत्रिक, अमानवीय राष्ट्रीय दहशतगर्दों के खिलाफ एक शब्द भी नहीं बोलता। कोई भी बुश को युद्ध के अपराधी के रूप में कठघरे में खड़ा करने की भी बात नहीं करता। विवेक को छुट्टी दे दी गई है। अमेरिका के कई नोबेल-प्राप्तकर्ता वैज्ञानिकों ने कहा है—'चिकित्सा प्रणाली में विकास की वजह से दुनिया का एक नुकसान तो हुआ है, इंसान मरता नहीं, ज़िंदा रहता है। इस जीते रहने का ही नतीजा है कि दुनिया की आबादी ज़रूरत से ज़्यादा बढ़ गई है।' वे सब वैज्ञानिक शायद थोड़ी-बहुत राहत की साँस ले सके हैं, जब अमेरिका की इस ध्वंस-लीला में तीसरी दुनिया के लाखों-लाखों लोग दम तोड़ रहे हैं।

मानवता जलकर खाक़ हो गई, उड़ते हैं धर्म के निशान

मानवता आज कहाँ है?
जलकर खाक़ हो गई है!
उसी खाक़ पर विजय-निशान उड़ रहे हैं।
धर्म की विजय!

दुनिया में सबसे विशाल गणतांत्रिक देश के तौर पर भारत का सिर्फ नाम ही नहीं था, सैकड़ों भाषा, संस्कृति का सहनशील सह-अवस्थान का विराट प्रतीक था भारत! इसी भारत के एक वर्ग ने आज प्रमाणित किया है कि धर्म से बड़ी न जाति होती है, न इंसान, न इंसानियत! जिस गुजरात दंगे में सैकड़ों-हज़ारों लोगों की मौत हो गई, वे सारी मौतें रोकने का क्या कोई उपाय नहीं था? ज़रूर था! गोधरा में ट्रेन के डिब्बे में नृशंस हत्याकांड के बाद, गुजरात के मुख्यमंत्री नरेंद्र मोदी यह बात बखूबी जानते थे कि राष्ट्रीय स्वयंसेवक संघ और विश्व हिंदू परिषद के ज़बर्दस्त अड्डेवाले इस राज्य में अब संख्यालघु संप्रदाय का सर्वनाश होने ही वाला है। यह जानते हुए भी उन्होंने सतर्क रहने की कोई व्यवस्था नहीं की, कहीं भी कर्फ्यू जारी नहीं किया। रोम जब जल रहा था, नीरो बंसरी बजा रहा था। गुजरात जब जल रहा था, उस वक्त मोदी बाँसुरी बजा रहे थे या नहीं, पता नहीं, लेकिन, अगर बजा रहे होते, तो शायद ढेरों जानें बच जातीं। ख़ासकर वे अगर अपनी पुलिसवाहिनी के साथ बाँसुरी बजाते, क्योंकि उस बीभत्स दंगे में मोदी की सांप्रदायिक पुलिसवाहिनी सिर्फ निष्क्रिय खड़ी ही नहीं रही, बल्कि उसने खुद भी कई क्षेत्रों में उस हत्या-यज्ञ में हिस्सा लिया। पाँच सौ जीते-जागते मुसलमानों को ज़िंदा जला डाला। आँखों के सामने देखते ही देखते शिशुओं को जला डाला। शिशु जब जलाए जाते हैं, तो वे अकेले नहीं जलते, उनके साथ भविष्य भी जल जाता है। कोई भी भारत के भविष्य को आग की लपटों से बचा नहीं पाया। उस पर से ताज़ा ज़ख्म पर नमक छिड़ककर, गुजरात-दंगों के दमन में नरेंद्र मोदी की जानबूझकर उदासीनता, शिथिलता और

निष्क्रियता के लिए बीजेपी सरकार के नेता मंत्री वर्ग ने उनकी आलोचना करने के बजाय खूब वाहवाही की।

कौन है यह राम, जिसकी भक्ति में इंसान इस क़दर पागल हुआ जा रहा है? परीकथा का एक चरित्र होने के अलावा, और कुछ तो नहीं है! इन राम के लिए आज सिर्फ राममंदिर निर्माण की ही तैयारियाँ नहीं, रामराज्य तैयार करने की साजिश भी चल रही है। इस साजिश को और भड़का देने के लिए सत्ताधारी लोगों की कमी नहीं है। रामराज्य तैयार हो जाए, तो राम का कोई फ़ायदा होना है या तैयार करने वालों का? इसमें किसी का भी फ़ायदा नहीं है; किसी की भी विजय नहीं है। विजय सिर्फ मूर्खता की है। मंदिर तोड़कर मस्जिद बनाए जाते हैं; मस्जिद तोड़कर मंदिर! इस तोड़-फोड़ में इंसान सिर्फ अपने को ही नहीं तोड़ता, सभ्यता को भी तोड़-फोड़ डालता है। सारा कुछ तोड़-फोड़कर टुकड़े-टुकड़े कर डालता है, छिन्न-भिन्न कर डालता है। इंसान के प्रति इंसान की श्रद्धा नष्ट करने में, सबसे अधिक जिम्मेदार है—धर्मांधता! दुनिया के इतिहास में धर्मांधता ही सर्वाधिक रक्तपात, सर्वाधिक मृत्यु के लिए सर्वाधिक जिम्मेदार है। बहुतों का कहना है, धर्म अगर निर्मूल हो जाए, तो हिंसा, विद्वेष, नृशंसता और बर्बरता भी निर्मूल हो जाएगी। लेकिन धर्म को निर्मूल नहीं किया जाता, क्योंकि धर्म इतिहास होता है। निर्मूल तो इंसान की अज्ञानता और मूर्खता को किया जा सकता है! इसके लिए शिक्षा दरकार है। वैसे शिक्षा में भी रकम-फेर होता है। मदरसे में शिक्षित होकर या रामकृष्ण मिशन में दीक्षित होकर, ज़्यादातर इंसान और कुछ भले विसर्जित कर दे, लेकिन मूर्खता का विसर्जन नहीं कर पाते। वैसे मैं यह दावा भी नहीं करती कि स्कूल, कॉलेज, विश्वविद्यालय की शिक्षा सभी इंसानों को सचमुच शिक्षित या सभ्य बनाती है। लिखना-पढ़ना न सीखने के बावजूद, लालन फकीर मानवता के गीत गाते रहे, ऊरजअली मतब्बुर सच की खोज में जुटे रहे। लेकिन लिखाई-पढ़ाई सीखकर भी लालकृष्ण आडवाणी ऐसा न कर सके! गुलाम आयम भी नाकामयाब रहा। सच्चे अर्थों में शिक्षित होने के लिए, स्वस्थ दिमाग, चेतना का विकास बोध ज़रूरी है।

गुजरात में हिंदू कट्टरवादियों ने जिस अमानवीय वारदात को अंजाम दिया, बंगलादेश के मुस्लिम कट्टरवादी भी वैसी वारदातें कर सकते हैं, इसके उन लोगों ने अनगिनत प्रमाण दिए हैं। कट्टरवादियों के चिंतन-चेतना में घृणा का प्राधान्य होता है। वे लोग मन में तीखी नफरत लिए मंदिर-मस्जिद चकनाचूर करने के लिए आगे बढ़ते हैं। वे लोग संख्यालघु संप्रदायों का घर-द्वार जलाकर खाक़ कर देते हैं उन लोगों को बेघर कर देते हैं! उन्हें निर्वासित कर देते हैं; उन लोगों के साथ बलात्कार करते हैं उन लोगों की हत्या कर डालते हैं। क्यों करते हैं ऐसा? क्योंकि संख्यालघु संप्रदाय का ख़्याल है कि उनके अपने धर्म से बड़ा, अन्य कोई धर्म नहीं है। वे सोचते हैं, भिन्न धर्म के लोगों पर अत्याचार बरसाने से, उनके धर्म की जय होती है। इंसान

के प्रति प्रचंड नफरत पाले हुए, वे लोग धर्म का जयगान करते हैं। वे लोग भगवान या अल्लाह को हिंस्रता, घृणा, नृशंसता के माध्यम से पाना चाहते हैं। लेकिन, इस ढंग से क्या भगवान या अल्लाह को हासिल किया जा सकता है।

सबसे बढ़कर, मानव सत्य, उससे ऊपर कोई नहीं! विवेकवान इंसान की यह उपलब्धि, यह सच्ची उक्ति, आज की नहीं है, सैकड़ों साल पहले की है! दिन जैसे-जैसे गुज़रते जा रहे हैं। इंसान क्या अपना विवेक खोता जा रहा है? हम क्या आगे की तरफ बढ़ें या पीछे अँधेरे-काले अतीत की तरफ मुड़ जाएँ? धर्म के नाम पर निर्ममता या बर्बरता के दिन क्या अभी भी ख़त्म नहीं हुए? अतीत में एकेश्वरवादियों ने बहु-ईश्वरवादियों को निश्चिन्ह किया है। यहूदी, ईसाई, मुसलमान—ये सभी तीनों एकेश्वरवादी धर्मों के लोगों ने एक-दूसरे का काफी-काफी खून बहाया है। ईसाई धर्म के कैथलिक और प्रोटेस्टेंट लोग एक-दूसरे की गर्दन काटते रहे। ये तमाम बर्बरताएँ अब सभ्य देशों में अतीत हैं! लेकिन हिंसा, नृशंसता, निरर्थक रक्तपात में भारतीय उपमहादेश आज भी सभ्यता को शर्मिंदा कर रहा है। अगर धार्मिक उग्रवादियों को भारत के इतिहास की जानकारी होती, तो मुमकिन है कि वे लोग इन नृशंस हत्याकांडों से विरत रहते। भारत में हिंदू धर्म, इस्लाम धर्म, ईसाई धर्म—सभी धर्म भारत के बाहर से आए हैं। वेद, बाइबिल, कुरान—किसी भी ग्रंथ की रचना, भारत में नहीं हुई। आर्य लोग भारत में वेद लेकर आए। मध्य-प्राच्य से मुसलमान कुरान लेकर आए, ईसाई यूरोप से हाथ में बाइबिल लेकर आए। भारत के लोग एक-एक धर्म में दीक्षित हो गए। अगर अतीत में विभिन्न अंचलों से कोई भारत में भ्रमण करने न आता तो यहाँ इंसान को प्राचीन धर्म में ही विश्वासी होकर रह जाना पड़ता। या सब लोग भारतवर्ष के बौद्ध धर्म में ही दीक्षित होते। कौन, किस धर्म में दीक्षित हुआ, किसका धर्म, किस धर्म से ज़्यादा बेहतर है, इन सबको प्रमाणित करने के लिए क्या खूनाखूनी ज़रूरी है? मनुष्यत्व ही प्रमाणित कर सकता है कि कौन-सा धर्म महान् है; कौन-सा धर्म, किसे, क्या सीख देता है! मुसलमान अगर किसी हिंदू की हत्या करे या ईसाई का खून करे तो इससे इस्लाम को महान् धर्म के तौर पर मान्यता मिल जाती है। ऐसी बात नहीं है। उसी तरह, हिंदू अगर मुसलमानों को जलाकर फूँक दे, ईसाइयों की हत्या करे, तो इसमें हिंदू धर्म की कोई विजय नहीं होती। इंसानियत जब लुप्त हो जाती है, तभी इंसान ऐसा जघन्य काम करता है। धर्म इंसानियत का लोप नहीं करता। अगर कोई विश्वास, इंसानियत को तबाह कर दे, तो वह विश्वास बेशक, नुकसानदेह होता है। मानव सामाजिक प्राणी है। अपने व्यक्तिगत विश्वास के साथ, समाजहीन जीवनयापन करना, किसी भी इंसान के लिए संभव नहीं है। समाज में रहना-सहना है, तो समाज के विभिन्न इंसानों के भिन्न विश्वास, भिन्न मतों के प्रति श्रद्धा अर्पित करें, वर्ना अपना विश्वास और अपने मतवाद पर, दूसरों की श्रद्धा अर्जित करना, कतई संभव नहीं है! भारतीय उपमहादेश की

सच्चाई यह है कि यहाँ विभिन्न धर्म, विभिन्न संस्कृति, विभिन्न भाषाओं के एक ही समाज में मिलजुलकर रहना-सहना! अगर इसे अस्वीकार किया, तो शांति के बजाय अशांति क़ायम होगी। इसका प्रमाण भी हमें अनगिनत बार मिल चुका है। अब और कितना? इस बार 'रोको! रोको' यह मर्मघाती करुण विनाश! जाति के खून में दुबारा निश्छल ममता छलक उठे, जाति के खून में दुबारा कठोर ईमानदारी आए, जाति के प्राण में समता की सटीक वासना जागे।

बंगलादेश के मुसलमान कट्टरवादी जब देश से संख्यालघु हिंदुओं को खदेड़ना चाहते हैं, अपने दिल में शायद कोई अजीब सपना लेकर ही ऐसी हरक़त करते हैं। उनका ख्याल है कि बंगलादेश अगर सिर्फ और सिर्फ मुसलामनों का देश हो जाए, तो वे लोग बेहद निश्चित और सुरक्षित तरीके से इस देश में वास कर सकेंगे। लेकिन सिर्फ मुसलमान होने भर से किसी देश में शांतिपूर्ण तरीके से रहना-सहना संभव नहीं है, इसका प्रमाण सन् इकहत्तर की जंग है! अगर कुछ और दूर तक नज़र डालूँ। मध्य-प्राच्य की तरफ, तो क्या नज़र आता है? मुसलमान देशों में भाईचारगी का अभाव, इस क़दर जाहिर है कि मौका पाते ही, एक मुसलमान, दूसरे मुसलमान पर टूट पड़ता है। सालों-साल जंग का सिलसिला जारी रहता है; बर्बादी-नुकसान होता रहता है; रक्तपात चलता रहता है; घृणा का विस्फोट होता रहता है। तो क्या धर्म, घृणा से कभी मुक्ति नहीं देता?

जो लोग अल्लाह या भगवान में विश्वास करते हैं, उन लोगों को क्या यह पक्का विश्वास है कि इंसान, भगवान या अल्लाह की सृष्टि है? बेशक, लोग यही विश्वास करते हैं। ऐसे में भगवान या अल्लाह के हाथों रचे हुए जीवन की, अंधाधुंध हत्या करने, रचे हुए जीवन के प्रति घृणा पाले रहने से क्या अल्लाह या भगवान को खुश किया जा सकता है? धर्म ग्रंथों में चाहे कुछ भी लिखा हो, धर्मग्रंथों में युद्ध का चाहे जितना भी जयगान गाया जाए, विवेक का वर्जन न करके, अगर स्वस्थ दिमाग़ से सोचा जाए तो बेहद साधारण से सवाल का एक जवाब तो मिल ही जाता है। घृणा आखिर किसे जन्म देती है? घृणा, घृणा को ही जन्म देती है, प्यार-मुहब्बत को जन्म नहीं देती। इंसान के प्रति इंसान का प्यार या श्रद्धा न हो तो यह दुनिया रहने लायक नहीं रह जाती। इंसान अगर इंसान के प्रति घृणा, नृशंसता, बर्बरता ही उगलता रहे, तो दुनिया की शांति नष्ट हो जाती है और इसके लिए कोई ईश्वर या भगवान या अल्लाह नहीं, खुद इंसान ही जिम्मेदार होता है।

तुम बन जइयो गहिन गांग, हम डूब मरी

जीवन अगर फूल है, तो प्यार उस फूल का मधु!–**विक्टर ह्यूगो**

पश्चिम का प्रेम

दुनिया में यौन-आकांक्षा का अभाव, कभी, किसी काल में ही नहीं रहा। ग्रीक पुराण में अफ्रोदिति का पुत्र, इरोस, इंसान और देव-देवियों की छाती पर निशाना लगाकर, तीर छोड़ता था। वह तीर जिसकी भी छाती पर जा लगता, उसका किसी न किसी के साथ यौन-संपर्क होता था। यह इरोस ही रोमन पुराण में वेनस की कोख से जन्म लेकर, पीठ पर पाँखों वाला एक हट्टा-कट्टा, नंगा बच्चा, क्यूपिड नाम धारण करता है और उसी तरह तीर-धनुष ताने, उड़-उड़कर जिस पर भी उसका दिल आता, उसपर तीर बरसाना शुरू कर देता। सोने का तीर छोड़कर वह यौनाकांक्षा जगाता था और सीसा का तीर छोड़कर, इन सबमें वितृष्णा जगाता था। मुझे वह दृश्य याद है–एपोलो सोने का तीर खाकर दौड़ रहा है। उधर दाफनी सीसे का तीर खाकर दौड़ रही है। वह एपोलो के हाथ से बचने के लिए पागलों की तरह भाग रही है। रोमन देव-देवियों की पीठ पर पाँखें लगी होती हैं। मगर भारतीय पुराणों के देव-देवियों की पीठ पर पाँखों का नामोनिशान नहीं है। वे लोग इंसान की तरह ही, इंसान के घर में निवास करते हैं; मक्खन-मट्ठा चुराते हैं; लेकिन अंदर ही अंदर भगवान हैं। कृष्ण के हाथ में तीर-धनुष नहीं था। वह वंशी बजाकर ही सारा मुहल्ला-टोला मात कर देते थे। सिर्फ राधा के साथ ही लीला-क्रीड़ा करके ही चैन नहीं लेते, और चाहिए! और चाहिए! का गुहार लगाते हुए, पूरी सोलह हजार ललनाओं के साथ, सोलह कला पूर्ण होते हैं। यह सब भगवान लोगों को ही शोभा देता था। भगवान द्वारा सबकुछ ही संभव है। इंसान द्वारा इतना कुछ संभव नहीं था। इंसान ने तो प्रेम का पाठ पढ़ा, कुल आठ-नौ सौ साल पहले। इससे पहले इंसान, इंसान को प्यार नहीं करता था, ऐसी वात भी नहीं है। इससे पहले भी इंसान प्यार करता था, यौन-संपर्क भी होते थे! ख़ैर यह तो होना ही था, वर्ना बहुत पहले ही इस धरती से इंसान का नामोनिशान ही मिट जाता। ग्रीस का ही प्रसंग लिया जाए।

प्राचीन ग्रीस में, ईशू के जन्म से बहुत सालों पहले से ही विवाह-प्रथा चालू

हो गई थी। पुरुष वर्ग विवाह करता था, लेकिन उस विवाह में प्यार का कोई रिश्ता-नाता नहीं होता था। पत्नी इसलिए होती थी कि वह बच्चे पैदा करे। उनका लालन-पालन करे और घर-गृहस्थी चलाए। घर की पत्नी से रूप-गुण-विद्या-बुद्धि में वारवनिताएँ ही, समाज में उच्च श्रेणी की औरतें मानी जाती थीं। समाज के जाने-माने प्रतिष्ठित लोग वारांगनाओं का साहचर्य पाने के लिए आकुल-व्याकुल रहते थे। रोम के कवि, पब्लिओस अभिडिओस नासो, 'मेटामॉरफोसिस' लिखकर नाम कमाने वाले कवि ने उन्हीं दिनों ईशू के जन्म से दो साल पहले, अविश्वसनीय क़िस्म की एक आधुनिक किताब लिखी—'आर्स एमेटोरिया'! उस किताब में उन्होंने यौनता के साथ प्यार को भी मिलाया। यहाँ तक कि यौन-संगम के कुछेक आसन को उन्होंने अहमियत दी है, जिनके बारे में उनका विश्वास है कि औरत-मर्द एक ही साथ संगम में चरम तृप्ति और ऑर्गज़्म का आनंद पा सकते हैं। इसके बाद ढाई-तीन सौ साल बाद, भारत में 'कामसूत्र' की रचना हुई। काम की चौंसठ कला के बारे में वात्स्यायन ने खुले दिल से ज्ञान-दान किया। वात्स्यायन जैसा, काम का ऐसा शब्दशः वर्णन और कोई नहीं कर सका। दुनिया शायद इसी तरह चलती रहती, अबाध यौनता में डूबी रहती, अगर ईसाई धर्म का उदय नहीं होता और वह यह घोषणा न करता कि यह पाप है! मध्य-प्राच्य से यह धर्म खुद चलकर, रोम में दाखिल हुआ, खून-क़त्ल वगैरह बलबा मचाने के बाद, जब ज़रा थिर होने पर उसने औरतों के कुँवारेपन का जयगान गाना शुरू किया, तब सन् तीन सौ पचासी में गिर्जे के पुरोहित, जोवीनियन ने प्रस्ताव दिया—आजीवन कुँवारी रहने से बेहतर है, लड़कियाँ विवाह कर लें। जैसे ही उन्होंने यह प्रस्ताव किया, पोप ने जोवीनियन को निर्वासन दे डाला। संत अगस्तीन की तरह विराट संत ने भी 'स्वीकारोक्ति' और 'ईश्वर का शहर' नामक दो किताबें लिखीं। इन दोनों किताबों का मूल़ वक्तव्य था—विवाह और यौनता जैसा घृणित काम, इस दुनिया में और कोई नहीं है। कुल कुछेक सौ सालों में ही ईसाई धर्म ने धूम मचा दी। औरतें महज टुकड़ा भर जायदाद हो उठीं। वह भी ऐसी जायदाद, जिसकी कोई क़ीमत नहीं थी। गिर्जा ने बीवियों के मारने-पीटने को अपराध नहीं माना। हाँ, अगर कोई मर्द, किसी लड़की या औरत की हत्या कर दे, तो सज़ा के तौर पर मामूली-सा जुर्माना देना होगा, बस! विवाह का मामला गिर्जा के नेतृत्व में चला गया। जोवीनियन के खिलाफ जो शख़्स सबसे ज़्यादा शोर मचा रहे थे, उन्हीं सेंट जेरोम ने नई घोषणा की—अगर कोई पुरुष अपनी विवाहिता बीवी के प्रति किसी क़िस्म का प्यार जाहिर करे, तो उस पुरुष को भी व्यभिचारी कहा जाएगा। यानी सिर्फ संतान पैदा करने के लिए 'संगम' को मान लिया गया। तिरसठ आसनों को वर्तन की तरह उछालकर तोड़-फोड़ डाला गया, सिर्फ एक आसन को वैध किया गया, (मिशनरी आसन—पुरुष ऊपर, नारी नीचे), लेकिन प्रायश्चित्त के दिनों में संगम निषिद्ध कर दिया गया। इसके अलावा, रवि, बुध, शुक्र और छुट्टी के दिनों में संगम नहीं चलेगा।

इसी बीच एक भीषण कांड घट गया। यह वारदात फ्रांस के दक्षिण में, ट्रूबाडुर लोगों के प्रावेन्स नामक राज्य में हुई। ट्रूबर लोग मूलतः गायक होते हैं। खुद ही गीत रचते हैं ओर विभिन्न अंचलों में वही सब गीत गाते फिरते हैं। ये लोग केल्ट जाति के होते हैं। ख़ैर भले वे किसी भी जाति के हों, प्रेम के पहले प्रवर्तक ये ही लोग हैं। यह प्रेम कोई ईश्वर-प्रेम नहीं होता, प्रकृति-प्रेम भी नहीं है, यह औरत-मर्द का प्रेम है। लेकिन इस प्रेम का उद्देश्य रमण नहीं होता। अब हम जिस अहसास को प्रेम के रूप में जानते हैं, अंग्रेजी में जिसे कहते हैं–'रोमांटिक लव', रूमानी प्यार, इस प्रेम की शुरुआत उन्हीं दिनों हुई। पश्चिमी सभ्यता में उन दिनों जो चीज़ अनुपस्थित थी, वह औरत मर्द दरमियान, दिल का रिश्ता! वैसे यह वात उन दिनों भी नहीं सोची जा सकती थी कि यह प्रेम पति-पत्नी में संभव है। इस प्रेम में, औरत के रूप पर मुग्ध होना, गुणों पर विस्मित होना, औरत को न पाने की तकलीफ, हताशा में दर्द से झुकना तो मौजूद होगा। लेकिन इसके वावजूद प्रेम की यह उपलब्धि असहनीय किस्म का आनंद देगी। प्रेम में पड़कर, मेरा जो कुछ भी है, सब उजाड़कर दे सकता हूँ, आत्महत्या भी कर सकता हूँ–ऐसे-ऐसे जुमले भी कहे जाने लगे। उन दिनों इसी प्रेम को ही सच्चा प्यार समझा जाता था, यौन-संपर्क को झूठ ही समझा जाता था। सचमुच के प्यार में था–स्पर्श, आलिंगन, चुंबन! यह विश्वास किया जाता था कि देह अगर अतृप्त रहे और दिल आवेग और उत्तेजना से भरा-भरा हो, तभी इंसान का चरित्र ऊँचा होता है। प्यार ही इंसान को आगे बढ़ने की प्रेरणा देता है काम करने की ताकत जुटाता है। पहली बार प्यार के साथ व्यक्ति-चरित्र जुड़ गया। ट्रूबाडुर कविगण अपनी औरतों से प्रार्थना करते थे एक उन्हें किसी तरह की यौनता न दी जाए। बिएनिस के प्रति दांते का प्यार, इसी तरह का प्यार था। एक्वीटेन के ड्यूक, विलियम द्वितीय, ट्रूबाडूर का आदर्श ग्रहण करके, नई शैली का जीवन गुज़ारना शुरू कर दिया। विलियम द्वितीय की नातिन एलेनर, सन् 1122 में जब इंगलैंड और फ्रांस की रानी बनी, उन्होंने पूरे दम से प्यार का प्रचार शुरू कर दिया। एलेनर के दरबार से 'प्रेम की शर्त' नामक एक पुस्तिका निकाली गई–प्यार में औरत-मर्द, दोनों के आवेग मौजूद रहेंगे। दोनों का एक-दूसरे के प्रति श्रद्धाबोध और मुग्धता होगी। औरत को दासी की जगह से उठाकर, मर्द के दिल में बिठा दिया गया। लेकिन एलेनर का यह प्रेम-बग़ावत ज़्यादा दिनों नहीं टिका, इंगलैंड के राजा, हेनरी द्वितीय ने एलेनर के प्रेम का दरबार तोड़-ताड़कर, चकनाचूर कर दिया।

उसके बाद, सन् 1300 से एक-एक करके जो घटा, वह था प्रेम-प्यार के खिलाफ, गिर्जाघरों का पीछे पड़ जाना! मर्द अगर किसी क़िस्म की यौन-इच्छा के बिना ही, किसी औरत को स्पर्श करता है, उसका चुंबन लेता है, तो उसे गुनाह माना गया। धर्मांध लोग एक शहर से दूसरे शहर घूम-घूमकर, अपने पर चाबुक बरसाते-बरसाते, अपने को रक्ताक्त करते हुए, अपने पाप का प्रायश्चित्त करने लगे। गिर्जा के लोगों

ने धार्मिक अदालत का गठन कर डाला और जिन औरतों में यौन-आकांक्षा मौजूद है, उन पर भूतनी का असर हो गया है। यह फतवा जारी करके उन लोगों ने उन पर अकथनीय अत्याचार शुरू कर दिया। तीस हज़ार औरतों को गिर्जाघर के मालिक-मुख़्तारों ने जलाकर मार डाला। दूसरा धर्म का घुप्प अँधेरा हटाकर चारों तरफ रेनेसां की हल्की-हल्की रोशनी की टिमटिमाहट नज़र आने लगी। नहीं, अब कोई विस्मय नहीं रहा, अब धर्म को लेकर सवाल उठाए जाने लगे। गिर्जा की परवाह न करके, फ्रांस की रानी, मार्गरेट, कामगंधहीन प्यार चलाती रही। किसी एक के साथ नहीं, एक साथ बारह-बारह लोगों के साथ। उन्होंने अपनी बहत्तर कहानियों का 'हेपटामेरन' नामक एक संकलन निकाला वह रेनेसां का दौर था! लेकिन उस समय तक विवाह, प्रेम की शर्त नहीं था। विवाह ज़िंदगी भर के लिए नितांत ही देह और रुपए-पैसों से संबंधित मामला भर था। किंग हेनरी अष्टम ने पोप और पादरियों के खिलाफ लंबी जंग लड़कर, विवाह को प्रेम से जोड़ दिया। रानी एलिज़ाबेथ प्रथम की माँ ने जब ऐन से विवाह कर लिया, उस समय तो तलाक़ भी नहीं होते थे। ऐन को तलाक देकर किसी दूसरी औरत से विवाह करने के लिए, उन्होंने तलाक की व्यवस्था भी पक्की कर ली। इस तरह औरत की स्थिति थोड़ी-बहुत ज़रूर बदली। कवि-साहित्यकारों ने इस परिवर्तन के पक्ष-विपक्ष में कलम थाम ली। शेक्सपियर का रोमिओ जूलिएट, द टेमिंग ऑफ द श्रू, इसके बेहतरीन उदाहरण हैं। प्यार में सिर्फ हृदय मौजूद रहेगा और विवाह में सिर्फ शरीर—यह आदर्श अब बदल गया। रेनेसां से आलोकित लोगों ने यौनता को गुनाह मानने से इनकार किया। प्रेम और विवाह के क्षेत्र में मन और तन, दोनों ही समर्पित किया गया। मध्यवित्त लोगों में भी जागरण का उदय हुआ। उन लोगों ने भी तन और मन के मिश्रण से उपजे, प्रेम के इस नए परिवर्तन को खुद आगे बढ़कर समेट लिया। मध्य युग के मुकाबले रेनेसां के दौरान, औरत की मर्यादा, थोड़ी-बहुत बढ़ी। पति लोगों ने प्यार को 'वस्तु' के तौर पर सम्मान देना सीख लिया। इसके बावजूद सारी संपत्ति पति के अधिकार में बीवियों को पीटना, उन दिनों भी कानूनी तौर पर निषिद्ध नहीं था।

इधर ईसाई धर्म में बग़ावत फूटने लगी। मार्टिन लूथर, जो इस बग़ावत के सूत्रधार थे, वे खुद भी काफी खुशमिज़ाज शख़्स थे। खाओ-पीओ-फुर्ति करो—जर्मनी में वे इसी शैली का जीवन गुज़ारते थे। कैथलिक ईसाइयों से उनका विरोध शुरू हो गया। ईश्वर को खुश करने के लिए, आजीवन कुँवारी रहने वाली औरतों के बारे में उन्होंने साफ़ घोषित कर दिया कि वे लोग शैतान की सृष्टियाँ हैं। उन्होंने कैथलिक मुल्लों को सलाह दी कि वे लोग उनका जल्द से जल्द विवाह करा दें। यहाँ तक कि ईशु का मेरी मैगडालेन और अन्यान्य बहुतेरी लड़कियों से नाजायज़ यौन संपर्क भी था—उन्होंने ऐसी बातें करने का भी साहस दिखाया। लूथर की तरफ से मूल

बात यह थी कि यौनता पूरी तरह स्वाभाविक मामला है, इसके दमन में कोई तुक नहीं होता। ईसाई धर्म में लूथर का यह सुधार-संस्कार, उत्तरी-यूरोप में तेज़ी से फैल गया। लूथर की मौत के बाद, जॉन केल्विन, जॉन नक्स ने सख्त-सख़्त क़ानून तैयार किया। यौन-संगम सिर्फ बच्चे पैदा करने के लिए है, किसी मौज-मज़े के लिए नहीं है। यौनता पति-पत्नी की चौखट कहीं भी लाँघी न जाए—यही साफ़ बात थी! जहाँ कहीं ऐसे रिश्ते नज़र आए, हमले होने लगे। रविवार के दिन धूम्रपान, मद्यपान, जुएबाज़ी, भड़काऊ पोशाक निषिद्ध कर दिए गए। प्योरिटन लोगों के हृदयहीन और यौनताहीन होने की ख़बरें ज़ोर पकड़ने लगीं। प्योरिटन लेखक, जॉन मिल्टन ने 'पैराडाइज लॉस्ट' में आदम और ईव की प्रेम-कहानी बयान करके यह साबित कर दिया कि सभी एक जैसे नहीं हैं। उदारपंथी प्योरिटन लोगों ने विवाह को गिर्जे के हाथों से मुक्त कराया और इसे सिविल-समझौते में शामिल किया। पति के अत्याचारों की शिकार पत्नियों को यह अधिकार मिला कि वे लोग ऐसे पति से अलग हो सकें। यहाँ तक कि औरतों ने पति को तलाक देने का अधिकार भी अर्जित कर लिया।

इसके बाद चिंतन-मनन का दौर शुरू हुआ। सन् 1700-1800 का समय। इस शती के मध्य में उच्चवित्त और उच्च शिक्षित लोगों ने आवेग, संयत करके, तर्क, बुद्धि के सहारे चिंतन-मनन शुरू कर दिया। उन्होंने विज्ञान की तरफ ध्यान केन्द्रित किया। धर्म धीरे-धीरे अपना आधिपत्य खोने लगा। फ्रांस के चौदहवें लुई, अपनी बुद्धि के दम पर जन-साधारण में लोकप्रिय हो उठे। इंसान के आचार-व्यवहार में शराफत, नम्रता वगैरह शामिल हुई। जिस-तिस पर पापी होने का इल्ज़ाम लगाने और इंसान को पापबोध का अहसास दिलाकर, शर्मिंदा करने के दिन अब ख़त्म होने को आए। मर्द अब बुद्धिमती औरतों के संग-साथ की चाह करने लगे। लेकिन उन दिनों भी औरतें, मर्दों के घरों में मुख्यतः शोभा और सजावट के रूप में ही इस्तेमाल होती रहीं। प्रेम-प्यार सिर्फ राजपरिवारों के लिए ही नहीं, मध्यवित्त और जनसाधारण लोगों के जीवन का भी हिस्सा हो उठा। बेंजामिन फ्रेंकलिन ने पापबोधहीन यौनता का प्रचार शुरू कर दिया। इस शती में जो औद्योगिक क्रांति शुरू हुई, उसने अगली शती में चरम रूप अख्तियार किया। झुंड-झुंड में गरीब लड़कियाँ उद्योग के काम के लिए घर से बाहर निकल पड़ीं। लेकिन उच्चवित्त घरों की औरतें उस वक्त भी घर के अंदर ही क़ैद रहीं! मलका विक्टोरिया के ज़माने में शुद्धता पर बहस छिड़ गई। चारों तरफ नीति की जयजयकार गूँजने लगी। आदर्श परिवार रचने-गढ़ने का आह्वान। अब लज्जावती और कुँवारी लड़कियाँ मर्दों की चाहत बन गईं। मर्दों ने सती साध्वी, आदर्शवादी औरतों का गुणगान शुरू कर दिया। मर्द के प्रस्ताव पर औरतों को सिर्फ सहमति या असहमति जताने भर का अधिकार था। इसके अलावा औरत की और कोई भूमिका नहीं होती थी। विवाह के मौके पर भी औरत को शर्म से आरक्त दिखने

आर होठों पर मंद-मंद मुस्कान झलकाते रहने के अलावा, और किसी बात की अनुमति नहीं थी। यह भी औरत के लिए पहले से कुछ ज़्यादा ही सम्मान अर्जन था। लेखक जँ जैक रूशो, हताश, भावुक, काफी कुछ आत्मविश्वास खो देनेवाले इंसान थे। उन दिनों यूरोप के शिक्षित बुद्धिजीवी और उदारपंथी राजनीतिज्ञों में रूशो का गहरा प्रभाव था। वे लोग यौनता, मौज-मज़ा, फुर्ती, होहल्ला वगैरह का वर्जन करने लगे। सन् 1807 में टॉमस बोदलेयर ने 'फैमिली शेक्सपियर' नामक जिस किताब का सम्पादन किया, उस किताब में उन्होंने बड़े आराम से शेक्सपियर की रचना उड़ा दी। उन्होंने तर्क यह दिया कि वे हिस्से परिवार के सभी लोगों में पढ़ना-पढ़ाना शोभन नहीं है। दार्शनिक इमैनुएल कांट का अस्सी साल की उम्र में स्वर्गवास हो गया। वे अविवाहित थे। उस ज़माने में शोक-प्रदर्शन करते हुए बेहाल हो जाना, आँखों से धार-धार आँसू बहाना वगैरह एक क़िस्म के गौरव की बात थी। आइरिश कवि, टॉम मूर, सड़क के पत्थर देखकर भी भावुकता से उमड़ आते थे। नैतिकता क़ायम रखने में समाज की साँसें घुटने लगीं। पितृतंत्र, कुत्सित चेहरा लिए, औरतों पर हमले पर हमले करता रहा। सन् 1842 में अमेरिका के डॉक्टर, विलियम हमंड ने कहा, 'संगम के समय किसी भी शरीफ लड़की की बूँद भर भी तृप्ति महसूस करना गुनाह है।' अनगिनत डॉक्टरों ने औरतों में यौनाकांक्षा जागने को, शारीरिक रोग बताया। यह विश्वास भी प्रचलित हो गया कि संगम की चाह औरत को हमेशा-हमेशा के लिए बाँझ बना सकती है। एक तरफ कठोर नीति और आदर्श, जिसके पालन की जिम्मेदारी प्रमुखतः औरतों की भी थी, दूसरी तरफ पोर्नोग्राफी और वेश्यालयों की संख्या धाँय-धाँय करके बढ़ती जा रही थी। अकेले लंदन में ही, सन् 1850 में पचास हज़ार वेश्याएँ और पोर्नोग्राफी की किताब की तीन लाख प्रतियाँ उपलब्ध थीं।

मेरी वलस्टनक्राफ्ट ने नारी-शिक्षा के समर्थन में कलम थामी थी। उन्होंने अपनी किताब, 'विंडिकेशन ऑफ द राइट्स ऑफ वीमेन' में उन्होने ज़ोर देकर कहा—औरत की ज़िंदगी, सिर्फ पुरुषों को आनंद देने के लिए ही नहीं है। सन् 1837 में लड़कियों का पहला कॉलेज प्रतिष्ठित हुआ। सन् 1850 में वोट का आंदोलन छिड़ गया, जो सन् 1920 तक जारी रहा। सन् 1949 में प्रकाशित, सिमोन द बोउआ का 'सेकंड सेक्स' किताब ने पूर्वी-पश्चिमी दुनिया की औरतों को एकदम से जागरूक कर दिया। औरतों ने मर्दों की बराबरी के हक की माँग करते हुए, समूचे यूरोप में आंदोलन की धूम मच गई। बेटी फ्रेडेन की रचनाओं ने साठ के दशक में, औरतों को बेतरह उद्बुद्ध किया। तलाकों की संख्या बढ़ती गई। औरतों ने दल बाँधकर, झुंड-झुंड में जुलूसों में हिस्सा लिया। विवाह-प्रथा के विरुद्ध भी औरतों ने आंदोलन शुरू कर दिया। नारीवादी वर्ग इस विषय में एकमत हुआ कि—'All the discriminatory practices against women are patterned and rationalized by this slavery like practice.

We can't destroy the inequities between men and women until we destroy marriage.'

अधिकांश औरतों ने विवाह का वर्जन किया। विषमताहीन रिश्ते के लिए अगर राजी हो, तो रहो वर्ना रास्ता नापो! प्यार में अब औरत की परोक्ष भूमिका नहीं थी। अब वह सिर्फ लज्जावती औरत या पुरुषों के हाथ खिलौना भर नहीं थी। यौन-स्वाधीनता के पक्ष में छेड़े गए आंदोलन में औरतों की जीत हुई। अब औरत का तन-मन पूरी तरह उसके अपने अख्तियार में आ गया। पितृतंत्र, धार्मिक अनाचार वगैरह सभी तरह के फासले और अनाचार के खिलाफ, औरत पैर जमाकर अड़ गई। सन् सत्तर के दशक में नारीवादी आंदोलन; चरम पर जा पहुँचा। प्यार का चेहरा-मोहरा बदल गया! बदलना तो ख़ैर यकीनी ही था। जेन ऑस्टिन की तरह मिनमिनाते हुए नहीं, दो सौ साल बाद, आन्द्रिया डरकिन की आवाज़ में तीखी झुँझलाहट थी—'We have a double standard, which is to say, a man can show how much he cares by how much she's. Willing to be hurt, by how much she will endure; how suicided she is prepared to be.'

Men use sex to hurt us. An argument can be made that men have to hurt us, diminish us, in order to be able to have sex. With us—break down barriers to our bodies, aggress, be invasive, push a little, shone a little, express verbal or physical hostality or condescension. An argument can be made that in order for men to have sexual pleasure with women, we have to be inferior and dehumanized, which means controlled, which means less autonomous, less free, less real.

सिर्फ औरतें ही नहीं, बहुत पहले से ही, विवाह के बारे में मर्द लेखकों में भी एक क़िस्म की वितृष्णा काम कर रही थी। युरिपिडिस ने कहा है—ईसा के जन्म के साढ़े चार सौ वर्ष पहले, यह बात कभी अपनी जुबान पर न लाना कि विवाह में पीड़ा से ज़्यादा आनंद है। सुकरात ने कहा—अगर तुम्हें कोई भली औरत मिल गई, तो तुम सुखी होगे और अगर कोई बुरी औरत तकदीर में आ जुटी, तो दार्शनिक हो जाओगे। फ्रान्सिक बेकन ने कहा—'औरतें जवान पति की प्रेमिका होती हैं, अधेड़ उम्र पति की संगिनी और बूढ़े पति की नर्स!' बोदलेयर ने कहा—'प्रेमिका बोतल भर शराब की तरह होती है। और औरत, शराब की एक बोतल की तरह।' ऑस्कर वाइल्ड की राय में—'मर्द इसलिए विवाह करता है, क्योंकि वह थका हुआ होता है। औरत इसलिए विवाह करती हैं, क्योंकि उसमें कौतूहल होता है। वैसे विवाह के बाद, दोनों को ही हताश होना होता है।' जॉर्ज बर्नार्ड शा ने इंसान के विवाह करने के कारणों का उल्लेख किया है—

'When two people are under the influene of the most voilent, most insane, most delusive, and most transistent of passions. They are exhausity condition continuously until death do them part.' कोई लेखक हो या कवि, मर्द रूप-गुणों से भरपूर, पतिव्रता औरत न पाकर अनगिनत औरतों के साथ उन लोगों के लीला-खेल की आज़ादी नष्ट होने पर वे क्षुब्ध हो उठते थे। टेड ह्यूज जैसा पति पाकर भी, सिल्विया प्लाथ को काफी झेलना पड़ा था। उनका विश्वास था कि औरतें विवाह करके फिजूल ज़िंदगी का वक़्त बर्बाद करती हैं।

कहाँ पइहौं कलरी-बिटिया, कहाँ पइहौं डोरी
तुम बन जइयो गहिन गांग, हम डूब मरी

पूर्व का प्रेम।

पश्चिमी प्रेम ने पूर्व तक पहुँचने में काफी वक़्त लगा दिया। दरअसल वहाँ जब कोई वाद या इज़्म बासी हो जाता है और उसमें से सड़ी हुई दुर्गंध आने लगती है, तभी यहाँ तक पहुँचता है। फिर भी बासी चीज़ ही काफी ताज़ा लगती है। वैसे सारा कुछ ही देरी से पहुँचता है, ऐसा भी नहीं है। कुछ चीजें वहाँ आज जन्म लेती हैं और कल ही यहाँ पहुँच जाती हैं। कुछ चीजें दो मिनट में ही आ पहुँचती हैं, कुछ चीज़ें पहुँचने में दो सौ साल लगा देती हैं। कुछेक चीजें, हजार साल गुज़र जाने के बाद भी नहीं पहुँचतीं। यह दृश्य क्या काफी जाना-पहचाना नहीं है कि मर्दों के हाथ में मोबाइल टेलीफोन है और दिमाग के कोष-कोष में औरत को दासी या यौन-सामग्री समझने का संस्कार! वहाँ से जो कुछ भी यहाँ पहुँचता है, वह सब यहाँ ग्रहण ही कर लिया जाए, ऐसा भी नहीं होता। यहाँ के दर्शन से जो मिलता-जुलता है, उसे रखकर, बाकी फेंक दिया जाता है। सभी कुछ वहाँ से ही यहाँ आता है, ऐसा भी नहीं है, यहाँ से भी बहुत कुछ वहाँ जाता है।

मैं जिस परिवार में पली-बढ़ी और बड़ी हुई, वहाँ प्रेम करना या प्रेम में पड़ना निषिद्ध था। वहाँ तो 'प्रेम' शब्द, अपनी जुबान पर लाना भी एक तरह से निषिद्ध था। निषेध के बावजूद परिवार के किसी बंदे ने चोरी-छिपे प्यार किया या प्यार में पड़ा, तो दूसरों ने यह ख़बर काफी डरते-डरते, शर्माते-सकुचाते हुए बताई है–'उसके साथ उसने क्या नाम, चल रहा है; उसके साथ क्या नाम, वो चल रहा है।' सिर्फ मेरे ही परिवार में नहीं; दूसरे-दूसरे परिवारों में भी यही नियम चालू था, यह बात भी मुझे अपने स्कूल की लड़कियों का कानाफूसी में यह कहना कि फलाँ लड़की का फलाँ लड़के का क्या नाम से, वो चल रहा है, यह सुनकर ही मैं समझ जाती थी। वैसे उस लड़की से पूछने पर वह 'वो' का जिक्र सुनकर, आसमान से गिरती थी। मारे डर और शर्म से फक्क होकर, वह खुदा की कसमें खाती और कहती–उसका

किसी से 'वो' नहीं है। इश्क करनेवाले लड़कों को आवारा, बदमाश कहा जाता और प्रेम करनेवाली लड़की को बद्जात कहकर, हालाँकि छिः-छिः किया जाता था, लेकिन प्रेम-प्यार के मामले में तीखा आकर्षण सभी के मन में होता था। प्यार करना जितना शर्मनाक था, यौनता उतनी नहीं थी। भाभी-देवर और साली-जीजा की यौन-रसीली बातें, यहाँ तक कि देह के ओने-कोने में छूने-छुवाने का खेल, खुलेआम चलता रहता था। नानी-दादी, ममिया सास, चचिया सास लोगों की जुबान एकदम से बेलगाम हो जाती। जेठानी-देवरानी और ननदों के सामने लाज-हया खोकर-वाचाल होना, ज़रा भी आपत्तिजनक नहीं था। शहर से निकलकर, गाँव में पहुँच जाएँ, वहाँ तो यौनता और ज़्यादा दाल-भात जैसी है। औरतें लगभग खाली बदन, बिंदास घाट तक जाती हैं, पानी भरकर लाती हैं, पुरानी-धुरानी पोखर पर नहाती हैं, भीगी हुई, देह से चिपकी साड़ी में घर लौटती हैं, दरवाजे पर बैठी-बैठी, छाती उघाड़कर बच्चे को दूध पिलाती हैं। तन-बदन के प्रति कोई लाज-शर्म नहीं। ढाँकने-तोपने का क़ायदा-क़ानून वे लोग जानती भी कम हैं। मानती भी कम हैं। एक-दूसरे के प्रति चाहे जिस भी आकर्षण से सही, सुंदर अली और सुरती बेगम, चाँदनी रातों में, सेम्हल पेड़ तले मिलते-जुलते हैं या विवाह करने की ज़िद ठाने हुए हैं, मगर उनकी जुबान पर उसे लेकर, चंद्रबिंदु तक, इसके पीछे होती हैं—काम-वासना! उन लोगों ने बायस्कोप नहीं देखा, लैला-मजनूं या रहीम रूपवान की खोज-ख़बर नहीं रखते। ऐसे लोगों की प्यार के बारे में भी कोई धारणा नहीं होती। प्यार की धारणा तो नई-नई है। गाँव उजाड़कर बसाए गए नए-नए शहरों में यह धारणा अभी घुटनों के बल ही रेंग रही है। इस धारणा को उच्च शिक्षित, ख़ानदानी परिवारों ने तत्काल लपक लिया और काफी पहले ही सर्वजन स्वीकृत काम को अश्लील घोषित करके, काम-वासना के बदन पर प्रेम की रेशमी चादर लपेट दी थी। इधर आधा गँवई, आधा शहरी, आधा शिक्षित परिवारों में प्रेम आते-आते भी अभी तक आ नहीं पाया था। ये-वो होकर बची रहती है।

अब यह तो ठीक तरह नहीं मालूम कि बंगाल में आदि कामकला ने अलंकारों में आवृत्त होकर, प्रेम माप कब से धारण किया, लेकिन मेरा ख़्याल है कि यह बहुत पहले की घटना नहीं है। अतलांतिक लाँघकर, भारत महासागर में तैरते हुए, प्रेम इस बंगाल तक आ पहुँचा। बहरहाल, प्रेम यहाँ जैसे दाखिल हुआ, साथ ही साथ काम को अश्लीलता की पर्त में बनाने की प्यूरिटनों की साजिश भी आ पहुँची। वैध-अवैध का बँटवारा भी प्रबल हो उठा। आगंतुक प्रेम का एक टुकड़ा नोंचकर बंकिम चंद्र ने साहित्य में शामिल कर लिया और रवींद्रनाथ ने उसे एकबारगी माँज-घिसकर झक्झक् जगमग बनाकर, ड्रॉइंगरूम में सजाने लायक कला का रूप दे दिया। पिछली पूरी शती में नाच-गान-कविता-कहानी में कामगंधहीन प्रेम की जयजयकार गूँजती रही। मेरी देह में कुछ-कुछ होता है के बजाय मेरे मन में कुछ-कुछ होता है की गूँज बनी रही। फिल्म, साहित्य, संगीत में प्रेम की प्रखर उपस्थिति, इंसान

को अपने में समोये रही। प्रेम की सँकरी अली-गली पार होने का दृश्य, हूबहू बयान करने के बावजूद, वह सँकरी राह जहाँ जाकर ख़त्म हो गई, उस गुफा का दृश्य अनुपस्थित रहा!

यौवन की शुरुआत में शरीर के अंग-अंग में जो अहसास होता है, जो अहसास प्रकृति के मौसम बदलने जैसा स्वाभाविक और अनिवार्य है, वह अहसास, चाहे जिस भी उपाय से हो, अभिव्यक्ति की राह खोजता फिरता है। ख़ैर यह खोज तो चिरकाल से जारी है और एक-एक ढंग से एक-एक भंगिमा में, एक-एक तरीके से एक-एक भाषा में हमेशा ही अभिव्यक्त होता रहा है। प्रेम के माध्यम से इसका प्रकाश नया होने के बावजूद, इसी दौरान प्रेम की भाषा-भंगी में यथेष्ट परिवर्तन हुए। राजनीतिक और आर्थिक-सामाजिक परिवर्तनों के साथ-साथ प्रेम में भी परिवर्तन प्रकट हुए। सन् चालीस के दशक में जो रूप था, नब्बे के दशक में प्रेम ने अपना चोला बदल लिया। भूमंडलीकरण की वजह से प्रेम में यह परिवर्तन चुटकियों में नहीं घटता, लेकिन प्रेम का रूप दिनोंदिन बदलता रहा है। चाहे कोई भी, कैसी भी हवा हो, प्रेम को प्रभावित करता है, चूँकि प्रेम सर्वत्र विराजमान है। विज्ञान जिस रफ़्तार से आगे बढ़ रहा है, तीसरी दुनिया की अर्थनीति उस रफ़्तार से आगे नहीं बढ़ी, अब गाँव-गाँव में टेलीविजन, वी. सी. आर. पहुँच गए हैं; सिनेमाघर बन गए हैं; हाट-बाज़ारों के किनारे, बूढ़े बरगद तले किताबों की दुकानें खुल गई हैं। इन सब गुणों या दोष की वजह से सुंदर अली और सुरती बेगम को अहसास हो गया है कि आँखों के किस इशारे का क्या अर्थ है; होठों की कौन-सी मुस्कान क्या कहना चाहती है; उँगली का कौन-सा स्पर्श, कहाँ, कैसा सिहरन जगाता है। देह पर बनैली भैंस की तरह टूट पड़ने, देह की भूख मिटाने से पहले, करीब आना, आपस में खूब सटकर बैठना, शर्म से चेहरा झुकाये रहना, धड़कते दिल से अपनी बगल में बैठे साथी की तरफ तिरछी निगाहों से देखना, अपने दिल का हाल बताना, उसके सीने में चेहरा दुबकाए रहना, होठों से होठों का मिलन--यानी घूम-फिरकर, काफी लंबे अर्से तक मन का ताप, ज़रा-ज़रा मात्रा में समूची देह में संचारित करना; गुलाबों की खुशबू में देह को देह में डुबोए हुए, मछली-मछली का खेल खेलने में, सच ही ज़्यादा आनंद आता है। प्यार को काफी हद तक बोरिंग फोरप्ले कहा जाए, तो ग़लत नहीं होगा। फोरप्ले में कोई ज़्यादा वक्त लगाता है, कोई कम! शहरी जीवन में भूमंडलीकरण का असर आजकल स्पष्ट है। बड़े-बड़े शहरों में कुछ ज़्यादा। छोटे शहरों में कम! उच्चवित्त में कुछ ज़्यादा, मध्यवित्त में कुछ कम! शिक्षित लोगों में ज़्यादा, अशिक्षित लोगों में कम! प्रेम का भी हाव-भाव ओना-कोना कुछ अलग ज़रूर है, लेकिन चाहे जैसा हो, अब बहुतेरे लोगों ने दुनिया के अन्यान्य देशों के, खासकर पश्चिम के देशों में प्रेम का जो चेहरा है, उसके बारे में सिर्फ सुना ही नहीं, अब तो देख भी लिया है। शुरू-शुरू में भले आँख-भौंह चढ़ाकर देखा, मगर धीरे-धीरे आँखें यथास्थान लौट आईं। काम को अश्लीलता के वर्क से

मुक्त करके, उसे महिमा प्रदान करके, आजकल पश्चिमी लोग जिस तरीके की रंगीन ज़िंदगी जी रहे हैं, अब देखने का मुद्दा नहीं रहा। अब तो नई पीढ़ी के लिए अंग्रेजी जानना और मौका मिलने पर बाक़ायदा उस पर चर्चा करना भी एक मुद्दा है! पश्चिमी यूरोप में प्रेम का रूप काफी द्रुत लय में बदल गया है, उसकी तुलना में भारतीय उपमहादेश में यह धीमे लय में बदल रहा है। अब भी वहाँ मुक्त यौनता है। यहाँ मुग्ध यौनता है! यह यौनता शायद एक ही छलांग में मुखरता तक नहीं पहुँच पाती, फिर भी आगे बढ़ती जा रही है, धीरे-धीरे ही सही, आगे बढ़ रही है! अंधा प्रेम रातों-रात विलक्षण प्रेम में नहीं बदल सकता, यह सच है। मगर अब प्रेम उसी विलक्षणता की ओर ही भाग रहा है। अंधे प्रेम का गुणगान आजकल नहीं होता, क्योंकि आँखें खोलकर अगर न चला जाए, तो इतनी ज़्यादा ठोकर खाना पड़ती है कि अंत में एकबारगी पंगु होकर, बाकी जिंदगी गुज़ारने के अलावा और कोई उपाय नहीं बचता। इंसान के हिस्से में एक ही ज़िंदगी होती है, अरबी के पत्ते पर बूँद भर जल की तरह जीवन! किसी भी वक्त ढलक जाता है, गुम हो जाता है, ख़त्म हो जाता है—इस ज़िंदगी को आकर्षक ढंग से गुज़ारने का चाव, इंसान में अब पहले से ज़्यादा बढ़ रहा है। इसके पीछे भाववाद को दबाकर, अब वस्तुवाद और युक्तिवाद का विकास वहुत बड़ा कारण है। कुल मिलाकर बात इतनी सी है कि प्यार करते हुए, पेड़ तले गुज़ारा करने का चाव, अब किसी में नहीं है। अब भूल से भी कोई प्रेम की इस पहली शर्त को अपनी जुबान पर नहीं लाता। एक ज़माना था, जब अमीरजादे उपले बटोरने वाली लड़की की एक झलक भर देखकर, उसके प्रेम में पागल हो जाते और बेतहाशा उसके पीछे दौड़ जाते। गरीब रिक्शाचालक लड़के के साथ महलों की शहज़ादी, कुल एक पोशाक में चल पड़ती थी; घर की पढ़ी-लिखी, हसीन लड़की घर के नौकर चाकर के इश्क में पड़ जाती थी। सिर्फ प्रेम ही नहीं, परिवार के साथ लड़-झगड़कर, समाज की नियमनीति तुच्छ करके, असमान कर्म, चर्म, धर्म के किसी शख़्स से विवाह कर लेती। चूँकि समाज में ऐसी घटनाएँ घटती रहती थीं, इसलिए साहित्य, चलचित्रों में भी उसकी अभिव्यक्ति होती थी। वे अभिव्यक्तियाँ इंसान को और ज़्यादा संक्रमित या प्रेरित करते हुए, और भी घटनाएँ, घटती चली गईं। सन् तीस से लेकर साठ तक, पूरे तीन दशक तक यही ढर्रा चलता रहा। लेकिन अब ज़माना बदल चुका है। आजकल के लड़के-लड़कियाँ इधर-उधर के कुछेक खुदरा प्यार-मुहब्बत में भले फँस जाएँ, मगर आँख-कान नाक सजग रखकर, स्थायी साथी का चुनाव करते हैं। उन लोगों के हिसाब-किताब में चित्त से ज़्यादा वित्त मौजूद रहता है! भले मत या मन न मिले, मगर वित्त ही सुख जुटाएगा। इस किस्म का विश्वास, अब उर्वर मिट्टी में अपनी जड़ें जमाता जा रहा है। भोगवादी आदर्श, सात समुंदर, तेरह नदी पार नहीं, मीलों के फासले पर भी नहीं, अब घर-घर में, महज एक बटन भर दबाने भर की दूरी बच रही है। टेलीविजन का बटन दबाते ही आँखें चौंधिया देने वाली, कानों

पर ताला लगा देनेवाली, पूँजीवाद की वज्रध्वनि सुनाई देती है! भोगवाद का आकर्षण, बड़ा तीखा आकर्षण होता है। इसलिए इतने अर्से का साम्यवाद, तोड़-मरोड़कर, कूड़े के ढेर पर पड़ा है। पूर्वी यूरोप से समाजतांत्रिक व्यवस्था एक फूँक में उड़ गई यह आकर्षण बेहद तीखा है, इसीलिए सीधे-सादे बंगाल में भी साँड़ की तरह लाल-सुर्ख कपड़े को अपने सींगों से धकियाते-छेदते, भोगवाद घुस आया है। भाव के साथ भोग को घोलकर, तर्क के चने में ज़रा-सा भोग का प्याज मिलाकर, प्रेम के स्वाद का मज़ा लेते हैं या जुबान का स्वाद बढ़ाने के लिए, भोग के पत्तल में नमक-मिर्च की तरह चुटकी भर तर्क और भाव मिला देने भर से काम चल जाता है। बहुत-से लोगों ने भाववाद को दुछत्ती के छोटी कोठरी में बंद रखकर, युक्तिवाद के साथ विशुद्ध भोगवाद को मिला दिया है। भोगवादी आदर्श की दीक्षा पाकर लड़कियाँ अब कठपुतली बनी, अपने चुने जाने के लिए बैठी नहीं रहतीं, बल्कि साथी के चुनाव में खुद भी हिस्सा लेती हैं।

औरतें जितना ज्यादा स्वाधीनता-बोध अर्जित करती हैं, उतना ज़्यादा उनका आत्मसम्मान बढ़ जाता है। अब वे लोग भाग्य या मर्दों के हाथ में यह 'प्रेम-प्रेम', 'विवाह-विवाह' का खेल पूरी तरह छोड़ने को तैयार नहीं हैं, इसलिए चुनाव का सारा हक़ मर्दों के हाथ में छोड़ देने से असंभावित होने की आशंका है। वे लोग घर-गृहस्थी में अपने पहले की औरतों की महज़ दासी वृत्ति देख चुकी हैं। आज की औरत ने इस वृत्ति को अस्वीकार कर दिया है और दूसरे शब्दों में आधुनिकता के जल में अपने को शुद्ध-पवित्र कर लिया है। और अब वह जरूरत पड़ने पर अपनी 'येस्टिटी बेल्ट' भी झटककर तोड़ देने की भी कतई परवाह नहीं करतीं। भोग के सागर में तितली तैराक क्या डुबकी लगाकर तैरेगी? अब इसी को लेकर काफी वितर्क होने लगा है। अनगिनत महान्-महान् आदर्शों ने चुपचाप विदा ले ली है! अब तो त्याग का आदर्श भी, लंबे अर्से तक बेकार बैठे रहकर, आवेग से थरथराते बंगाली जीवन से अपना बोरिया-बिस्तर समेट रहा है।

प्यार के साथ प्रेम का पार्थक्य काफी स्पष्ट है। प्यार की व्यापकता बहुत ज़्यादा है। हम सब अपने माँ-बाप, भाई-बहन, मित्र-सहेली को प्यार करते हैं। लंबे अर्से तक साथ-साथ रहते हुए, मिलते-जुलते हुए, आत्मीय स्वजनों में भी प्यार पनप जाता है। इस प्यार में शारीरिक प्यास नहीं होती। लेकिन किन्हीं अपरिचित दो लोगों में अचानक प्यार जाग उठे तो उस प्रिय इंसान को करीब पाने की आकुलता, तन की पोर-पोर में जो प्यास महसूस होती है, वही प्यार बड़ी तेज़ी से या धीरे-धीरे प्रेम में रूपांतरित हो जाता है। किसी ईश्वरीय प्रेम या प्रकृति प्रेम की नहीं, मैं औरत-मर्द के प्रेम की बात कर रही हूँ और यौनता के बिना यह प्रेम संभव ही नहीं होता। अब जो भी आदमी, चाहे जो भी क्यों न कहे, जिस प्रेम में कोई शारीरिक संपर्क नहीं होता, प्रेम सिर्फ प्रेम होता है! प्रेम स्वर्गीय होता है। एक वक्त ईश्वर प्रेम की

तरह औरत-मर्द का काम-गंधहीन प्रेम शुरू ज़रूर हुआ, लेकिन ज़्यादा दिन टिक नहीं पाया। प्रेम में विवर्तन हो रहा है, विवर्तन हर पल घटता रहा है, सिर्फ आँखों को नज़र नहीं आता। जब शताब्दियाँ गुज़र जाती हैं, तब नज़र आती हैं! अब प्रेम सिर्फ चुंबन के लिए और थोड़ा-बहुत शारीरिक स्पर्श के लिए उठाकर नहीं रखा जाता। फिर यह प्रेम-कोटेड यौनता-बटी, असल में किसकी खातिर है? किसके आनंद या तृप्ति के लिए? पुरुष-शासित इस समाज में इस बटी का स्वत्वाधिकारी पुरुष ही है। इसमें निश्चित रूप से किसी को शक़-शुबहा नहीं रहा। प्रेम और यौन-कर्म में पुरुष की भूमिका मुख्य होती है, औरत की भूमिका तो नितांत ही गौण होती है। समाज में जिसकी, जो स्थिति है! पुरुष ऊपर, नारी नीचे! पुरुष प्रेम का प्रस्ताव देगा, पुरुष ही कोई क़दम उठाएगा! स्पर्श...चुंबन वगैरह-वगैरह जो भी है। पुरुष ही करेगा। औरत तो बस, नजरें झुकाए रहेगी, आरक्त चेहरा, लज्जा-संकोच से ढँकी रहेगी। यौनता के वक्त भी यही स्थिति! पुरुष कर्ता, संचालक और प्रधान अभिनेता, नारी पार्श्व चरित्र! पुरुष सक्रिय, नारी निष्क्रिय! नारी जो निष्क्रिय रहती है, इसकी वजह नारी नहीं है। पुरुष है! पुरुष ने वेद, बाइबिल, कुरान रचना की समाज के नियम नीति तैयार किए और खुद युग-युगों से मालिक बना बैठा है। उसी मालिक के निर्देश पर नारी को मंच से उतारकर, एक तरह से उसे निष्क्रिय कर दिया गया है। चूँकि समाज के सारे नियम क़ानून पुरुष की ही चाह मुताबिक चलते हैं, यह भी उसी तरह जारी है। नारी तो पुरुष की भूख-प्यास मिटाने की 'चीज़' भर है। सुख जुटाने की मशीन! काम जाहिर करने या यौन आचरण में सक्रिय होने से, औरत को बेशर्म या बाज़ारू वेश्या कहकर, कोई भी मर्द गाली देने में बिल्कुल नहीं हिचकिचाता। असल में यौन शिक्षा में औरत अगर अनाड़ी हो, तो मर्द बेहद खुश होता है। औरत अगर अनाड़ी हो, तो मर्द अपनी पटुता दिखाकर, एक क़िस्म का पुलक महसूस करता है; औरत उसकी मुट्ठी में ही है, यह सोचकर बेहद पुलकित होता है। औरत की देह पर सबसे कम अधिकार औरत का ही होता है। देह के बारे में औरत जितना कम जाने-बूझे, पुरुष को उनके शरीर पर अपनी मिल्कियत वसूल करने में उतनी ही ज़्यादा सुविधा होती है। पुरुष को सती-साध्वी नारी के साथ बेहद मज़ा आता है। औरत का जीवन तो मर्द को सुखी करने के लिए, खुश करने के लिए ही होता है। अधिकांश औरतों को यह जानकारी भी नहीं होती कि यौनता असल में औरत को कोई तृप्ति देता भी है या नहीं। अनगिनत औरतों को तो ज़िंदगी भर यह पता ही नहीं चलता कि संगम का चरम सुख आखिर होता क्या है! रोज़मर्रा की ज़िंदगी के हर क्षेत्र में औरत-मर्द के बीच वैषम्य पल-पल जाहिर है। इसलिए अति स्वाभाविक तरीके से प्रेम के क्षेत्र में भी यह विषमता जाहिर है। समवेत जीवन में बाकी सब चीज़ों की तरह अगर प्रेम और यौन-संपर्क में भी औरत-मर्द में असमानता मौजूद हो, तो वह प्रेम, प्रेम तो नहीं ही होता, यौन संपर्क भी सच्चा

नहीं होता। वह तो नितांत बलात्कार भर होता है।

औरत को दबाने के जितने सारे हथियार मर्दों के पास मौजूद हैं, उनमें सबसे तीखे और तेज़ हथियार का नाम है—प्रेम! यह प्रेम की बदौलत ही मर्द, किसी भी औरत को अपने काबू में कर सकते हैं। किसी भी शिक्षित, सजग, स्वनिर्भर, तनकर खड़ी किसी भी औरत का मेरुदंड तोड़-फोड़कर चूर-चूर कर देने के लिए सबसे ज़बर्दस्त हथियार है। औरत की आखिरी ताकी, अगर जरा भी बची-खुची रह जाती है, तो इस हथियार से उसका भी हरण किया जा सकता है। इसी हथियार के बलबूते पर औरत का तन और मन, दोनों अपनी मुट्ठी में क़ैद किया जा सकता है। किसी भी सभ्य देश में, जहाँ औरत को बराबरी का हक़ हासिल है, वहाँ औरत मर्द के रिश्ते में कभी कोई असमानता, झाँक भी नहीं सकती। कोई, किसी को अपनी जायदाद नहीं बनाता, व्यक्ति-स्वाधीनता की क़द्र, वहीं सबसे ज़्यादा है। प्रेम कभी भी कोई कारागार नहीं है। यह तन और मन को जकड़ने वाला ज़ंजीर भी नहीं होता। प्रेम तो आनंद के लिए होता है, मुक्ति के लिए होता है। मुझे पक्का विश्वास है। जब तक औरत, इंसान के तौर पर अपनी भरपूर आज़ादी हासिल नहीं करती, तब तक प्रेम-प्यार मर्दों की निजी संपत्ति बनी रहेगी! प्रेम हथियार ही बना रहेगा। वे लोग अकेले ही मंच पर दख़ल जमाए रहेंगे। मूल चरित्र में मर्द और औरत का वही पार्श्व चरित्र ही फिक्स्ड है।

लेकिन मैं नई पीढ़ी में, हालाँकि अभी वे लोग अल्पसंख्यक ही हैं, नौजवान औरतों में जागरूकता की चिनगारी देख रही हूँ। अब वे लोग चाहें तो काफी साहसी और बेपरवाह तरीके से, विपरीत धारा में भी अपनी नाव बहा सकती हैं। यह बात उन लोगों ने साबित कर दी है। पतिव्रता होने के संस्कार, उन लोगों ने जला-फूँककर उड़ा दिये हैं, बहा दिये हैं, गर्क कर दिये हैं। कहना चाहिए, विवाह से पहले का कुँवारापन, विवाह के बाद का सतीत्व, मातृत्व वगैरह की गंध, आज की औरत की नाक तक पहुँचती तो है, लेकिन उसने नाक सिकोड़कर झटक दिया है और सालों की ज़ंजीर तोड़कर अपने को मुक्त कर लिया है।

एक ज़माना था, जब नन्ही-नन्ही बच्चियों को गर्दन से पकड़कर, घाट के मुर्दे से ब्याह दिया जाता था। अब वह वक्त गुज़र चुका है। बाल विवाह का काला अध्याय खत्म हो जाने के बाद, किसी श्वेत-शुभ्र का उदय हुआ है, ऐसा भी नहीं है। आज भी शिशु-किशोरों को उनके माँ-बाप जो कहते हैं, उसका पालन करने को वे लोग विवश होते हैं। ख़ैर गर्दनिया देकर विवाह भले न कराएँ, लेकिन गर्दनिया देकर, बड़ों की बातचीत से उन्हें ज़रूर हटा-बढ़ा दिया जाता है। प्रेम और यौनता को बालक-बालिका की पहुँच से हटाए रखकर, समाज के ज्ञानी-गुणी लोगों ने, उन्हें निष्पाप रखने का ख़ासा अच्छा इंतज़ाम किया है, यह सोचकर वे लोग तृप्त होते हैं। कहीं भी, ऐसा कोई इंतज़ाम नहीं है, जिसके जरिए यौनता के बारे में बालक-बालिकाओं की नींद

हराम करनेवाला कौतूहल मिटाया जा सके! स्कूलों के पाठ्य-क्रम में क्या यौन-शिक्षा को अनिवार्य नहीं कर देना चाहिए? चाहिए और ज़रूर चाहिए! जब तक यह इंतज़ाम नहीं किया जाएगा, बच्चे निषिद्ध चीज़ों के प्रति कौतूहल, आकर्षण, मोह में, दिशा-दिशाओं में दौड़ते-भागते रहेंगे और अज्ञान के पोखर-गढ़ों में पड़े-पड़े हाथ-पाँव मारते रहेंगे। इससे तो बेहतर है, उन लोगों को यह समझा दिया जाए कि औरत क्या है? मर्द क्या है? प्रजनन की गुप्त बातों की उन्हें जानकारी दे दो! बच्चे कैसे पैदा होते हैं? वीर्य क्या है? शुक्राणु क्या है? कैसे डिम्ब की खोज में लाखों-लाखों शुक्राणु, पूरी जरायु में गोल्लाछूट खेलते हैं। यौन-संसर्ग के सुरक्षित पक्ष के बारे में पूरी जानकारी रहे, तो कम उम्र लड़के-लड़कियाँ मुसीबत के कीचड़ में रपटकर गिरने से विरत रह सकते हैं। अभिभावक वर्ग आखिर कितने दिनों तक अपनी संतान के गले में रस्सी डालकर, उन्हें अपनी मुट्ठी में रखना चाहते हैं? ठीक कितनी उम्र में वे लोग निषेध की कँटीली बाड़ लाँघने की आज़ादी देना चाहते हैं? जब मैंने यह जानने की कोशिश की, तो जवाब मिला—'लड़के के लिए कोई निषेधाज्ञा नहीं है, लेकिन लड़कियों के संदर्भ में है।' अगर संभव हुआ, तो वे लोग लड़कियों को आजीवन बाँधे रखेंगे। लड़की घर में कैद रहेगी, और वक़्त आने पर ब्याह के पाटे पर बैठ जाएगी।

लेकिन दिनोंदिन, अनगिनत लड़कियों का वक्त आने पर भी विवाह के पाटे पर बैठना नहीं हो पाता। ऐसा इसलिए नहीं होता, क्योंकि ब्याह के पाटे पर वे लोग बैठती नहीं। किसी ज़माने में यह कहा जाता था कि लड़कियाँ कूड़ी में ही बूढ़ी हो जाती हैं, धारणा के इस रोड़े को परे हटाकर जवान औरतें तीस के बाद भी 'नो चिंता, डू फुर्ती'—कहकर लिखने-पढ़ने, नौकरी-चाकरी, रोजगार-कारोबार में जान-प्राण से जुटी हुई हैं! अपनी दक्षता और मेधा के ज़ोर पर वे लोग अपने पैरों पर खड़ी हैं, अपने सम्मान की रक्षा कर रही हैं। उम्र हो गई, मगर विवाह नहीं हो रहा है, इसके लिए वे लोग अब हाय-तौबा भी नहीं मचातीं। चाहे किसी भी मर्द से विवाह करने को, अब वे लोग राजी नहीं होतीं। रिश्तेदार कोई भी लड़का लाकर सामने खड़ा कर दे और लड़की उसका आगा-पीछा-तल्ला, कुछ भी न जानते हुए भी, फट् से राजी हो जाए, नैव नैव च! पहले जानना-सुनना होगा, तब विवाह!

प्रोफेसर प्रमथ चौधरी ने कहा था—'तुम लोगों के लिए पहले प्रेम, फिर विवाह! 'तुम लोगों' से उनका आशय था, पश्चिमी लोग!' आज अगर वे ज़िंदा होते, तो वे ज़रूरी यही कहते—तुम लोगों के लिए पहले यौन-सम्पर्क, बाद में प्रेम! लेकिन इस बार प्रमथ चौधरी, का 'तुमलोग' सिर्फ 'तुमलोग' ही नहीं, अब 'हमलोग' हो गया है। शहरी शिक्षित लोगों में पहले प्रेम, फिर विवाह, तीन पीढ़ी पहले चालू हो चुका है। लेकिन, आज भी, बहुतेरे लोगों के लिए विवाह का मतलब, विधि का बंधन और माँ-बाप की मर्ज़ी पर निर्भर है। आजकल विभिन्न अख़बार, विवाह दफ़्तर, कम्प्यूटर में पात्र-पात्री चाहिए विभाग ने बिचौलिए की जिम्मेदारी ली है! यानी इन माध्यमों

से लड़की देखना, दर-दस्तूर करना, अंत में कहा जाए, व्यक्तिगत तरीके से पूरी तरह अनजान दो प्राणियों का विवाह! अगर पटरी न बैठी, तो आज की औरतें पति को त्याग देती हैं। पटरी बैठती भी हो, तो वे माँ बनने का झमेला नहीं लेना चाहतीं। 'लोग क्या कहेंगे–' इस डर से, आज की औरत अपने को समेटकर नहीं रखतीं; संकोच से सिमटी-सिकुड़ी भी नहीं रहतीं; अपनी इच्छाओं के तन पर पेट्रोल उँड़ेलकर, उनमें धू-धू आग नहीं लगातीं; गले में फाँस डालकर अपने सपनों को खत की कड़ियों से नहीं झुलातीं। हाँ, उन्होंने प्यार किया है, मगर प्यार करने की वजह से विवाह भी करना होगा। आज की औरत को इसमें कोई तुक नज़र नहीं आता। उनके लिए प्रेम करने का मतलब यह भी नहीं है कि इसे येन-केन तरीके से दीर्घस्थायी भी रखना होगा। आज उनके लिए यह भी बेमतलब है। आज तो प्रेमी के साथ, गहरे आवेग से तन से तन के मिलन में भी वे लोग कतई दुविधा नहीं करतीं। यौन-संपर्क की वजह से शरीर दूषित हो जाएगा, ऐसी कोई ग्लानि भी वे लोग महसूस नहीं करतीं। आज की औरत, प्रेमी का आचार-व्यवहार पसंद न आने पर, पहले की औरतों की तरह रोते-बिसूरते, खाना-पीना भी नहीं छोड़तीं। न आत्महत्या करती हैं, बल्कि प्रेमी को टा-टा, बाय-बाय करके चलता कर देती हैं। उसके बाद, नए सिरे से, किसी और से प्रेम करती हैं। इंसान प्रेम में सिर्फ एक ही बार पड़ता है! पहला प्यार ही असली प्यार है, बाद के प्यार को प्यार नहीं कहते–ऐसी अजीबोग़रीब बात भी, अब कूड़े के ढेर में उछाल दी गयी है। इंसान किसी भी उम्र में प्यार कर सकता है। पचास-साठ-अस्सी, किसी भी उम्र में! आदमी सैकड़ों बार प्यार कर सकता है! एक ही प्रेम का बोझ, ज़िंदगी भर ढोते रहना होगा, यह बेतुकी बात है! प्रेम भले क्षणस्थायी हो, फिर भी वह खूबसूरत हो सकता है; दीर्घस्थायी प्रेम भी उबाऊ हो सकता है!

ये सब नवीना, आधुनिकाएँ, पान से संस्कार का चूना पोंछकर, प्रेमी-पुरुषहीन ज़िंदगी भी बड़ी शान से गुज़ारने का दम-ख़म रखती हैं। वे लोग अपने अकेले, एकांत में खुद ही, खुद से कह सकती हैं–

> पुरुष बिना नारी की गति नहीं
> धत्! धत्! यह है किसी भूत घर की उक्ति
> उछालकर फेंक दो ऐसी खोखली-सड़ी बातें
> मत उलझाना, ऐसे लता-गुल्म की फाँस में,
> ख़ामखाह, अपनी विशुद्ध देहयष्टि!
> भला क्यों जाओ विष-चींटियों की भीड़ में
> तुम्हारे हाथ में है तीर और तरकश,
> करो हस्तमैथुन!

सन् साठ के दशक में नारीवादियों का एक जनप्रिय नारा था–'वुमेन विदाउट मेन, फिश विदाउट बाइसायकिल!' मछली को जितने-से बायसायकिल की ज़रूरत

है, औरत को उतनी सी ही मर्द की ज़रूरत है। जीवन में पुरुष की बिल्कुल भी ज़रूरत नहीं है, औरत ने औरत के साथ प्रेम और काम-वासना में जुड़कर, यह साफ़-साफ़ समझा दिया है। पश्चिम के 'रैडिकल लेसबियनिज़्म' आंदोलन ने औरत को पितृतंत्र, पुत्रतंत्र, पुरुषों की पेशियों के दम-ख़म को अस्वीकार करते हुए, बाहर निकल आने को प्रेरित किया है।

कौन कहता है, मर्द में है क्षमता, समझे नारी-मन की भाषा
कौन कहता है, मर्द में है क्षमता, उसके अंतर्दाह में जले-फुँके
चूँकि औरत ही देख सकती है, पाँखों की तरह खोल-खोलकर अपने ज़ख़्म
औरत को ही झुकाना है होठ, अपने स्तन तक, चुंबन के लिए
औरत को ही खिलाना है योनिफूल, औरत की सजल उँगलियों में
औरत के अलावा किसमें है क्षमता, औरत को करे आकंठ प्यार?

समकामी भाव आदिकाल से ही मौजूद था, अभी भी मौजूद है! किसी ज़माने में समकाम को विकृति, प्रकृति-विरुद्ध कहा जाता था। अब यह किसी भी अन्य रिश्ते की तरह स्वाभाविक है। आजकल तो यह कहा जाता है कि यौनता ढेरों तरीके से अपनी तृप्ति की राह खोज लेती है। जिसकी, जैसी अभिरुचि! इस बात में किसी को भी, किसी तरह का एतराज नहीं होना चाहिए। इस देश में भी समकामिता के बारे में लिखा-लिखाया जा रहा है। लोगों की छिः-छिः, धिक्कार को पैसा भर भी अहमियत न देकर, कभी-कभार, कोई-कोई यह शान से क़बूल करते हैं कि वे लोग समकामी हैं। कोई सोच सकता है, यह सब नई शती के लक्षण हैं। यह देखकर अच्छा लगता है कि बंगाली धीरे-धीरे संस्कारों के कारागार से मुक्ति के उजाले के अभिसारी हो रहे हैं। कल जो चीज़ सख़्त चट्टान बनकर अड़ी थी, आज वह टुकड़े-टुकड़े होकर धूलधूसरित हो रही है। इंसान संस्कारों को इसी तरह तोड़ता है, हमेशा से इसी तरह तोड़ता आया है!

लेकिन कितने लोग? कितने लोग यह ज़ंजीर तोड़ रहे हैं? कितने लोग तोड़ पाए हैं?

मैं जिस समाज में पली-बढ़ी, वड़ी हुई हूँ, उस समाज में सड़े-गले पुराने नियमों को बड़े प्यार से पाला-पोसा जाता है। अधिकांश लड़कियाँ इन नियमों के जाल से मुक्त नहीं हो पातीं। जो औरतें निकल आती हैं, उनको नोचकर खा जाने के लिए, समाज के गण्यमान लोग अपने धारदार दाँत, नाखून वढ़ाए, उन लोगों पर झपट पड़ते हैं। औरतें कहती हैं–आएँ! क्या फर्क पड़ता है। मेरी ज़िंदगी, मेरी है, किसी और की नहीं। ये औरतें, तकिए के गिलाफ पर या रूमाल पर, लाल-हरे रंग के धागे से, समूची शाम बैठी-बैठी–'मुझे भुला मत देना या पति के पुण्य में ही सती का पुण्य' लिखने में, अपना वक्त बर्बाद करनेवाली औरतें नहीं हैं, बल्कि अभिभावकों की आगभभूखा आँखों के सामने अपने प्रेमी का हाथ थामकर सर्राटे से चल देती हैं।

उनका मन होता है, इसलिए चली जाती हैं। प्रेमी अगर सिर्फ दो आने देता है, तो आज की औरत भी बदले में सिर्फ दो आने ही देती हैं। ज़िंदगी हिसाब-किताब से चलती है। तुम पचास, मैं पचास! तुम मछली का माथा, मैं भी मछली का माथा! संयुक्त परिवार में गुज़ारा नहीं होगा, अलग गृहस्थी बसाओ। सास-ससुर, देवर-ननद के ताने; लानत-मलामत सुनने को मुझे कोई चाव नहीं है। बच्चा अगर रोते हुए नींद से जाग जाए, तो तुम्हें भी जागना होगा। जब मैं दफ्तर जाऊँ, उसे दूध पिलाने, नहलाने का दायित्व तुम्हारा! हम दोनों जब दफ़्तर से लौटें, तो तुम बैठे आराम करो और मैं बावर्चीखाने में घुस जाऊँ, यह नहीं होने का! हम दोनों ही खाना पकाएँगे। हम दोनों ही बर्तन धोएँगे!

हाय ग़ज़ब! घोर ग़ज़ब! ऐसी छोकरी देखी नहीं पहले,
नहीं देखा, तो क्या? लो, अब देख लो!
कितना कुछ पड़ेगा देखना, इस कलिकाल में!
बैठे हैं सिर पर हाथ रखे। समाज के कितने ही सिरमौर
बैठे हैं, तो बैठे रहें! किसको क्या!

अच्छा, तो क्या प्रेम दिनों-दिन कपूर की तरह उड़ता जा रहा है? इंसान क्या पहले की तरह, इंसान को प्यार नहीं करता? नहीं, वह आज भी प्यार करता है। मगर अब, प्रेम का चेहरा ज़रूर बदल गया है। प्रेम अब पहले जैसा नज़र नहीं आता। नहीं, निबिड़ रिश्तों में प्यार की गहराई भी कुछ कम नहीं होती। यह भी पहले की तरह ही है। लेकिन अब हिसाब-किताब पक्का कर लिया गया है। यह हिसाब-किताब भी वही कर रहे हैं, जिन लोगों को हमेशा ही ठगा गया है; जिन लोगों को हमेशा ही पाँच या दस मिलता रहा है और दूसरे पक्ष को पंचानबे या नब्बे! मुझे पता है कि हिसाब करके प्रेम नहीं होता, लेकिन हिसाब-किताब का सवाल तब उठता है। जब प्रेम एक ही पक्ष को सिर्फ सताता रहता है। सच बात तो यह है कि प्रेम का रूप अब दिनों-दिन बदलता ही जाएगा। इस दौरान, प्रेम की दुनिया काफी विस्तृत होती जा रही है। संयुक्त परिवार में पहले चचेरे, ममेरे, फुफेरे भाई-बहनों में प्यार हो जाता था। उसके बाद, पड़ोस की खिड़कियों पर निगाहें टिक गईं। अपने मुहल्ले से दूसरे मुहल्ले में! इसके बाद अपने शहर-गाँव से दूर दूसरे-दूसरे शहर या गाँव की तरफ! और अब देश की सीमा पार करके मन दूसरे-दूसरे देशों की तरफ उड़ानें भरने लगा है। यहाँ के लड़के-लड़कियाँ इंटरनेट के 'चैट चैनल' में घुसकर, समूची दुनिया को बस, एक क्लिक की दूरी पर ले आए हैं! अब माध्यम भी बदल गया है, भाषा भी! अब भिन्न भाषाओं में प्रेम हो रहा है! अपनी भाषा बिना प्रेम नहीं होता, ऐसा नहीं है, अब किसी भी भाषा में प्रेम हो सकता है। (कभी-कभी तो एक-दूसरे की भाषा-संस्कृति समझे-बूझे बिना ही एक-दूसरे के प्रेम में पड़ सकते हैं। जुबान की भाषा समझने की ज़रूरत नहीं पड़ती, तन और मन की भाषा समझने से ही काम

चल जाता है। यह भाषा सार्वजनीन है)। भविष्य के चेहरे का अंदाज़ा लगाना, बिल्कुल आसान है। सूचना और प्रसारण के इस युग में, एक संस्कृति के इंसानों से, अन्य संस्कृति का मेल-जोल बढ़ता ही जाएगा, परंपरावादी संयुक्त परिवार की दहलीज लाँघकर लड़के-लड़कियाँ एक दूसरे से प्यार करेंगे और दुनिया धीरे-धीरे सिमटकर छोटी हो आएगी।

दुनिया का यही नियम है! इंसान जब विद्या-बुद्धि में परिणत होता है, अपने अधिकारों के प्रति सजग होता है, तो प्रेम भी परिणत हो जाता है। ऐसा होगा ही होगा। लेकिन कोई बाज़ार अर्थनीति, कोई भूमंडलीकरण, प्रेम की आग को फूँक मारकर बुझा नहीं सकता। प्रेम था, है, रहेगा। जितने दिनों यह शरीर है, जितने दिन मन है, उतने दिनों तक प्यार का सिलसिला जारी रहेगा। पश्चिमी दुनिया में हालाँकि डिलडो या वाइब्रेटर की मेहरबानी से, अब किसी लड़की को, देह की भूख से तड़पना नहीं पड़ता, लेकिन मन की प्यास से वे लोग आज भी तड़पती हैं! तुम्हारे बूँद भर मन के लिए रोती हैं, मेरे मन की बूँद-बूँद! सिर्फ पूर्व-पश्चिम में ही नहीं, उत्तर-दक्षिण की सभी संस्कृतियों के इंसान अपने मन के द्वार, किसी न किसी के लिए खुला रखते हैं। कोई गुपचुप रखता है, कोई खुलेआम! लेकिन आजकल माहौल में भावुक आवेगों के बजाय युक्ति की गंध ज़्यादा है। मैं पहले ही कह चुकी हूँ अपनी बात फिर दोहरा रही हूँ—तुम बनो गहिन गांग, मैं डूब मरी—शाश्वत प्रेम का यह संवाद चाहे जितना भी आकर्षक हो, यह सिर्फ मयमनसिंह के गीतकार के इतिहास में ही संचित है। अब यह किसी खून-मांस के इंसान की जुबान पर शोभित नहीं होता।

शरतचंद्र पढ़कर, रोते-रोते तकिया भिगोने के दिन अब लद गए। वह सब छिछोरे टसुए बहाना, बूढ़ियों को ही शोभा देता है। नई औरत की आँखों के आँसू, इतने सस्ते नहीं हैं। अब वे अपना मोल समझने लगी हैं और अपने आँसुओं की कीमत भी! नई औरतों की नज़र अब सती-साध्वी, बड़ी बहू, मंझली बहू, छोटी बहू के किस्सों के बजाय नए अफसानों पर गड़ गई है, जहाँ दीपा, नीला, वाणी वगैरह औरतें शान से घूमती-फिरती हैं, घर-बाहर आज़ाद ज़िंदगी गुज़ारती हैं। जिनको बड़ी, मंझली, छोटी बहू बनने का कतई, कोई चाव नहीं है।

और कितने कालों तक चलेगी, यह नृशंसता?

हाँ, यह सोचते हुए वाकई शर्म आती है कि जब समूची पश्चिमी दुनिया, गणतंत्र, मानवतावाद, वाक्स्वाधीनता, व्यक्तिस्वाधीनता वगैरह का जयघोष कर रही है, तब मध्य-प्राच्य के एक देश में, सबकी निगाहों के सामने, हाइ-टेक बम और मिसाइलें बरसाई जा रही हैं। बम बरसाते विमानों ने उस देश का आकाश दख़ल कर लिया है। वहाँ की सड़कों पर हज़ारों-हज़ार विध्वंसी टैंक चहलकदमी कर रहे हैं। निहत्थी जनता पर अंधाधुंध गोलियाँ दाग़ी जा रही हैं। इसका नाम क्या जंग है? नहीं इसे जंग नहीं, हमला कहते हैं। इसका नाम—नृशंसता है! इसका नाम हिंस्रता है। अमेरिका की खौफनाक सामरिक ताकत, किसी एक देश और देश की निरीह जाति को ध्वंस किए दे रही है। इस दौरान, उसने कितने सहस्र लोगों की हत्या की है, कितने सहस्र लोगों को ज़ख्मी कर चुकी है, अमेरिका की संत्रासी सरकार, इसका कोई हिसाब नहीं दे रही है। देगी भी नहीं। वियतनाम के साथ भी यही किया था; मृत्यु-संख्या छिपाए रखा था। अपनी घिनौनी बर्बरता की कहानी भी गुप्त रखी; गाँव पर गाँव जला डालने के दृश्य पर भी पर्दा डाल दिया; असहाय, गरीब किसानों की आर्त-चीत्कार, आँखों के आँसू और हाहाकार भी गुम कर दिया। तीन-तीन युद्धों में अमेरिका ने अपना रसायनिक हथियार—नापाम का इस्तेमाल किया। वियतनाम में उसकी मनमानी के किस्से सभी जानते हैं। उपसागर के युद्ध में उसने यूरेनियम का प्रयोग किया। इराक के बाद कैंसर की संख्या सात सौ गुने ज़्यादा बढ़ गई है। विकलांग शिशुओं की जन्म दर कई सौ गुना ज़्यादा हो गई है। इन सबका हिसाब कौन देता है? कम से कम साम्राज्य-शक्तियों की प्रोपेगंडा मशीनें, इनका जिक्र भी नहीं करतीं! करेंगी भी नहीं। फौज की छत्रछाया में जो पत्रकार इराक में दाखिल हुए थे, उन लोगों को सबकुछ देखने का हक़ है, लेकिन सबकुछ प्रचार करने का हक़ नहीं है! क़तार का अल-ज़जीरा टेलीविजन, चूँकि सच्चा प्रचार कर रहा है, इसलिए इसकी हड्डी-पसली चकनाचूर कर देने का इंतज़ाम किया जा रहा है। अमेरिकी हैकरों के गिरोह ने इंटरनेट से अल-ज़जीरा का वेबसाइट गायब कर दिया है।

सवाल यह उठता है कि यह हमला आखिर क्यों? अमेरिका की संत्रासी सरकार

ने तरह-तरह के झूठ से लोगों को बहला-फुसला रखा है। पहले तो यह कहा कि ग्यारह सितंबर के साथ इराक का संबंध है। बाद में कहा कि वहाँ अल-क़ायदा का अड्डा है! उसके बाद उसने फरमाया कि इराक के पास गणसमूह की तबाही के हथियार मौजूद हैं। जब एक-एक करके सारे झूठ साबित हो गए, तो उसने कहा कि इराक में वह गणतंत्र लाएगा; इराक को आज़ादी देगा। अभी उस दिन मैंने देखा, कोई अमेरिकी फौजी, एक मिसाइल पर लिख रहा था—नाइन इलेवन! क्यों? वह बंदा गुस्से से आगभभूखा था। बीस या इक्कीस साला उस फौजी ने कहा, 'उन लोगों ने हमारा 'ट्विन टावर' ध्वंस किया है। हम उन सबको ध्वंस कर देंगे। मिसाइल के जरिए यह चेतावनी भेज रहा हूँ।' बुश सरकार ने अपने फौजियों के भोथरे दिमाग़ में यह झूठ भर दिया है।

झूठ से इन लोगों की मुक्ति नहीं है। ख़ैर. झूठ का खरीद-फ़रोख़्त हर दिन जारी है। ऑकुपाइड अब सिक्योर्ड हो गए हैं। अबाध दखल को सुरक्षा या स्वाधीनता नाम देकर, अमेरिकी सामरिक शक्ति, लोगों को बहलाने की कोशिश कर रही है। झूठ से लोग बहल भी जाते हैं, वर्ना पचहत्तर प्रतिशत अमेरिकी जनता, इराक हमले के लिए कतई राजी नहीं होती। अमेरिका चाहे कितना भी दावा करे कि इराक-हमले में उसे चालीस-पैंतालीस देशों का समर्थन प्राप्त है, लेकिन असल में दो देशों को छोड़कर, किसी देश ने भी इसका समर्थन नहीं किया। सिर्फ दो देशों के संख्याबहुल नागरिकों ने इराक-हमले के लिए हरी झंडी दिखाई है। अमेरिका और इज़राइल! बाकी जिन देशों की सरकारों ने बुश के इस ध्वंसात्मक खेल में समर्थन दिया है, उन देशों की अस्सी से नब्बे भाग जनता ने इस हमले के खिलाफ अपनी राय दी है। अमेरिका की मित्र-शक्ति ब्रिटेन और ऑस्ट्रेलिया, हमले में शामिल ज़रूर हुए, लेकिन उन देशों की अस्सी प्रतिशत जनता इसके खिलाफ है। अंतर्राष्ट्रीय क़ानून का उल्लंघन करके, राष्ट्रसंघ के अनुमोदन के बिना, दुनिया की संख्या बहुल जनता की राय पर थूककर, अमेरिका, इराक पर टूट पड़ा है। हर रोज़ वहाँ की निरीह जनता पर लगातार अन्याय, अविचार, अत्याचार बरसाए जा रही है, मानों ये लोग इंसान नहीं, ये लोग विचित्र दोपाए जंतु हैं। इन लोगों पर हँसते-हँसते गोली दाग़कर, मार डाला जा सकता है और शान से सीना फुलाकर, सबके सामने क़बूल किया जा सकता है, कि हाँ, मैंने ही मारा है। इसमें इज़्ज़त पर बट्टा नहीं लगता, सिर पर इल्ज़ाम नहीं मढ़ा जाता, वल्कि बहादुरी जाहिर होती है। इन सब बहादुर (!) फौजियों पर अमेरिका के गर्व का अंत नहीं है। वैसे अमेरिकी सरकारी फौज के किसी भी बेटे को अपनी बहादुरी दिखाने के लिए, युद्ध में नहीं भेजा गया। इन सब जोखिम से सरकार बड़ी होशियारी से, अपने को बचा-बचाकर चलती है। वियतनाम युद्ध में दीन-गरीब और काले छोकरों को पकड़-पकड़कर, ज़ोर-ज़बर्दस्ती युद्ध लड़ने भेजा गया था! मरना ही है, तो काले लोग मरें! मरना है, तो गरीब-गुरबा ही मरें।

अमेरिकी सरकार को झूठ बोलते हुए शर्म नहीं आती। उसने झूठ बोल-बोलकर, और-और देशों पर हमले किए हैं। अपना आधिपत्य विस्तार किया। अब समूची दुनिया उनके अधीन है। उसने सामरिक या अर्थनैतिक तरीके से उन लोगों पर दख़ल जमा रखा है, इसलिए उनके मन में जो आएगा वही करेंगे। जो जी चाहेगा, बोलेंगे। लोग चाहे उन्हें बुरा कहें, भले सड़कों पर उतरकर आंदोलन छेड़ें, इन सबसे उन्हें कोई फर्क़ नहीं पड़ता, क्योंकि हाइ-टेक सामरिक शक्ति उन्हीं लोगों के हाथों में है। वे लोग रक्षा खाते में साढ़े तीन सौ बिलियन डॉलर ख़र्च करते हैं। दुनिया के बाकी सब देशों के सामरिक खाते में जितना कुल खर्च होता है, उतना अमेरिका अकेले ही ख़र्च करता है! किसमें इतना साहस है कि इस सामरिक शक्ति के सामने सिर न झुकाए? तमाम देश तो महज छिटपुट पूँटी मच्छी हैं, इसलिए विशाल तिमी के पीछे खड़ी-खड़ी पूँछ हिलाया करती हैं। ये पूँटी मच्छियाँ नहीं जानतीं कि तिमी मछली को जब भूख लगेगी, तो वह प्रभुभक्त पूँटी मच्छियों को हरगिज नहीं छोड़ेगी। ख़ासकर अरब देशों की अमेरिकापंथी कठपुतली सरकारों को यह जो अमेरिकी सरकार का रुपए देकर खरीदना है, अमेरिका के भेजे हुए हथियारों से इज़राइली सरकार हर रोज़, निरीह फिलिस्तीनियों का खून कर रही है। तोप दाग़ रही है, बुलडोज़र तले पीस-कुचल रही है। यह सब देखकर भी अरब की अधिकांश सरकारें, जुबान पर ताला जड़े हुए हैं। अभी भी क्या वक्त नहीं आया कि खुद अपने ही कल्याण के लिए ये अरब देश एकबद्ध हो जाएँ? अमेरिका की विदेश नीति के खिलाफ पैर जमाकर खड़े हो जाएँ? अरब की मिट्टी से अमेरिकी फौज को खदेड़ दें? अभी भी वक्त नहीं आया कि इज़राइल के निर्यातन के खिलाफ विरोध करें? कहीं ऐसा न हो कि अमेरिका की बद्नज़र उन पर दुबारा पड़ जाए और उसे अपनी सुरक्षित गद्दी दुबारा न खोना पड़े, इस डर से अरब नेतागण अपनी-अपनी जुबान पर ताला जड़े हुए हैं। अमेरिका के जोड़ीदार साथी, ये अरब नेता अगर अड़ गए होते, तो तीस करोड़ अरबों के इलाके में, कुल अड़तालीस लाख यहूदी, इस तरीके से निर्यातन न चला रहे होते। दूसरे महायुद्ध के समय, हिटलर के अत्याचारों से साठ लाख यहूदी मारे गए थे। यहूदी जिओनिस्ट दल अब अरब देशों में हिटलर की भूमिका निभा रहा है। अमेरिकी सरकार इस नये हिटलर को हर तरह का सहयोग और समर्थन दे रही है। आज जो दिया है, कल ही उसे दुश्मन बनाने में अमेरिकी सरकार ज़रा भी दुविधा नहीं करती। ईरान-इराक युद्ध के समय, सद्दाम हुसेन अमेरिका के परम मित्र थे। अमेरिका ने सद्दाम हुसेन को बायोलॉजिकल, केमिकल वगैरह हथियार देने में ज़रा भी दुविधा नहीं की! सद्दाम ने जब इस युद्ध में रसायनिक हथियार इस्तेमाल किए, तब अमेरिका ने चूँ तक नहीं किया। बल्कि आज के डोनाल्ड रमूसफील्ड, जो उन दिनों भी रक्षा-सचिव थे, दुनिया के अन्यान्य देशों से इराक के लिए समर्थन माँगते फिरे थे। ईरान में शाह के पतन के बाद, इस्लामी कट्टरवादी शक्ति, जब सत्ता में आई और उसने इराक

को भी इस्लामी प्रजातंत्र बनाने के पैंतरे कसने लगा तो सद्दाम भड़क गए। अमेरिका तो इसलिए नाराज़ था कि ईरान का इस्लामी कट्टरवादी दल, अमेरिका-विरोधी था। वाकई, तेल-समृद्ध देशों पर कब्ज़ा न रखे, तो अमेरिका का दिमाग़ तो ख़राब होना ही था! कुवैत पर दख़ल ज़माने को आमादा अमेरिका ने सद्दाम हुसेन को दोस्त से दुश्मन बना लिया। यह भी अमेरिका की एक चाल थी। अमेरिका ने चोरी-छिपे सद्दाम को हरी झंडी दिखाई थी कि जब वह कुवैत दख़ल करने जाएगा, अमेरिका पहले की तरह ही उन्हें समर्थन देगा। कुवैत गुपचुप पाइप लगाकर, इराक के तेल-खदान से तेल चुरा रहा था, सद्दाम इस चोरी के खिलाफ, एकदम से भड़क गए। अटोमान साम्राज्य के कुवैत, इराक प्रदेश को अपने कब्ज़े में लेने के लिए, सिर्फ सद्दाम ही नहीं, उनके पुरखे भी काफी कोशिश करते आ रहे थे।

ब्रिटेन ने अपने लिए तेल के स्वार्थ में, कुवैत को जाने कब ही इराक से अलग कर दिया था। कुवैत पर झपटकर सद्दाम फँस गए! अमेरिकी फौज ने हजारों-हज़ार इराकी फौजियों को क़त्ल कर डाला; इराक का इन्फ्रास्ट्रक्चर बम मारकर उड़ा दिया। आश्रय-छावनी में भी उसने जान-बूझकर बम बरसाया और चार सौ इराकियों का खून कर डाला। उसके बाद दिया, आर्थिक अनुमोदन! तेल के बदले खाद्य! इराक में लाखों-लाखों इंसान, पिछले दस सालों से, खाद्य के अभाव में, भूखों मर रहे थे; इलाज के अभाव में दम तोड़ रहे थे। अमेरिका ने उनकी तरफ पलटकर भी नहीं देखा। 'मानवाधिकार के स्वत्वाधिकारी' अमेरिका के मानवीय मन पर लाखों-लाखों मौतें भी कोई असर नहीं डाल सकीं। जो अमेरिकी सरकार, गणतंत्र और मानवाधिकार की रट लगाते हुए, मुँह से झाग उगल रही थी, दरअसल वे लोग क्या इन सबकी परवाह करते हैं? एक जुमले में इसका जवाब है—नहीं। गणतंत्र और मानवाधिकारहीन, अगर कोई देश है, तो वह है—सऊदी अरब! अमेरिका ने क्या कभी सऊदी लोगों का विरोध किया है? ना! ग्यारह सितंबर की वारदात में, उन्नीस अपहरणकर्ताओं में, पंद्रह सऊदी नागरिक ज़रूर थे। मगर अमेरिका ने क्या कभी कहा कि वह अरब पर बम बरसाएगा? नहीं! इसकी वजह यह थी कि सऊदी अरब उसकी हाथ की मुट्ठी में था। जो देश उसके हाथ की मुट्ठी में नहीं है। बम तो उन देशों पर बरसाया जाता है! किसी ज़माने में ओसामा बिन लादेन उसकी मुट्ठी में था। नहीं, सिर्फ वही मुट्ठी में नहीं था। समूचा इस्लामी कट्टरवादी-तालिबान दल अमेरिका ने ही गढ़ा है। चार मुजाहिदीन नेताओं को प्रेसिडेंट रीगन अपने व्हाइट हाउस में ले गए और उनकी काफी खातिर-तवाजो की। उन्होंने यह भी मंतव्य दिया कि—'ये लोग नैतिकरूप से अमेरिकी राष्ट्रपति के समकक्ष हैं।' ओसामा बिन लादेन को दोस्त से दुश्मन बनने में वक्त नहीं लगा। पूरे शीत-युद्ध के दौरान, अमेरिका मुस्लिम देशों में इस्लामी कट्टरवाद को बढ़ावा देता रहा। ताकि ये कट्टरवादी दल, नास्तिक कम्यूनिस्ट को हाथ के करीब पाते ही, उनकी गर्दन नाप दें। साम्राज्यवादी ताकतों का चरित्र ही यही होता है।

वे लोग एक दल को दूसरे दल के पीछे भिड़ा देते हैं। अमेरिका जब सद्दाम हुसेन के पीछे हाथ धोकर पड़ गया तो उसने इराक के दक्षिणी शिया लोगों को और उत्तर में कुर्द लोगों को, सुन्नी सद्दाम के खिलाफ भिड़ा दिया। उसने इस्लामी कट्टरवादियों को भी उसके खिलाफ यह कहकर भिड़ा दिया कि सद्दाम काफिर है। शिया और कुर्द लोगों ने सोचा कि अमेरिका उनका मित्र है। कैसे बुद्धू थे वे लोग! अमेरिका, कभी किसी का दोस्त नहीं होता। ज़रूरत पड़ने पर कुर्दों को भी क़त्ल करने में, अमेरिका ज़रा भी दुविधा नहीं करेगा। तुर्की फौज पहुँचेगी और कुर्दों को ध्वंस कर देगी। उस वक्त अमेरिका ज़ुबान से चूँ तक नहीं करेगा, जैसा कि उसने हालाबजा में सद्दाम के गैस-बम के दौरान भी कुछ नहीं कहा।

अपना चरित्र बदलने और दोस्त को दुश्मन घोषित करने में अमेरिका कभी दुविधा नहीं करता। अपने स्वार्थ और आर्थिक सुविधा के लिए, जितनी भी तरह का अपकर्म और संत्रास संभव है, अमेरिका बेहद खामोशी से उसे अंजाम देता रहता है! अंतर्राष्ट्रीय कानून को झाड़ू मारकर, जो देश, किसी और देश पर हमला करता है, वह देश अब जेनेवा कॉन्वेंशन की बात करता है। किस मुँह से, कैसी बातें! इराकी टेलीविजन ने अमेरिका के युद्धबंदियों की तस्वीरें क्यों दिखाईं? मरी हुई लाशों के चेहरे दिखाए! छिः-छिः यह तो जेनेवा कॉन्वेंशन का उल्लंघन है! उधर गुयानतानामो में क्या हो रहा है? अल-क़ायदा के सदस्य बताकर, अफ़ग़ानिस्तान से वह जो हाथ-पाँव में हथकड़ी-बेड़ी डालकर लोगों को ले गया, जैसे अफ्रीका के जंगल से अफ्रीकी लोगों को ले जाता था और ज़रख़रीद गुलाम बना लेता था। उसके बाद उन लोगों पर कैसे भयंकर अत्याचार करता था, वह देखने-जानने की मजाल है किसी में? वे सब क़ैदी अमेरिकी फौज के अत्याचार से तंग आकर आत्महत्या कर रहे हैं, दम तोड़ रहे हैं। इन लोगों को क़ानून का सहारा लेने का कोई हक़ नहीं है! युद्धबंदियों के लिए जितने भी अंतर्राष्ट्रीय क़ानून हैं, अमेरिका ने अन्यायपूर्ण तरीके से, उन सबको ठुकरा दिया। अभी भी क़ानूनी-खिलाफी करता जा रहा है। मानवाधिकार संस्थाएँ कुछेक दिन चीखती-चिल्लाती रहीं, अब वे सब भी चुप हो गई हैं।

दुनिया के बहुतेरे देशों में गणतांत्रिक प्रणाली नहीं है। सिर्फ एक नायक देश पर शासन कर रहे हैं। अब क्या अमेरिका उन सभी देशों पर एक-एक करके बम बरसाएगा? यह सवाल बहुत-से लोगों ने किया है। गणतंत्र कोई ऐसी चीज़ नहीं, जो बाहर से आरोपित कर दिया जाए। गणतंत्र को जनगण की माँग पर आना पड़ता है! गणतंत्र का मतलब ही क्या कोई अच्छी चीज़ है? इतिहास तो यह भी कहता है कि दुनिया का सबसे बड़ा, घृणित, अत्याचारी शख़्स, हिटलर, चुनाव में जीतकर, सत्ता में आया था। दरअसल गणतंत्र को लेकर अमेरिका को कोई सिर-दर्द नहीं है। अमेरिका यह

बिल्कुल नहीं चाहता कि गणतंत्र की प्रतिष्ठा हो, ख़ासकर, जिन देशों में अमेरिका-पंथी एक नायक बहाल है! गणतंत्र का सवाल, अमेरिका तभी आएगा, जब उस देश से उसका कोई स्वार्थ जुड़ा हो। सऊदी अरब में गणतंत्र की प्रतिष्ठा के मामले में, अमेरिका कोई क़दम नहीं उठाएगा, क्योंकि सऊदी सरकार वही करेगी, जो अमेरिका कहेगा। अरब देशों में अगर गणतंत्र आ गया तो अमेरिका की कठपुतली सरकार को विदा लेना होगा। अमेरिका के लिए यह कतई सुखद ख़बर नहीं है? पाकिस्तान कट्टरवाद का अखाड़ा है और पाकिस्तान सरकार हमेशा से ही अमेरिका का जोड़ीदार है। इसलिए पाकिस्तान, पाकिस्तान जैसा ही रहे। बंगलादेश में इस्लामी कट्टरवाद बढ़ रहा है। इस देश में दुर्नीति का राज है! अमेरिका क्या पलटकर उसकी तरफ देखेगा? नहीं! हाँ, वह देखता, अगर इस देश में भी इराक की तरह तेल के खान होते। इराक का तेल क्या जैसा-तैसा तेल है? इराक दुनिया का दूसरा वृहद्तम तेल का रिजर्दर है? सऊदी अरब के बाद ही उसका नंबर आता है! तेल का इतना धनी देश इराक, अमेरिका के कुचक्र का शिकार होकर, तीसरी दुनिया की कतार में उतर गया है!

अमेरिका क्या नहीं कर सकता? उसमें क्या-क्या क्षमता है। काफी कुछ यह दिखाने के लिए ही इतना सारा आयोजन है! युद्ध का आयोजन! उसका इरादा है कि आँखें चौंधिया देनेवाले मारणास्त्र दुनिया को दिखाकर, सबको डराए रखना। अरब देशों में जो सबसे ज्यादा सेकुलर देश है, जिस देश में किसी कट्टरवाद के लिए जगह नहीं थी, वह देश है इराक! अमेरिका की सामाजिक शक्ति ने आज उसी देश का मेरुदंड तोड़ दिया है। सद्दाम हुसेन चाहे जितना भी बुरा इंसान हो, वह शख़्स पैन अरब मूवमेंट का अन्यतम नेता है! मिस्र के नासिर और जॉर्डन के हुसेन की तरह! सद्दाम की बाथ पार्टी अरब देशों में सर्वाधिक प्रोग्रेसिव यानी तरक्की पसंद पार्टी है, जो पार्टी दूसरे महायुद्ध के तीन आदर्शों पर गढ़ी गई थी—एकता, स्वाधीनता और समाजतंत्र! औपनिवेशिक शासन के खिलाफ, इसी बाथ पार्टी ने आंदोलन किया था। उसने ब्रिटिश लोगों को खदेड़ दिया। इसी ने तेल की खानों को ब्रिटिश कंपनी के चंगुल से मुक्त कराया और सबका राष्ट्रीयकरण किया। बाथ पार्टी का आदर्श, साम्राज्यवादी शक्तियों के लिए वाकई धमकी है! ब्रिटिश के चरणचिन्हों पर चलते हुए, अब अमेरिका—इस एकता, स्वाधीनता और समाजतंत्र का मेरुदंड तोड़ डालने को आगे बढ़ आया है। यह सच है कि सद्दाम, अमेरिका की सामरिक ताकत के आगे टिक नहीं सकेंगे। इसके बाद इराक का क्या होगा? वैसे इस्लामी कट्टरवादी दल ही सत्ता पर आसीन होगी। खैर, इस्लामी कट्टरवाद में अमेरिका को कोई एतराज नहीं है, बल्कि उसे तो शिक्षित बुद्धिमान जातीयतावादी, जाति अभिमानी सेकुलर पार्टी के सत्ता में आने में, उसे सख़्त एतराज है। ये लोग किसी शर्त पर भी अमेरिका को अपना प्रभु समझने को राजी नहीं है। कुल पाँच लाख अमेरिकी फौज, अरब की मिट्टी पर स्थायी अड्डा गाड़कर डँटी हुई हैं। इराक में भी अपना खूँटा गाड़ेगा।

इस मौके का फ़ायदा उठाते हुए, इज़राइल बड़े एहतियात से, निरीह फिलिस्तीनी, अरब लोगों पर अत्याचार बरसाता रहेगा।

इराक-हमले का उद्देश्य है, बुश के तेल-व्यापारी घनिष्ठ लोगों को खुश करना; इज़राइल को खुश करना; अमेरिका के कॉर्पोरेट अपराधियों को खुश करना। इसी बीच अमेरिकन कंपनी को इराक रीकंस्ट्रक्शन का काम भी मिल गया है। वैसे, बुश को और भी एक फ़ायदा है—आगामी चुनाव में जीतना! अमेरिकी जनगण के लिए सुरक्षा का विधान करने के लिए ही, बुश ने इराक पर आक्रमण किया है। यह खबर, अमेरिका के संख्या गरिष्ठ, भोथरे दिमाग़ में बड़े आकर्षक ढंग से गुँथ गया है। इसलिए नो चिंता, डू फुर्ती! फुर्ती करो और दूसरों की ज़मीन दख़ल करके, उस ज़मीन के लोगों का मनमाने ढंग से खून करो! हत्या किए जाओ।

हमले के शुरू में कहा गया था, सिर्फ सद्दाम पर हमला किया जाएगा। वैसे अमेरिका की मंशा सिर्फ सद्दाम को ही हटाने की होती, तो विभिन्न देशों में अमेरिका के सी आइ ए ने जैसे बहुतरे नेताओं की हत्या की है, उसी तरह सी आइ ए सद्दाम का भी खून कर सकता था। लेकिन अमेरिका ने सद्दाम का अलग से खून नहीं किया, बल्कि इतने विराट-विराट हाइ-टेक अस्त्रों का प्रयोग करके, मध्य युग जैसे बर्बर लोग दूसरे देशों पर आक्रमण करते थे, उसी तरह से इराक पर हमला बोला है। इराक की मिट्टी इराकियों के खून में बही जा रही है! शुरू-शुरू में यही कहा गया था कि सद्दाम को क़त्ल करने में बहुत कम समय लगेगा। लेकिन अब समय अनिर्दिष्ट हैं। अब मिलिटरी टार्गेट बाद देकर, सुनियोजित तरीके से इराकी जनता को टार्गेट किया जा रहा है। कहा यह गया था कि हथियार फेंककर, हाथ में सफेद पताका लहराते हुए, इराकी फौजी अगर आत्मसमर्पण कर दें, तो उन लोगों को रिहाई दी जाएगी, लेकिन रिहाई नहीं दी जा रही है! उन लोगों की या तो हत्या की जा रही है या हाथ-पाँव तोड़कर युद्धबंदी बनाकर रखा गया है। बगदाद के भीड़-संकुल रिहायशी इलाके के बाज़ार पर मिसाइल हमला करके। बासठ आम जनता की हत्या करने के बाद, यह कहा जा रहा है कि यह हमला अमेरिकी मिसाइल से नहीं, इराकी मिसाइल से हुआ है! लेकिन वहाँ मिसाइल का एक टुकड़ा मिला है, जिस पर लिखा हुआ है 30003-704 ए एस बी 7492, एम एफ आर 9621409! अब यह जानकारी पक्की हो गई कि यह अमेरिकी मिसाइल ही है। लेकिन सच्चाई को दबाने के लिए अमेरिका जी-जान से जुटा हुआ है! अमेरिका ने यह भी कहा था कि दक्षिणी इराक की शिया जनता, अत्याचारी सद्दाम सरकार के खिलाफ एकदम से टूट पड़ेगी। लेकिन कहाँ? कोई भी आगे नहीं आया। बल्कि शिया जनता ने भी अमेरिका को हर दुश्मन माना है! सन् 1991 में, अमेरिका ने शिया जनता को, सद्दाम के खिलाफ आंदोलन करने को भड़का दिया। शिया लोग अमेरिका भी गए। लेकिन सद्दाम के अत्याचार से किसी भी उग्र शिया नेता को रिहाई नहीं मिली। अब अमेरिका एक बार फिर

सद्दाम-विरोधी शिया लोगों का समर्थन चाहता है। लेकिन अमेरिका का हिसाब-किताब गड़बड़ा गया है। शिया लोग इस बार अमेरिकी दल में भिड़ने को तैयार नहीं हैं। सद्दाम उनका दुश्मन है, मगर अमेरिका उससे भी बड़ा दुश्मन है। शिया जनता के हिसाब-किताब में यह सच्चाई पकड़ में आ गई है। इन दिनों सबसे ज़्यादा विस्मय अमेरिका पर यह होता है कि जिस इराकी ने अपने आत्महंता बम से इराक की मिट्टी पर, चार अमेरिकी फौजी की हत्या की, वह खुद भी शिया था। सार्जेंट अली ज़ाफर भूस हमादी और नोमानी! सद्दाम जो काम कभी नहीं कर पाए यानी शिया-सुन्नी लोगों में एकता, वह अमेरिका के इस इराक-हमले ने संभव कर दिया। शिया-सुन्नी अब एकबद्ध होकर, अमेरिका के खिलाफ लड़ रहे हैं।

अमेरिका के इस हमले की चूँकि काफी निंदा हो रही है, इससे मुक्त होने के लिए, ये लोग किसी भी पल, इराक में कोई रसायनिक कारखाने में खुद ही हथियार रखकर, यूरेका! यूरेका! का शोर मचाएँगे। इससे निंदा तो मिट जाएगी। इस झूठ का सहारा लेने में अमेरिका को क्या ज़रा भी झिझक होगी? नहीं! इस तरह का झूठ बोलते हुए और अन्याय का काम करते हुए, इंसान पर अबाध अत्याचार बरसाते हुए, अमेरिका को कभी हिचकिचाहट नहीं हुई। इस अगले झूठ के लिए हमें तैयार रहना चाहिए। सद्दाम के पास मास-डिस्ट्रक्शन यानी सामूहिक तबाही के हथियार अगर हों भी, तो कितने होंगे? इज़राइल से तो ज़्यादा नहीं, अमेरिका से तो ज़्यादा नहीं। अगर उनके पास न्यूक्लिअर बम भी मौजूद हों, तो एकाध होंगे या एकाध भी नहीं। इज़राइल के पास ऐसे दो सौ बम हैं; अमेरिका के पास बीस हज़ार! इज़राइल के पास मास-डिस्ट्रक्शन के प्रचुर हथियार हैं! राष्ट्रसंघ के अस्त्र पर्यवेक्षण दल की फर्माइश, इज़राइल उपेक्षा से उछाल फेंकता रहा, लेकिन उसके खिलाफ तो राष्ट्रसंघ का कोई निषेधाज्ञा जारी नहीं किया। इज़राइल नाजायज़ तरीके से फिलिस्तीन का साठ प्रतिशत ज़मीन दख़ल किए बैठा है और संत्रास दमन के नाम पर वह फिलिस्तीनी जनता पर चरम संत्रास बरपा रहा है। कितने लोग इसके खिलाफ विरोध कर रहे हैं? आज जो यूरोप की सड़कों पर अमेरिका के युद्ध के खिलाफ प्रबल प्रतिवाद उठा है, इसका नतीजा क्या होगा? यूरोपीय देश क्या आखिरकार एकबद्ध होगा? इसका सीधा-सीधा जवाब है—ना!

आर्थिक स्वार्थ में ये पश्चिमी देश एक बार फिर गलबहियाँ डालेंगे। यूरोप की कोई भी सरकार हो अमेरिका के साथ, आखिरकार बंधन तोड़ देंगे? पीछे कौन पड़ा रहेगा? कौन लोग निर्यातित होंगे? एशिया, अफ्रीकी लैटिन अमेरिका के गरीब-दरिद्र देश! इराक पर अमेरिका के हमले के फलस्वरूप मुस्लिम देशों में जो घटेगा, वह है इस्लामी कट्टरवादियों का उत्थान! इससे क्या मुस्लिम देशों को सच ही कोई लाभ होगा? नहीं होगा। इस्लामी कट्टरवाद अशिक्षा, कुसंस्कार, दरिद्रता, राजनीतिक और सामाजिक अस्थिरता को जन्म देगी। कट्टरवाद, समाज को कई हज़ार वर्ष पीछे धकेल

देगा। यह कोई समाधान नहीं है। इस्लामी देशों को सेकुलर राष्ट्र बनाकर सेकुलर शिक्षा का प्रचार करके आर्थिक विकास करके, देश को आत्मनिर्भर बनाकर ही, साम्राज्यवादी अत्याचारी जन्तु के खिलाफ खड़ा हुआ जा सकता है। अमेरिका नामक देश की अर्थनीति पूरी तरह उसके सामानों की बिक्री पर निर्भर करती है। अब अगर पूरा एशिया, अफ्रीका, लैटिन अमेरिका, अमेरिकी सामानों का वर्जन कर दे तभी अमेरिका की अर्थनीति चरमराकर टूट जाएगी। अमेरिका की अर्थनीति तोड़ने का मतलब है, अमेरिका का दंभ तोड़ना। आज कोई भी निर्यातित इंसान, इस दंभ को तोड़ना चाहेगा। अमेरिका यह जो सुपर पावर सुपर पावर का जू जू दिखा-दिखाकर दुनिया भर को डरा रहा है, वह 'सुपर पावर' जाने कहाँ तो बह-बिला जाएगा, अगर हर कोई अमेरिकी सामान खरीदने से इनकार कर दें। अमेरिका-विरोधी होने के लिए इस्लामी कट्टरवादी नहीं होना पड़ता। इस्लामी कट्टरवादी हो जाएँ, तो इसमें अमेरिका का नुकसान नहीं, लाभ ही होगा। हमें यह नहीं भूलना चाहिए कि अरब देश के सेकुलर आंदोलन को अमेरिका ने किस तरह ध्वंस कर डाला। फिलिस्तीन में FATA, PLO, PELP, DELP, Force-17, मार्क्सवादी, लेनिनवादी दल पर बुलडोजर चलाकर, उसे पीस डाला है। अमेरिका तो यह चाहता है कि मुस्लिम देशों में कट्टरवाद बढ़े। कट्टरवाद देश की अवाम की शिक्षा, सचेतनता, बुद्धिमत्ता को तहस-नहस कर डाले। वहाँ कोई बड़ा वैज्ञानिक, बड़ा विशेषज्ञ, बुद्धिजीवी न हो। ऐसे अनुन्नत देशों पर अपनी सुपर-पावरी झाड़ते हुए, अमेरिका को सहूलियत ही होगी। इसके बजाय, बेहतर तो यह होता कि साम्राज्यवादी अपशक्ति के खिलाफ आंदोलन तैयार किया जाए, इंसान की सजगता, अधिकारबोध, राजनीतिबोध बढ़े। सच तो यह है कि हम सब बड़े दुःसमय में जी रहे हैं। अपनी भावी पीढ़ी के लिए रहने लायक एक खूबसूरत सी दुनिया का इंतज़ाम कर जाना होगा। इस वक्त दो महान् हस्तियों की उक्ति याद आ रही है—'द वर्ल्ड इज़ डेंजरस प्लेस टु लिव, नॉट बिकौज़ ऑफ द पिपुल, हू आर एविल। बट बिकौज़ ऑफ द पिपुल, हू डोण्ट डू एनीथिंग एबाउट इट!'—अल्वर्ट आइनूस्टाइन। 'आवर लाइफ बिगिन टु एंड द डे वी बिकम साइलेंट एबाउट थिंग्स दैट मैटर?' मार्टिन लूथर किंग।

जिसका खो गया सारा घर-द्वार

'Freedom is always and exclusively Freedom for the one who thinks differently.' —Rosa luxemburg.

ज़िंदगी के ढेर सारे वर्ष पार करके, जब पीछे मुड़कर पीछे छोड़ आए उन धूसर-धूसर दिनों पर नजर डालती हूँ और उस धूसरता से अचानक ही कोई भूला हुआ सपना, एकदम से सामने आ खड़ा होता है या कोई याद टुप् से मेरे अकेले, निर्जन कमरे में घुस आती है और मुझे कँपाती है; रुलाती है, मुझे उन गुजरे हुए दिनों की तरफ खींच ले जाती है—तब मेरे क़दम क्या उस ओर बढ़े बिना रह पाते हैं? गुज़री हुई ज़िंदगी के उस अली-गली के अँधेरे को हटा-खिसकाकर, मैं चंद बर्फीली यादें बटोर लाती हूँ। लेकिन इन्हें समेट लाने से क्या लाभ? जो गुज़र गया, वह तो गुज़र गया। जो चला गया, सो चला गया। जो सपने अर्से पहले मरकर बेजान हो चुके हैं, जो सपने अब पहचान में भी नहीं आते, उन्हीं मुर्दा सपनों को, मकड़ों का जाल हटाकर, धूल की पर्तें तोड़कर, नाजुक उँगलियों से समेटकर, दुबारा बटोर लाने में कोई फ़ायदा है भला? जो गुम हो गया, सो तो गुम हो गया। मुझे यह सब पता है। फिर भी मेरे जीवन का निर्वासन, मुझे बार-बार पीछे लौटा लाता है। मैं अपने समूचे अतीत में मोहग्रस्त की तरह चलती रही हूँ! दुःस्वप्न की रात की तरह कई-कई रातें मुझे घोर विषाद की पर्तों में ढके रखती हैं। तभी मैंने उस लड़की की कहानी छेड़ दी है—

एक थी डरपोक और शर्मीली लड़की! जो लड़की सात-सात तमाचे खाकर भी चूँ नहीं करती थी। परिवार के बड़े शासन और शोषण के बेहद सँकरे-से दायरे में पली-बढ़ी-बड़ी हुई! जिस लड़की का साध-आह्लाद, हर दिन ही उछालकर कूड़े के ढेर में फेंक दिया जाता था! जिस लड़की की नन्ही-सी देह की तरफ रोएँ भरे लोलुप हाथ, बराबर आगे बढ़ते रहे—मैं उसी लड़की की कहानी बयान करने बैठी हूँ। जो लड़की अचानक प्यार कर बैठी; जो लड़की जवानी में क़दम रखते ही, विवाह जैसा कांड कर बैठी और दस अन्य आम लड़कियों की तरह ज़िंदगी गुजारने का चाव

कर बैठी—मैं उसी लड़की की कहानी बता रही हूँ! जिस लड़की के साथ उसके पति ने फरेब किया जो इंसान उसका सर्वाधिक प्यार था। जिस लड़की के विश्वास का महल, फूस की झोंपड़-झुग्गी की तरह ढह गया। जो लड़की शोक, संताप, वेदना, विषाद से सिमटी-सिकुड़ी रही! चरम लज्जा और लांछन ने जिस लड़की को आत्महत्या जैसे भयंकर राह की ओर घसीट ले जाने की कोशिश की, मैं उसी शोकार्त लड़की की कहानी सुनाने बैठी हूँ। टूट-फूटकर चकनाचूर हुए सपनों को समेटकर, जिस लड़की ने दुबारा जीने की कोशिश की थी; इस निष्ठुर निर्मम समाज में अपने लिए इत्ती-सी जगह माँगी थी; जो लड़की समाज की रीति-नीति मानकर, पुरुष नामक अभिभावक के आगे अपने को समर्पित करने को लाचार हो गई। इसके बावजूद, जिस लड़की पर, बार-बार एक के बाद एक आघात बरसते रहे, जिस आघात ने कोख में पलता भ्रूण नष्ट कर दिया। जो आघात उसे हर रात रक्ताक्त करता था, जो आघात क्रूरता, कुटिलता, अविश्वास और असहनीय अपमान का आघात है—मैं उसी दलित, दंशित, दुखियारी का किस्सा भर छेड़ रही हूँ! वह दुःखियारी तन-मन में बचा-खुचा ज़ोर समेटकर दुबारा उठ खड़ी हुई। उसे खड़े होने के लिए बस, बित्ता भर जगह चाहिए थी! और इसके लिए इस बार वह किसी के दरवाजे नहीं लगी। वह अकेली ही लड़ती रही, अकेली ही ज़िंदा रही। खुद ही अपनी पनाह बन गई। इस बार उसने किसी के आगे अपने को अर्पित नहीं किया; वंचित होने की दुहाई देते हुए, वह संन्यासिन भी नहीं हुई! किसी की भी छिः-छिः या धिक्कार की तरफ उसने पलटकर भी नहीं देखा—मैं पलटकर न देखनेवाली, उसी लड़की की कहानी बताने जा रही हूँ! उस लड़की ने समाज के सैकड़ों तरह के संस्कारों की कभी परवाह नहीं की। बार-बार उसके पतन ने ही उसे खड़ा होना सिखा दिया; बार-बार की ठोकर ने ही उसे चलना सिखाया; बार-बार उसकी गुम हुई राह ने ही उसके लिए राह ढूँढ़ दी। धीरे-धीरे वह अपने ही भीतर के नये बोध और विश्वास को जन्म लेते हुए देखती रही कि उसका अपना जीवन सिर्फ उसी का है। और किसी का नहीं है। इस जीवन को कामयाब बनाने का हक़ सिर्फ उसी का है। मैं आकार लेती उस लड़की की कहानी सुना रही हूँ, जिसे परिवेश और प्रतिवेश ने विवर्तित किया, उसका निर्माण किया; पितृतंत्र की आग में तपकर, अंत में जो लड़की जली नहीं, बल्कि इस्पात बनकर निखर उठी—उसकी कहानी!

मैंने क्या कोई अन्याय किया है? मेरे मन को जो अन्याय नहीं लगा है, वह भी आज बहुतों की नज़र में मेरा घोरतर अन्याय है। मैंने वह कहानी बताकर, खौफ़नाक क़िस्म का गुनाह किया है। चूँकि मैंने गुनाह किया है, इसलिए आज मुझे जनता के कठघरे में हाज़िर होना पड़ा है! इसे गुनाह शायद न कहा जाता, अगर मैं यह ऐलान करती कि जिस लड़की की कहानी मैंने बयान की है, वह लड़की मैं हूँ! मैं, तसलीमा! कल्पना में मैं मनमानी कर सकती हूँ, गढ़-गढ़कर झूठ, सिर्फ झूठ लिख

सकती हूँ! किसी मामूली लड़की का अन्य दस लड़कियों से अलग-थलग होने की कहानी, न हो माफ भी कर दिया जाए। लेकिन हक़ीक़त की दुनिया में खड़े होकर, खून-मांस की लड़की होने के बावजूद, मैं किस दुःस्साहस से यह ऐलान कर रही हूँ कि वह लड़की मैं हूँ। दुःख़ को झटककर, मैं उठ खड़ी हुई हूँ। मैंने कसम खाई है कि जैसा मेरा मन चाहेगा, मैं वैसा ही जीवन गुज़ारूँगी। लेकिन मेरा यह दुर्विनीत आचरण लोग क्यों मानने लगे? ऐसी स्पर्धा किसी भी लड़की को शोभा नहीं देती! सच! इस पितृतांत्रिक परिवेश में मैं पूरी तरह मिसफिट हूँ।

अपने प्रिय देश...इस प्रिय पश्चिम बंगाल में आज मैं एक निषिद्ध नाम हूँ! एक निषिद्ध इंसान! एक निषिद्ध किताब! मेरा नाम जुबान पर नहीं लाया जा सकता, मुझे छूना मना है, मुझे पढ़ना मना है। अगर मेरा नाम लिया, तो जुबान कटकर गिर जाएगी, अगर मुझे छू लिया, तो गंदे हो जाओगे, और मुझे पढ़ा, तो बदन में हिकारत की झुरझुरी फैल जाएगी।

मैं, बस, ऐसी ही हूँ! वह भी क्या आज से?

'द्विखंडित' लिखने की वजह से अगर मुझे सैकड़ों-हज़ारों खंड भी होना पड़े, तो भी मुझे यह क़बूल नहीं है कि मैंने कोई गुनाह किया है। आत्मकथा लिखना क्या गुनाह है? ज़िंदगी की गंभीर, गोपन सच्चाइयाँ जाहिर करना क्या गुनाह है? आत्मकथा की पहली शर्त तो यही है न कि जीवन में जो कुछ भी है, उसे खोलकर बताया जाए, कोई भी गुप्त बात, किसी आड़ में छिपाकर नहीं रखूँगी। जो कुछ भी गुप्त और अजाना है, वही बताने के लिए ही तो जीवनी लिखी जाती है। मैंने यह सच, पूरी ईमानदारी से निभाने की कोशिश की है। मेरी आत्मकथा के पहले दो खंड—'मेरे बचपन के दिन' और 'उत्ताल हवा' को लेकर कोई वितर्क नहीं हुआ। इसके बावजूद तीसरे खंड को लेकर पश्चिम बंगाल में वितर्क शुरू हो गया है। वैसे यह वितर्क मैंने नहीं रचा, औरों ने रचा है! बहुत-से लोगों का कहना है कि मैंने खुद ही ऐसे विषय चुने हैं, जो उत्तेजक हैं। ख़ैर, यह सवाल चाहे जब भी उठे, आत्मजीवनी के मामले में नहीं उठना चाहिए, क्योंकि साल-दर-साल उम्र की दहलीज पार करते हुए, बड़े होते हुए, मैं जिन-जिन तजुर्बों से गुज़री हूँ, मैंने उन्हीं घटनाओं का बयान किया है। मैंने अपने दर्शन-अदर्शन, आशा-हताशा, अपने सुंदर-कुत्सित, अपने सुख-दुःख, क्रोध-क्षोभ और रुलाई के बारे में कहा है! कोई 'स्पर्शकातर' या 'उत्तेजक' विषय, मैंने शौकिया ही नहीं चुन लिया। अपनी जीवनी लिखने के लिए ही मैंने ज़िंदगी चुन ली। यह ज़िंदगी अगर 'स्पर्शकातर' और 'उत्तेजक' हो तो अपना ज़िंदगीनामा लिखते हुए मैं 'अ-स्पर्शकातर' और 'अनुत्तेजक' विषय कहाँ से लाऊँ? कहा जा रहा है कि वितर्क जगाने या चौंकाने के लिए मैंने यह किताब लिखी है, यानी किताब लिखने के पीछे कोई न कोई बदनीयती होनी ही चाहिए, मानो सच्चाई, ईमानदारी या सरलता कोई वजह नहीं हो सकती। मेरे जिस साहस की तारीफ की

जाती थी कि मैं बड़े साहस के साथ काफी कुछ कह जाती हूँ या कर गुज़रती हूँ, वह साहस भी अब कोई वजह नहीं हो सकता। ख़ैर, मेरी रचना के बारे में वितर्क, कोई नई बात नहीं है। मेरे लिखने के शुरू से ही यही होता आया है। मुद्दे की बात क्या यह नहीं है कि—पुरुष प्रधान इस समाज के साथ समझौता न करो, तो वितर्क होगा ही होगा।

आत्मकथा की संज्ञा, बहुतों के लिए बहुत तरह की होती है। अधिकांश लोग ही उसी आत्मकथा को स्वीकार करने के अभ्यस्त हैं, जो कथा भूरि-भूरि अच्छी-अच्छी बातें और आकर्षक आदर्शों की स्थापना करे। आमतौर पर मनीषी लोग ही, दूसरों के जीवन के आदर्शों को आलोकित करने के लिए ही, आत्मजीवनी लिख जाते हैं। वे सच का पता देते हैं, दूसरों को राह दिखाते हैं। मैं कोई ज्ञानी-गुणी इंसान नहीं हूँ कोई मनीषी भी नहीं हूँ। महामानव भी नहीं हूँ—कुछ भी नहीं हूँ। अंधजनों को रोशनी देने जैसे महान उद्देश्य को सामने रखकर भी मैंने अपनी जीवनी नहीं लिखी। मैंने तो सिर्फ एक क्षुद्र इंसान के ढेरों ज़ख्म और क्षोभ ही खोलकर दिखाए हैं।

मैं कोई बड़ी साहित्यकार नहीं हूँ, कोई अहम व्यक्ति भी नहीं हूँ, फिर भी इस बात से इनकार करने का कोई उपाय नहीं है कि मेरी ज़िंदगी में काफी बड़ी-बड़ी घटनाएँ घटी हैं। मेरे विश्वास और आदर्शों की वजह से अगर लाखों लाख लोग, मेरी फाँसी की माँग करते हुए, सड़कों पर उतर पड़ें, अगर भिन्न मत होने के कारण, एक के बाद एक, मेरी तमाम किताबें निषिद्ध कर दी जाएँ, अगर सच बोलने के जुर्म में पूरा राष्ट्रयंत्र, अपने देश में रहने का अधिकार छीन ले, तो उस जीवन को सीधा-सादा जीवन नहीं कहा जा सकता। इस जीवन की कहानी, दूसरों की जुबानी, सैकड़ों ढंग, सैकड़ों रंग में प्रचारित हो ही रही है, तो अपनी ज़िंदगी का सारा कुछ, शुरू से अंत तक बयान करने की जिम्मेदारी, खुद मैं ही क्यों न उठा लूँ? अपनी इस ज़िंदगी के बारे में जितना ज़्यादा मैं जानती हूँ, उतना और कोई भी नहीं जानता।

अगर मैं अपने को उन्मुक्त न करूँ, अपना सारा कुछ जाहिर न करूँ, ख़ासकर जीवन की वे तमाम घटनाएँ, तमाम बातें, जो मुझे आलोड़ित करती रही हैं, वह सब जाहिर न करूँ, अगर मैं अपना भला-बुरा, गुण-दोष, शुभ-अशुभ, आनंद-वेदना, उदारता-क्रूरता, खुलकर न बताऊँ, तो वह किताब, और कुछ भले हो, आत्मकथा नहीं हो सकती। कम से कम मेरी नज़र में तो नहीं। साहित्य के लिए साहित्य ही, मेरे लिए आखिरी बात नहीं है। ईमानदारी भी कोई चीज़ होती है और मैं उसकी बेहद क़द्र करती हूँ।

अब मेरी ज़िंदगी चाहे जैसी भी हो, जितनी भी निकृष्ट और निंदनीय हो, अपनी जीवनकथा लिखते हुए, मैंने अपने से फ़रेब नहीं किया है। पाठक मेरी कहानी सुनकर, भले ही मुझसे नफरत करें, मुझे उठाकर फेंक दें, मुझे बस, इतना भर संतोष है कि मैंने अपने पाठको को धोखा नहीं दिया; आत्मकथा के नाम पर अपने पाठकों को

कोई कहानी रच-गढ़कर उपहार नहीं दे रही हूँ? जिन्दगी में जो कुछ भी है, सब सच है और सच हमेशा शोभन या सुंदर नहीं होता। इसके बावजूद मैं संकोचहीन होकर कहे जा रही हूँ। ज़िंदगी में जो कुछ घट गया, सो तो घट ही चुका। मैं उसे बदल नहीं सकती—जो घटा या घट रहा है, वह असली नहीं है—यह कहकर, मैं इन सबसे इनकार भी नहीं कर सकती। जैसे मैं सुंदर को क़बूल करती हूँ, उसी तरह असुंदर को भी क़बूल कर सकती हूँ।

आजकल मुझ पर निशाना साधकर चारों तरफ से तीर बरसाए जा रहे हैं। अपमान और अफवाहों के कीचड़ में मुझे गर्क़ किया जा रहा है और इसकी वजह सिर्फ एक है, मैंने सच कहा है। सच हर वक्त हर किसी को नहीं सहता। 'मेरे बचपन के दिन' और 'उत्ताल हवा' का सच, भले ही सह गया हो, 'द्विखंडित' का सच सबसे नहीं सहा जा रहा है। 'मेरे बचपन के दिन' में जब मैंने अपने चरम अपमान का बयान किया, वह सुनकर लोगों ने संवेदना से अफसोस जाहिर किया। 'उत्ताल हवा' में जब मैं अपने पति द्वारा प्रताड़ित हुई, उस बार भी लोगों ने मुझसे हमदर्दी जताई। लेकिन जब 'द्विखंडित' में मैंने यह बयान किया कि एकाधिकर मर्दों से मेरा रिश्ता रहा है। तभी छिः-छिः करते हुए धिक्कार शुरू हो गया। इसका मतलब एक ही होता है कि जब तक लड़की अत्याचार की शिकार और असहाय होती है, जब तक वह कमजोर है और उसका दुःसमय चल रहा है, तभी तक उसके लिए ममता उमड़ती है, तभी तक वह भली लगती है। जैसे ही लड़की असहाय या अत्याचारित नहीं होती, जैसे ही वह मेरुदंड सीधी करके, तनकर खड़ी होती है, अपना अधिकार प्रतिष्ठित करती है, अपने तन-मन की स्वाधीनता के लिए, समाज के सड़े-गले नियम तोड़ देती है, तभी वह नज़र से उतर जाती है। बल्कि उसके प्रति घृणा जन्म लेती है। अपने समाज का यह चरित्र मैं जानती हूँ। यह जानने के बाद भी लोग मुझे जानें, यह जताने में, मैंने कोई दुविधा नहीं की।

'द्विखंडित' किताब पर वितर्क उठने का एक बहुत बड़ा कारण है—यौन-स्वाधीनता। हमारे इस समाज के अधिकांश लोग चूँकि पुरुषप्रधान संस्कारों में आकंठ निमज्जित हैं। इसलिए किसी औरत की यौन-स्वाधीनता की अकपट घोषणा उन्हें विरक्त, क्षुब्ध और क्रुद्ध करती है। जिस यौन-स्वाधीनता की बात मैंने कही है, वह सिर्फ मेरे विश्वास की बात नहीं है, मैंने अपनी ज़िंदगी देकर उस स्वाधीनता की प्रतिष्ठा की है, फिर भी चाहे कोई भी मर्द महज चाहने भर से, मुझे नहीं पा सकता। यह समाज अभी भी किसी और की ऐसी आज़ादी के लिए तैयार नहीं है। इस बात को क़बूल करने के लिए हरगिज राजी नहीं है कि कोई भी औरत अपनी मर्ज़ी-मुताबिक मर्द के साथ संभोग कर सकती है और ऐसा करके भी बेहद कठोर भाव से यौन-सतीत्व को क़ायम रख सकती है।

हमारे नामी-दामी, पुरुष-लेखक, इन दिनों मुझे महाखुशी से 'पतिता' कहकर

गालियाँ दे रहे हैं। गाली-गलौज देकर, उन लोगों ने खुद ही साबित कर दिया है कि वे लोग कितने भयंकर, गलीज पितृतांत्रिक समाज के सुविधाभोगी पुरुष-प्रभु हैं। वे लोग पतिता को भोग के लिए इस्तेमाल करते हैं और वक्त-मौके पर पतिता शब्द को गाली के तौर पर भी इस्तेमाल करते हैं। औरत को यौन-दासी के तौर पर इस्तेमाल करने का रिवाज आज का नहीं है। हालाँकि 'द्विखंडित किताब में मैंने पुरुष प्रधान समाज के खिलाफ अपनी लड़ाई की बात कही है, मैंने यह भी कहा है कि और धार्मिक संख्यालघु लोगों पर समाज के निर्यातन के खिलाफ प्रतिवाद करना चाहिए। लेकिन कोई भी इस बारे में एक शब्द भी नहीं कह रहा है। जिसने कुछ कहा भी, वह यौनता के बारे में! मेरे किसी दर्द, किसी आँसू की तरफ किसी की नज़र नहीं पड़ी, सबकी निगाह सिर्फ यौनता पर पड़ी! लोगों ने मेरे साथ मर्दों के रिश्तों की चीर-फाड़ की। यौनता जैसे 'गहरा, गोपन, कुत्सित और कदर्य विषय' पर मेरी जुबान खोलने की स्पर्धा ही लोगों ने देखी।

दुनिया के इतिहास में, किसी भी अँधेरे समाज में जब भी कोई औरत पुरुषतंत्र के खिलाफ उठ खड़ी हुई है, जिसने भी अपनी आज़ादी की आवाज़ उठाई है, गुलामी की ज़ंजीरें तोड़ने की कोशिश की है, उसे ही 'पतिता' कहकर धिक्कार दिया गया है। अर्से पहले, 'नष्ट लड़की का नष्ट गद्य' किताब की भूमिका में मैंने लिखा भी था—'इस समाज की नज़र में अपने को 'नष्ट' कहना मुझे अच्छा लगता है। क्योंकि यह सच है कि अगर कोई औरत अपना दुःख-दुर्दशा मिटाना चाहती है, अगर कोई औरत, किसी धर्म, समाज और राष्ट्र के गंदे-शंदे नियम के विपक्ष में पैर जमाकर खड़ी होती है, उसे कुचलने-पीसने के सारे तरीकों को ठोकर मारती हुई, अगर कोई औरत अपने अधिकारों के प्रति सजग होती है, तो समाज के ठेकेदार, उसे 'नष्ट' औरत कहते हैं। नारी के शुद्ध होने की पहली शर्त है नष्ट होना। नष्ट हुए बिना, इस समाज के नागपाश से औरत की मुक्ति नहीं हो सकती। वही औरत सचमुच स्वस्थ और शुद्ध इंसान है, लोग जिसे 'नष्ट' कहते हैं।' आज भी मैं इस बात पर विश्वास करती हूँ कि अगर कोई औरत सचमुच अपनी आज़ादी अर्जित करना चाहती है, अगर सचमुच इंसान बनना चाहती है, तो उसे इस समाज की नज़र में 'नष्ट' होना ज़रूरी है। इस नष्ट समाज की तरफ से 'नष्ट' या 'पतिता' गाली का उपहार पाना, किसी भी औरत के लिए कम सौभाग्य की बात नहीं है। अब तक मुझे जितने भी पुरस्कार मिले हैं, पतिता उपाधि का इनाम मुझे सर्वोत्तम लगता है। पुरुषतंत्र के 'नष्ट हरकतों' की देह पर सच ही मैं चोट करने में कामयाब हुई हूँ, इसलिए मुझे यह उपाधि नसीब हुई है। यह मेरे लेखक जीवन, नारी जीवन और मेरे सुदीर्घ काल के संघर्ष की सार्थकता है!

चूँकि मैंने यह किताब लिखी है, इसलिए बंगलादेश के एक लेखक महोदय ने मेरे विरुद्ध मानहानि का मुकदमा दायर किया है। कलकत्ते में भी एक लेखक,

जनाब ने बंगलादेशी लेखक के चरणचिह्नों का अनुसरण किया है। इन लोगों ने सिर्फ मानहानि का दावा करके ही दम नहीं लिया, दोनों ने मेरी किताब निषिद्ध करने की माँग की है। मुझे सच ही समझ नहीं आता कि एक लेखक, कैसे किसी लेखक की किताब निषिद्ध करने की माँग कर सकता है; किस तरह समाज के उसी तबके के लोग, जिनका दायित्व है, मुक्त-चिंतन और वाक्-स्वाधीनता के पक्ष में जंग करना, वे लोग कट्टरवादी जैसी हरकत क्यों कर रहे हैं। मुझे लेकर, अब तक हजारों झूठ, बहुतेरी कल्पित कहानियाँ गढ़ी गई हैं। लेकिन मैं तो उनकी किसी भी रचना को निषिद्ध करने की माँग करती हुई, अदालत नहीं दौड़ी! वाल्टेयर ने जो कहा है, मैं उस पर पूरा-पूरा विश्वास करती हूँ–Je ne suis also lument has d' accord avec vos idees, mais je me hattrais hour que vous huissiez les exprimes—यानी 'मैं तुम्हारे मत से शायद एकमत न होऊँ, लेकिन मैं मरते दम तक तुम्हारी वाक्-स्वाधीनता के अधिकार के लिए लड़ता रहूँगा।' हमारे विदग्ध लेखकगण वाक्-स्वाधीनता के पक्ष में इस चरम सत्य को अस्वीकार क्यों करना चाहते हैं?

दुनिया के जाने कितने ही लेखक अपना ज़िंदगीनामा लिख गए हैं। उन लोगों ने तो जीवन से सिर्फ शुद्ध पवित्र चीजें छानकर नहीं परोसा। अगर इंसान की ज़िंदगी होती है, तो उस ज़िंदगी में भूल-भ्रांति होती है, कालिख और काँटे होते हैं यानी कुछ न कुछ तो होता ही है। महामानव कहकर, हम जिनकी श्रद्धा भक्ति करते हैं, उनके जीवन में भी यह सब मौजूद होता है! ईसाई धर्मगुरु, अगुस्तं (सन् 335-430) खुद ही अपनी जीवनकथा लिख गए हैं। अल्जीरिया में वे जिस ढंग की ज़िंदगी गुज़ारते थे, जैसा असामाजिक, अनैतिक, बंधनहीन जीवन जीते थे–कुछ भी जाहिर करने में, वे ज़रा भी नहीं हिचकिचाए। उनकी यौन स्वेच्छाचारिता, उछृंखलता, नाजायज संतान को जन्म देने–कोई भी कहानी उन्होंने गुप्त नहीं रखी। महात्मा गाँधी ने भी क़बूल किया है कि कैसे वे अपने बिस्तर पर नंगी औरतों को लिटाकर, अपने ब्रह्मचर्य का इम्तहान लेते थे। फ्रांसीसी लेखक ज्यं जैक रूशो (सन् 1712-1779) को ही लिया जाए। उनकी स्वीकारोक्ति ग्रंथ में उन्होंने भी स्वीकार किया है कि उन्होंने ज़िंदगी में क्या-क्या किया है। उन्होंने अपनी ज़िंदगी का कोई गुनाह, कोई बुरी बात किसी गुप्त पिटारी में बंद करके नहीं रखी। उस ज़माने में रूशो के आदर्शों को मान लेने की मानसिकता, बहुत कम ही इंसानों में थी। लेकिन, तो क्या हुआ? उन्होंने किसी बात की परवाह न करके अपनी अपकीर्ति-कथा का खुलकर बयान किया है! मदामाज़ोल गतों तो खैर थी ही, और भी बहुतेरी औरतों को देखकर यहाँ तक कि मदाम द वारेन जिन्हें वे माँ कहते थे, उन्हें भी देखकर, उनके मन में काम-वासना जागती थी, यह बात उन्होंने खुद क़बूल की है। बेंजामिन फ्रैंकलिन (सन् 1709-1790) ने अपनी आत्मकथा में अपनी जवानी के उत्ताल उन्मत्त दिनों का बयान किया है। उन्होंने यह भी क़बूल किया है कि अपने नाजायज बेटे, विलियम को वे अपनी गृहस्थी में

ले आए थे। बर्ट्रेण्ड रसेल ने अपनी जीवनकथा में लिखा है कि विभिन्न औरतों से उनके नाजायज़ संबंध थे। टी. एस. इलियट की बीवी, विवियन के साथ, लेडी अटोलिन मोमेल के साथ, उनके संबंधों की बात कौन नहीं जानता? लिओ टॉलस्टॉय ने चौदह वर्ष की उम्र में ही अपने वेश्यागमन की कहानी खुद ही लिखी है। यहाँ तक कि समाज में निम्न तबके की औरतें, पराई औरतों के साथ उनके यौन-संबंध और अपने यौन रोग–उन्होंने कोई बात नहीं छिपाई। अब, यह सवाल उठ सकता है कि समाज को जो बात क़बूल नहीं है, ये लोग ऐसी बातें सुनाते ही क्यों हैं। लेकिन, सुनाने की कोई वजह तो है! वे लोग अपना असली परिचय हरगिज छिपाना नहीं चाहते थे। या उन तजुर्बों का उनके जीवन में काफी महत्त्व है, इसीलिए सुनाया। इससे क्या उन लोगों की जाति चली गई? या उन लोगों को आज कोई बुरा कहता है? नहीं उन लोगों को कोई बुरा नहीं कहता। वे लोग जिस ऊँचाई पर विराजमान थे, आज भी वहीं प्रतिष्ठित हैं, बल्कि सच्चाई व्यक्त करके, उन लोगों ने अपने को और ज़्यादा महिमान्वित किया है। अर्सा हुआ, पश्चिमी देशों में औरत-मर्द के संबंध, अब गुप्त रखने जैसी बात नहीं है। अभी हाल की लड़की, कैथरीन मिल ने La vie sexuelle de Catherine M नामक किताब में, अपनी ही बात क़बूल की है उन्होंने अपनी पूरी किताब में, सन् साठ के दशक में अबाध यौनता के युग में, अनगिनत मर्दों से अपने यौन-संबंधों की रोमांचक कहानी बयान की है। उन्होंने समूची किताब में मैथुन का सजीव वर्णन किया है। इससे क्या फर्क पड़ता है? उस किताब को क्या साहित्यिक किताबों की रैक पर नहीं सजाया गया? बेशक, सजाया गया। गैब्रिएला गार्सिया मार्केज ने भी Vivir hara contarla नामक किताब में पराई औरतों के साथ अपनी लीला-खेल के बारे में कुछ भी नहीं छिपाया। उनके जीवन के लिए, मार्केज को कोई 'बुरा' कहेगा? या कोई उस किताब को निषिद्ध कराने के लिए, अदालत का दरवाज़ा खटखटाएगा?

दुनिया के हर देश में मशहूर लोगों की आत्मकथाएँ प्रकाशित होती हैं। जीवनीकार सालों-सालों रिसर्च करके वे तमाम जीवनी लिखते हैं तमाम गुप्त ख़बरें खोद-खोदकर निकाली जाती हैं। रवींद्रनाथ ठाकुर की भी गुप्त बातें, गुप्त नहीं रह पाईं। बालविवाह के खिलाफ बोलने के बाद भी उन्हें अपनी नन्ही बेटी के ब्याह की तैयारी क्यों करना पड़ी। वह अशोभन कारण, आज लोगों को पता चल चुका है। सवाल यह है कि ये सब तथ्य क्या पाठकों के लिए जानना ज़रूरी है? किसने कब, कहाँ, क्या किया था, क्या कहा था, उनके जीवन का आचरण कैसा था, अगर इन सबकी जानकारी, नितांत अवांतर होती, तो उन पर रिसर्च क्यों होता? जीवनीकार रिसर्चकर्ता, जिन इंसानों के बारे में अजाने तथ्यों की जानकारी देते हैं, उन सब तथ्यों की रोशनी में, सिर्फ उस इंसान पर ही नहीं, उसकी नई सृष्टि पर भी नए सिरे से विचार और विश्लेषण करना संभव हुआ है।

बंगाली पुरुष लेखकों में बहुत-से लेखक, गुपचुप-गुपचुप बहुतेरी औरतों से प्रेम-प्रेम का शारीरिक खेल खेलते हुए, ज़रा भी कुंठित नहीं होते, अपनी जीवनकथा में वे तमाम घटनाएँ आराम से बाद देकर भी, वे लोग उपन्यास के चरित्रों के जरिए वह सब घटाने-मिटाने में भी संकोच महसूस नहीं करते। लेकिन, इस बात को लेकर कोई सवाल नहीं उठाता। सवाल तो तब उठता है, जब कोई औरत यौनता के बारे में बात करती है, चाहे वह कहानी, उपन्यास में हो या आत्मकथा में! यौनता तो मर्दों के 'बाप की जायदाद' है। लेकिन पुरुष-लेखकों की तरह लिखने से, मेरा काम नहीं चलेगा। मुझे तो धीर-स्थिर होकर लिखना होगा; ढाँक-तोपकर लिखना होगा, क्योंकि मैं औरत जो हूँ! औरत की देह, उसका पेट, स्तन, जाँघें, योनि—इन सबसे खेलना या इस बारे में लिखने का अधिकार तो सिर्फ मर्दों को ही है। लेकिन, औरत को यह हक़ क्यों नहीं होगा? पुरुष-प्रधान समाज ने मुझे यह हक़ नहीं दिया। अधिकार न पाने की परवाह न करते हुए, मैंने जो लिख डाला, चाहे वह कितना भी करुण या मार्मिक हो वह मेरी कहानी है। मैंने यह जो अनधिकार चर्चा की, इसमें तो सारा एतराज है।

पुरुष के लिए एकाधिक प्रेम और एकाधिक नारी-संभोग, हमेशा ही गौरव का विषय रहा है। और एक अदद औरत जैसे ही कागज-कलम लेकर, अपने प्यार या यौनता को लेकर कुछ लिखती है, वह फौरन दग़ाबाज़ बन जाती है; असती हो जाती है और बदचलन कहलाती है। मैंने अपनी आत्मकथा में ऐसा कुछ लिखा है, जो 'कहना वर्जित' है। मैंने सीमा-लंघन किया है, मैंने अतिशयता की है। मैंने अश्लीलता दिखाई है; बेहद गंदे-कुत्सित विषय में हाथ डाला है। कहा यह जाता है कि बंद दरवाजे के पीछे जिन घटनाओं को अंजाम दिया जाता है, पारस्परिक समझौते से जो संबंध क़ायम किया जाता है, वह कहना-बताना अनुचित है! कहते हैं, वह सब कहना कतई ज़रूरी नहीं है। लेकिन मैं इसे ज़रूरी मानती हूँ, सरासर उचित समझती हूँ, क्योंकि अपने संस्कार-संस्कृति, ध्यान-धारणा, विश्वास-अविश्वास समेत, आज जो मैं हूँ, इस तसलीमा के निर्माण में, जीवन घटनाएँ या दुर्घटनाएँ ही अन्यतम मौलिक उपादान हैं। मैं कोई ज़मीन फोड़कर प्रकट नहीं हुई। तिलोत्तमा के खिलाफ, इस बेकहल, नाफर्माबरदार लड़की का निर्माण, तिल-तिल करके, मेरे चारों तरफ के समाज ने किया है। मेरी राय में, अपने को समझने के लिए यह आत्म विश्लेषण जरूरी है।

चलो, अपना सम्मान नष्ट किया, तो किया, औरों का सम्मान क्यों नष्ट करने गई? हालाँकि मैं किसी और की जीवनकथा लिखने नहीं बैठी, अपनी ही आत्मकथा लिख रही हूँ। लेकिन दूसरों के पारिवारिक, सामाजिक वगैरह सम्मानहानि के बारे में, बहुतों ने सवाल उठाया है। मुझे ठीक-ठीक समझ नहीं आता कि अपने मान-सम्मान के मामले में जो लोग इतने सजग हैं, वे लोग जीवन में ऐसी हरकतें करते क्यों हैं, जो सब करते हुए वे लोग भी बखूबी जानते हैं कि इसमें उनका सम्मान नष्ट होगा।

मैंने विश्वास तोड़ा है। लेकिन, मैंने तो किसी से भी वादा नहीं किया कि ये बातें मैं कभी जाहिर नहीं करूँगी। कहते हैं, अलिखित समझौता तो होता है। असल में, समझौते का सवाल वे लोग ही उठाते हैं, जिनको यह खटका लगा रहता है कि उनकी पोल अगर खुल गई, तो उनके देवता-चरित्र पर दाग़ लग जाएगा। इसीलिए वे लोग मुझे धमकाने के लिए, मुझे लाल-लाल आँखें दिखाते हुए, गुर्राते हैं कि अगर मैं सीमा लाँघी, तो वे लोग मुझ पर समझौता-भंग का इल्ज़ाम लगाकर, मुझे सज़ा देंगे।

मैं जो भी जाहिर करना चाहती हूँ, अगर वह मुझे उचित लगे, तो? उचित-अनुचित की परिभाषा, कौन, किसे सिखाएगा? जो बात मैं अपनी जुबान से कहती हूँ, मुझे अगर वह अश्लील न लगे, तो? श्लील-अश्लील का हिसाब करने का मुखिया कौन है? सीमा नाम देने की जिम्मेदारी किसकी है? अपनी आत्मकथा में मैं क्या लिखूँगी या नहीं लिखूँगी, कितना-सा लिखूँगी, कितना-सा नहीं लिखूँगी, यह फैसला तो मैं ही लूँगी न या कोई और? यह क्या कोई मक़सूद अली या करामत मियाँ या परितोष या हरिदास पाल मुझे बताएगा कि मैं क्या लिखूँ, कितना-सा लिखूँ?

मेरे समालोचक मेरी आज़ादी को स्वेच्छारिता का नाम देते हैं। असल में हमारी सुरुचि-कुरुचिबोध, पाप-पुण्यबोध, सुंदर-असुंदरबोध—सभी कुछ, युग-युगांतरों से पितृतंत्र शिक्षा का नतीजा है। औरत को नम्रता, नतमस्तक मुद्रा, सतीत्व, सौंदर्य, सहिष्णुता वगैरह की शिक्षा के फलस्वरूप ही ये सब औरत की विशेषता के तौर पर स्वीकृत है। इसलिए हमारी सुनियंत्रित चेतना किसी रूढ़ सच्चाई का सामना करने में, आतंक महसूस करती है। कोई भी निर्मम जुमला सुनते हुए, कान में उँगली डाल लेने का मन करता है, हिकारत से अंग-अंग सिहर उठता है, बहुत से समालोचकों के साथ यही हुआ है, यही सच है मैं लेखिका हूँ या नहीं; अपनी आत्मकथा, मुझे धारावाहिक तरीके से लिखना चाहिए या नहीं—यह सवाल भी उठाया जा रहा है। सच तो यह है कि हर इंसान को आत्मकथा लिखने का अधिकार है। यहाँ तक कि उस अहंकारी पत्रकार को भी अधिकार है, जिनका ख़्याल है कि मेरे हाथ में कलम रहने का मतलब ही मनहूसियत है! काफी अशुभ मामला है। मुझ पर यह इल्ज़ाम लगाया जा रहा है कि—मैं निहायत गैर-जिम्मेदाराना हरक़त कर रही हूँ। जॉर्ज बर्नार्ड शा ने कहा था—A reasonable man adopts himself to the world. An unreasonable man persists in trying to adopt the world to himself. Therefore, all progress depends upon the unreasonable man. बुद्धिमान और तर्क-संपन्न लोग दुनिया के साथ ताल-मेल बिठाकर चलते हैं। निर्बोध या युक्तिहीन लोग यह कोशिश करते हैं कि दुनिया उनके साथ तालमेल बनाकर चले। अस्तु, सभी प्रगति युक्तिहीन लोगों पर निर्भर करती है। मैं, तसलीमा, उन्हीं युक्तिहीन लोगों में से एक हूँ। नहीं, मैं यह दावा नहीं करती कि दुनिया की प्रगति मुझ पर हल्की-सी भी निर्भर करती है। मैं नितांत निर्बोध और युक्तिहीन हूँ विद्वानजन का यह मंतव्य, मैं खुशी-खुशी क़बूल

करने को राजी हूँ। निर्बोध हूँ, इसीलिए तो ज़ुबान पर ताला नहीं जड़ा, जो बातें कहने की मनाही है, वही कहती हूँ। समूचा का समूचा समाज मुझ पर थूक रहा है, फिर भी मैं अपनी जगह से नहीं हटी; निर्बोध हूँ, इसीलिए तो पुरुष-प्रधान समाज के ठेकेदार, जब मुझे कुचल-पीसकर मार डालने को आगे बढ़ रहे हैं, यह देखकर भी मैं अपनी जगह पर पैर जमाए खड़ी हूँ। सच तो यह है कि मेरी मूर्खता, मेरी निर्बुद्धिता, मेरी युक्तिहीनता ही शायद मेरी ज़िंदगी की सबसे बड़ी दौलत है।

धर्म का प्रसंग भी उठा है! जो लोग मुझे जानते हैं, उन्हें पता है कि मैं सभी तरह के धार्मिक दुःशासनों के खिलाफ अपनी आवाज़ बुलंद करती हूँ। धर्म तो शुरू से लेकर अंत तक पुरुष-प्रधान है! धार्मिक पुरुष और पोथियों की अवमानना पुरुषतंत्र के धारक और वाहकगण भला क्यों बर्दाश्त करें? उन्हीं महापुरुषों ने तो मुझे देश-निकाला दिया है। सच का मोल, मैंने अपनी ज़िंदगी देकर चुकाया है। अब, मुझे और कितना मोल चुकाना होगा?

दंगे का बहाना दिखाकर, पहली बार पश्चिम बंगाल ने नहीं, इससे पहले बंगलादेश में भी मेरी किताबें निषिद्ध की गई हैं। यह जो उपमहादेश में निरंतर दंगा-फसाद हो रहे हैं, मेरी किताब या मेरा वक्तव्य, उन दंगे-फसादों की वजह नहीं है। वजह कुछ और है! बंगलादेश में संख्यालघु लोगों पर अत्याचार, गुजरात में मुसलमानों की मौत, असम में बिहारियों पर ज़ुल्म, ईसाइयों पर हमले, पाकिस्तान में शिया-सुन्नी के खूनी टकराव में मैं कोई घटना या वजह नहीं हूँ। अति किंचित, नगण्य लेखिका हूँ, मानवता के पक्ष में लिखती हूँ। धर्म-वर्ण-लिंग की भिन्नता के पार, सभी इंसान बराबर हैं। सभी इंसान के तौर पर जीने का हक़ रखते हैं, यही बात मैं पूरे मन और ईमानदारी से लिखती हूँ। नहीं, मेरे लिखने की वजह से, दंगा-फसाद जैसा खौफनाक हादसा कहीं नहीं होता। हादसा जो होना होता है, वह मेरी ज़िंदगी में ही होता है! अपने लिखने की वजह से सज़ा सिर्फ मुझे ही झेलना पड़ती है, और किसी को नहीं! आग मेरे ही घर में लगती है! अपना समूचा घर-द्वार मुझे ही खोना पड़ता है!

●●●